COLECCIÓN
DERECHO. DEONTOLOGÍA. TECNOLOGÍA

2

EL DERECHO DE DEFENSA FRENTE A LA DIGITALIZACIÓN JUDICIAL EN ESPAÑA Y EN LA UNIÓN EUROPEA

Esta publicación se enmarca en cuatro Proyectos de investigación del Ministerio de Ciencia e Innovación: (1.º) «**El estado de partidos: raíces intelectuales, rupturas y respuestas jurídicas en el marco europeo**», IP Remedios Morán Martín, (PID2021-124531NB-I00); (2.º) «**Ejes de la Justicia en tiempos de cambio**», IP Sonia Calaza (PID2020-113083GB-I00), Ayuda PID2020-113083GB-I00 ayuda financiado/a por MCIN/AEI/ 10.13039/501100011033; (3.º) «**Transición Digital de la Justicia**», IP Sonia Calaza (RED 2021-130078B-100), Ayuda Referencia TED2021-130078B-I00 ayuda financiado/a por MCIN/AEI/ 10.13039/501100011033 y por la "Unión Europea NextGenerationEU/PRTR"; y (4.º) «RED DE INVESTIGACIÓN»: «**Alianzas estratégicas de la Justicia: Educación, Igualdad e Inclusividad**» (RED2024-153961-T), coordinada por Sonia Calaza, Programa Estatal de Transferencia y Colaboración del Ministerio de Ciencia, Innovación y Universidades, Plan Estatal de Investigación Científica, Técnica y de Innovación 2024-2027.

GOBIERNO DE ESPAÑA MINISTERIO DE CIENCIA E INNOVACIÓN

Plan de Recuperación, Transformación y Resiliencia

Financiado por la Unión Europea NextGenerationEU

UNED

COLECCIÓN
DERECHO. DEONTOLOGÍA. TECNOLOGÍA

2

EL DERECHO DE DEFENSA FRENTE A LA DIGITALIZACIÓN JUDICIAL EN ESPAÑA Y EN LA UNIÓN EUROPEA

Tomàs Palau Font
Abogado.
Doctor en Derecho.

COLEX 2025

© Editorial Colex, S.L.
Calle Costa Rica, número 5, 3.º B (local comercial)
A Coruña, C.P. 15004
info@colex.es
www.colex.es

I.S.B.N.: 978-84-1194-961-3
Depósito legal: C 311-2025

SUMARIO

PRÓLOGO

TENGO, TENGO, TENGO (DERECHO DE DEFENSA) Y TÚ NO TIENES NADA (DERECHO DE ACCIÓN): POR UNA LEY ORGÁNICA (DE ACCIÓN Y DEFENSA) COMPRENSIVA DE TODOS LOS DERECHOS FUNDAMENTALES DE NATURALEZA PROCESAL

Sonia Calaza López
Catedrática de Derecho procesal de la UNED

Recién aprobada la *Ley Orgánica de defensa,* sin la (debida) incorporación de las modificaciones propuestas por ciertos grupos parlamentarios, como consecuencia del término del plazo previsto para introducir dichas propuestas y la suspensión del Pleno del Senado (ante el drama provocado por la DANA en este triste octubre de 2024), Tomás Palau Font, Doctor en Derecho y Premio Extraordinario de Doctorado (2023) nos ilustra, de nuevo, con su libro: *«El derecho de defensa frente a la digitalización judicial en España y en la Unión Europea»,* ahora en la Editorial Colex, Madrid, 2024.

Me resulta muy gratificante, tanto en este momento como entonces —al tiempo de la publicación de un libro, previo a este, del mismo autor: *Tutela procesal civil del derecho de defensa en Europa,* Ed. Dykinson, Madrid, 2024— asumir la (feliz) tarea de redactar unas líneas a modo de presentación o prólogo. Y ello tanto por el acierto del tema abordado —precisamente el derecho de defensa (cuya legislación acaba de aprobarse a escasos días de que este trabajo vea la luz) en interconexión con la digitalización e IA— como de su autor, un Abogado exitoso, que se precia de conciliar su ejercicio profesional con el estudio profundo, riguroso y exigente de todas las herramientas procesales que utiliza cotidianamente en los Juzgados y Tribunales.

Esta obra monográfica —al igual que la anterior— se enmarca en tres prestigiosos Proyectos de investigación del MICIU; concretamente los siguientes: «**Ejes de la Justicia en tiempos de cambio**», IP Sonia Calaza (PID2020-113083GB-I00), Ayuda PID2020-113083GB-I00 ayuda financiado/a por MCIN/AEI/ 10.13039/501100011033; «**Transición Digital de la Justicia**», IP Sonia Calaza (RED 2021-130078B-100), Ayuda Referencia TED2021-130078B-I00 ayuda financiado/a por MCIN/AEI/ 10.13039/501100011033 y por la «Unión Europea NextGenerationEU/PRTR»; y «**El estado de partidos: raíces intelectuales, rupturas y respuestas jurídicas en el marco europeo**», IP Profas. Remedios Morán y María Salvador, Ayuda con referencia PID2021-124531NB-I00.

Tras casi medio siglo de la proclamación de nuestra Constitución española (en adelante: CE), —concretamente, después de 46 años— asistimos a la regulación —por vez primera— del derecho de defensa. La regulación de un derecho —como el de defensa— tan elemental para la/os ciudadana/os en un Estado de Derecho —que propugna como uno de los valores esenciales de su ordenamiento jurídico, precisamente, la Justicia— es (sin duda alguna) un destacado acierto.

Ahora bien, este derecho —el de defensa— consagrado en el artículo 24.2 CE, no debiera —como punto de partida— afrontarse con (absoluta) independencia del derecho de acción —con el que guarda, en feliz expresión incorporada a la (recién aprobada) Ley Orgánica de defensa (en adelante: LOD)— una relación axiomática: *sin tutela judicial efectiva no es posible una defensa real y sin una defensa efectiva es inviable el ejercicio de una real tutela judicial efectiva.* Y es que si ambos tipos de derechos —acción y defensa— se configuran como *dos caras de la misma moneda y como corolario inherente al funcionamiento de un Estado de Derecho:* no puede llegar a comprenderse que la (ya vigente) LOD inaugure la pormenorizada regulación de una de las dos caras de esa moneda —concretamente: la *cruz*— sin afrontar (en el mismo texto legal) la otra —(la *cara*)— el derecho de acción o derecho a la tutela judicial efectiva. ¿Es que acaso existe el derecho de defensa sin el ejercicio del previo derecho de acción? Ni en el orden civil —*nemo iudex sine actore*— ni en el penal —*nemo iudex sine acusatore*— existe (ni podría existir sino a riesgo de adentrarnos en el Proceso de Kafka) el más mínimo derecho de defensa sin una acción (si se prefiere: pretensión) o acusación previa. Por tanto: parece incomprensible esta regulación (sesgada) de la vuelta (procesal: la defensa) sin la ida (también procesal: el ataque): parece que, en este punto, estemos de vuelta (derecho de defensa) sin haber ido a ninguna parte (derecho de acción). Definitivamente: nos ha caído la *cruz* (de la defensa) sin que haya dado la *cara* (la tutela judicial efectiva).

La CE relaciona ambos tipos de derechos fundamentales —derecho de acción y derecho de defensa— en aparatados consecutivos de un mismo artículo —el 24— en el que les otorga idéntica carta de naturaleza. Según el apartado primero de este precepto *«todas las personas tienen derecho a obte-*

ner la tutela efectiva de los jueces y tribunales en el ejercicio de sus derechos e intereses legítimos, sin que, en ningún caso, pueda producirse indefensión». Asimismo, el apartado segundo, reconoce el derecho de defensa, ahora entremezclado con otros derechos (también fundamentales) de naturaleza procesal: *«todos tienen derecho al Juez ordinario predeterminado por la ley, a la defensa y a la asistencia de letrado, a ser informados de la acusación formulada contra ellos, a un proceso público sin dilaciones indebidas y con todas las garantías, a utilizar los medios de prueba pertinentes para su defensa, a no declarar contra sí mismos, a no confesarse culpables y a la presunción de inocencia».*

El *derecho de defensa* aparece yuxtapuesto —en el texto constitucional— al *derecho a la asistencia de letrado*, como si ambos tipos de derechos gozasen de distintas proyecciones (de ahí su individualidad) pese su recíproca interconexión (destacada por la aludida yuxtaposición: derecho *a la defensa y a la asistencia de letrado*). La recién aprobada LOD se refiere a esta conexión intrínseca entre el derecho a la defensa y la defensa letrada, con una curiosa atribución de los derechos de acción y defensa a distintos profesionales (como si sus distintas manifestaciones fueran estancas): *«De igual modo que los sujetos esenciales que implementan el otorgamiento de tutela judicial efectiva son los jueces y las juezas y los magistrados y magistradas, encargados del deber de juzgar y aplicar la ley, los profesionales de la abogacía están estrechamente unidos a la garantía del derecho de defensa»*. De esta afirmación parece inferirse que entre tanto el (ejercicio) del derecho de acción corresponde a los profesionales del Poder Judicial (encargados de dar satisfacción jurídica a las controversias intersubjetivas y/o sociales); el del derecho de defensa corresponde (con las escasas excepciones en que cabe la autodefensa) a los profesionales de la Abogacía. Y esta es la filosofía de la reforma: una analítica de la defensa y de la defensa letrada (totalmente desconectadas de la acción) en versión declarativa, sin correlativa cuantificación del alcance (real) de estos derechos fundamentales.

Ante este parcelada regulación de la defensa —*tengo, tengo, tengo*— sin la imprescindible acción —*¿tú no tienes nada?*— parece imprescindible afrontar, en una obra como esta (seguramente la primera en la cronología del mercado editorial sobre tan relevante materia), una analítica sobre el derecho de defensa conectado al de acción (esas dos caras de una misma moneda: *los dos tenemos idénticos derechos, cargas y obligaciones*). Y hacerlo además en clave tecnológica. Porque la digitalización —lo queramos o no— ya ha llegado.

El apartado quinto del tercer precepto de esta (novedosa) legislación augura que *«la utilización de los medios electrónicos en la actividad de los Tribunales y la Administración de Justicia, así como ante otras Administraciones Públicas, deberá ser compatible con el ejercicio efectivo del derecho de defensa en los términos previstos en las leyes»*. Esta es —lastimosamente— toda la información que ofrece la legislación de defensa sobre la digitalización del derecho de defensa: ¿Cuál es —concretamente— esa compatibilidad electrónica defensiva? ¿Significa esta afirmación que en cuánto la digitalización colisione con ese «ejercicio efectivo» del derecho de defensa debe decaer toda posible virtualización de las actuaciones y comunicaciones? ¿Qué hay de los escritos procesales (en plataformas electrónicas), de las vistas (telemáticas) o incluso, de los documentos generativos? ¿Cuál será el impacto de la digitalización —que ya ha llegado a nuestros Juzgados y Tribunales— por obra del *Real Decreto-ley 6/2023, de 19 de diciembre, por el que se aprueban medidas urgentes para la ejecución del Plan de Recuperación, Transformación y Resiliencia en materia de servicio público de justicia, función pública, régimen local y mecenazgo* en el derecho de defensa?

Una regulación (como la recién estrenada) del derecho de defensa desconectada del derecho de acción y sin la menor referencia a la digitalización merecía un libro como este, en el que sí se abordan (por suerte) todas estas cuestiones imprescindibles bajo el manto legislativo europeo. Mi felicitación —una vez más— al autor, nuestra gratitud a la Editorial (por la imprescindible labor de difusión); y por supuesto, a la/os lectora/es, por el acierto de elegirnos.

GLOSARIO DE TÉRMINOS

BOGC	Boletín Oficial de las Cortes Generales.
BOE	Boletín Oficial del Estado español.
DO	Diario Oficial de la Unión Europea.
DTEDH	Decisión del Tribunal Europeo de Derechos Humanos.
f. j.	Fundamento jurídico.
ff. jj.	Fundamentos jurídicos.
IA	Inteligencia Artificial.
LEC	Ley 1/2000, de 7 de enero, de Enjuiciamiento Civil.
LECrim	Ley de Enjuiciamiento Criminal, aprobada por Real Decreto de 14 de septiembre de 1882.
LOPJ	Ley Orgánica 6/1985, de 1 de julio, del Poder Judicial.
SAP	Sentencia de la Audiencia Provincial, España.
STC	Sentencia del Tribunal Constitucional de España.
STS	Sentencia del Tribunal Supremo de España.
STEDH	Sentencia del Tribunal Europeo de Derechos Humanos.
STJUE	Sentencia del Tribunal de Justicia de la Unión Europea.
TEDH	Tribunal Europeo de Derechos Humanos.

1

INTRODUCCIÓN

¿Para qué necesitamos la inteligencia artificial?[1] La pregunta surge porque, tras la adaptación de los juzgados y tribunales a las reglas no deseadas que impuso la pandemia del Covid-19, se percibe un entusiasmo digitalizador que avanza más veloz que las reflexiones que un cambio de paradigma como el preconizado exige. La fascinación que generan los programas de *software* capaces de aprender y adaptar su argumentario casi de inmediato a los distintos papeles de partes actora, demandada, juzgador o fiscal, vaticina una entrada triunfal de este tipo de herramientas en la administración de justicia. Sin embargo, en ocasiones puede percibirse que esta irrupción puede convertirse en la de un elefante en una cacharrería, puesto que no siempre existe una sopesada reflexión sobre la conveniencia, sobre las ventajas, los límites y los inconvenientes de la modernización en un sector como el de la justicia, tan emocional y —todavía hoy— tan sacralizado.

En efecto, la percepción de la justicia por quien debe acudir a ella apela a sentimientos en ocasiones muy primarios, como es el del último bastión donde defender los propios intereses o el deseo de que alguien con autoridad escuche y atienda las reclamaciones que, para uno mismo, siempre suelen ser las legítimas. No siempre el justiciable tiene una visión práctica de la administración de justicia; de hecho, me atrevería a decir que esta visión práctica sólo acaba apareciendo una vez se está en la sala de vistas y se tiene al juez delante, revestido de humanidad y despojado de los ropajes de infalibilidad que el justiciable imaginaba en su fantasía.

1 *Vide* VV. AA (2022). *Inteligencia Artificial Legal y Administración de Justicia*. Dirigido por S. Calaza López y M. Llorente Sánchez-Arjona; coordinado por J. C. Muinelo Cobo, Ed. Aranzadi, Pamplona.

El legislador seguramente ya ha decidido que el camino a seguir por la administración de justicia debe ser el de la llamada «huida del proceso», logro que se pretende conseguir a través de la obstaculización pertinaz del «derecho a llegar a la sala de vistas»[2] y del fomento de los mecanismos de solución extrajudicial de conflictos[3].

Pero, más allá de esta mercantilización de la justicia, es conveniente que la sociedad se cuestione cuál quiere que, en el futuro, sea el papel del poder judicial[4]. Si la respuesta contiene dentro de sí alguna noción de autoridad o prestigio social, quizá entonces el papel de la inteligencia artificial debe ser limitado, porque es difícil entender que el papel que despliega uno de los tres poderes sobre los que se apoyan los estados democráticos de Derecho pueda ser ejecutado por una máquina.

Dicho esto, a veces surge la duda de si las Constituciones estarían previendo —o cuando menos no excluirían de plano— que el poder judicial fuera encarnado por entidades no humanas. Francamente, con respecto a los poderes legislativo y ejecutivo, una idea tal no se sostiene si el voto se anuda indisolublemente a cada persona. Los mandatos de los poderes legislativo y ejecutivo, como tales, son indelegables, y no admiten injerencias que

---

2 No hay más que ver la doble o —incluso— triple conciliación a la que se somete a las partes en la jurisdicción social: administrativa, ante el letrado de la Administración de Justicia y, en muchas ocasiones, ante el juez. La insistencia en que las partes lleguen a un acuerdo violenta habitualmente a los justiciables, quienes acaban con la sensación de que, si son renuentes al pacto, el juez o la juez procurará dictar una resolución que les perjudique. Aunque esto no acabe siendo así, el daño reputacional que se ocasiona a la función jurisdiccional es patentizado por las partes incontables veces.

3 *Vide* VV. AA (2022). *Externalización de la Justicia civil, penal, contencioso-administrativa y laboral*. Dirigido por S. Calaza López e I. Ordeñana Geruzaga; coordinado por J. C. Muinelo Cobo e I. Suberbiola Garbizu. Ed. Tirant lo blanch, València; VV. AA. (2023). *De los ADR (Alternative Dispute Resolution) a los CDR (Complementary Dispute Resolution) en la Jurisdicción Civil*. Dirigido por S. Calaza López, I. Ordeñana Gezuraga y J. Sigüenza López. Ed. Tirant lo blanch, València; VV. AA. (2023). *Justicia colaborativa online: mediación digital*. Dirigido por L. Fontestad Portalés y S, Calaza López; coordinado por M. N. Jiménez López, J. C. Muinelo Cobo y P. R. Suárez Xavier. Ed. Dykinson, Madrid; VV. AA. (2023). *Justicia en red para la paz*. Dirigido por L. Fontestad Portalés y S. Calaza López; coordinado por M. N. Jiménez López, J. C. Muinelo Cobo Y F. Pérez Tortosa. Ed. Dykinson, Madrid; VV. AA. (2023). *Medios adecuados de solución de controversias. Eficiencia procesal de las personas físicas y jurídicas*. Dirigido por S. Calaza López, I. Ordeñana Gezuraga Y V. López Yagües. Ed. La Ley, Madrid; VV. AA. (2024). *Justicia en REDefinición: Inteligencia artificial en los métodos adecuados de resolución de controversias*. Dirigido por L. Fontestad Portalés Y S. Calaza López; coordinado por P. Ramón Suárez Xavier E I. Ordeñana Gezuraga. Ed. Dykinson, Madrid; VV. AA. (2024). *Alternative Justice: Arbitraje 5.0*. Dirigido por S. Calaza López Y L. Fontestad Portalés; coordinado por I. Ordeñana Gezuraga Y P. Ramón Suárez Xavier. Ed. Dykinson, Madrid.

4 *Vide* Calaza López, S., y Barja de Quiroga, J. (2024). «Justicia europea 2030: Hacia la pureza de la oportunidad y la humanidad del juicio ante la digitalización del proceso. ¡Qué menos!», en L. A. Jiménez Jiménez, ¿Qué persigue el legislador europeo? Digitalización de la justicia, pero también principio de oportunidad. Ed. Dykinson, Madrid.

mediaticen la actuación humana. Por su parte, aunque el poder judicial no surge del voto del justiciable, la Constitución reconoce que la justicia emana del pueblo y se administra *«por Jueces y Magistrados»* que —al menos hasta el momento— deben ser personas[5]. Chocrón Giráldez resume las distintas opiniones sobre el ejercicio de la potestad jurisdiccional de este modo:

> 1) Teorías que entienden que la actividad judicial viene legitimada a través de los sistemas de designación del personal jurisdicente (es el caso de los llamaos jueces legos, del tribunal del Jurado, del nombramiento de los vocales del Consejo General del Poder Judicial o de los sistemas de ingreso en la carrera judicial; 2) Teorías que plantean la legitimidad de la actividad judicial al proyectarla en su continuidad y no sólo a centrarla en su origen, para buscar su fundamento en la existencia misma del proceso[6].

Sea como fuere, si regresamos a la cuestión formulada al principio, debemos esclarecer si queremos que las herramientas artificiales auxilien a los juzgadores[7] o si queremos que los suplanten algún día. Y, en este segundo caso, creo que debemos preguntarnos por qué vamos a querer que los suplanten.

Las respuestas tradicionales a este último interrogante pasan, principalmente, por la capacidad de los mecanismos de inteligencia artificial para manejar enormes cantidades de datos, tantos que la mente del juzgador no podría abarcar. Asimismo, por la rapidez con que estos artilugios procesan la información, tanta que la mente de un juzgador no podría seguir.

Sin duda la utilidad de contar con equipos de este calibre no es menospreciable. Pero ¿esta utilidad llega hasta tal punto que hace más apetecible que una decisión sea tomada por una inteligencia artificial? Esto es lo que pretende desentrañar esta obra.

---

5 Artículo 117 de la Constitución española. Comparte la opinión Sánchez Sáez, A. J. (2023). «El posible uso de la inteligencia artificial en el ámbito judicial: contexto jurídico español y europeo. Especial referencia al contencioso-administrativo». *Rivista italiana di informatica e diritto* 2/2023, 164. doi: 10.32091/RIID011

6 Chocrón Giráldez, A. M. (2005). «La exclusividad y la unidad jurisdiccionales como principios constitucionales en el ordenamiento jurídico español». *Boletín Mexicano de Derecho Comparado* 113, 656.

7 *Vide* VV. AA. (2022). *Digitalización de la Justicia: prevención, investigación y enjuiciamiento*. Dirigido por S. Calaza López y M. Llorente Sánchez-Arjona; coordinado por J. C. Muinelo Cobo. Ed. Aranzadi, Pamplona; VV. AA. (2023). *Desafíos del Derecho Procesal del s. XXI: Prueba prohibida, Inteligencia Artificial y Digitalización de la Administración de Justicia*. Dirigido por A. J. Pérez-Cruz Martín y S. Calaza López; coordinado por J. M. Roca Martínez. Ed. Dykinson, Madrid; VV. AA. (2024). *Next Generation Justice: Digitalización e Inteligencia Artificial*. Dirigido por S. Calaza López e I. Ordeñana Gezuraga. Ed. Aranzadi La Ley, Madrid; y Calaza López, S. (2024). «De todo lo visible (algoritmos) & lo invisible (redes neuronales) en la Justicia: Y sin embargo no te quiero incondicionalmente, Inteligencia Artificial». En V. López Yagües, *Investigación y Defensa en clave tecnológica*. Ed. Dykinson, Madrid.

Asimismo, las medidas españolas y europeas de digitalización de la Justicia aprobadas en 2023 han llamado la atención de los estudiosos por cuanto abrazan decididamente la videoconferencia como sistema de realización de actos procesales, incluyendo las vistas[8]. Aunque es loable el recurso a este método en determinados casos, su generalización también para las audiencias públicas suscita que nos cuestionemos si supone una reducción de los estándares de calidad en la práctica de la prueba. Éste es el segundo eje sobre el que rota este trabajo, y si bien en muchas ocasiones —hablando de la inteligencia artificial— lo que diremos no deja de ser una prospección a futuro, en este caso la realidad de la videoconferencia ya la tenemos aquí.

En definitiva, este estudio aborda la calidad de la práctica de la prueba y la calidad de la valoración probatoria desde la perspectiva del ordenamiento español y con proyección a la Unión Europea. Esto es, la digitalización supone un reto al derecho de defensa, y cabe preguntarse en qué medida afectará a la posibilidad de exportar resoluciones judiciales —reconocimiento y ejecución en el Espacio de Libertad, Seguridad y Justicia— que resulten escrupulosamente respetuosas con el juicio justo.

8 *Vide* VV. AA. (2024). *Libertad, diversidad y digitalización (siglos XIX-XXI). Homenaje a la profesora María Teresa Regueiro García*. Coordinado por R. MORÁN MARTÍN y S. CALAZA LÓPEZ. Ed. Dykinson, Madrid.

2

REFLEXIONES GLOBALES

2.1. El impacto de la digitalización en el Derecho

Seguramente habrá muchas opiniones al respecto, pero entiendo que la digitalización ha colisionado con el mundo jurídico removiendo sustancialmente tres elementos. Uno de ellos es el territorial, otro es el instrumental, y el tercero es el innovativo.

El elemento territorial hace referencia directa al ejercicio de la soberanía. Los ordenamientos jurídicos son regulaciones a través de las que quienes ostentan un poder —los estados, particularmente, o las organizaciones supraestatales a las que aquéllos han cedido parte de su soberanía— disciplinan los comportamientos dentro de su espacio territorial[9]. Sin embargo, algo como el ciberespacio no se despliega en ningún territorio, o si queremos, se despliega simultáneamente en todos. La territorialidad se difumina y no sólo puede resultar complicado asociar una determinada actuación a un determinado foro, sino que incluso pueden generarse conflictos competenciales originados por el hecho de que aquellas acciones pueden caer bajo el ámbito fiscalizador de distintos estados al mismo tiempo. Esta extraterritorialidad del ciberespacio tiene una importante derivada en el ámbito jurisdiccional penal, y, además, esta intangibilidad ha alterado la situación vivida hasta ahora en que los estados materialmente más fuertes poco tenían que temer de los estados materialmente más débiles[10]. Resulta más sencillo dañar al

9 *Vide* Calaza López, S. (2020). *Confluencia de la Jurisdicción y desjudicialización*. Ed. Thomson-Aranzadi, Cizur Menor.

10 Burchardt, D. (2023). «Does digitalization change International Law structurally?» *German Law Journal* 24, 446.

poderoso, y por si esto fuera poco, la volatilidad de los datos permite comportamientos escurridizos. Como es lógico, en materia de investigación y acopio de prueba también se produce este fenómeno:

> La prueba digital... puede estar diseminada por todo el globo, ser almacenada, dividida, copiada, duplicada, y distribuida «en la nube» a través de servidores escogidos algorítmicamente por los proveedores de los servicios de internet, siendo las razones de tal comportamiento facilitar el acceso a los usuarios y la ciberseguridad. Los datos relevantes pueden ser movidos de una jurisdicción a otra con sólo el clic de un ratón (volatilidad de los datos) y pueden ser almacenados en diferentes jurisdicciones al mismo tiempo[11].

El intento de controlar esta nueva realidad ha conducido a los estados a prescindir del concepto de territorialidad y a buscar otras correspondencias para la persecución de delitos e infracciones, tales como las de *«efectos, conexiones e intereses»*[12].

El segundo elemento al que hacíamos alusión, el instrumental, se explica fácilmente. Hablamos de las herramientas que no hacen sino trasladar al campo digital lo que ya hacemos en el día a día, sin alterar el sentido de la acción. Si pensamos en un *smart contract,* el componente digital lo aporta el modo conforme al cual manifestamos el consentimiento, pero en ningún caso se modifica el hecho de que, para que el contrato exista, el consentimiento debe haber sido prestado. En el escenario del Derecho procesal se ve muy claro. Los ordenamientos occidentales caminan decididamente hacia la introducción de herramientas que faciliten la labor de los operadores jurídicos. En este sentido, podemos hablar de utensilios a los que estamos más acostumbrados, como la grabación de vistas, el uso de la videoconferencia, o la utilización de medios de prueba basados en el archivo electrónico de datos; pero también podemos referirnos a herramientas como la transcripción automática de audiencias, el sistema informatizado para el intercambio electrónico transfronterizo de datos llamado e-Codex[13], o los programas tipo COMPAS o ADVOKATE, sobre los que después regresaremos[14]. En todos estos casos, la operación con transcendencia jurídica no cambia; cambia el

---

11 Burchardt, D. (2023). «Does digitalization change International Law structurally?» *op. cit.*, 455.

12 *Idem*.

13 Sistema alumbrado por el Reglamento (UE) 2022/850 del Parlamento Europeo y del Consejo de 30 de mayo de 2022 relativo a un sistema informatizado para el intercambio electrónico transfronterizo de datos en el ámbito de la cooperación judicial en materia civil y penal (sistema e-CODEX). Publico en el DO L 150 de 1 de junio de 2022, págs. 1-19.

14 Barja de Quiroga, J., y Calaza López, S. (2024). «Justicia digital & Justicia inteligente: De la imbatibilidad del dato a la incertidumbre del juicio». En E. Demetrio y A. M. Sanz Hermida (dir.); M. de la Cuerda Martín y F. García de la Torre García. *Derecho penal económico, Legal Tech y Teoría del delito*. Ed. Tirant lo blanch, València.

modo en que se lleva a cabo: que la demanda se presente a través de una plataforma digital no modifica el hecho de que la demanda debe presentarse en un determinado plazo.

Aun así, las bondades de las funcionalidades digitales también tienen sus aristas. Estas herramientas nos hacen mover en entornos digitales que quizá no dominamos del todo. Cuando un jurista va a presentar una demanda, puede ser que se encuentre con un repartidor de publicidad en la puerta del Juzgado que le entregue unas octavillas. Aceptarlas o no ya es decisión suya. La interacción con el repartidor puede ser una tímida sonrisa o un corto saludo, sin que el jurista le revele a qué se dedica, cuál es su domicilio profesional y por cuenta de quién actuará en unos minutos ante el Juzgado. Pero cuando ese mismo jurista opera en entornos digitales, está revelando toda aquella información y mucha más, y lo hace en un entorno del cual no tiene el control. Que la aplicación o herramienta sea segura o no, no es una cuestión de menor calado, porque de ello dependerá que existan intromisiones en la privacidad de los individuos, vulnerando así su derecho fundamental, que puede ser peor cuando estos datos obtenidos sean objeto de monitorización para su posterior venta[15].

El tercer elemento, el innovativo, no es solamente propio de la digitalización, sino de cualquier metamorfosis social. Implica la búsqueda de nuevas normas que regulen realidades hasta entonces ignoradas. En este caso, la evolución que estamos experimentando no supone una simple adaptación de los procesos analógicos al formato digital. No todo es trasladable de una esfera a la otra, y, de hecho, los operadores jurídicos conviven con dos certezas distintas: por una parte, una legislación creada *ex professo* con códigos específicos e incluso nuevos derechos, como por ejemplo el derecho a no ser sujeto de decisiones automatizadas o el derecho al olvido[16]; por otra, normas ya existentes en el contexto analógico que *«son expandidas para responder a las necesidades reguladoras generadas por la digitalización»*[17].

Psychogiopoulou ha estudiado la imbricación entre los criterios del Tribunal de Justicia de la Unión Europea y el Tribunal Europeo de Derechos Humanos en materias propias de la digitalización, tales como la normativa sobre copyright, las publicaciones online, la protección de datos en internet y la interceptación de comunicaciones también online[18]. En su trabajo se observa

15 Trešťáková, D. (2023) «Individuals and their rights in the middle of digitalization and technological progress of the society». *EU and comparative Law issues and challenges series (ECLIC)* 7: Digitalization and green transformation of the EU, 327-328.

16 Burchardt, D. (2023). «Does digitalization change International Law structurally?» *op. cit.*, 451.

17 *Ibidem*, 448.

18 Psychogiopoulou, E. (2022). «Judicial dialogue and digitalization: CJEU engagement with ECtHR case law and fundamental rights standards in the EU». *Journal of intelectual property, information technology and electronic commerce Law JIPITEC* 13 (2).

precisamente que las doctrinas sobre derechos fundamentales —singularmente, el derecho a la libertad de expresión en sus varias acepciones, el derecho a la intimidad y el derecho a la protección de datos— se continúan aplicando en base a postulados clásicos. La diferencia sustancial con respecto al pasado analógico radica en que los escenarios digitales amplifican sobredimensionan cualquier tipo de problema tradicional: *«Internet difiere, como utensilio de información, de cualquier otro medio. Su accesibilidad y capacidad de almacenar y comunicar información a una vasta audiencia magnifica el impacto del contenido publico online»*[19]. La afectación es doble, pues ello no es necesariamente malo, ya que —recogiendo doctrina del TEDH— facilita la divulgación de la información *«favoreciendo la libertad de expresión e información»*[20].

Ahora bien, dicho esto, el entorno digital no incorpora diatribas jurídicas radicalmente disímiles a las del entorno analógico. Así puede comprobarse en casos como *Funke Medien NRW*[21], sobre publicación de informes militares, o *Spiegel Online*[22], sobre la difusión vía web de un manuscrito que revelaba abusos a menores por parte de un político y que habría sido supuestamente alterada con respecto al original.

Cambian las circunstancias de hecho, eso sí, porque es más fácil que los destinatarios de una conducta infractora sean muchos y en muchos sitios, y también porque existen normas que específicamente regulan nuevos derechos ligados al mundo digital, como el Reglamento (UE) 2016/679 del Parlamento Europeo y del Consejo de 27 de abril de 2016 relativo a la protección de las personas físicas en lo que respecta al tratamiento de datos personales y a la libre circulación de estos datos, que modulan el sentido y la profundidad de los derechos fundamentales. Sintomáticamente, de entre los casos examinados por Psychogiopoulou, destaca el asunto *M. L. y W. W. v. Alemania*[23], que conjuga el derecho a la libertad de expresión en su vertiente de libertad de prensa y publicación, con el mantenimiento en los archivos digitales de informaciones que, referidas al pasado, hoy pueden haber perdido toda actualidad (como es el caso de una antigua condena)[24]. Puesto que la información es accesible durante mucho más tiempo, cabía dilucidar si existe un derecho a mantener en internet los archivos digi-

19 *Ibidem*, 151.

20 *Ibidem*, 151.

21 STJUE de 29 de julio de 2019, Funke Medien NRW, C-469/17, EU:C:2019:623.

22 STJUE de 29 de julio de 2019, Spiegel Online, C-516/17, EU:C:2019:625.

23 STEDH de 28 de junio de 2018, M. M. y W. W. V. Alemania, 60798/10, CE:ECHR:2018:0628JUD006079810.

24 Psychogiopoulou, E. (2022). «Judicial dialogue and digitalization: CJEU engagement with ECtHR case law and fundamental rights standards in the EU», *op. cit.*, 155.

tales que estuviera amparado por la libertad de prensa. Ésta es la originalidad, pero no es nueva la herramienta jurídica para su solución. Dado que los motores de búsqueda *«amplifican el rango de interferencia con el derecho a la privacidad»,* el TEDH concluye que las obligaciones de estas aplicaciones con el individuo son distintas de las de un editor analógico[25]. Vemos que el enfoque es el tradicional, derecho y restricción legítima.

2.2. El derecho de defensa y la evolución estructural del proceso jurisdiccional hasta la digitalización

Podría decirse que, al final, el derecho de defensa es lo que la Ley dice que es, porque el derecho de defensa se despliega a través del cumplimiento de distintas garantías que las normativas procesales van definiendo[26]. Y lo cierto es que cuando decimos esto, no nos referimos a la recientemente promulgada Ley Orgánica 5/2024, de 11 de noviembre, del Derecho de Defensa[27], que resulta menos útil en la delimitación del derecho de defensa que otros cuerpos legislativos como la propia Ley de Enjuiciamiento Civil o la Ley de Enjuiciamiento Criminal. La nueva Ley se presenta como un híbrido entre un listado de derechos ya reconocidos en las normas rituarias y la jurisprudencia, la especificación a la abogacía de la normativa sobre colegios profesionales, el Estatuto General de la Abogacía y la normativa sobre asistencia jurídica gratuita.

Obsérvese que en su sistematización del *«derecho de defensa de las personas»,* contenida en el Capítulo II, se echan en falta garantías que sí, en cambio, se contemplan previamente en el artículo 3, como es el caso del principio de igualdad de armas, o también de la motivación suficiente de las resoluciones judiciales. Es curioso el poco empaque que se da a los principios adversarial y de igualdad, teniendo en cuenta que un bloque mayoritario de la nueva Ley Orgánica se dedica a la asistencia letrada y que ambos principios son los más íntimamente ligados al ejercicio activo de la defensa.

---

25 *Ibidem*, 156.

26 *Vide* CALAZA LÓPEZ, S., y DE PRADA RODRÍGUEZ, M. (2023). «Acción y Defensa en clave digital: "Dos caras de una misma moneda" y un "brindis al sol" en la inminente Ley de Derecho de Defensa». *Actualidad Civil* n.º 4. Ed. La Ley, Madrid; CALAZA LÓPEZ, S. y DE PRADA RODRÍGUEZ, M. (2024). «El derecho de defensa y su curiosa ecuación axiomática con el derecho de acción en la proyectada LO del Derecho de Defensa». *Actualidad Civil* n.º 2. Ed. La Ley, Madrid.

27 BOE de 4 de diciembre de 2024. Un estudio exhaustivo en clave de digitalización es el que se contiene en CALAZA LÓPEZ, S. y DE PRADA RODRÍGUEZ, M. (2023). «Acción y Defensa en clave digital: "Dos caras de una misma moneda" y un "brindis al sol" en la inminente Ley de Derecho de Defensa», *Actualidad Civil* 4, Ed. La Ley.

El artículo 3, mezclando derecho de defensa y derecho a la tutela judicial efectiva, alude al contradictorio cuando reconoce que el derecho de defensa incluye *«las facultades precisas para conocer y oponerse a las pretensiones que se formulen de contrario»* y a *«utilizar los medios de prueba pertinentes en apoyo de las propias».* El artículo 7 de la Ley sí se refiere al derecho a ser oído, *«a formular alegaciones, a aportar documentos y a utilizar los medios de defensa admitidos por el ordenamiento jurídico».* Sin embargo, en una y otra descripción se extraña la mención del papel del juez, porque de nada sirve *«conocer y oponerse a las pretensiones que se formulen de contrario»* si nuestras alegaciones pudieran ser ignoradas. En otras palabras, de nada sirve ser oído «formalmente».

También en el artículo 3 existe un tímido mandato para que las leyes procesales salvaguarden *«el principio de igualdad procesal»,* anecdóticamente utilizando esta terminología menos belicista que la tradicional. Pero ninguna referencia a la motivación suficiente se contiene en la Ley Orgánica. Si acaso, a la congruencia y a la fundamentación en Derecho, que no es poca cosa, pero cuyos campos semánticos no coinciden con el de la motivación suficiente. Y la motivación suficiente sí es un elemento —pasivo, si se quiere definirlo así— del derecho de defensa, aunque no sea más que porque sin motivación suficiente o con motivación confusa se dificulta el recurso.

La realidad es que sorprende negativamente la falta de obligaciones que la Ley Orgánica deposita en los jueces y juezas. Aunque la norma estipule derechos directamente invocables ante los órganos judiciales (que tampoco lo hace porque poco o ninguno de sus artículos no tiene reflejo en las leyes rituarias, de modo que no hay tal necesidad), asombra que la única responsabilidad que derechamente se atribuye a jueces, juezas, magistrados y magistradas sea la de velar por el derecho a un lenguaje claro durante el procedimiento judicial[28].

En cambio, personalmente entiendo que debe darse relevancia a la declaración contenida en el apartado 6 del artículo 3 de la Ley: las dudas en la *«interpretación y alcance»* del derecho de defensa habrá de resolverse *«del modo más favorable al ejercicio del derecho».* No es que esto no se haya dicho nunca o que hasta ahora no se hiciera así, pero el hecho de poder invocar directamente este precepto ante un órgano judicial es tentador, pues en demasiadas ocasiones hay vaivenes interpretativos en la instancia, sobre todo en casos en los que las resoluciones no son recurribles o en que el recurso es extraordinario, que nunca llegan al Tribunal Constitucional por causa del requisito de la transcendencia.

No será necesariamente, como anticipábamos, gracias a la nueva Ley Orgánica, pero a la postre, el derecho de defensa es lo que la Ley dice que es. Como ejemplo de ello, el legislador ha establecido la oralidad como principio del proceso cuando en otros momentos había regido la escritura, sin que nadie discuta que este cambio afecte o perjudique al derecho de

28 Así, en el artículo 9.

defensa. Simplemente, la concepción de la defensa se ha acondicionado al nuevo marco oral, redefiniéndose y reajustándose en cuanto a sus aplicaciones prácticas. Por otra parte, las posibilidades de intervención del juzgador en el proceso también han sufrido vaivenes, plasmándose en potestades que no han sido discutidas de manera abstracta por no afectar al contenido esencial del derecho de defensa, y sólo se han cuestionado cuando en el campo de lo concreto han producido algún perjuicio a las partes. En definitiva, la aplicación en el proceso del derecho de defensa puede modularse en función de cuál sea la estructura del propio proceso que cada sociedad ha ido aceptando. Quizá uno de los ejemplos más clarificadores del despliegue del derecho de defensa a través de las garantías —que no siempre gozan de cobertura constitucional porque en algunos casos aparecen asociadas a limitaciones tolerables— es el de la preclusión de los plazos procesales. La preclusión no deja de ser una norma «sólo» legal que delimita y define unas determinadas obligaciones para la defensa y de cuya aplicación se derivan unas concretas consecuencias. La contestación de la demanda fuera de plazo o la presentación extemporánea de un recurso no quedan amparadas por un genérico derecho a «cualquier» defensa, y no se presentan dudas acerca de que no respetar estos plazos tiene unas consecuencias nefastas para los derechos de la parte, consecuencias que las regulaciones de derechos humanos ven con buenos ojos.

Estas delimitaciones se producen tanto en el ámbito doméstico y se proyectan a la esfera internacional. Así, prescripciones como el artículo 47 de la Carta de los Derechos Fundamentales de la Unión Europea o el artículo 6 del Convenio Europeo de Derechos Humanos tampoco tienen —como es lógico— el nivel de concreción necesario para diligenciar un proceso jurisdiccional, y tienen que ser los instrumentos aplicativos de tales instrumentos —el Tribunal de Justicia de la Unión Europea y el Tribunal Europeo de Derechos Humanos, respectivamente— los que vayan aceptando la conformidad con la idea de justicia de los distintos elementos que se han puesto en juego en el proceso[29].

Desde 1975[30], el TJUE se ha nutrido de la perspectiva del TEDH, el cual residencia en el valor «equidad» su examen de la aplicación doméstica de

29 *Vide* Calaza López, S. y Tenorio Sánchez, P. J. (2024). «El derecho de defensa español en Europa: tan joven y tan cerca», en T. Palau Font, *Tutela procesal civil del derecho de defensa en Europa*. Ed. Dykinson, Madrid.

30 El Tribunal de Justicia se había referido por primera vez y explícitamente al Convenio Europeo de Derechos Humanos en el año 1975, en la STJUE de 28 de octubre de 1975, Rutili/Ministre de l'intérieur, 36/75, EU:C:1975:137, apartado 32. En 1979, en la STJUE de 13 de diciembre de 1979, Hauer/Land Rheinland-Pfalz, 44/79, EU:C:1979:290, apartado 15, había reconocido su especial significación entre todos los tratados internacionales relativos a la protección de los derechos humanos. Más específicamente, La primera alusión que la jurisprudencia del Tribunal de Justicia hace no al Convenio sino al TEDH se contiene en la STJUE de 21 de septiembre de 1989, Hoechst/Comisión, C-46/87, EU:C:1989:337; mientras que la primera referencia que el Tribunal de Justicia hace a la jurisprudencia del TEDH se encuentra en la STJUE de 30 de abril de 1996, P/S y Cornwall County Council, C-13/94, EU:C:1996:170.

las garantías procesales. Y aunque los sistemas legales de la Unión Europea y del Convenio son autónomos —sin que uno sea superior al otro[31]—, en la actualidad se encuentran entrelazados hasta tal punto que, para algunos autores, carece de sentido interpretarlos como autosuficientes[32].

Todo esto viene a cuento a tenor de la introducción de algunas novedades que la digitalización acoge con indisimulado agrado, el caso más ilustrativo de las cuales es la videoconferencia. Hasta hoy, la posibilidad de que los juicios se celebraran mediante videoconferencia no había tenido una pléyade de defensores como los que han ido apareciendo. Si acaso, el uso de la videoconferencia se dejaba para supuestos en los que, con arreglo a un criterio de proporcionalidad, se entendía que sus riesgos eran menores que los beneficios que suponía. Por ejemplo, la celeridad procesal vencía a la inmediación en la declaración de algunos testigos geográficamente distantes, pero cuando ello fuera aceptado por las partes o, al menos, no existiera una alegación justificada de indefensión. Para muchos operadores jurídicos, la videoconferencia era un mecanismo excepcional que no podía fomentar que se dictaran sentencias a través de una pantalla.

En la actualidad, en cambio, la modernidad se ha abierto paso, y muchos dirán que mediante una reforma de la Ley de Enjuiciamiento Civil se ha redefinido el principio de inmediación y que se camina hacia una Justicia dividida en varios estratos, algunos más garantistas y otras menos. Al hablar con un buen número de agentes jurídicos, es remarcable que a casi todos les resulta extraña la práctica de prueba sin presencia directa, con comunicación sólo bilateral. Pero, dicho esto, no muchos quieren hacer el esfuerzo de profundizar en por qué. La apelación a elementos intangibles como la percepción del abogado sobre el comportamiento del testigo o de la contraparte es un lugar común. Y, si bien en ello puede existir una razón de ciencia —como se encarga de explicar la psicología del testimonio—, también se aprecia un notable descontentamiento con las concretas aplicaciones de la psicología del testimonio que realizan los juzgadores, por volátiles y poco fundamentadas. En fin, ello nos conduce a la cuestión esencial, que no es otra que qué es aquello

31 Halleskov Storgaard, L. (2015). «Composing Europe's Fundamental Rights Area: A case for discursive pluralisme». *Cambridge Yearbook of European Legal Studies* 17, 226.

32 *Ibidem*, 225. Esta concepción bebe de la teoría denominada «pluralismo discursivo», y defiende que, a pesar de la autonomía predicable de los sistemas estatales y supraestatales, todos ellos componen un marco común europeo más amplio (*ibidem*, pág. 230). Según Halleskov Storgaard, quien cita a su vez al Abogado General Miguel Poiares Maduro, el éxito de este último sistema europeo dependería de tres principios. El primero sería la *«compatibilidad sistémica»*, esto es, compatibilidad que se da cuando los sistemas se integran en una misma comunidad política o comparten unos mismos valores esenciales. El segundo sería la *«consciencia institucional»*, es decir, la atención prestada al contexto plural —legislativo, competencial y cultural— en el que los sistemas operan. Y el tercero sería el *«marco hermenéutico compartido»*, no tanto como sujeción a una teoría legal concreta cuanto, más bien, adaptación al marco legal que sirve de paraguas para todos los sistemas que lo integran (*ibidem*, 231).

que debemos entender por sana crítica, y si esa sana crítica puede aplicarse satisfactoriamente en entornos de comunicación bidireccional. Este concepto, aunque compartido por muchos ordenamientos, nunca ha sido aclarado ni, por lo mismo, sus componentes han sido cuidadosamente identificados.

Lo cierto es que otros tantos afirmarán que, ante las dificultades de la valoración de la prueba personal, no podemos dejarnos llevar por esta especie de magia o de juego de probabilidades, y que conviene desterrar de la sana crítica todo elemento subjetivo. Para estas posturas, la atenuación de la inmediación y el advenimiento de la videoconferencia no suponen un problema.

Esta evolución no debe sorprendernos, pues el propio progreso de los códigos procesales ha ido perfilando las garantías procesales que, a la postre, conformarían el derecho de defensa. Así, ni siempre fue el procedimiento oral, ni las características adversariales se mantuvieron inmutables, ni, mucho menos, se comprendió la función social que el proceso civil podía revestir.

Se suele loar el Código de Procedimiento Civil francés de 1806, cuya influencia se extendió por Europa raíz de la expansión napoleónica, y que *«en muchos casos constituyó el primer acercamiento que tuvieron los abogados con un sistema codificado de derecho procesal civil»*[33]. Este cuerpo no veía las disputas civiles más que como un problema puramente particular entre dos o más ciudadanos, sin que la sociedad tuviera ningún interés en ello[34]. Consecuentemente, la verdad material no tendría ningún valor frente a la *«verdad fabricada por las partes en la demanda»*[35]. Con la elaboración del código austríaco de 1895 fruto de las ideas del estado del bienestar[36], la función social pasaría a la palestra, y el juzgador adoptaría un papel colaborativo con las partes.

Junto a este viaje, el desarrollo de las garantías procesales ha ido modulando el concepto de la defensa, y quizá hoy vivimos un debate entre los partidarios de la presencialidad y los que admiten que la inmediación se cumple a través de una pantalla. Éste es el reto al que hoy nos enfrentamos: ¿el cambio digitalizador nos conducirá a un proceso civil más justo o sólo a un proceso civil más cómodo?

---

33 Van Rhee, C. H. (2011). «Tradiciones europeas en el procedimiento civil: una introducción» (Trad. G. Hermosilla Riobó y C. Sandoval Flores). *Revista de Estudios de la Justicia Universidad de Chile* 15, 19. Van Rhee, C. H. (2011). «Evolución del Derecho procesal civil en Europa: Cómo el juez activo se convirtió en lo normal» (Trad. G. Hermosilla Riobó y C. Sandoval Flores). *Revista chilena de Derecho y Ciencia Política* 2 (2), 15.

34 Van Rhee, C. H. (2011). «Tradiciones europeas en el procedimiento civil: una introducción», *op. cit.*, 26.

35 Van Rhee, C. H. (2011). «Tradiciones europeas en el procedimiento civil: una introducción», *op. cit.*, 27. Van Rhee, C. H. (2011). «Evolución del Derecho procesal civil en Europa: Cómo el juez activo se convirtió en lo normal», *op. cit.*, 22.

36 Van Rhee, C. H. (2011). «Tradiciones europeas en el procedimiento civil: una introducción», *op. cit.*, 25.

2.3. Inteligencia artificial y proceso jurisdiccional

2.3.1. Utilidad de la inteligencia artificial en el proceso

Cuando hablamos de inteligencia artificial no lo hacemos simplemente de una herramienta capaz de procesar datos y ofrecer un resultado a partir de la aplicación de un algoritmo a aquellos datos previamente introducidos[37]. Hoy día, vamos más allá, y la inteligencia artificial ya es un sistema que lleva a cabo *«funciones creativas de manera autónoma e independiente»* de *la acción y la intervención de sus programadores*[38], hasta el punto de que diversos autores han planteado la necesidad de abordar la pregunta relativa a si deben o no deben tener personalidad jurídica[39]. Algunos como Burchard, con cita de Swart, defiende que esta alternativa podría llegar a ser *«incluso una necesidad»* para cerrar los huecos por los que pueda escabullirse la responsabilidad[40]. La misma Burchard, esta vez con cita de Shany, apunta a la creación de una *«"personalidad digital" o de una "personalidad online" que sería reconocida como una entidad legal separada de la persona física que está detrás de ella»*[41]. No termino de entender el sentido de una regulación como ésta si no es como un mero complemento de la responsabilidad de las personas físicas que están detrás (esto es, evitar que determinadas herramientas continúen operando en el tráfico sin perjuicio de la responsabilidad

37 *Vide* S. Calaza López (2024). «Next Generation Justice: ¿Magia procesal o Inteligencia Artificial?», en H. Soleto, R. López, A. Arnáiz y S. Oubiña (coord.), *Justicia: eficiencia, seguridad y servicio público, Libro Homenaje al Prof. Víctor Moreno Catena*. Ed. Tirant lo Blanch, València.

38 Kamyshanskiy, V., Stepanov, D., Mukhina, I., y Kripakova, D. (2021). «Digital society, artificial intelligence and modern civil law: challenges and perspectives». *SHS Web of Conferences* 109, 1017. https://doi.org/10.1051/shsconf/202110901016

39 Vasiliev, A., Zemlyukov, S., Ibragimov, Z., Kulikov, E., Makovsky, I. (2019). «Ethical and legal aspects of the use of artificial intelligence in Russia, EU, and the USA: comparative legal analysis». *Religación. Revista de Ciencias Sociales y Humanidades* 4 (19), 216; Kamyshanskiy, V., Stepanov, D., Mukhina, I., y Kripakova, D. (2021). «Digital society, artificial intelligence and modern civil law: challenges and perspectives», *op. cit.*, 1019; Barbosa, M. M., Braga Netto, F., Silva, M. C., y de Moura Faleiros Júnior, J. L. (2021). «Inteligência artificial e personalidade jurídica: aspectos controvertides», en Pereira de Lima, C. R., Godoy Bernardo de Oliveira, C. y Seron Ruiz, E. E., *Direito Digital e Inteligência Artificial*. Editora Foco, Brazil, 97-98; Herrera de las Heras, R. (2022). *Aspectos legales de la inteligencia artificial. Personalidad jurídica de los robots, protección de datos y responsabilidad civil*. Dykinson, Madrid, 30; Burchardt, D. (2023). «Does digitalization change International Law structurally?», *op. cit.*, 447.

40 Burchardt, D. (2023). «Does digitalization change International Law structurally?» *op. cit.*, 447.

41 *Idem*.

personal de quienes las han auspiciado), porque no puede perderse de vista que la atribución de personalidad incurriría en el riesgo de debilitar la responsabilidad de sus propietarios y desarrolladores[42]: si se nos permite la comparación, suficientes problemas tenemos y ya es bastante difícil perseguir a los que viven a través de sociedades mercantiles descapitalizadas o pantalla en fraude de acreedores.

La inteligencia artificial es recibida en el mundo del Derecho con igual entusiasmo que cautela. El recientemente aprobado Reglamento de Inteligencia Artificial[43] efectúa una clasificación de los sistemas de IA en función de si suponen riesgo *«importante»* para la salud, la seguridad o los derechos fundamentales de las personas físicas. A los que sí lo representan, los califica como sistemas de alto riesgo[44]. Aunque el redactado sería claramente mejorable, parece entenderse que el riesgo será todavía mayor si son capaces de influir *«sustancialmente en el resultado de la toma de decisiones»*. Consecuentemente, descarta que supongan un alto riesgo los sistemas encaminados a mejorar, pero no sustituir el resultado de una actividad humana[45].

Algunos autores plantean que la resolución de litigios mediante el uso de la inteligencia artificial podría ser un recurso idóneo para desbloquear e impulsar la agilización de la administración de justicia[46].

Sin embargo, hoy en día, tampoco podemos esperar una completa suplantación del órgano judicial. Desde luego, no podemos especular con la exis-

42 Vasiliev, A., Zemlyukov, S., Ibragimov, Z., Kulikov, E., Makovsky, I. (2019). «Ethical and legal aspects of the use of artificial intelligence in Russia, EU, and the USA: comparative legal analysis», *op. cit.*, 2016.

43 Reglamento (UE) 2024/1689 del Parlamento Europeo y del Consejo, de 13 de junio de 2024, por el que se establecen normas armonizadas en materia de inteligencia artificial. DO L, 2024/1689, de 12 de julio de 2024. ELI: http://data.europa.eu/eli/reg/2024/1689/oj

44 Artículo 6, apartado 3, del Reglamento.

45 Para el artículo 6, apartado 3, del Reglamento, no constituirán sistemas de alto riesgo los que cumplan al menos una de estas condiciones: *«a) que el sistema de IA tenga por objeto llevar a cabo una tarea de procedimiento limitada; b) que el sistema de IA tenga por objeto mejorar el resultado de una actividad humana previamente realizada; c) que el sistema de IA tenga por objeto detectar patrones de toma de decisiones o desviaciones con respecto a patrones de toma de decisiones anteriores y no esté destinado a sustituir la evaluación humana previamente realizada sin una revisión humana adecuada, ni a influir en ella; o d) que el sistema de IA tenga por objeto llevar a cabo una tarea preparatoria para una evaluación pertinente a efectos de los casos de uso enumerados en el anexo III»*.

46 Rubim Borges Fortes, P. (2020). «Paths to digital justice: Judicial robots, algorithmic decision-making, and due process». *Asian Journal of Law and Society*, 7, 454; Aliste Santos, T. J. (2022). «Hacia un sistema de justicia digitalizado: problemas y desafíos», en Llorente Sánchez-Arjona, Mercedes, y Calaza López, Sonia (directoras) y Munielo Cobo, José Carlos (coordinador), *Digitalización de la Justicia: Prevención, investigación y enjuiciamiento*. Ed. Aranzadi, Cizur Menor, 101.

tencia de *«robots togados»*[47], entre otras razones porque *«externalizar la actividad de administrar justicia puede generar problemas desde la perspectiva constitucional en términos de la inaceptable delegación de poderes»*[48]. Igualmente, sería necesario observar cuál es la consideración que, para el justiciable, merece la intervención de la inteligencia artificial en la resolución de conflictos[49].

En esta percepción pueden influir diversos factores, alguno incluso positivo, pero, como dice Rubim, *«no deberíamos cometer el típico error de imaginar que la inteligencia artificial es simplemente una manifestación superior de la inteligencia humana»*[50], dado que *«los algoritmos están diseñados y programados para cumplir tareas específicas»*, es decir, no son capaces de actuar con una *«inteligencia general»*[51]. La inteligencia general viene a ser un poder de abstracción y, particularmente, de contemplar de manera integrativa distintas variables, distintos valores y diferentes situaciones que salen de nuestro control. El algoritmo, en cambio, sólo será capaz de apreciar aquellos parámetros que están incluidos expresamente en su programa.

Y esto no es una cuestión menor —quién programa y cómo se programa—, pues el mundo del Derecho rebosa de conceptos jurídicos indeterminados[52]. Temas como la equidad, la gravedad, la notoriedad, la legítima defensa, la razonabilidad o la diligencia propia de un buen padre de familia proliferan en el Derecho y suelen ser reos de un notable componente de subjetividad que lleva a distintas posturas entre los órganos jurisdiccionales. No sólo los

---

47 Rubim Borges Fortes, P. (2020). «Paths to digital justice: Judicial robots, algorithmic decision-making, and due process», *op. cit.*, 463. Entre otros autores que se cuestionan esta posibilidad, De Luis García, E. (2023). «Justicia, inteligencia artificial y derecho de defensa». En Miró, F., «Digitalización y algoritmización de la justicia». *Revista d'Internet, Dret i Política IDP* n.º 39, 2. de Luis García explica que *«entre las herramientas de IA aplicadas al ámbito policial y judicial podemos encontrar desde aquellas que sirven para calcular el riesgo de reincidencia (como el famoso sistema COMPAS), pasando por aquellas cuya finalidad es detectar denuncias falsas (como VERIPOL, el sistema empleado en las comisarías españolas), hasta las que permiten predecir delitos (como serían las conocidas HART o PREDPOL), o incluso predecir el fallo de una sentencia (como JURIMETRÍA)» (ibidem, 3).*

48 *Ibidem*, 464.

49 Tamò-Larrieux, A. (2021). «Decision-making by machines: Is the "Lay of Everything" enough?» *Computer Law & Security Review* 41, 4. https://doi.org/10.1016/j.clsr.2021.105541

50 Rubim Borges Fortes, P. (2020). «Paths to digital justice: Judicial robots, algorithmic decision-making, and due process», *op. cit.*, 456.

51 *Ibidem*, 456, 462-463, citando a su vez a Turner, J. (2019). *Robot Rules: Regulating Artificial Intelligence*. Palgrave Macmillan, London, 6-7.

52 Sánchez Sáez, A. J. (2023). «El posible uso de la inteligencia artificial en el ámbito judicial: contexto jurídico español y europeo. Especial referencia al contencioso-administrativo», *op. cit.*, 188-189.

conceptos jurídicos indeterminados, sino que las circunstancias en las que se desarrolla una determinada conducta humana también son susceptibles de generar distintas interpretaciones.

Veamos un ejemplo de ello. En la base, el algoritmo se fundamenta en una pregunta a la que se da una respuesta. Cuando a tal pregunta se le ofrecen varias contestaciones —conformando entre todas un diálogo argumentativo[53]—, el algoritmo escogerá una de ellas en función de la información de la que se le ha dotado por el programador. A medida que la pregunta tiene variables y va integrándose en un árbol de más y más preguntas, a cada una de las cuales se le brindan una serie de respuestas, el árbol se va haciendo más complejo[54]. Estos árboles o diálogos deberían estructurarse conforme a criterios de razonamiento lógico[55], que es propio de la argumentación judicial.

Esto es, ante un concepto indeterminado como la equidad, podemos plantear a la inteligencia artificial la siguiente pregunta: *«¿Es una inadmisión de prueba desproporcionada la que se fundamenta en que la parte actora, en un proceso contencioso-administrativo, no ha determinado separadamente los "puntos de hecho sobre los que haya de versar la prueba" testifical?»* Ante ello, la respuesta posible puede ser: *«No, porque el artículo 60 de la LJCA establece que se hará mediante otrosí o, al menos, de forma separada del resto de la demanda».* Otra contestación posible sería: *«Sí, porque aunque no se cumpla con el artículo 60 de la LJCA, del cuerpo de la demanda se infiere claramente qué es lo que se pretende con la prueba testifical propuesta».* Evidentemente, si el programa ha sido informado de que cabe la posibilidad de que, aunque no se haya cumplido formalmente con el precepto, es conveniente atender a la demanda y valorar si la finalidad de comprender cuáles son los hechos controvertidos del pleito sí se cumple, la inteligencia artificial podrá elegir la segunda opción. No podrá, en cambio, si no se la ha dotado de tal información. Por consiguiente, en principio, vemos que las capacidades de la inteligencia artificial se basan en la existencia de precedentes y en la función de alimentación o suministro de datos que lleven a cabo los programadores.

En el caso de las máquinas capaces de aprender, lo que se echa en falta —hoy en día— es la capacidad de abstracción que tenemos los humanos. Dicho en otras palabras, ¿cómo reaccionará la inteligencia artificial ante supuestos que no se le hayan planteado previamente y sobre los que no tenga suficientes datos? ¿Entenderá legítima la defensa de quien blande la

---

53 PRAKKEN, H. (2001). «Modelling reasoning about evidence in legal procedure». *ICAIL 01: Proceedings of the 8th International conference on Artificial Intelligence and law*, 120-121. https://doi.org/10.1145/383535.383550

54 PRAKKEN, H. Y SARTOR, G. (1998). «Modelling reasoning with precedents in a formal dialogue game». *Artificial Intelligence and Law* 6, 258-260; PRAKKEN, H. (2001). «Modelling reasoning about evidence in legal procedure», *op. cit.*, 121-122.

55 PRAKKEN, H. (2002). «Intuitions and the modelling of defeasible reasoning: some case studies». *Ithaca: Cornell University Library, arXiv.org* 7, 1.

manivela de un toldo contra quien le ha atacado con un jarrón? Puede ser que la inteligencia artificial sea capaz de generar una opinión al respecto, pero lo que está claro es que ello exigirá una constante provisión de datos y supervisión por parte de los programadores que prácticamente les otorgará un poder rayano con el judicial —no decidirán, pero sí darán los elementos para decidir—, cuando la función jurisdiccional no es delegable ni en España ni en los estados democráticos. Existen numerosos ejemplos de indeterminación de los conceptos y falta de contextualización; quizás, uno que puede resultar ilustrativo es la representación de «la Madre Teresa de Calcuta luchando contra la pobreza», sólo que la Madre Teresa es representada en posición agresiva y la pobreza es encarnada por niños desnutridos y harapientos que a su vez se enfrentan aguerridamente a la misionera[56].

La función judicial no se basa sólo en el precedente ni, por ende, cualquier resolución jurisdiccional es totalmente previsible. Nieva Fenoll lo expone en estas palabras:

> Nunca podrá despreciarse la laboral del intérprete, dado que ni los casos serán siempre iguales ni las interpretaciones de la norma son finitas como las caras de un dado, sino que estarán sometidas siempre a los argumentos histórico y teleológico, por ejemplo, las leyes siempre abrirán nuevas puertas para adaptarse a nuevos casos concretos, lo que no ocurriría si simplemente se utilizara el argumento gramatical o incluso el argumento lógico, que sí que son más fácilmente sistematizables[57].

Aun así, quienes ven con buenos ojos la introducción de estos mecanismos en la administración de justicia remarcan sus dos principales bondades: la seguridad jurídica que da el hecho de que, ante dilemas esencialmente idénticos, la respuesta también sea la misma; y la mayor capacidad para procesar una cantidad ingente de datos[58].

El Real Decreto-ley 6/2023, de 19 de diciembre[59], que es la norma que —hasta ahora— ha dado el espaldarazo definitivo a la digitalización de la administración de justicia en España, pone énfasis en el *«carácter instrumental de soporte y apoyo a la actividad jurisdiccional»* de las tecnologías de la información[60]. Es notorio que la hipótesis de sustitución de los órganos judiciales por herramientas de inteligencia artificial suscita grandes cuestiones de diversos órdenes. Ahora bien, tal como el precepto

---

56 Dr. Martín Moreno [@JMMartinMoreno]. *Una demostración de que la inteligencia artificial no sabe todavía bien la respuesta adecuada* [Tweet]. Twitter. https://twitter.com/JMMartinMoreno/status/1760352290668523637

57 Nieva Fenoll, J. (2018). *Inteligencia artificial y proceso judicial*. Marcial Pons, Barcelona, 29.

58 Rubim Borges Fortes, P. (2020). «Paths to digital justice: Judicial robots, algorithmic decision-making, and due process», *op. cit.*, 458, 464, citando a su vez a Fry, H. (2018). *Hello world: Being human in the age of algorithms*. W. W. Norton & Company, New York, 59.

59 BOE núm. 303, de 20 de diciembre de 2023.

60 Artículo 1, apartado 3.

citado se encarga de recordar, esta función de apoyo no puede quebrantar las garantías procesales. Si bien esta afirmación puede parecer fútil, debe recordarse que ningún artefacto debe alterar la configuración del proceso, introduciendo en el ámbito del proceso adversarial elementos peculiares de los procesos inquisitivos, esto es, que permitan al juez obtener información de fuente distinta a las partes. Comoglio sugiere una reforma que acerque el Derecho continental a los marcos en los que opera el *Common Law,* a los efectos de que las partes puedan hacer uso de herramientas de investigación o búsqueda de pruebas cuya existencia, antes de la utilización de dichas herramientas, desconocen[61].

En el territorio de la Unión, la Comisión Europea para la Eficiencia de la Justicia ha elaborado una Carta Ética sobre el uso de la Inteligencia Artificial en los sistemas judiciales y su entorno[62], donde define cinco principios rectores: respeto de los derechos fundamentales; no discriminación; calidad y seguridad; transparencia, imparcialidad y justicia; y control por el usuario. El significado de los tres primeros es obvio. Pero sobre el cuarto y el quinto, no es superfluo subrayar que el principio de transparencia, imparcialidad y justicia pone el enfoque sobre el balance entre propiedad intelectual de los métodos de procesamiento y *«la necesidad de transparencia (acceso al proceso de diseño), imparcialidad (ausencia de sesgo), justicia e integridad intelectual (priorización de los intereses de la justicia)»,* que no deben verse mermados[63]. Por su parte, el quinto principio enfatiza, en particular, que los operadores jurídicos *«deberían poder, en cualquier momento, revisar las decisiones judiciales y la información usada para producir un resultado»,* además de no estar vinculados a los resultados del algoritmo[64].

A) Iguales respuestas ante dilemas idénticos: Predictibilidad

En el campo de la inteligencia artificial, uno de los aspectos en los que, jurídicamente, se ha puesto más énfasis, es el de la predictibilidad[65]. Se habla de las posibilidades de la inteligencia artificial a la hora de predecir la probabilidad de reincidir, de incumplir o de que se reproduzca un siniestro. Así, por

61 Comoglio, P. (2022). «Inteligencia artificial y selección de pruebas en el proceso civil: ¿Hacia un proceso más inteligente o hacia un proceso más artificial?». *Revista Ítalo-Española de Derecho Procesal*, 74. DOI: 10.37417/rivitsproc/840.

62 European Commission For The Efficiency Of Justice (CEPEJ). (15 de mayo de 2024) CEPEJ European Ethical Charter on the use of artificial intelligence (AI) in judicial Systems and their environment. https://www.coe.int/en/web/cepej/cepej-european-ethical-charter-on-the-use-of-artificial-intelligence-ai-in-judicial-systems-and-their-environment

63 CEPEJ European Ethical Charter on the use of artificial intelligence (AI) in judicial Systems and their environament, página 11.

64 *Ibidem*, página 12.

65 Vila-Viñas, D. (2023). «Efectos de la digitalización sobre el razonamiento jurídico: una aproximación postfocaultiana». En Miró, F., «Digitalización y algoritmización de la justicia». *Revista d'Internet, Dret i Política IDP* n.° 39, 7.

ejemplo, en el ámbito civil se ha puesto de relieve su utilidad en el proceso de medidas cautelares a la hora de anticipar el *periculum in mora*[66]. Es sencillo ver que, para los avaladores de esta herramienta, la probabilidad matemática de que la sentencia que pudiera dictarse fuera de imposible cumplimiento constituiría un dato objetivo que ayudaría al órgano jurisdiccional a decidir si la medida cautelar debe o no debe otorgarse.

En Estados Unidos, en el ámbito penal, se ha utilizado un artefacto denominado *The Correctional Offender Management Profiling for Alternative Sanctions,* conocido por su acrónimo COMPAS que responde a este propósito: evaluar el riesgo de reincidencia a los efectos de decretar el encarcelamiento cautelar o la liberación del imputado[67].

Está claro que es apetecible la capacidad de los mecanismos de inteligencia artificial para manejar enormes cantidades de datos y para hacerlo con una incuestionable rapidez, tantos y tanto que la mente del juzgador no podría soñar:

> La gran cantidad de datos y la velocidad de su análisis hacen que esta tarea sea imposible de realizar por la mente humana. Una vez más, el tratamiento de datos a gran escala se revela como un elemento fundamental en esta ciencia. A mayor número de datos, mayor acierto en las previsiones[68].

Sin embargo, por de pronto aparecen tres cuestiones que suscitan algún tipo de duda sobre el particular, porque no sería admisible que el uso de la inteligencia artificial llevara a resultados que no pudieran tacharse de justos. Una primera es la relativa al respeto del principio de igualdad de armas: quién programa el algoritmo y cuál es su fiabilidad. Evidentemente quien disponga de mayores recursos podrá gozar de instrumentos de inteligencia artificial más sofisticados[69].

Una segunda es la imparcialidad e independencia del órgano decisor: una predicción puede predeterminar o condicionar el sentido del fallo. Más allá de que esta primera impresión pueda afectar al órgano judicial, también es posible que el algoritmo pueda tener un sesgo introducido por quien lo ha programado, como destacan De Luis García[70] o Toohey, Moore y Dart[71].

---

66 De Luis García, E. (2023). «Justicia, inteligencia artificial y derecho de defensa». En Miró, F., «Digitalización y algoritmización de la justicia», *op. cit.*, 4.

67 Rubim Borges Fortes, P. (2020). «Paths to digital justice: Judicial robots, algorithmic decision-making, and due process», *op. cit.*, 454.

68 Herrera De Las Heras, R. (2022). *Aspectos legales de la inteligencia artificial. Personalidad jurídica de los robots, protección de datos y responsabilidad civil*, *op. cit.*, 21.

69 Toohey, L., Moore, M., Dart, K., y Toohey, D. (2019). «Meeting the access to civil justice challenge: Digital inclusion, algorithmic justice, and human-centred design». *Macquarie law journal*, vol. 19, 145.

70 De Luis García, E. (2023). «Justicia, inteligencia artificial y derecho de defensa», *op. cit.*, 4.

71 Toohey, L., Moore, M., Dart, K., y Toohey, D. (2019). «Meeting the access to civil justice challenge», *op. cit.*, 149.

Y la tercera y que será la más relevante, la calidad de la prueba. Decíamos que quien tenga mayores recursos usará mejores herramientas, y esto nos conduce al debate sobre la calidad de la prueba, o dicho de otro modo, cuál es el grado de fiabilidad del algoritmo. Vila-Viñas lo dice de otro modo igualmente expresivo:

> Cada vez que una apreciación de los hechos en la que cabe cierta discrecionalidad experta o clínica se estandariza, a través de un medio técnico-digital, la decisión final se cierra y el rol de la persona experta clínica se desplaza al de comprobar el buen funcionamiento del mecanismo automatizado[72].

Todas estas dificultades son algo que parece haber sido percibido por el legislador de la Unión. El Parlamento Europeo y el Consejo han aprobado en 2024 un Reglamento de Inteligencia Artificial[73] en el que restringe el uso de herramientas predictivas. En efecto, no aprueba que alguien no sea juzgado en base a un comportamiento real y prohíbe las evaluaciones de riesgos basadas *«únicamente en la elaboración de perfiles»* y en *«los rasgos y características de la personalidad»*[74]. Permite —eso sí— las evaluaciones de riesgos fundadas en otros parámetros, poniendo como ejemplo de ello los análisis de riesgos sobre la base de transacciones sospechosas de encubrir un fraude financiero o el análisis de las rutas de tráfico de estupefacientes conocidas con el fin de predecir la probabilidad de localización de las mercancías ilícitas.

B) Iguales respuestas ante dilemas idénticos: El sesgo

En principio, las conclusiones a las que llegan los algoritmos serán tan confiables como los datos en los que ellas se basen, *«lo que significa que la calidad y la cantidad de los datos son claves para conseguir decisiones "confiables" y "neutrales"»*[75]. La inteligencia artificial capaz de aprender añadirá otras variables, además de los datos, pero la verdad es que los datos estarán en la base de la pirámide de la fiabilidad. Precisamente por este motivo, la resolución de litigios mediante el uso de la inteligencia artificial ha sido vista con recelo por quienes entienden que el programador de dicha herramienta puede actuar bajo un sesgo, muchas veces inconsciente.

---

72 Vila-Viñas, D. (2023). «Efectos de la digitalización sobre el razonamiento jurídico: una aproximación postfocaultiana», *op. cit.*, 7.

73 Reglamento (UE) 2024/1689 del Parlamento Europeo y del Consejo de 13 de junio de 2024 por el que se establecen normas armonizadas en materia de inteligencia artificial. DO L, 2024/1689, de 12 de julio de 2024. ELI: http://data.europa.eu/eli/reg/2024/1689/oj

74 Apartado 42 del Preámbulo.

75 Tamò-Larrieux, A. (2021). «Decision-making by machines: Is the "Lay of Everything" enough?», *op. cit.*, 5, citando a su vez a Mittelstadt, B. D., Allo, P., Taddeo, M., Wachter, S., y Floridi, L. (2016). «The ethics of algorithms: Mapping the debate». *Big Data & Society* 3 (2), 4-5. https://doi.org/10.1177/2053951716679679

Por el contrario, para los defensores de la inteligencia artificial, este mecanismo puede permitir desterrar el sesgo, los perjuicios o sencillamente el componente emocional[76] que tengan los órganos judiciales en el sistema de libre valoración de la prueba. Esto es, expulsar del razonamiento judicial aspectos como *«la atención»* o el *«desinterés»* el juez presta a los actos hechos en su presencia, *«la vestimenta de los litigantes, su nivel cultural o social o la propia actitud de los letrados»*[77]. Igualmente, los *«atávicos heurísticos judiciales»*[78], que, en palabras de Beltrán Calfurrapa, son *«atajos mentales»* que *«filtran y comprimen de forma selectiva gran parte de la información disponible»,* reduciendo el número de alternativas o soluciones posibles y permitiendo tomar decisiones de manera expedita[79]:

> Los jueces toman decisiones en el marco de un ejercicio cognitivo que vincula la experiencia —vital y profesional—, las emociones y el contexto, el diálogo con otros elementos políticos y sociales, la ideología base, los heurísticos de pensamiento descritos por Kahneman, Slovic y Tversky (1982), la memoria y estadística *prima facie* —es decir, aquello que recuerda y que les viene a la cabeza de forma casi automática sobre casos anteriores—, la intuición (Myers, 2002, p. 16), la fatiga —mental y física— y la comodidad —placer, satisfacción e incluso el éxito pretérito en situaciones análogas[80]—.

Nieva Fenoll previene sobre la importancia de que los órganos judiciales conozcan las heurísticas y, con base en tal conocimiento, las eludan so pena de menoscabar su imparcialidad y tomar decisiones sesgadas[81]. Entre los principales heurísticos que, a pesar de ser utilizados, comportan la aplicación de sesgos, recalca *«el sesgo de confirmación»,* de conformidad con el cual, cuando alguien se representa la mera como algo ocurrió, tenderá a pensar que los datos de que dispone se ajustan a aquella hipótesis; ante la aparición

---

76 Simón Castellano, P. (2021). «Inteligencia artificial y valoración de la prueba: Las garantías jurídico-constitucionales del órgano de control». *THEMIS Revista de Derecho* 79, 287; Tamò-Larrieux, A. (2021). «Decision-making by machines: Is the «Lay of Everything» enough?», *op. cit.*, 3.

77 Cabezudo Rodríguez, N. (2010). *Del principio de inmediación, sus excepciones y los instrumentos tecnológicos*. Tirant lo blanch, Valencia, 23.

78 Simón Castellano, P. (2021). «Inteligencia artificial y valoración de la prueba: Las garantías jurídico-constitucionales del órgano de control», *op. cit.*, 288.

79 Beltrán Calfurrapa, R. (2022). «Las máximas de la experiencia como generalizaciones empíricas: notas sobre sus implicaciones argumentativas en materia jurisdiccional». *Doxa. Cuadernos de Filosofía del Derecho 45*, 229. Un paradigma típico sería el de considerar que algo tenderá a ser de un determinado modo sobre la base de lo visto en el hogar familiar cuando se es pequeño.

80 Simón Castellano, P. (2021). «Inteligencia artificial y valoración de la prueba: Las garantías jurídico-constitucionales del órgano de control», *op. cit.*, 288.

81 Nieva Fenoll, J. (2012). «Inmediación y valoración de la prueba: el retorno de la irracionalidad». *Civil Procedure Review* 3 (1), 19-20.

de nuevos datos, su tendencia continuará siendo la de ajustar esta nueva información al relato que él ha decidido creer[82], generalmente por pereza o para evitar la dificultad de construir un relato nuevo o por el temor al «folio en blanco». Igualmente, habla de la *«representatividad»,* que se dará cuando la decisión que alguien va a tomar *«ha sido exitosa para otras personas en contextos similares»;* o la *«accesibilidad»,* que conduce a alguien a adoptar una decisión *«en coherencia con un recuerdo muy vivo de un acontecimiento similar que le haya sucedido, con independencia de si ese acontecimiento ha sido poco reiterado»*[83]. Y también explicita *«el sesgo egocéntrico»,* que es el que nos lleva a creer que todos piensan como nosotros[84].

No obstante, no podemos ignorar que la inteligencia artificial con capacidad de aprendizaje pone en cuestión esta afirmación. Rubim destaca pone como ejemplo de ello un *bot* lanzado a Twitter por la empresa Microsoft que *«aprendió a expresar obscenidades y a lanzar ofensas con un deje de odio a las minorías en menos de un día», cosa que demuestra que «los algoritmos deben ser constantemente corregidos y readaptados para evitar tales desviaciones»*[85].

En Estados Unidos, en el ámbito penal, se ha utilizado un artefacto que asiste a los jueces llamado *The Correctional Offender Management Profiling for Alternative Sanctions* o COMPAS[86]:

> El sistema calcula una puntuación para el riesgo de reincidencia mediante la traslación a números de la información relativa a aspectos tales como la implicación criminal, grado de incumplimiento, violencia, asociación criminal, abuso de sustancias, dificultades financieras, problemas educacionales o vocacionales, criminalidad en la familia, entorno social, tipo de ocio o entretenimiento, inestabilidad residencial, asilamiento social, comportamiento criminal y personalidad criminal[87].

Como destaca Rubim, los propios desarrolladores del software tenían el objetivo de hacer sus predicciones cuanto más objetivas mejor, reduciendo al máximo variables como la *«subjetividad, inconsistencia, sesgo, estereotipos, y vulnerabilidad»*[88]. Pero, aun así, la objetividad del software fue puesto en tela

82 *Ibidem*, 10 y 20.

83 *Ibidem*, 10.

84 *Ibidem*, 20. En todo caso, Nieva Fenoll nos recuerda que existen muchos otros heurísticos y que pueden ser hallados en Kahneman, D., Slovic, P., y Tversky, A. (1982). *Judgment under Uncertainty: Heuristics and Biases*. Cambridge university Press.

85 Rubim Borges Fortes, P. (2020). «Paths to digital justice: Judicial robots, algorithmic decision-making, and due process», *op. cit.*, 461.

86 *Ibidem*, 454, citando a su vez a Brennan, T., Dietrich, W., y Ehret, B. (2009). «Evaluating the predictive validity of the Compas risk and needs assessment system». *Criminal Justice and Behavior*, 36, 22-23.

87 Rubim Borges Fortes, P. (2020). «Paths to digital justice: Judicial robots, algorithmic decision-making, and due process», *op. cit.*, 456.

88 *Idem*.

de juicio por sus críticos, quienes descubrieron que sus resultados contenían perjuicios raciales. Los creadores de programa contestaron entonces que *«las tasas de arresto no eran equivalente entre los distintos grupos raciales»,* lo que provocaba que el algoritmo acabase reproduciendo la realidad de una *«sociedad profundamente desequilibrada: "entre tanto todos los grupos no tengan la misma tasa de arrestos, esta clase de sesgo será una consecuencia matemática inalterable"»*[89]. El sesgo quizá no era querido ni había sido introducido voluntariamente[90], pero su aparición mostraba la inhabilidad del artilugio.

Un enfoque muy parecido —y que nos parece francamente ilustrativo de la cuestión a analizar— fue el que Davis ha dado a la relación entre principio de igualdad de armas y derecho a la justicia gratuita. Más allá del evidente ámbito procesal, en que es fácil imaginar el desequilibrio que supondría que uno de los litigantes contendiera bajo dirección técnica y otro no, Davis ha defendido que el principio de igualdad de armas tiene también incidencia en el ámbito de los derechos civiles. Así, el principio de igualdad de armas, en tanto en cuanto implica la posibilidad de contar con un abogado, se ha venido configurando como motor en la lucha por evitar las discriminaciones de las minorías en Estados Unidos. Es claro el desproporcionado impacto que la carencia del derecho a la asistencia letrada en los asuntos civiles sustanciados en Norteamérica tiene en los indigentes que pertenecen a minorías raciales, étnicas o nacionales. Este impacto hace mella y distorsiona la participación cívica —la intervención en la comunidad— de estos colectivos, su relevancia, su visibilidad y la atención que se les presta. La inhabilidad de los pobres para perseguir con eficacia el auxilio judicial incrementa su vulnerabilidad ante la propia pobreza y la violación de sus derechos. La igualdad de armas ante aquéllos que cuentan con mayores recursos y ante la propia administración, a la que coadyuva la asistencia letrada, es de vital importancia a la hora de encarar problemas como los desahucios o las consecuencias de catástrofes naturales[91]. Así pues, trayendo este argumento a nuestro ámbito de estudio, a mayores recursos mayor posibilidad tendrá de discutir la fiabilidad o, simplemente, la justicia del algoritmo.

En contraste con esta aplicación de la IA en el otro lado del Atlántico, el recientemente aprobado Reglamento de Inteligencia Artificial[92] se muestra

89 Rubim Borges Fortes, P. (2020). «Paths to digital justice: Judicial robots, algorithmic decision-making, and due process», *op. cit.*, 457, citando a su vez a Fry, H. (2018). *Hello world: Being human in the age of algorithms*, *op. cit.*, 69.

90 Era «indirecto», en palabras de Simón Castellano, P. (2021). «Inteligencia artificial y valoración de la prueba: Las garantías jurídico-constitucionales del órgano de control», *op. cit.*, 287.

91 Davis, Martha F. (2013). «Participation, equality, and the Civil Right to Counsel: Lessons from Domestic and International Law». *The Yale Journal*, vol. 122, núm. 8, págs. 2275-2276.

92 Reglamento (UE) 2024/1689 del Parlamento Europeo y del Consejo de 13 de junio de 2024 por el que se establecen normas armonizadas en materia de inteligencia artificial. DO L, 2024/1689, de 12 de julio de 2024. ELI: http://data.europa.eu/eli/reg/2024/1689/oj

muy cauteloso. En su Preámbulo, declara como principio que las personas *«siempre deben ser juzgadas basándose en su comportamiento real»* y *nunca «a partir de comportamientos predichos por una IA»* que se fundamenten *«únicamente en la elaboración de sus perfiles»*[93].

2.3.2. Inteligencia artificial como herramienta de valoración de la prueba

Dado que las herramientas de IA se nutren de datos, es forzoso cuestionarse cómo va a obtenerlos. En el proceso jurisdiccional, se aplica un silogismo en el que la primera premisa serían los hechos probados y la segunda, la subsunción de tales hechos en la norma. No albergamos dudas de que los artefactos de inteligencia artificial son hábiles para efectuar este segundo paso, el de la subsunción normativa, pero no está tan claro el modo en el cual el algoritmo va a ser provisto de los hechos probados.

Si la decisión recae sobre la herramienta de IA, el principio de inmediación como tradicionalmente ha sido entendido salta por los aires, pues aun cuando el juzgador provea al algoritmo de los datos necesarios para su activación, la decisión sería adoptada por alguien distinto a quien los ha recopilado o, mejor dicho, a quien ha tenido el contacto directo con el material probatorio[94]. A nivel de prueba, la posible vinculación a los mecanismos de IA también supone un riesgo para el principio de imparcialidad, toda vez que, siendo ésta una característica exigible a los órganos judiciales, no pueden sujetarse a los designios de nadie o nada[95]. Desde luego, la vinculación del juzgador a una herramienta de IA pone en peligro su independencia, al menos hasta tanto la potestad jurisdiccional resida en personas.

Rubim explica que la parcialidad de las herramientas de inteligencia artificial como soporte de la función decisora de los órganos jurisdiccionales fue cuestionada por una razón que incide en el principio de contradicción, esto es, que, al tratarse de un software patentado, la parte no tenía posibilidad de contrastar cómo aplicaba las variables y, por ende, de comprobar su rigor. Existía una segunda razón que se refería al principio de igualdad de armas y, también, a la motivación de la decisión, y que consiste en que el software vulneraba el derecho del acusado a obtener una sentencia individualizada[96].

93 Apartado 42.

94 De Luis García, E. (2023). «Justicia, inteligencia artificial y derecho de defensa». En Miró, F., «Digitalización y algoritmización de la justicia», *op. cit.*, 4.

95 *Idem.*

96 Rubim Borges Fortes, P. (2020). «Paths to digital justice: Judicial robots, algorithmic decision-making, and due process», *op. cit.*, 458.

Así, la parte acusadora habría contado con un aliado —el *software*— que apoyaba sus pretensiones y cuya censura quedaba lejos de las posibilidades del acusado. Además, éste tenía derecho a que su caso no fuera decidido con base en estadísticas más o menos aplicables.

Por una parte, De Luis García, citando a De Hoyos Sancho, alerta de la perversión que supone el hecho *«de que el juez acomode sus decisiones al resultado de la herramienta algorítmica, sin valoraciones adicionales»,* puesto que no sólo se estaría atentando contra el deber de motivación, sino que también podría estar impidiéndose a las partes el conocimiento de qué es lo que ha llevado al resultado obtenido[97].

Desde luego, parece incuestionable que el uso de mecanismos como éstos debe garantizar a las partes, en todo caso, su derecho a discutirlos, cuestionarlos, reprobarlos o enmendarlos:

> Con el advenimiento de una nueva generación de inteligencia artificial con la capacidad de aprender en que el resultado que ofrece el algoritmo depende de los procesos de entrenamiento, el examen de la justicia del proceso depende de los datos proporcionados al algoritmo y un imputado «debería poder comprobar los datos utilizados para entrenar al algoritmo y el peso otorgado a cada uno de ellos»[98].

Ni es aceptable que la única información que se dispense al imputado o al acusado sea el código fuente[99] —¿serviría para algo? —, ni mucho menos que el proceso algorítmico permanezca secreto —el llamado efecto *black box*—[100]. Por otra parte, ya decíamos que la independencia del juzgador puede quedar minada si debe sujetarse a la decisión de la inteligencia artificial y que, en todo caso, sólo resultaría aceptable la utilización de esta tecnología si fuera pública (y añado, comprensible) y, por tanto, fiscalizable, pero en ningún caso si detrás de la misma existiera una compañía interesada en proteger su propiedad industrial[101]. Desde luego, la inseguridad se acrecienta cuando hablamos de herra-

97 De Luis García, E. (2023). «Justicia, inteligencia artificial y derecho de defensa». En Miró, F., «Digitalización y algoritmización de la justicia», *op. cit.*, 7; con cita a de Hoyos Sancho, M. (2020). El libro blanco sobre inteligencia artificial de la Comisión Europea. Reflexiones desde las garantías esenciales del proceso penal como «sector de riesgo». *Revista Española de Derecho Europeo* 76, 36. https://doi.org/10.37417/REDE/num76_2020_534

98 Rubim Borges Fortes, P. (2020). «Paths to digital justice: Judicial robots, algorithmic decision-making, and due process», *op. cit.*, 460.

99 *Idem*.

100 Rubim Borges Fortes, P. (2020). «Paths to digital justice: Judicial robots, algorithmic decision-making, and due process», *op. cit.*, 461-462.

101 de Luis García, E. (2023). «Justicia, inteligencia artificial y derecho de defensa». En Miró, F., «Digitalización y algoritmización de la justicia», *op. cit.*, 6-7.

mientas capaces de aprender, supuestos en los que incluso sus diseñadores pueden ignorar los entresijos de la reprogramación constante[102].

Una cosa es la utilización del algoritmo como medio de prueba —por ejemplo, del riesgo de reincidencia—, pero otra muy distinta es la sustitución de la potestad jurisdiccional. Si hablamos de potestad jurisdiccional, la cual se residencia en una persona, el juzgador ha de poder desoír a la máquina y, si atiende a su dictamen, explicar el porqué[103].

En este punto, el problema que presenta la utilización de esta tecnología es similar al que exterioriza el recurso a útiles como el polígrafo o los artefactos de detección de la honda P300: la carencia de infalibilidad por la presencia e incidencia de factores susceptibles de distorsionar los resultados y que son distintos a la voluntad de mentir[104], que es lo único que estos dispositivos y tecnologías analizan. Y, en relación con ello, es relevante hacer mención del Reglamento (UE) 2016/679 del Parlamento Europeo y del Consejo, de 27 de abril de 2016, relativo a la protección de las personas físicas en lo que respecta al tratamiento de datos personales y a la libre circulación de estos datos y por el que se deroga la Directiva 95/46/CE, conocido directamente como Reglamento general de protección de datos[105], que, al establecer un derecho individual a contradecir las decisiones basadas *«únicamente en el tratamiento automatizado»*[106], supera cualquier conato legislativo que haya podido aparecer en otros territorios como los Estados Unidos[107]. Lo sintomático del caso es que el artículo 22 del Reglamento garantiza el derecho del interesado *«a obtener intervención humana por parte del responsable»* cuando la decisión que, fundamentándose sólo en el tratamiento automatizado, *«produzca efectos jurídicos en él o le afecte significativamente de modo similar»*[108].

La función de apoyo que puede desempeñar la inteligencia artificial no es despreciada en ningún caso, y presenta ciertas ventajas a la hora de agilizar los trámites que no implican ejercicio de la potestad jurisdiccional. Aun así, no todos los dilemas que se dan en el procedimiento permiten una solución automática y objetiva: Pérez Daudí pone como ejemplo de ello las declaraciones de caducidad de la instancia o la preclusión del recurso por falta de

102 Rubim Borges Fortes, P. (2020). «Paths to digital justice: Judicial robots, algorithmic decision-making, and due process», *op. cit.*, 464.

103 De Luis García, E. (2023). «Justicia, inteligencia artificial y derecho de defensa». En Miró, F., «Digitalización y algoritmización de la justicia», *op. cit.*, 8.

104 Andino López, J. A. (2017). «Psicología del testimonio y su aplicación a la valoración de la prueba personal». *Justicia Revista de Derecho Procesal* 2, 390, 391 y 396.

105 DO L 119, de 4 de mayo de 2016, p. 1.

106 Artículo 22.

107 Kaminski, M. E., y Urban, J. M. (2021). «The right to contest AI». *Columbia Law Review*, 121, 7, 1975.

108 *Idem*.

formalización en plazo, si bien advierte de que el dictado de resoluciones en tal sentido debe atemperarse en determinados casos como los supuestos de fuerza mayor o semejantes[109]. Mas la supervisión del ojo humano continúa teniendo un valor indelegable, en los mismos términos que prevé el Reglamento (UE) 2016/679.

El dilema nuclear de la utilización de la inteligencia artificial en la valoración de la prueba —y, por añadidura, en la posterior motivación de la resolución— reside en que, como humanos, no podemos decisiones que afectan a nuestras vidas dejar en manos de algo que no comprendemos. Aunque pueda comprender elementos técnicos, el razonamiento judicial puede ser seguido sin necesidad de tener conocimientos específicos de Derecho: si se contiene un relato fáctico que se considera probado, si se fundamenta la subsunción de aquellos hechos declarados probados en el tipo, y si se argumentan las consecuencias que derivan de la aplicación del tipo normativo, la comprensión de la resolución por un profano puede ser razonablemente alcanzada[110]. Sin embargo, sin conocimientos técnicos es francamente complicado entender el funcionamiento de un algoritmo: las mentes de los humanos funcionan todas igual, y de la experiencia propia es posible extrapolar cómo habrá obrado la de un tercero, pero sólo una parte de la población entiende cómo funciona un algoritmo. Así, la opacidad genera desconfianza, y el uso de la inteligencia artificial requiere que, cuando menos, el justiciable vea plasmado exhaustivamente el razonamiento que ha llevado a la máquina a adoptar una determinación. Aun cuando esto sea así, la pregunta que se hará el justiciable es si el mecanismo que desconoce ha aplicado correctamente la Ley, y siempre necesitará de un humano para que le razone que lo que ha afirmado la máquina es adecuado o previsible. Luego la persona no está dispuesta a delegar exclusivamente en algo que ignora decisiones que afectan a su vida.

2.3.3. El papel de la inteligencia artificial en la motivación de las resoluciones judiciales[111]

Hace unas líneas hablábamos de la necesidad de que las partes contendientes en un litigio puedan conocer y discutir todas las herramientas que

109 Pérez Daudí, V. (2022). «La transformación digital de la justicia civil», en Llorente Sánchez-Arjona, Mercedes, y Calaza López, Sonia (directoras) y Munielo Cobo, José Carlos (coordinador), *Digitalización de la Justicia: Prevención, investigación y enjuiciamiento*. Ed. Aranzadi, Cizur Menor, 475-476.

110 Idea que tomamos de Calaza López, S. (2011). *El binomio procesal derecho de acción - derecho de defensa. Desde la concepción clásica romana hasta la actualidad*. Ed. Dykinson, Madrid, 107.

111 Las apreciaciones sobre motivación de las resoluciones judiciales contenidas en este epígrafe toman como base Palau Font, T. (2024). *Tutela procesal civil del derecho de defensa en Europa*. Dykinson, Madrid, 103-106.

el juez tenga a su disposición y pueda utilizar —lo haga finalmente o no— para fundar su decisión. De lo contrario, se estaría quebrantando el mismísimo principio de contradicción, pues se impediría la discrepancia con un elemento con poder de influir en el resultado del proceso.

Las garantías comprendidas en el artículo 6.1 del CEDH contemplan la obligación por parte de los tribunales de ofrecer suficientes razones que justifiquen las decisiones que adopten, por cuanto el razonamiento muestra a las partes que su pretensión ha sido oída con efectividad.

Es poco menos que evidente que un tribunal goza de margen para elegir sus argumentos y —con la subjetividad que es propia de un sistema como el de la sana crítica— otorgar o despojar de credibilidad a las pruebas. Sin embargo, la seguridad jurídica —propia de la confianza en el Estado de Derecho— demanda que el órgano jurisdiccional que testimonie su proceso deductivo, y, para ello, habrá de ofrecer las razones que le han conducido a adoptar su postura. Ello no implica, no obstante, que sea exigible una respuesta pormenorizada y exhaustiva a todos y cada uno de los argumentos brindados por las partes. Pero cuando los alegatos de una parte pueden ser decisivos para el resultado del pleito, se requiere un análisis y valoración expresos, y en tal caso se acentúa la exigencia de detalle. En tales supuestos, los órganos jurisdiccionales están obligados a examinar los argumentos de los litigantes, y, como viene de suyo por su carácter fundamental, este mandato de examen particularizado se extiende también a las alegaciones sobre vulneración de los derechos y libertades garantizados por el Convenio Europeo de Derechos Humanos y sus protocolos.

En el terreno del conocimiento y control de las razones que han conducido al órgano jurisdiccional a tomar una determinada decisión, un supuesto tradicionalmente alabado es el examinado por la sentencia *H. v. Bélgica.* El caso trata de un abogado que fue expulsado del colegio profesional y, años después, solicita su reincorporación, que se ve denegada por dos veces. La normativa establecía que los abogados que hubieran sido expulsados del colegio de la abogacía no podrían incorporarse a él ni a los listados de abogados en prácticas hasta tanto no hubieran transcurrido diez años desde la fecha en que la decisión de remoción devino firme y siempre que concurrieran circunstancias excepcionales[112]. La dificultad estribaba —como puede intuirse— en determinar qué debía entenderse por circunstancias excepcionales hasta tal punto que el Tribunal Europeo de Derechos Humanos consideró que las audiencias que se celebraron en orden a determinar la rehabilitación del soli-

112 *«No avocat who has been disbarred may be entered on a roll of the Ordre or on a list of pupil avocats until ten years have elapsed from the date on which the decision to strike off became final and unless exceptional circumstances warrant it».*

citante no revistieron garantías suficientes para la defensa porque ni la antedicha normativa aplicable al caso ni las decisiones previamente adoptadas por el colegio profesional ofrecían la más mínima indicación acerca de qué debiera de considerarse como *«circunstancias excepcionales»*[113].

Para el Tribunal Europeo de Derechos Humanos, una norma sustantiva que se expresa en términos excesivamente genéricos dificulta la determinación de aquello que deba de alegarse y probarse. Consecuentemente, la indeterminación de la norma provoca que no haya forma de controlar si la decisión del órgano enjuiciador ha sido justa o arbitraria, porque el campo está abonado para cualquier interpretación subjetiva. Por tanto, en tales casos, el Tribunal conecta la genericidad de la expresión legal con una obligación por parte del órgano enjuiciador de, cuidadosamente, dotar a la resolución de una motivación amplia y desarrollada: a mayor inconcreción de la ley, mayor ha de ser obligación de motivar del órgano judicial[114]. Viene esto a cuento por la alusión a mecanismos como COMPAS y la detestable utilización en el proceso de herramientas con capacidad de *machine learning:* la opacidad es enemiga de la comprensión, y el uso de cualquier tecnología que auxilie al órgano jurisdiccional debe ir acompañada de un esfuerzo extraordinario de motivación.

El conocimiento de los motivos que han guiado la decisión judicial abona la seguridad jurídica y la confianza en el Estado de Derecho —ya lo hemos dicho—, pero en un sistema que garantiza o, cuando menos, posibilita la revisión de las resoluciones judiciales, el control de las mismas coadyuva

---

113 Era muy difícil para el recurrente construir su defensa con la eficacia necesaria; singularmente, ni la norma aplicable ni las decisiones previas de las juntas del Colegio daban la menor indicación acerca de qué podía significar la expresión «circunstancias excepcionales». Las garantías procesales aparecen, por este motivo, injustificadamente limitadas, lo que adquiere especial relevancia atendiendo a, por un lado, lo que se estaba discutiendo —esto es, que un abogado expulsado pretenda su rehabilitación—, y por otro, a la imprecisión del concepto normativo de ·circunstancias excepcionales: «*It was very difficult for the applicant* [...] *to argue his case with the requisite effectiveness; in particular, neither the applicable provisions nor the previous decisions of the councils of the Ordre gave any indication of what could amount to "exceptional circumstances".* [...] *The procedural safeguards thus appear unduly limited. Their inadequacy is of especial importance in view of the seriousness of what is at stake when a disbarred avocat seeks restoration to the roll (see, mutatis mutandis, the De Wilde, Ooms and Versypjudgmentof 18 June 1971, Series A no. 12, pp. 42-43, § 79) and the imprecise nature of the statutory concept of "exceptional circumstances"*» (apartado 53).

114 Es por ello que, tal como hemos apuntado en algún otro momento, dice el Tribunal que esta falta de precision hace más necesario todavía que las dos resoluciones impugnadas ofrezcan una motivación suficiente: «*this very lack of precision made it all the more necessary to give sufficient reasons for the two impugned decisions on the issue in question. Yet in the event the decisions merely noted that there were no such circumstances, without explaining why the circumstances relied on by the applicant were not to be regarded as exceptional*» (*idem).*

igualmente a preservar aquella seguridad: conectado con el conocimiento de las causas que conducen a la decisión judicial, está la —lógica— posibilidad de comprenderlas y, por tanto, la correlativa posibilidad de criticarlas. No es de extrañar, pues, que la motivación se considere insuficiente cuando no permite a la parte hacer uso de su derecho a recurrir contra la sentencia, y efectivamente es éste un canon al que ha recurrido el Tribunal Europeo de Derechos Humanos.

Como es obvio, el deber de motivación no sólo se requiere de las resoluciones de instancia, sino que se proyecta también sobre las decisiones sobre recursos. Aun así, en determinados casos ligados a los recursos extraordinarios, se ha aceptado una suerte de motivación reducida a la mínima expresión, sobre todo en casos de inadmisión. En el caso del estado español, así sucede en las inadmisiones de recursos de casación o de amparo, por ejemplo, al invocar la falta de contenido constitucional o de trascendencia constitucional. De hecho, el propio Tribunal Europeo de Derechos Humanos es reo de esta práctica cuando inadmite los recursos aduciendo sencillamente que no aprecia ninguna vulneración del derecho fundamental alegado. Por muy extraordinario que sea el medio de impugnación y por mucha carga de trabajo que soporten los órganos jurisdiccionales, es ésta una práctica execrable y ciertamente despreciativa para con los agentes jurídicos y los ciudadanos, porque convierte la posibilidad de acceder a estas instancias altas en una especie de regalo que el juez otorga al justiciable en caso de admisión, como si el poder judicial no proviniera del pueblo.

Siendo estos casos en los que debiera intervenir el legislador, la verdad es que no son tantos como los que se sujetan a una segunda instancia. Y en la esfera de la segunda instancia es en el que el TEDH ha entrado en más ocasiones. En su interpretación, el artículo 6.1 no exige del tribunal *ad quem* un razonamiento absolutamente detallado cuando simplemente aplica una previsión legal para desestimar una apelación, siempre que el precepto en cuestión no sea genérico o deje un margen de discrecionalidad elevado. Son supuestos en los que se entiende que la alusión a la norma es lo suficientemente diáfana como para que el justiciable pueda comprender por qué se ha desestimado el recurso. Nuevamente, decepcionante. De modo similar, en estos casos de desestimación de una apelación, el tribunal *ad quem* puede simplemente apoyarse en los motivos que sustentan la decisión del tribunal *a quo.* Afortunadamente, se matiza que, en cualquier caso, la tutela judicial efectiva requiere que un órgano jurisdiccional estatal dé cuenta clara de las razones que le han conducido a adoptar sus decisiones, aunque sea incorporando la motivación del tribunal *a quo.*

Otro aspecto fundamental que influye en la motivación de resoluciones judiciales viene conformado por los cambios experimentados por la doctrina jurisprudencial, que es un factor perturbador de la comprensión de la decisión. Contrasta con los necesarios desarrollo y evolución de los criterios jurisprudenciales, que no constituyen, de por sí, una afrenta a la seguridad jurídica[115].

Dentro del ámbito de los recursos, un supuesto particular es el constituido por la jurisprudencia unificadora, esto es, por aquellos recursos destinados a establecer la interpretación correcta —mejor dicho, la interpretación que al órgano unificador le parece correcta— de la ley cuando la exégesis de la norma a cargo de los tribunales inferiores es divergente[116]. En España, existen figuras como el recurso en interés de la ley o la casación para unificación de doctrina que responden a este tenor. Como ya hemos visto anteriormente, la modificación de la jurisprudencia no equivale a quebrantar la seguridad jurídica, aunque bajo el prisma del Tribunal Europeo de Derechos Humanos toda decisión cuyos fundamentos se separen sustancialmente de una jurisprudencia previa consolidada, impone al juzgador una mayor obligación de justificar cuidadosamente el porqué del cambio. Y, como apuntábamos, esto tiene una especial implicación en los casos de jurisprudencia unificadora. Un ejemplo de todo ello lo hallamos en el asunto enjuiciado por la sentencia *Atanasovski v. la antigua República Yugoslava de Macedonia*[117], seguido en materia laboral. Se trata de un caso de movilidad funcional en el que empleador de la recurrente asignó a la trabajadora un nuevo puesto de trabajo y, por ende, unas funciones distintas. La medida, en principio, se sustentaba en el objetivo de *«incrementar la productividad y la eficiencia y mejorar la operativa».* La trabajadora impugnó la decisión arguyendo que, en treinta años de antigüedad, jamás había desempeñado las funciones que ahora se le asignaban. Aunque la señora Atanasovski fue respaldada en la instancia y en apelación, estimándose que el empleador debió haber motivado las razones en concreto que le llevaron a adoptar la reasignación, el Tribunal Supremo de Macedonia casó las anteriores sentencias y, en un exiguo razonamiento,

---

115 El TEDH observa que el desarrollo de la jurisprudencia no resulta, en sí mismo, contrario a una correcta administración de justicia, pues, si no se mantuviera una visión dinámica y evolutiva, se pondría en riesgo toda reforma o mejora. Sin perjuicio de ello, la existencia de una doctrina juriprudencial consolidada debe ser tenida en cuenta cuando se fundamenta una resolución: *«The Court notes that case-law development is not, in itself, contrary to the proper administration of justice since a failure to maintain a dynamic and evolutive approach would risk rendering it a bar to reform or improvement. However, it recalls that the existence of an established judicial practice should be taken into account in assessing the extent of the reasoning to be given in a case»* (STEDH de 14 de enero de 2010, Atanasovski v. la antigua república Yugoslava de Macedonia, 36815/03, CE:ECHR:2010:0114JUD003681503, apartado 38).

116 La uniformidad de la jurisprudencia interpretada y/o aplicada de manera diferente por los tribunals domésticos, *«uniformity of the case-law on various legal provisions interpreted and/or applied differently by the domestic courts»*; o también la apelación en interés de ley, *«appeal in the interests of the law»*, en la dicción del Tribunal.

117 STEDH Atanasovski v. la antigua república Yugoslava de Macedonia, 36815/03, CE:ECHR:2010:0114JUD003681503.

consideró que hasta entonces los órganos jurisdiccionales domésticos habían aplicado incorrectamente la ley. Para el Tribunal Supremo, la aplicación recta de la misma permitía que el empleador únicamente estuviera obligado a respetar que las nuevas funciones estuvieran de acuerdo con la capacidad laboral de la trabajadora. Por el contrario, la posibilidad de que el cambio de funciones hubiera de hacer más eficiente o productiva la organización empresarial o no, quedaba fuera del ámbito competencial del juez y los órganos judiciales jerárquicamente inferiores no debían entrar a valorarlo: al considerar que el incremento de la productividad no debería de haber sido evaluado, los tribunales habían basado su censura en algo que correspondía única y exclusivamente juzgar al empleador. El Tribunal Europeo de Derechos Humanos razonó que el Tribunal Supremo se desvió con respecto a lo establecido por su propia jurisprudencia en la materia. Aun cuando insistimos en que —según refiere el propio TEDH— la seguridad jurídica y la protección de la confianza legítima no comprenden un derecho a la aplicación de la jurisprudencia previa, la existencia de una jurisprudencia consolidada imponía al Tribunal Supremo un deber cualificado de justificar por qué se apartaba de su doctrina. Tenía que ofrecer al recurrente una explicación más escrupulosa sobre por qué su caso había sido resuelto en sentido contrario a como venía siendo resuelto por la jurisprudencia previa. Aunque lamentablemente se ha aceptado ya que el más alto tribunal emplee un razonamiento escueto, en el presente caso se quebrantó la tutela judicial efectiva. La simple y mera declaración de que los empleadores, en lo sucesivo, ya no estaban obligados a justificar la modificación de condiciones de trabajo, sino que bastaría con que indicaran en cuál de los supuestos especificados en el Convenio Colectivo se amparaban, resultó insuficiente[118].

Se antoja descabellado que un supuesto como el descrito venga dado por la opción adoptada por una herramienta de inteligencia artificial con capacidad para aprender, pero el caso contrario, en el que el algoritmo sólo fuera apto para decidir conforme al precedente existente, implicaría una paralización de la jurisprudencia. En todo caso, el problema fundamental viene planteado por una pregunta que ya nos hemos hecho, y es la relativa a si debemos dejar en manos de una máquina la determinación del camino que queremos seguir como sociedad. Si la respuesta es afirmativa, debe revisarse el sistema constitucional, eso parece poco discutible, so pena de forzar el entendimiento que los preceptos tenían en el momento en el cual fueron promulgados. En particular, debe ser objeto de revisión la cuestión relativa a quiénes van a ser los depositarios de los poderes estatales, y, en nuestro caso en particular, del judicial.

118 STEDH Atanasovski v. Macedonia, apartado 38.

3

DIGITALIZACIÓN EN EL PROCESO CIVIL ESPAÑOL

3.1. Los actos alegatorios: Comunicación multidireccional versus comunicación bidireccional en las vistas y audiencias en el sistema español

3.1.1. Generalización de la comunicación bidireccional en las vistas y audiencias

El Real Decreto-ley 6/2023, de 19 de diciembre, por el que se aprueban medidas urgentes para la ejecución del Plan de Recuperación, Transformación y Resiliencia en materia de servicio público de justicia, función pública, régimen local y mecenazgo[119], ha introducido significativos cambios en la Ley de Enjuiciamiento Civil, singularmente mediante la inserción del artículo 129 bis. En su primer apartado, aboga por el hecho de que los *«actos procesales»* se hagan *«preferentemente mediante presencia telemática».* A pesar de ello, en el segundo apartado matiza esta declaración:

> En los actos que tengan por objeto la audiencia, declaración o interrogatorio de partes, testigos o peritos, la exploración de la persona menor de edad, el reconocimiento judicial personal o la entrevista a persona con discapacidad, será necesaria la presencia física de la persona que haya de intervenir y, cuando ésta sea una de las partes, la de su defensa letrada.

119 BOE núm. 303, de 20 de diciembre de 2023.

Y, finalmente, a renglón seguido, faculta al juzgador a disponer la excepción a esta regla, estableciendo tres salvedades que se darán en los siguientes casos:

> a) Aquellos en que el juez o tribunal, en atención a las circunstancias del caso, disponga otra cosa.
>
> b) Cuando la persona que haya de intervenir resida en municipio distinto de aquel en el que tenga su sede el tribunal. En este caso podrá intervenir, a su petición, en un lugar seguro dentro del municipio en que resida, de conformidad con la normativa que regule el uso de la tecnología en la Administración de Justicia.
>
> c) En los casos en que el interviniente lo haga en su condición de autoridad o funcionario público, realizando entonces su intervención desde un punto de acceso seguro.

Este precepto suscita una cierta confusión, o, cuando menos, sí que podemos decir que su redacción es claramente mejorable: preferencia por la vía telemática, salvo en los exámenes a practicar sobre personas, que... tampoco es necesario que sean presenciales. El modo como han quedado redactadas las tres excepciones deja un amplísimo margen decisorio al juzgador y parece apostar por la bilateralidad de la comunicación. Como mínimo, vemos que, para el legislador, la bilateralidad no es un problema. Este laberinto surge también cuando la LEC regula el auxilio judicial, supuesto en el cual el artículo 169.4 prima la declaración personal en la sede del órgano que está conociendo del proceso *«salvo que el domicilio de las personas mencionadas se encuentre fuera de la circunscripción judicial»*, caso en el cual se estará al artículo 137 bis. Se antoja difícil determinar si, en estos supuestos, la opción legislativa realmente privilegia la declaración presencial, francamente. Ahora bien, dado que este nuevo redactado del artículo 169 sí que hace sobresalir la declaración mediante videoconferencia frente al auxilio judicial, debemos reconocer que posiblemente esto constituya un acierto, toda vez que siempre será mejor que quien ha de decidir tenga un contacto directo (aunque bidireccional) con la fuente de prueba que un contacto mediato y escrito a través de lo que otro juzgador no familiarizado con el caso le transmita.

Dicho esto, la crítica al artículo 129 bis surge fácilmente: tan poco específico que es aquí el legislador, y tan intervencionista que es en otras ocasiones —un intervencionismo que, eso sí, de poco servirá, como explicaremos—. Así es, porque el carácter difuso de este artículo 129 bis se contrapone ácidamente con una regulación intromisiva como la contenida en la Ley Orgánica 5/2024, de 11 de noviembre, del Derecho de Defensa[120], cuya necesariedad

120 BOE de 4 de diciembre de 2024. Un estudio exhaustivo en clave de digitalización es el que se contiene en CALAZA LÓPEZ, S. y DE PRADA RODRÍGUEZ, M. (2023). «Acción y Defensa en clave digital: "Dos caras de una misma moneda" y un "brindis al sol" en la inminente Ley de Derecho de Defensa», *Actualidad Civil* 4, Ed. La Ley.

puede ser puesta en duda[121]. Su propio Preámbulo expone que no pretende ser una *«recopilación de normas procesales, que ya gozan de un reconocimiento expreso y manifiesto en otras normas, ni la reiteración de principios consagrados»,* sino que su objetivo es el de que *«las personas físicas y jurídicas conozcan el especial reconocimiento y las garantías que les corresponden como titulares de su derecho de defensa»*[122]. Más allá de esta indudable sistematización y de la regulación de determinados aspectos del ejercicio de la abogacía, las garantías y los límites del derecho de defensa los determinan las normas rituarias o, en el ámbito extrajudicial, las normas de procedimiento administrativo. Es decir, que la nueva Ley no aporta nada más que la mentada sistematización en dos bloques: el de las garantías para las personas y el de la asistencia jurídica. Pero, precisamente por su prácticamente nula capacidad de innovación —en la que casi sólo resulta destacable la posibilidad de ampliación motivada de los plazos procesales que se contiene en el apartado 6 del artículo 3— deviene superflua en materia de derechos fundamentales. Si pretendía dictarse una ley que desarrollara el contenido esencial del derecho de defensa y que, como ella misma reconoce, alberga tantas materias reservadas a la ley orgánica y otras propias de la ley ordinaria por su íntima conexión, quizá hubiera valido la pena que tal intervencionismo aclarara alguno de los retos que la digitalización trae (aunque no fuera más que por la proximidad temporal entre ambas leyes).

Clara muestra de lo que exponemos se halla en la letra j) del artículo 10 de la Ley Orgánica, de conformidad con el cual *«los titulares del derecho de defensa ante los tribunales y en sus relaciones con la Administración de Justicia»* tienen derecho *«a que su comparecencia personal ante un órgano de la Administración de Justicia resulte lo menos gravosa posible. La comparecencia de los ciudadanos ante los órganos jurisdiccionales solamente podrá ser exigida cuando sea estrictamente indispensable conforme a la ley».* Cabría preguntarse si el gravamen es económico (gasto) y físico (cansancio, lejanía), pero la falta de comparecencia personal será, en todo caso, gravosa para la parte contraria que haya de interrogar.

En esta maraña de indefinición, volvemos la vista al artículo 129 bis de la Ley de Enjuiciamiento Civil, que decíamos que versa sobre celebración telemática de actos procesales, y que tiene un «continuador» dos capítulos más adelante, que es el artículo 137 bis. Este último disciplina la realización de actuaciones judiciales mediante videoconferencia, y, por ello, resulta una especificación del anterior. Ahora bien, de nuevo no se comprende cómo

121 En este mismo Trabajo ya hemos dicho que esta nueva Ley aparece como un híbrido entre un listado de derechos ya reconocidos en las normas rituarias y la jurisprudencia, la especificación a la abogacía de la normativa sobre colegios profesionales, el Estatuto General de la Abogacía y la normativa sobre asistencia jurídica gratuita.

122 Apartado III del Preámbulo.

puede haberse dejado un redactado tan poco conciso. En este sentido, si el artículo 129 bis excepcionaba la presencia telemática de declarantes o intervinientes con discapacidad, así como la exploración de menores (salvo los amplios poderes del juzgador que ya hemos comentado), el 137 bis dispone la intervención por videoconferencia *«cuando el declarante sea menor de edad o persona sobre la que verse un procedimiento de medidas judiciales de apoyo de personas con discapacidad»,* sólo que desde la oficina judicial. Cierto es que actuación telemática no es sinónimo de videoconferencia, pero no parece que esté bien trenzada la relación entre uno y otro precepto, porque una persona con una discapacidad puramente física de un 33 por 100 generalmente estará perfectamente habilitada para actuar telemáticamente. Resulta un poco chocante.

Pero, regresando al artículo 137 bis de la Ley de Enjuiciamiento Civil, el impacto en el principio de inmediación parece meridiano[123], y no digamos ya si leemos con ojos bonistas el artículo 10 de la Ley del Derecho de Defensa al que nos referíamos.

Los valedores de la digitalización de la administración de justicia aplauden esta iniciativa[124], mientras que sus detractores ven en ella un debilitamiento de las garantías de la parte. Es habitual destacar que la presencialidad aporta elementos imponderables que enriquecen el material probatorio[125]. Aliste Santos traslada sus dudas sobre la bondad de la comunicación por medios digitales en estos términos:

> Cuando recurrimos a la videoconferencia con el objetivo de reemplazar una audiencia física tradicional el canal para el mensaje pierde muchos matices por el simple hecho de reducir la comunicación a un escenario bidireccional, que es paupérrimo en comparación a la multidireccionalidad que caracteriza la celebración de una vista judicial tradicional[126].

No es descabellado temer que, *«a través de las pantallas, los litigios se decanten hacia una verdad formal más que hacia la búsqueda de la verdad material»*[127]. El propio Aliste Santos expresa su sospecha de que las vistas telemáticas sean *«germen de una justicia de segunda clase en muchos asun-*

---

123 Tayro Tayro, E. A. (2016). «La videoconferencia. Un nuevo enfoque del principio de inmediación procesal». *Revista Oficial del Poder Judicial* 8 (10), 552.

124 Así, Bueno Benedí, M. (2023). «Retos pendientes en el uso de la videoconferencia y otras tecnologías en nuestra Administración de Justicia». *Revista Acta Judicial* 11, 3.

125 Gascón Inchausti, F. (2021). «¿Han venido para quedarse las vistas telemáticas?» *Anuario de la Facultad de Derecho de la Universidad Autónoma de Madrid* Extraordinario, 396.

126 *Ibidem*, 74.

127 Palau Font, T. (2024). *Tutela procesal civil del derecho de defensa en Europa*. Dykinson, Madrid, 138.

tos, una justicia low cost»[128]. De hecho, se ha puesto de relieve que existen plataformas de internet en las que el usuario presenta sus reclamaciones de pequeña cuantía, generando *«costes más bajos, procedimientos más rápidos y resultados informados tecnológicamente»*[129], y ello es aplaudido por sus partidarios como un instrumento que facilita el acceso a la justicia. Por mi parte, he afirmado anteriormente la necesidad de redefinir el rol de la inmediación y la oralidad, más allá de una determinación apriorística de su significado y atendiendo, fundamentalmente, a su papel real y práctico en el día a día de los juzgados:

> De persistirse en esta intención digitalizadora, es sencillo augurar que habrá dos tipos de procesos con mayores y menores garantías, obligando a redefinir su determinación en función de la materia y la cuantía. O esto o bien será obligada la reformulación de la importancia que la oralidad tiene en la impartición de justicia, lo que hasta cierto punto será paradójico atendiendo a que la modernización de la justicia a finales del siglo XX y principios del XXI se enlazó con el abandono de la escritura y el abrazo de la oralidad[130].

En efecto, la práctica diaria muestra que la oralidad y la inmediación judicial equilibran procesos que, si hubieran sido sustanciados sólo por escrito, caerían del lado de quien mayores recursos tiene[131] —Gimeno Sendra, citando a su vez a Holzhammer, recalca que *«el papel engaña, sin ruborizarse»*[132]—. Ello responde a que el elemento personal introduce en el proceso variables que, en muchas ocasiones, escapan al control del abogado. Por ejemplo, el contenido literal de un documento puede ser contradicho por un testigo hostil que presenció su elaboración, o la parte a quien el documento favorece puede tener un lapsus que desacredite las palabras escritas.

---

128 ALISTE SANTOS, TOMÁS J. (2022), «Hacia un sistema de justicia digitalizado: problemas y desafíos», *op. cit.*, 105; y en el mismo sentido, ALISTE SANTOS, Tomás J. (2022), *Hacia la justicia posmoderna. Presupuestos para la transformación de los sistemas judiciales*, *op. cit.*, pág. 76. De hecho, SÁNCHEZ SÁEZ se muestra partidario de la intervención de la inteligencia artificial en pequeños asuntos propios de la jurisdicción contencioso-administrativa, y recoge el caso de Estonia en procesos civiles de cuantía inferior a siete mil euros [SÁNCHEZ SÁEZ, A. J. (2023). «El posible uso de la inteligencia artificial en el ámbito judicial: contexto jurídico español y europeo. Especial referencia al contencioso-administrativo», *op. cit.*, 189].

129 RUBIM BORGES FORTES, P. (2020). «Paths to digital justice: Judicial robots, algorithmic decision-making, and due process», *op. cit.*, 454 y 465.

130 PALAU FONT, T. (2024). *Tutela procesal civil del derecho de defensa en Europa*, *op. cit.*, 140.

131 Presidencia española del Consejo de la Unión Europea. (25 de octubre de 2023). *La digitalización de la justicia: un sistema más accesible al Servicio del ciudadano*. Recuperado el 27 de octubre de 2023 de https://spanish-presidency.consilium.europa.eu/es/noticias/dia-europeo-justicia-digitalizacion-sistema-accesible-servicio-ciudadano/

132 GIMENO SENDRA, V. (2012). *Derecho Procesal Civil I. El proceso de declaración. Parte General*. UNED y Colex, Madrid, 48.

Sin duda el legislador es un entusiasta de la videoconferencia en la administración de justicia, tal como muestra el Real Decreto-ley 6/2023. Pero, de nuevo, la pregunta que debe contestarse es la relativa a cuál es el objetivo perseguido con la videoconferencia. La celebración de las vistas será la misma, ocupando el mismo espacio de tiempo. ¿Cuál es la ventaja que reportará? ¿La falta de desplazamiento de las partes? Sobre el papel, si los intervinientes no deben desplazarse, algunos procesos ganarán algo de celeridad. Por ejemplo, en los procesos seguidos ante los Juzgados de lo Social en materia prestacional, es frecuente la declaración de peritos médicos, que en ocasiones tiene señaladas vistas en distintas sedes en una misma mañana. Si pueden intervenir en una de ellas a distancia, se evitará la suspensión, pero la realidad es que ésta ya era una incidencia que la «antigua» Ley de Enjuiciamiento Civil procuraba minimizar al menos en el caso de que el implicado fuera el abogado, al establecer en su artículo 188.1.6.º que *«no se acordará la suspensión de la vista si la comunicación de la solicitud para que aquélla se acuerde se produce con más de tres días de retraso desde la notificación del señalamiento que se reciba en segundo lugar»*. Cierto es que imprevistos que sucedan por otros motivos podrán ser sorteados mediante la videoconferencia, aunque una cosa es que esta posibilidad exista y otra bien distinta que se convierta en la regla general y que éste sea el propósito del legislador al regular las medidas de eficiencia procesal. Así es, porque, por otra parte, la videoconferencia será de ayuda en supuestos que antiguamente requerían de auxilio judicial en la práctica de prueba o en supuestos de interrogatorio domiciliario: se respeta mejor la inmediación si preside el propio juez que va a decidir que si interviene otro órgano judicial que lo transcribe para posterior lectura del órgano decisorio.

Por otra parte, la inmediación resultante de las audiencias previas en los procedimientos ordinarios ha sido aplaudida por su eficacia a la hora de depurar los obstáculos para el enjuiciamiento y los propios hechos a enjuiciar, enfatizándose el carácter ágil que tiene la interlocución sin turnos preestablecidos en momentos tales como el de la fijación de los hechos controvertidos[133]. La experiencia hasta hoy dice que los actuales sistemas de videoconferencia no favorecen esta viveza sino justo lo contrario.

3.1.2. La regulación de la videoconferencia

Debe decirse que la videoconferencia no es una primicia del Real Decreto-ley 6/2023, de 19 de diciembre, pues ya se preveía en la Ley Orgánica del Poder Judicial desde el año 2003. En efecto, la Ley Orgánica 13/2003, de

133 En este sentido, GIMENO SENDRA dice que *«las ventajas de la oralidad pueden resumirse en facilitar los principios de investigación, inmediación, concentración y publicidad»* (Gimeno Sendra, V. (2012). *Derecho Procesal Civil I. El proceso de declaración. Parte General*, *op. cit.*, 48), así como que *«la oralidad del procedimiento exige la inmediación del juez»* (*ibidem*, 50).

24 de octubre[134], modificó el artículo 229 de la LOPJ introduciendo en él la posibilidad de que la prueba personal se pudiera realizar a través de videoconferencia:

> Estas actuaciones podrán realizarse a través de videoconferencia u otro sistema similar que permita la comunicación bidireccional y simultánea de la imagen y el sonido y la interacción visual, auditiva y verbal entre dos personas o grupos de personas geográficamente distantes, asegurando en todo caso la posibilidad de contradicción de las partes y la salvaguarda del derecho de defensa[135], cuando así lo acuerde el juez o tribunal.

De hecho, esta introducción se dirigía a facilitar la celebración de actuaciones en el ámbito penal, pues, como meridianamente exponía en su título, la Ley Orgánica 13/2003 pretendía la *«reforma de la Ley de Enjuiciamiento Criminal en materia de prisión provisional»,* y, efectivamente, las previsiones que insertó en la LOPJ también tuvieron su trasunto en la LECrim[136].

Pero hoy, se va varios pasos más allá de la posibilidad de intervención por videoconferencia. Esta comentada generalización de la videoconferencia es tratada por el Real Decreto-ley 6/2023, de 19 de diciembre, desde distintas ópticas. Una un tanto sorprendente por excesiva, es la atención al público, según dispone el artículo 59 del Real Decreto-ley. Otra, la realización de actuaciones no jurisdiccionales, conforme al artículo 64. A los efectos del respeto adecuado a las garantías procesales, la más interesante es la contenida en el artículo 137 bis de la Ley de Enjuiciamiento Civil, y singularmente, en su apartado 2, que determina que la intervención de partes, testigos y peritos mediante videoconferencia se llevará a cabo *«desde la oficina judicial correspondiente al partido judicial de su domicilio o lugar de trabajo»* o *«desde el juzgado de paz»* de tales lugares. Sin embargo, el apartado 3 matiza que

---

134 BOE núm. 257, de 27 de octubre de 2003, páginas 38241 a 38246.

135 «Sobre las garantías del derecho de defensa en el proceso jurisdiccional español», *vide* CALAZA LÓPEZ, S. (2011). «Principales proyecciones del Derecho a la tutela judicial efectiva en la doctrina del Tribunal Constitucional». *Revista General de Derecho Procesal* 23; CALAZA LÓPEZ, S. (2011). *El binomio procesal derecho de acción - derecho de defensa. Desde la concepción clásica romana hasta la actualidad*. Ed. Dykinson, Madrid; CALAZA LÓPEZ, S. (2011). *Garantías constitucionales del proceso judicial español*. Ed. Colex, Madrid; CALAZA LÓPEZ, S. (2011). Principios rectores del proceso judicial español. *Revista de Derecho UNED* 8, págs. 49-84; CALAZA LÓPEZ, S. (2017). «Fortalecimiento de las garantías procesales y agilización de la Justicia». *Revista General de Derecho Procesal* 41; y CALAZA LÓPEZ, S. (2017). «Un nuevo horizonte judicial en materia de Derechos constitucionales y Principios procesales. Propuestas de reforma en tiempos de crisis». *e-Slegal History Review* 25, IUSTEL, Madrid.

136 «Sobre las garantías del derecho de defensa en el proceso penal español», *vide* CALAZA LÓPEZ, S. (2016). «Proyecciones del derecho de defensa tras la reforma de la Ley de Enjuiciamiento Criminal: Son todas las que están, pero no están todas las que son». *Actualidad jurídica Aranzadi* 924/2016.

«estas intervenciones podrán hacerse desde cualquier lugar» bajo la tímida condición de que se disponga *«de los medios que permitan asegurar la identidad del interviniente».* El artículo 59.3 del Real Decreto-ley 6/2023 precisa que la atención al público y a los profesionales *«requerirá la participación del ciudadano, ciudadana o profesional desde un punto de acceso seguro»,* y el artículo 62 identifica tales puntos como aquéllos que garantizan la transmisión segura de las comunicaciones y la protección de la información, la identificación de los intervinientes y el cumplimiento de los requisitos de integridad, interoperabilidad, confidencialidad y disponibilidad de lo actuado. Parece evidente entender que, si estos presupuestos deben cumplirse en la atención al público, con mayor motivo deberán de acatarse en la celebración de vistas. Pero al mismo tiempo, debe enfatizarse que el Real Decreto-ley 6/2023 hace distinción entre puntos de acceso y lugares seguros, teniendo estos últimos una regulación cualificada, pues, además de reunir los presupuestos que se predican del punto de acceso, ven añadidos valores tan relevantes como el de garantizar la autonomía de la intervención del interviniente, asegurar todas las garantías del derecho de defensa, *«inclusive la facultad de entrevistarse reservadamente con el Abogado o Abogada»,* y permitir la digitalización de documentos para su uso durante la videoconferencia (art. 62.3). Sea como fuere, el artículo 137 bis.3 de la LEC sólo exige la intervención *«desde una oficina judicial»* (lugar de acceso seguro por antonomasia, con arreglo al artículo 62.4 del Real Decreto-ley 6/2023) cuando *«el declarante sea menor de edad o persona sobre la que verse un procedimiento de medidas judiciales de apoyo de personas con discapacidad».*

La identificación de los intervinientes deberá producirse al principio del acto judicial, sin perjuicio de la identificación electrónica (artículo 60.1). Es obvio que una y otra son complementarias y deberían exigirse en todo caso. El apartado 5 del artículo 60 prohíbe la alteración o distorsión de la imagen y el sonido (salvo en el caso de personas cuya identidad haya de ser preservada, como dispone el apartado 3).

Que la videoconferencia goza de un régimen privilegiado lo confirma la dicción del artículo 61, primer apartado, al pronunciarse en estos términos: *«El incumplimiento de lo establecido en los artículos anteriores no priva por sí solo de efectos procesales y jurídicos a la actuación llevada a cabo por videoconferencia, ni supone la ineficacia o nulidad de la misma».*

Seguidamente, la propia Ley posibilita expresamente la impugnación de la identificación o de la firma realizada mediante videoconferencia.

Regresando a la asunción de la videoconferencia que hace la Ley de Enjuiciamiento Civil, decíamos que el apartado 3 del artículo 137 bis matiza que *«estas intervenciones podrán hacerse desde cualquier lugar»* bajo la tímida condición de que se disponga *«de los medios que permitan asegurar la identidad del interviniente conforme a lo que se determine reglamentariamente»* —desarrollo reglamentario que no se ha producido aún—. Aunque la *«identi-*

ficación y firma no criptográfica en las actuaciones y procedimientos judiciales llevados a cabo por videoconferencia» es uno de los requisitos básicos que el Real Decreto-ley 6/2023 demanda a las Administraciones competentes en materia de Justicia[137], se trata de un condicionante timorato, que no tiene en cuenta circunstancias tales como la declaración del testigo auxiliado por notas o la prohibición de comunicación entre testigos o incluso entre testigos y la parte prevista en el artículo 366.2 LEC. Al menos, el apartado 3 del artículo 137 bis matiza que la autorización de dicha intervención *«desde cualquier lugar»* deba acordarse *«en atención a las circunstancias concurrentes»*, y es de esperar que, con amparo en este inciso, los órganos judiciales muestren sensibilidad hacia la erradicación de conductas que pretendan alterar el equilibrio procesal. No se comprende esta normativización tan lacónica, que no incorpora cuestiones jurídicas que sí prevé el Real Decreto-ley 6/2023 y que son de vital importancia, tales como *«asegurar todas las garantías del derecho de defensa»* [letra c) del artículo 62.3 del Real Decreto-ley 6/2023] y garantizar la *«autonomía»* de la interviniente en su participación [letra b) del artículo 62.3]. Ni el testigo auxiliado por notas o por terceros respeta el derecho de defensa de la contraparte ni una intervención contaminada por alguien que, habiendo intervenido previamente, le da indicaciones, es autónoma. Por tanto, en la práctica judicial será necesario explorar las consecuencias que ello conllevará para las declaraciones sin auxilio de anotaciones o recordatorios escritos, puesto que el artículo 370.2 LEC establece que *«el testigo responderá por sí mismo, de palabra, sin valerse de ningún borrador de respuestas»*, y sólo *«cuando la pregunta se refiera a cuentas, libros o documentos, se permitirá que los consulte antes de responder»*. También las consecuencias que se proyectarán sobre la incomunicación de testigos. No sólo es que el artículo 366.2 LEC estipula que *«los testigos no se comunicarán entre sí ni podrán unos asistir a las declaraciones de otros»*, matizando que *«a este fin, se adoptarán las medidas que sean necesarias»*, sino que, como afirma Fernández León, *«la incomunicación, de por sí, constituye una medida de gran trascendencia para garantizar un testimonio espontáneo, objetivo y no contaminado, por lo que el abogado, al inicio del acto judicial debe asegurarse que el juez adopte tal medida»*[138].

3.2. Todo cambia para que (casi) nada cambie

La digitalización no modifica la naturaleza de las cosas sino el modo como se exteriorizan o, en nuestro caso, la manera como se introducen en el proceso. El negocio jurídico precisará de consentimiento, causa y objeto; precisará del concurso de oferta y aceptación, aunque éstas se pongan de mani-

137 Artículo 4.1, letra o), de la Ley, y asimismo, artículo 23.

138 Fernández León, Ó. (2017). *Arte y técnica del interrogatorio. La estrategia del cross-examination al servicio del abogado español*. Thomson Reuters Aranzadi, Cizur Menor, 34.

fiesto mediante correos electrónicos cruzados o a través de una firma digital. Al menos por el momento, la digitalización de la sociedad no ha mutado los fundamentos del Derecho clásico.

Otro tanto ocurre con el proceso. Para hacer prueba, un documento debe cumplir determinados requisitos como el de la literosuficiencia, y de ser así, hará prueba sobre su autor, la fecha de elaboración y el estado de las cosas que documente. Nada de esto se ha visto alterado.

Lo que sí se ve alterado, como decíamos, es el modo como estas realidades se ponen de manifiesto en el procedimiento en una triple dimensión: el almacenamiento digital (y correlativo abandono del papel), la comunicación entre tribunales y agentes jurídicos, y, en tercer lugar, proyectándose sobre los dos primeros aspectos, la autenticidad de todo lo digitalizado.

La introducción o presentación de demandas u otros escritos de plazo en el procedimiento puede ofrecernos una perspectiva única de lo dicho hasta ahora. Si hasta hace pocos años, se ofrecía al agente judicial una copia del escrito para que la sellara, haciendo las veces de recibo de su válida presentación, ahora es el propio usuario quien se encarga de todo el proceso e incluso de la auto expedición del recibo.

Imaginemos que, en la subida del archivo a la plataforma, el profesional se equivoca de archivo (porque lo ha etiquetado mal o porque lo guardó en una carpeta distinta de aquélla de la que lo ha recuperado) y lo que presenta no es la demanda, sujeta a caducidad para más inri. La realidad es que éste no es un problema nuevo. Bien, es novedoso por el modo en que se manifiesta, pero no es una situación que no se haya planteado antes. En este sentido, no son poco frecuentes los pronunciamientos de los órganos jurisdiccionales y, en especial, del Tribunal Constitucional sobre el derecho de acceso a los tribunales, su preeminencia y la necesidad de que cualquier impedimento sea visto con ojos de proporcionalidad. Consecuentemente, la solución a la pregunta de si la demanda debe ser inadmitida o de si debe darse la posibilidad de subsanar el fatal error se basará en parámetros ya existentes, como puede ser, por ejemplo, el hecho de que el formulario rellenado en la plataforma (al que se adjunta o en el que se carga la demanda) haya identificado correctamente la acción (es diferente identificarla como demanda de despido o trámite genérico) y las partes actora y demandada. O, igualmente, el hecho de que se haya acompañado el escrito estrambótico (se hayan cargado en la plataforma) de los documentos que sí debían anexarse a él. El fraude procesal exigirá la prueba en los mismos términos en que la demandaría si la presentación hubiera sido en papel: no hay ánimo dilatorio o nada hace pensar que la parte haya utilizado un recurso con picardía al encontrarse con que no tenía a su disposición un determinado documento o no le daba tiempo a elaborar el escrito en el último día del plazo. Por lo mismo, cuestiones como la caducidad o la prescripción de la acción no pueden desposeerse de sus clásicos requisitos, y, en particular, de si es posible reconocer lo que el demandante pretende.

Parece claro que, a pesar de la reforma operada por el Real Decreto Ley 6/2023, de 19 de diciembre, que ahonda, profundiza y extiende en los aspectos tocados por su antecesora Ley 18/2011, de 5 de julio, reguladora del uso de las tecnologías de la información y la comunicación en la Administración de Justicia[139], queda margen para que vayan dándose situaciones que requieren de una armonización legislativa. El proceso social ofrece buenas muestras de ello.

En la jurisdicción social, ha sido y sigue siendo costumbre que los documentos en los que se funda la acción no deban ser adjuntados a la demanda y sean, en cambio, presentados por primera vez en el acto de juicio. Las antiguas leyes de procedimiento laboral y la actual Ley reguladora de la jurisdicción social no lo dicen expresamente así, pero siempre se ha interpretado de este modo, dando a los abogados un importante factor sorpresa apreciado y denostado por igual.

Con el advenimiento del expediente judicial electrónico, y ante el hecho de que los órganos jurisdiccionales todavía no están provistos de pantallas en las que compartir los documentos, se simultanea la vieja costumbre de presentarlos en papel en el acto de la vista con la petición de su presentación también por vía telemática. Algunos juzgados otorgan un plazo de presentación telemática en el mismo día de la vista. Otros, también atentos al deseo de los abogados de continuar contando con el privilegio de no revelar la documentación hasta el momento de práctica de prueba, requieren su presentación con anterioridad al juicio anunciando expresamente el compromiso de no difundir su contenido a la contraparte hasta una vez celebrada la vista. En ambos casos, como vemos, se respeta la interpretación tradicional de la presentación documental, a la que la digitalización se subordina y —también hay que decirlo— a la que la digitalización ningún impedimento supone en la práctica. Si acaso, sólo algo más de trabajo para los abogados, que deben escanearlos o guardarlos también en formato digital, a la par que preparar su exhibición en papel. Es ésta una realidad que, seguramente en menor medida, puede darse asimismo en los procesos matrimoniales.

Cierto es que esta duplicidad —abonada por la conjunción de digitalización y aspectos tradicionales no reformados— es susceptible de causar problemas en caso de que existan discrepancias entre aquellos documentos presentados en papel y aquellos otros que lo han sido telemáticamente. Pero, de nuevo, la solución al problema debe venir dada por las premisas clásicas, que no han mutado. No es nada nuevo: un incidente similar se ha producido en los casos en los que las copias que se entregaban al juzgado para su traslado a la contraparte no respondían con

139 A la que también deroga.

fidelidad al documento que se incorporaba a los autos. En este sentido, nada en la legislación digitalizadora hace pensar que en casos como el expuesto, deba dotarse de preeminencia al documento que se introduce de manera digitalizada. Y, en todo caso, si así fuera, lo que estaría cambiando es la manera como los hechos se manifiestan en el proceso, pero no el qué ni el quién ni el cuándo.

Por lo tanto, lo que queremos decir es que la digitalización operada hasta el día de hoy no transforma el contenido del proceso jurisdiccional, sino solamente la manera como el proceso se encauza. Transforma aspectos del procedimiento (y, aun así, me gusta más decir que, más que transformarlos, hace que siendo los mismos, se manifiesten de forma distinta), pero no transforma el proceso; esto está más que claro.

3.3. La prueba personal

3.3.1. El principio de inmediación

Una vez vista la generalización de la comunicación bidireccional que se encaran en la videoconferencia, es imprescindible determinar cuál es el contenido exacto del principio de inmediación. Esto es: cabe preguntarse si basta la presencia judicial en el sentido de entenderla cumplida cuando se declara a través de una pantalla en la que es posible identificar al interlocutor. Por el contrario, si la presencia judicial debe reunir, además, otros requisitos como podrían ser una cierta proximidad física.

La inmediación ha sido definida como el conocimiento directo que el juzgador ostenta de todo aquello que ha sido sometido a su juicio para la decisión del litigio: partes, alegaciones y material probatorio[140].

Esta conexión es fundamental para que pueda dictarse sentencia[141], de manera que esta función sólo puede recaer en el juzgador *«que ha presenciado la aportación del material de hecho y de derecho y, en su caso, la ejecución de la prueba»*[142]. Dicha conexión puede ser mediatizada por injerencias tales como la intervención de los abogados o incluso de los

140 Chamorro Ladrón de Cegama, J. A. (1983). «Algunas reflexiones sobre el principio de inmediación en el proceso civil y su mejor cumplimiento en la práctica judicial», *Anuario de la Facultad de Derecho, Universidad de Extremadura* 1983 (2), 531.

141 Gómez Martínez, C. (2000). «Artículo 137», en Fernández-Ballesteros, M. A., Rifá Soler, J. M. y Valls Gombau, J. F. (coord.), *Comentarios a la nueva Ley de Enjuiciamiento Civil* (tomo I, págs. 1-1253). Iurgium editores, Barcelona, 600.

142 Calaza López, S. (2011). *Garantías constitucionales del proceso judicial español*. Ed. Colex, Madrid, 94.

propios funcionarios[143], pero precisamente lo que la inmediación persigue es conformar en el juzgador un conocimiento alejado de cualquier contaminación[144].

Siguiendo a Gimeno Sendra, la inmediación alcanza su mayor razón de ser en la fase de prueba, y se desdobla en dos vertientes, una que se refiere a la ejecución de la prueba y otra que lo hace a la valoración[145]. En la primera, lo relevante es que el juez esté en un contacto cuanto más íntimo mejor con los medios de prueba:

> En la práctica totalidad de los ordenamientos se han incorporado a sus respectivos Códigos procesales determinadas reglas de la experiencia, que aconsejan al Tribunal estimar con preferencia la declaración del testigo directo (es decir, del que ha presenciado los hechos), antes que la del indirecto (que conoce los hechos a través de la transmisión de un tercero), ha de apreciar el documento original antes que sus copias, etc[146].

En la segunda, lo relevante es que la valoración de la prueba no se aleje temporalmente del momento de su práctica, para que los matices apreciados por el juzgador no se difuminen en su mente[147].

Ni la Constitución Española ni el Convenio Europeo de Derechos Humanos ni la Carta de los Derechos Fundamentales de la Unión Europea recogen explícitamente la noción de inmediación, si bien la jurisprudencia le ha otorgado el papel de garantía integrante del derecho a un juicio justo[148].

La Ley Orgánica 6/1985, de 1 de julio, del Poder Judicial[149], en el epígrafe noveno de su exposición de motivos, reconoce que *«la Constitución exige y esta Ley Orgánica consagra los principios de oralidad y publicidad, para lo que se acentúa la necesaria inmediación que ha de desarrollarse en las leyes procesales».* Esta inmediación tiene su reflejo tradicional en el artículo 137 de

---

143 Chamorro Ladrón De Cegama, J. A. (1983). «Algunas reflexiones sobre el principio de inmediación en el proceso civil y su mejor cumplimiento en la práctica judicial», *op. cit.*, 532; Tayro Tayro, E. A. (2016). «La videoconferencia. Un nuevo enfoque del principio de inmediación processal», *op. cit.*, 555.

144 Garberí Llobregat, J. (2010). «Artículos 137 a 144», en Garberí Llobregat, J. (dir.), *Los procesos civiles* (tomo I, 2.ª edición, págs. 1-1001). Editorial Bosch, Barcelona, 641.

145 Gimeno Sendra, V. (2012). *Derecho Procesal Civil I. El proceso de declaración. Parte General*, *op. cit.*, 50.

146 *Idem*.

147 *Idem*.

148 En este sentido, Álvarez Rodríguez, I. (2019). «La inmediación a la luz del Convenio Europeo de Derechos Humanos. El caso de España». *Revista de Estudios Jurídicos* 19, 32.

149 BOE núm. 157, de 2 de julio de 1985.

la Ley 1/2000, de 7 de enero, de Enjuiciamiento Civil[150] —además de también en su exposición de motivos—, que asevera que los juzgadores *«presenciarán las declaraciones de las partes y de testigos, los careos, las exposiciones, explicaciones y respuestas que hayan de ofrecer los peritos, así como la crítica oral de su dictamen y cualquier otro acto de prueba que, conforme a lo dispuesto en esta Ley, deba llevarse a cabo contradictoria y públicamente»*. La inmediación tiene una mayor concreción en otras normas de la Ley[151], como es el caso del artículo 169, sobre auxilio judicial. Esta norma dispone que el auxilio judicial *«para las actuaciones que hayan de efectuarse fuera de la circunscripción del tribunal»* sólo resultará procedente *«cuando el tribunal no considere posible o conveniente hacer uso de la facultad que le concede esta ley de desplazarse fuera de su circunscripción para practicarlas»*, y cuando, además, *«no sea posible su práctica por videoconferencia»*. Adicionalmente, se refiere específicamente a la práctica de prueba al establecer que el auxilio judicial sólo resultará procedente *«cuando a juicio del juez o de la jueza no sea conveniente realizarlas por videoconferencia»* y, además, *«por razón de la distancia, dificultad del desplazamiento, circunstancias personales de la parte, del testigo o del perito»* o por otras circunstancias análogas *«resulte imposible o muy gravosa la comparecencia de las personas citadas en la sede del juzgado o tribunal»*.

La inmediación también encuentra reflejo en el artículo 194, que estipula que el juez que debe dictar sentencia es el que haya asistido a la vista o al juicio, con rigurosas excepciones tasadas; y en el artículo 289:

> Será inexcusable la presencia judicial en el interrogatorio de las partes y de testigos, en el reconocimiento de lugares, objetos o personas, en la reproducción de palabras, sonidos, imágenes y, en su caso, cifras y datos, así como en las explicaciones impugnaciones, rectificaciones o ampliaciones de los dictámenes periciales. [...] Pero el Tribunal habrá de examinar por sí mismo la prueba documental, los informes y dictámenes escritos y cualesquiera otros medios o instrumentos que se aportaren.

Finalmente, cabe destacar que, con la Ley 13/2009, de 3 de noviembre, de reforma de la legislación procesal para la implantación de la nueva Oficina judicial, ha desaparecido del artículo 193 la obligación de celebración de nueva vista desde su inicio —en los casos de interrupción— cuando el juez que empezó presidiéndola deba ser sustituido. En este punto, la doctrina del TEDH es palmaria, y como veremos en el siguiente capítulo, puede

150 BOE núm. 7, de 8 de enero de 2000.

151 Seoane Prado, J. (2008). «Libro I, Título V, Capítulo III», en Xiol Ríos, J. A. (coord..), *Enjuiciamiento Civil, Comentarios y Jurisprudencia* (tomo I, págs. 1-1710). Editorial Jurídica Sepin, Madrid, 704; Garberí Llobregat, J. (2010). Artículos 137 a 144, *op. cit.*, 640.

crearse indefensión si el juzgador que presencia una prueba no es quien dicta la resolución y dicha prueba tiene influencia en el resultado del pleito.

Inmediación y oralidad se hallan especialmente relacionados, puesto que cuanto más se deje a la oralidad en el proceso, *«más estrictamente observado»* debe ser el principio de inmediación:

> Mientras que en los procedimientos primordialmente escritos cualquiera que sea el Juez que accede al expediente puede examinarlos en igualdad de condiciones que el que lo dirigió, la percepción personal del Juez que presencia el desarrollo de un juicio oral no puede ser equiparada por ningún otro que examine los soportes en que haya sido recogido. En definitiva, de lo que se trata es de determinar la mayor o menor idoneidad del Juzgador en función de si se ha visto o no restringida su posibilidad de conocimiento de la cuestión litigiosa[152].
>
> Cabe la posibilidad de que exista oralidad con mediación, por ejemplo, cuando se realiza una diligencia probatoria mediante el auxilio judicial, con presencia del juez exhortado, pero sin la del juez que conoce el asunto, y de que exista escritura con inmediación, como ocurre cuando el tribunal de apelación examina las actas para revisar la valoración de la prueba practicada en primera instancia con presencia del juez que conoció del asunto y dictó la sentencia recurrida[153].

De las normas rituarias de las que el cuerpo civil es supletorio, esto es, la Ley de Enjuiciamiento Criminal, aprobada por Real Decreto de 14 de septiembre de 1882[154], la Ley 29/1998, de 13 de julio, reguladora de la jurisdicción contencioso-administrativa[155], y la Ley 36/2011, de 10 de octubre, reguladora de la jurisdicción social[156], sólo esta última hace expresa referencia a la inmediación, en los artículos 74 y 98.

Tal como expone Cabezudo Rodríguez citando a su vez a Montero Aroca, la definición de la inmediación adoptada por la antigua Ley de Enjuiciamiento Civil de 1881 se circunscribía a la constatación de la presencia judicial en

---

152 Seoane Prado, J. (2008). «Libro I, Título V, Capítulo III», *op. cit.*, 704. En el mismo sentido, Gómez Martínez, C. (2000). «Artículo 137», *op. cit.*, 599-600. Es destacable la STC 64/1993, de 1 de marzo (rec. 2150/1989), ES:TC:1993:64, f. j. 3: *«Es básicamente esa restricción o no en el conocimiento, por parte del juzgador llamado a decidir sobre la causa, lo que determinará la relevancia de la queja; conocimiento que, según lo expuesto, se verá restringido en aquellos supuestos en que el principio de inmediación vaya unido a la naturaleza predominantemente oral de la actuación, pues, en un proceso oral, tan sólo el órgano judicial que ha presenciado la aportación verbal del material de hecho y de derecho y, en su caso, de la ejecución de la prueba, está legitimado para dictar la Sentencia o, dicho en otras palabras, la oralidad del procedimiento exige la inmediación judicial»*. En idéntico sentido, Calaza López, S. (2011). *Garantías constitucionales del proceso judicial español, op. cit.*, 89.

153 Gómez Martínez, C. (2000). «Artículo 137», *op. cit.*, 600.

154 Gaceta de Madrid núm. 260, de 17 de septiembre de 1882.

155 BOE núm. 167, de 14 de julio de 1998.

156 BOE núm. 245, de 11 de octubre de 2011.

la práctica de prueba[157], y poca cosa más vemos en la normativa moderna. De hecho, la inmediación como garantía del proceso ha sido criticada por distintos autores al entender que, bajo el manto de este, los jueces acaban encubriendo concepciones totalmente sesgadas y prejudiciales que son las que realmente los llevan a adoptar una concreta decisión[158], ejemplo de lo cual serían los *«atávicos heurísticos judiciales»*[159].

3.3.2. Interpretación jurisprudencial del principio de inmediación: Criterios del Tribunal Europeo de Derechos Humanos

Como ocurre con otros aspectos del proceso, la inmediación tiene un alcance diverso en la jurisdicción civil y en la penal. En el caso de la jurisdicción penal, y como representación del derecho fundamental al segundo grado de jurisdicción, la inmediación se proyecta decididamente sobre la segunda instancia en aquellos casos en los que el tribunal *ad quem* es llamado a revisar cuestiones de hecho. No necesariamente con el mismo fragor que en la primera instancia[160], pero sí con una transcendencia esencial que depende: a) del interés que para el apelante tenga esta comparecencia; y b) de que se traten cuestiones de hecho y no solo de derecho[161]. Consecuentemente, el hecho de que un tribunal de apelación ostente plena jurisdicción no implica automáticamente el derecho a audiencia pública ni el derecho a comparecer personalmente[162]. En efecto, en ello influyen varias cuestiones y, como decíamos, ni siquiera resultaría bastante que el recurso discutiera la valoración de la prueba personal, sino que sería preciso que dicha prueba resultara de interés en la resolución del caso, de manera que fuera aconsejable que el recurrente pudiera oír directamente para, quizá, someterse a careo con el testigo. Vemos un ejemplo de ello:

> Aunque la condena del recurrente no se fundó únicamente en la declaración de los testigos o en su propia declaración, el Tribunal aprecia que los tribunales domésticos se apoyaron hasta cierto punto en las pruebas mencionadas para justi-

157 Cabezudo Rodríguez, N. (2010). *Del principio de inmediación, sus excepciones y los instrumentos tecnológicos*, *op. cit.*, 21.

158 Simón Castellano, P. (2021). «Inteligencia artificial y valoración de la prueba: Las garantías jurídico-constitucionales del órgano de control», *op. cit.*, 288; citando a Taruffo.

159 Simón Castellano, P. (2021). «Inteligencia artificial y valoración de la prueba: Las garantías jurídico-constitucionales del órgano de control», *op. cit.*, 288.

160 Sentencia del TEDH de 19 de diciembre de 1989, Kamasinski v. Austria, 9783/82, CE:ECHR:1989:1219JUD000978382, apartado 106; Sentencia del TEDH de 5 de octubre de 2006, Viola v. Italia, 45106/04, CE:ECHR:2006:1005JUD004510604, apartado 55.

161 STEDH Viola v. Italia, *cit.*, apartados 55 y 56.

162 STEDH Viola v. Italia, *cit.*, apartado 56.

ficar la condena. Además, el recurrente cuestionó la credibilidad de las declaraciones de tres de los testigos sobre los que el órgano judicial de primera instancia se sustenta para condenarlo y solicitó sin éxito que fueran vueltos a interrogar por el tribunal de segunda instancia[163].

De este extracto del caso *Cutean v. Rumanía,* deducimos que el nuevo examen de los testigos era preciso porque: a) la sentencia se apoyó sobre ellos para condenar; y b) se estaba discutiendo precisamente la veracidad de su testimonio.

La verdad es que, alrededor de la inmediación, la jurisdicción penal ha ofrecido infinitamente más jurisprudencia que la jurisdicción civil. En la jurisdicción penal, el TEDH ha manifestado que el principio de inmediación implica que los juzgadores que emitan la decisión deben haber estado presentes durante el procedimiento y en la fase de recogida de prueba[164], lo que deriva de la vertiente subjetiva del principio u *«obligación del juez de relacionarse lo más directamente posible con los medios de prueba»*[165]. A pesar de ello, el Tribunal matiza que esta declaración no debe entenderse como prohibición de todo cambio en la composición del tribunal[166]. Pero esto, por el momento, nos dice poco sobre cuáles son requisitos que la inmediación debe cumplir, y singularmente, sobre si debe ser bilateral o multilateral. Ahondando más en la cuestión, el TEDH sostiene que un aspecto importante del juicio justo en materia penal es que el acusado sea dotado de la posibilidad de confrontarse con los testigos en presencia del órgano decisorio[167]. Aunque esto nos dice algo más, tampoco es definitivo, porque tampoco nos resuelve el dilema entre bilateralidad y multilateralidad. En cambio, sí que nos reporta una información más concluyente el hecho de que el TEDH destaque que el

---

163 Sentencia del TEDH de 2 de diciembre de 2014, Cutean v. Rumanía, 53150/12, CE: ECHR:2014:1202JUD005315012, apartado 65.

164 En el marco del estado español, es destacable la STC 64/1993, de 1 de marzo (rec. 2150/1989), ES:TC:1993:64, f. j. 3: *«En un proceso oral, tan sólo el órgano judicial que ha presenciado la aportación verbal del material de hecho y de derecho y, en su caso, de la ejecución de la prueba, está legitimado para dictar la Sentencia».*

165 Cabezudo Rodríguez, N. (2010). *Del principio de inmediación, sus excepciones y los instrumentos tecnológicos*, *op. cit.*, 22, citando a su vez a Goldsmith.

166 Sentencia del TEDH de 2 de diciembre de 2014, Cutean v. Rumanía, 53150/12, CE: ECHR:2014:1202JUD005315012, apartado 61; y Sentencia del TEDH de 25 de julio de 2019, Svanidze v. Georgia, 37809/08, CE:ECHR:2019:0725JUD003780908, apartado 33. En el ámbito español, Seoane Prado afirma que *«el cambio judicial no infringe el principio de inmediación» cuando no infrinja el artículo 194 LEC; es decir, cuando la intervención sucesiva de varios jueces «no afecte al conocimiento del material probatorio y los alegatos vertidos por las partes en el acto de juicio»* [Seoane Prado, J. (2008). Libro I, Título V, Capítulo III, *op. cit.*, 705].

167 Sentencia del TEDH de 10 de febrero de 2005, Graviano v. Italia, 10075/02, CE:ECHR: 2003:1204DEC001007502, apartado 38; y Sentencia del TEDH Svanidze v. Georgia, *cit.*, apartado 32.

órgano judicial debe poder observar y valorar el comportamiento y la credibilidad de un testigo, de manera que la inmediación se constituya en garantía del acusado[168]. En *Cutean v. Rumanía* extiende la inmediación a la *«audiencia directa del mismo acusado»*[169]. También es verdad que esa posibilidad de valorar el comportamiento del testigo la supedita a que la declaración del testigo pueda tener consecuencias graves para el acusado[170], lo que lamentablemente nos remite a una justicia de dos grados, más y menos garantista.

En *Beraru v. Rumanía*, el TEDH se muestra reticente a que, en un caso decidido por dos jueces, sólo uno de ellos haya tenido acceso inmediato a las declaraciones de los testigos y coacusados, que eran la única prueba de cargo[171].

En *Svanidze v. Georgia*, el TEDH estima que el hecho de que un juez, que actuaba como órgano unipersonal, decidiera el caso con base en la transcripción escrita de las diecisiete declaraciones practicadas entre testigos y peritos, no asegura la inmediación porque no tuvo manera de hacerse una idea de cuál era la credibilidad de los deponentes[172]. Eso sí, la decisión del TEDH se articula *«dado el complejo entramado de hechos del caso»*[173], de modo que parece que el Tribunal entra a dilucidar si las declaraciones podían presentar una cierta subjetividad, y concluye que sí.

En *Škaro v. Croacia,* el testigo que el propio TEDH considera como esencial no fue oído por uno de los jueces que componían el tribunal sentenciador [174]. Dado que los otros cuatro jueces sí lo hicieron, se entendió válido que el ausente fundara su percepción con la lectura de la declaración testifical[175].

Como anunciábamos antes, el TEDH no prohíbe los cambios en la composición del tribunal, pero sí exige que, de darse circunstancias que alteren dicha composición, se adopten medidas para que los jueces tengan acceso satisfactorio a la prueba:

> Tengan una comprensión apropiada de las alegaciones y la prueba, por ejemplo, transcribiendo aquellas declaraciones en las que la credibilidad del testigo no se

168 Sentencia del TEDH de 18 de marzo de 2014, Beraru v. Rumanía, 40107/04, CE: ECHR:2014:0318JUD004010704, apartado 64; y Sentencia del TEDH Svanidze v. Georgia, *cit.*, apartado 32.

169 Sentencia del TEDH Cutean v. Rumanía, *cit.*, apartado 60.

170 Sentencia del TEDH Beraru v. Rumanía, *cit.*, apartado 65; Sentencia del TEDH Cutean v. Rumanía, *cit.*, apartado 60; y Sentencia del TEDH Svanidze v. Georgia, *cit.*, apartado 32.

171 Sentencia del TEDH Beraru v. Rumanía, apartados 65 y 66.

172 Sentencia del TEDH Svanidze v. Georgia, apartado 35.

173 *Idem*.

174 Sentencia del TEDH de 6 de diciembre de 2016, Škaro v. Croacia, 6962/13, CE:ECHR: 2016:1206JUD000696213, apartado 29.

175 Sentencia del TEDH Škaro v. Croacia, *cit.*, apartado 29.

encuentre discutida, o convocando a una vista en la que se discutan los argumentos relevantes o se examinen a los testigos importantes ante los nuevos miembros del tribunal[176].

Evidentemente, el cambio de todo un tribunal tendrá visos de vulnerar el principio de inmediación cuando no se produzca el examen directo de los testigos, pero para que esto suceda las declaraciones prestadas han de tener influencia en el sentido del fallo[177]:

> La primera cuestión relevante a los efectos de su examen bajo el principio de inmediación y la jurisprudencia sobre ausencia de testigos es el papel que dicha prueba jugó en la condena, específicamente, si la prueba era «única», «decisiva» o «tenía tal peso que su admisión fue susceptible de perjudicar a la defensa»[178].

Además, debe ser considerado un tercer factor, que vemos claramente explicitado en *Chernika v. Ucrania,* y es la ponderación entre transcendencia de la prueba y razones justificativas de la ausencia de los declarantes:

> El Tribunal analizará entonces si existe una buena razón que justifique la ausencia de los testigos en el juicio que se volvió a celebrar y que condujo a la condena del recurrente. Asimismo, si la prueba que podían ofrecer los testigos ausentes tenía un peso significativo, el Tribunal debe asegurarse de que se adoptaron las cautelas necesarias para que, a pesar de tal ausencia, el órgano jurisdiccional pudiera alcanzar una comprensión adecuada de la prueba que los testigos ofrecieron[179].

En este sentido, cuando el órgano judicial no hace los esfuerzos suficientes para garantizar que los testigos acudan personalmente a declarar, la violación del principio de inmediación se acentúa.

Álvarez Rodríguez asevera que, para el TEDH, el principio de inmediación demanda las mismas exigencias tanto en la instancia cuanto en la apela-

---

176 Sentencia del TEDH Škaro v. Croacia, *cit.*, apartado 24; y en el mismo sentido, Sentencia del TEDH de 2 de diciembre de 2014, Cutean v. Rumanía, 53150/12, CE:ECHR:2014:1202JUD005315012, apartado 61, y Sentencia del TEDH Svanidze v. Georgia, *cit.*, apartado 33; Sentencia del TEDH de 12 de marzo de 2020, Chernika v. Ucrania, 53791/11, CE:ECHR:2020:0312JUD005379111, apartado 48.

177 Sentencia del TEDH de 7 de marzo de 2017, Cerovšek and Božičnik v. Slovenia, 68939/12 y 68949/12, CE:ECHR:2017:0307JUD006893912, apartados 44-48, 7 March 2017; Sentencia del TEDH Cutean, Cutean v. Rumanía, *cit.*, apartados 70-73; Sentencia del TEDH Svanidze v. Georgia, *cit.*, apartados 35-38.

178 Sentencia del TEDH Chernika v. Ucrania, *cit.*, apartado 54; Sentencia del TEDH de 15 de diciembre de 2015, Schatschaschwili, 9154/10, CE:ECHR:2015:1215JUD000915410, apartados 116, 119, 123 y 124.

179 Sentencia del TEDH Chernika v. Ucrania, *cit.*, apartado 55.

ción[180]. El autor sistematiza el criterio del TEDH sobre la evaluación directa y personal por parte del tribunal de apelación explicando que *«si el tribunal de apelación realiza una nueva valoración de elementos fácticos y de dicha valoración se deduce una condena al acusado cuando el tribunal de instancia absolvió (o agrava la condena que recayó en instancia)»*, se exige aquel examen, dado que *«el destino procesal del justiciable estaría de nuevo en juego, y tendría, por ello, que reproducirse la posibilidad de control social del procedimiento»*. Otra cosa sería que la discusión en apelación verse sobre cuestiones distintas a la prueba personal[181].

Dicho todo esto, como venimos anunciando y podemos ver en la jurisprudencia citada, el TEDH no precisa exactamente el contenido exacto del principio de inmediación, y lo circunscribe esencialmente a la posibilidad de interrogar personalmente a testigos y acusados. Aunque tampoco podemos obviar que hace referencia a la observación del comportamiento y la credibilidad, siendo estos dos factores en los que la proximidad física entre los interlocutores presenta una gran influencia.

Girando la vista al ámbito doméstico y a su interpretación de la inmediación, el Tribunal Constitucional no ha sido mucho más expresivo que el TEDH. Cabezudo Rodríguez trae a colación una resolución en la que el Tribunal Constitucional recalca la presencia del juez, *«de suerte que la convicción de éste sobre los hechos enjuiciados se alcance en contacto directo con los medios aportados a tal fin por las partes»*[182].

El mismo autor nos guía hasta otra sentencia dictada por el Tribunal Constitucional que sí pone énfasis en el lenguaje no verbal del interviniente en la audiencia:

> Es consustancial a los principios de oralidad, inmediación y libre valoración de la prueba el examinar gestos de los intervinientes en la misma, tales como los de turbación o sorpresa, a través de los cuales pueda el juez o tribunal de instancia fundar su íntima convicción acerca de la veracidad o mendacidad de la declaración de los intervinientes en la prueba[183].

---

180 Álvarez Rodríguez, I. (2019). «La inmediación a la luz del Convenio Europeo de Derechos Humanos. El caso de España». *Revista de Estudios Jurídicos* 19, 33.

181 *Ibidem*, 34.

182 Cabezudo Rodríguez, N. (2010). *Del principio de inmediación, sus excepciones y los instrumentos tecnológicos*, *op. cit.*, 90. Existen varias resoluciones del Tribunal Constitucional que recogen este tenor. Así, por orden cronológico, algunas de ellas son las SsTC 33/2000, de 14 de febrero, ES:TC:2000:33, f. j. 5; 57/2002, de 11 de marzo, ES:TC:2002:57, f. j. 3; ó 68/2010, de 18 de octubre, ES:TC:2010:68, f. j. 5. La reproducción del debate en segunda instancia es otra cosa, como afirma, por ejemplo, la STC 43/2007, de 26 de febrero, ES:TC:2007:43, f. j. 6.

183 Cabezudo Rodríguez, N. (2010). *Del principio de inmediación, sus excepciones y los instrumentos tecnológicos*, *op. cit.*, 93, con remisión a la STC 217/1989, 21 de diciembre, ES:TC:1989:217, f. j. 5.

Esta doctrina goza de predicamento entre las secciones penales de las Audiencias Provinciales[184]. Y otro tanto hace el Tribunal Supremo al negar la virtualidad revisora de la prueba del recurso de casación y poner en valor la inmediación de los órganos jurisdiccionales de instancia:

> El juicio oral obliga a que la prueba se practique ante el Tribunal que ha de fallar, de manera directa, inmediata, sin intermediaciones de ningún género, y a la convicción del Tribunal contribuye decisivamente la llamada psicología del testimonio, ciencia que permite descubrir la mayor o menor credibilidad de las personas que declaran ante los Jueces y que no es reproducible en casación. Este Tribunal no ve, ni oye, ni percibe la reacción de quienes declaran, el tono de su voz, sus gestos, a veces tan expresivos, la forma misma de declarar, los titubeos, silencios, y, por consiguiente, no puede reconstruir la fiabilidad del testimonio que ha llevado al Juzgador de instancia a aquella conclusión probatoria[185].

En el año 2009, el Tribunal Constitucional fue inquirido para que se pronunciara sobre un supuesto de revocación de una sentencia absolutoria en la que la Audiencia Provincial condenó al acusado después de efectuar, mediante el visionado de la grabación del juicio de primera instancia, una nueva valoración de las pruebas de carácter personal, y de modificar el relato de los hechos probados. El Tribunal Constitucional explica la inmediación de este modo:

> Es ésta una garantía de corrección que evita los riesgos de valoración inadecuada procedentes de la intermediación entre la prueba y el órgano de valoración y que, en las pruebas personales, frente al testimonio de la declaración en el acta de la vista, permite apreciar no sólo lo esencial de una secuencia verbal trasladado a un escrito por un tercero sino la totalidad de las palabras pronunciadas y el contexto y el modo en que lo fueron: permite acceder a la totalidad de los aspectos comunicativos verbales; permite acceder a los aspectos comunicativos no verbales, del declarante y de terceros; y permite también, siquiera en la limitada medida que lo tolera su imparcialidad, la intervención del Juez para comprobar la certeza de los elementos de hecho[186].

---

184 SAP Guipúzcoa 21/2005, de 7 de febrero, f. j. 4; SAP Granada 242/2004, de 5 de mayo, f. j. 1; SAP A Coruña 157/2004, de 30 de septiembre, f. j. 2; SAP Valencia 153/2010, de 24 de febrero, f. j. 1; SAP La Rioja 51/2018, de 16 de marzo, ES:APLO:2018:141, f. j. 4; SAP Las Palmas 454/2018, de 5 de diciembre, ES:APGC:2018:2513, f. j. 4; SsAP Ávila 25/2019, de 7 de marzo, ES:APAV:2019:155, f. j. 4, y 64/2019, de 14 de junio, ES:APAV:2019:340, f. j. 6; SAP Valencia 662/2019, de 10 de diciembre, ES:APV:2019:5228, f. j. 4; o SAP Pontevedra 53/2021, de 10 de mayo, ES:APPO:2021:960, f. j. 2.

185 Cabezudo Rodríguez, N. (2010). *Del principio de inmediación, sus excepciones y los instrumentos tecnológicos*, *op. cit.*, 93-94. Existen varias resoluciones del Tribunal Supremo que recogen este tenor. Así, por orden cronológico, algunas de ellas son las SsTS, Sala Segunda, 224/2005, de 24 de febrero, f. j. 5; 935/2005, de 15 de julio, f. j. 3; 1312/2005, de 7 de noviembre, f. j. 8; 705/2006, de 28 de junio, f. j. 3; 673/2007, de 19 de julio, f. j. 6; 758/2013, de 24 de octubre, f. j. 3; ó 381/2014, de 21 de mayo, f. j. 5.

186 STC 120/2009, de 18 de mayo, ES:TC:2009:120, f. j. 6. En el mismo sentido, STC 16/2009, de 26 de enero, ES:TC:2009:16; STC 2/2010, de 11 de enero, ES:TC:2010:2; STC 135/2011, de 12 de septiembre, ES:TC:2011:135; y STC 144/2012, de 2 de julio, ES:TC:2012:144.

Acaba otorgando el amparo al estimar que la doctrina del TEDH no permite entender que el visionado del audiovisual se ajuste al estándar de examen «directo y personal». Aun así, el Tribunal Constitucional deja la puerta abierta a que *«la proyección de las garantías de inmediación, oralidad, contradicción y publicidad en la segunda instancia» se module «en los mismos términos en los que pueda serlo en la primera instancia»*[187]. En conclusión, no es aceptable que el visionado de la audiencia sirva para revocar la sentencia, lo que implica que la prueba debe volver a practicarse. Ahora bien, esta nueva práctica de la prueba podría llevarse a cabo mediante videoconferencia, sin que fuera necesaria la presencia personal de los deponentes.

El Tribunal Europeo de Derechos Humanos no contempla que el uso de la videoconferencia en vistas judiciales, en sí mismo considerado, vulnere el derecho de defensa, como puede comprobarse en *Viola v. Italia*[188] o en *Sakhnovskiy v. Rusia*[189]. En todo caso, eso sí, debe garantizarse que el acusado pueda participar en el proceso y ser oído sin obstáculos técnicos[190], además de la confidencialidad y efectividad de la comunicación con un abogado[191]. En *Viola v. Italia*, el Tribunal concreta que el uso de la videoconferencia ha de responder a un objetivo legítimo, y señala como tales la defensa del orden público, la prevención del delito, la tutela de los derechos a la vida, la libertad y la seguridad de testigos y víctimas, y el respeto a la resolución de litigio en un plazo razonable[192]. Esto es ciertamente importante, porque el TEDH admite que la presencia por videoconferencia de un acusado puede constituir una restricción del derecho fundamental de defensa. No lo es en sí, pero puede llegar a serlo. En *Viola v. Italia*, traza un doble requisito para la presencia no personal del acusado: la videoconferencia ha de respetar los derechos de la defensa y su uso debe responder a un propósito legítimo[193]. Tales derechos de la defensa se satisfacen a través de un enlace con la sala de vistas que: a) permita al acusado ver a las personas presentes y oír lo que en ella se dice, b) permita que el acusado pueda ser visto y oído por las otras partes, por el juez y los testigos, y c) permita que el acusado también pueda hacer su declaración sin tapujos[194].

---

187 STC 120/2009, de 18 de mayo, ES:TC:2009:120, f. j. 6.

188 STEDH de 5 de octubre de 2006, Viola v. Italia, 45106/04, CE:ECHR:2006:1005JUD004510604.

189 STEDH de 2 de noviembre de 2010, Sakhnovskiy v. Rusia, 21272/03, CE:ECHR:2010:1102JUD002127203, apartado 98.

190 STEDH Viola, *cit.*, apartados 23, 24 y 74.

191 STEDH Viola, *cit.*, apartado 75; STEDH Sakhnovskiy, *cit.*, apartado 104.

192 STEDH Viola, *cit.*, apartado 72; STEDH de 8 de junio de 2021, Dijkhuizen v. Países Bajos, 61591/16, CE:ECHR:2021:0608JUD006159116, apartado 53.

193 STEDH Viola, *cit.*, apartado 67.

194 STEDH Viola, *cit.*, apartado 73.

En *Dijkhuizen v. Países Bajos*[195], parece incluso que el TEDH acepta la iniciativa del acusado de participar por videoconferencia como herramienta para facilitar su participación en la vista. Aun así, estas resoluciones contemplan el recurso a la videoconferencia desde el punto de vista de la excepcionalidad, sin prever el furor digitalizador que la extiende a toda clase de procesos y situaciones.

3.3.3. Utilidad de la inmediación en la valoración de la prueba

Suele afirmarse que la oralidad promueve en mayor medida que la escritura el cumplimiento de los objetivos propios del principio de inmediación[196], y, precisamente por cómo vaya a interpretarse la inmediación, la digitalización de las vistas judiciales es quizás el campo en el que la modernización siembra más dudas[197], puesto que dificulta el examen de lo que Cabezudo Rodríguez llama *«elementos paralingüísticos»*[198]. Además de la prueba personal, existe otra esfera en la que la inmediación es caudal, como es el caso del reconocimiento judicial. En este terreno, no sólo pueden intervenir el oído y la vista, sino que pueden tener protagonismo también los demás sentidos, por lo que cabe descartar la mediatización de la fuente de prueba a través de una pantalla[199].

El control de las partes interrogadas, de los testigos y los peritos, su gestualidad, su nerviosismo o la violencia del careo[200] son elementos tradicionalmente ligados a la inmediación que permiten determinar la credibilidad de los intervinientes.

La credibilidad de los declarantes, sean testigos, partes o peritos, ha sido tradicionalmente considerada como un elemento crucial que el juez ha de sentar utilizando para ello las reglas de la sana crítica. Y, en relación con ello, se ha desarrollado una rama de la ciencia jurídica destinada a dilucidar si es posible concluir la veracidad de lo declarado en orden a conformar e integrar los hechos probados de la sentencia: así, es uno de los principales segmen-

195 STEDH Dijkhuizen, apartado 58.

196 Chamorro Ladrón de Cegama, J. A. (1983). «Algunas reflexiones sobre el principio de inmediación en el proceso civil y su mejor cumplimiento en la práctica judicial», *op. cit.*, 533-534.

197 Palau Font, T. (2024). *Tutela procesal civil del derecho de defensa en Europa*, *op. cit.*, 137.

198 Cabezudo Rodríguez, N. (2010). *Del principio de inmediación, sus excepciones y los instrumentos tecnológicos*, *op. cit.*, 24.

199 Richard González, M. (2020). «Elogio del juicio oral (presencial) escrito por un profesor partidario del uso de la tecnología en el sistema judicial». *Diario La Ley* 9654, 14-15.

200 En este sentido, Aliste Santos, Tomás J. (2022), *Hacia la justicia posmoderna. Presupuestos para la transformación de los sistemas judiciales*, Ed. Atelier, Barcelona, págs. 74 y 82.

tos integrantes de la psicología del testimonio, mientras que el otro estudia las circunstancias que influyen en la declaración de este[201]. Sobre este segundo aspecto, el Tribunal Supremo se ha pronunciado específicamente en casos de especial vulnerabilidad del declarante:

> [La Sala de lo Penal] ha tomado en consideración la importancia que la sicología del testimonio debe tener, como disciplina científica, al tratar de las declaraciones de niños. [...] Fruto de ese desarrollo cultural es un buen conocimiento de los diversos riesgos de desviación y consiguiente pérdida de objetividad que gravan la prueba testifical. Entre los que, en el caso de los niños, se cuenta muy especialmente el derivado de la fácil sugestionabilidad, en función de las circunstancias personales y de entorno, la marcada apertura a influencias externas recibidas por vía de autoridad o de afectos, y la proclividad a la reelaboración inducida de los contenidos de memoria, tanto mayor cuanto más numerosas sean las ocasiones en que se vuelve sobre ellos en conversaciones o interrogatorios sucesivos. [...] Lo que determina la importancia extrema de contar con especialistas en sicología del testimonio[202].

Ante la complejidad de la interpretación del lenguaje no verbal, incluso ha insinuado la posibilidad de acudir a peritos que auxilien al juzgador en la labor de interpretación de la prueba personal:

> Las declaraciones de los menores son especialmente aptas para ser objeto de dictámenes sobre credibilidad realizados por especialistas en psicología. [...] Pero decidir si los hechos han sucedido o no, valorar ese testimonio junto con el resto de las pruebas, otorgarle o no crédito es función que está residenciada en el juzgador. Éste no puede abdicar de esa tarea delegándola en el psicólogo que, por otra parte, si actúa con profesionalidad, no podrá asegurar la verdad o falsedad del testimonio. Tan solo indicará si con arreglo a los sistemas, protocolos y test valorativos convalidados concurren o no indicadores de fiabilidad o falta de fiabilidad[203].

Las normas rituarias no nos indican qué debemos entender por sana crítica[204], lo cual se complica porque el propio Tribunal Supremo sostiene que *«la valoración según las reglas de la sana crítica no deja de ser una manifes-*

---

201 *Vide* Manzanero, A. L. (2021). *Memoria de testigos. Obtención y valoración de la prueba testifical*. Pirámide, Madrid.

202 STS, Sala Segunda, 604/2005, de 12 de abril, f. j. 2.

203 STS, Sala Segunda, 690/2021, de 15 de septiembre (rec. 4372/2019), ES:TS:2021:3450, f. j. 9.

204 Benfeld Escobar disecciona dos conceptos: la «sana crítica» y las «reglas de la sana crítica», que distingue del primero al considerar que, para que la sana crítica sea tal y no una mera opinión más o menos arbitraria, ha de seguirse un método o unos principios [Benfeld Escobar, J. S. (2018). Sobre el carácter normativo y tendencialmente vinculante de las reglas de la sana crítica en la ponderación de la prueba judicial. *Revista de Derecho de la Pontificia Universidad Católica de Valparaíso* 50, 165 y 167].

tación de libre valoración de la prueba o valoración en conciencia»[205]. A pesar de ello, la sana crítica ha de presidir la valoración de la prueba personal —y no sólo la personal—[206]. Lo corrobora el artículo 316 de la LEC, que versa sobre la valoración del interrogatorio de las partes, nos instruye acerca de que este medio de prueba ha de ser evaluado *«según las reglas de la sana crítica»*. Otro tanto hacen el artículo 348 de la LEC con respecto a la prueba pericial y el artículo 376 con respecto a la prueba testifical. Consecuentemente, es incuestionable que las declaraciones de los interrogados no deben ser incorporadas al acervo probatorio por su literalidad si no son previamente tamizadas por la sana crítica.

Citando a Descartes, Benfed Escobar define la sana crítica como la *«capacidad de realizar juicios correctos»*[207], *«de distinguir lo verdadero de lo falso»* o *«de discernir con verdad y/o corrección ciertos enunciados referidos a hechos»*[208]. Al mismo tiempo, las reglas de la sana crítica son *«las guías para la ponderación racional de la prueba en su conjunto»*[209], esto es, huyendo *«del convencimiento que resulta del sentimentalismo, de la emotividad, de la impresión»*[210]. Es habitual caracterizar las reglas de la sana crítica con fundamento en tres elementos: la lógica, las máximas de experiencia[211] y los *«conocimientos científicamente afianzados»*[212], si bien quizá ninguno de estos tres elementos sea *«propia y técnicamente una regla»*[213].

205 Tribunal Supremo, Sala Tercera, de lo Contencioso-administrativo, Sentencia 202/2022 de 17 de febrero de 2022 (rec. 5631/2019), f. j. 7.

206 Benfeld Escobar, J. S. (2018). «Sobre el carácter normativo y tendencialmente vinculante de las reglas de la sana crítica en la ponderación de la prueba judicial», *op. cit.*, 163. Benfeld Escobar distingue tres momentos en la fase de prueba: *«uno de recolección del material* [...]*, otro de valuación propiamente tal y aún otro de aplicación del quantum probatorio (el estándar de prueba, en el que se integran generalmente valores meta epistemológicos)»* (*idem*).

207 Benfeld Escobar, J. S. (2018). «Sobre el carácter normativo y tendencialmente vinculante de las reglas de la sana crítica en la ponderación de la prueba judicial», *op. cit.*, 165.

208 *Ibidem*, 167.

209 *Ibidem*, 167.

210 González Castillo, J. (2006). «La fundamentación de las sentencias y la sana crítica». *Revista Chilena de Derecho* 33 (1), 100.

211 Que en el sistema de libre valoración probatoria *«no están predeterminadas previamente por el legislador en la norma, como sucedía en el sistema de prueba tasada o legal, sino que son elegidas libremente por el juzgador»* [Torres Manrique, J. I. (2022). *Derecho convencional, Derecho constitucional y Derechos fundamentales. El inevitable camino hacia la justicia*. J. M. Bosch Editor, Barcelona, 91].

212 *Idem*. Igualmente, Coloma Correa, R., y Agüero San Juan, C. (2014). «Lógica, ciencia y experiencia en la valoración de la prueba». *Revista Chilena de Derecho Comparado* 41 (2), 674.

213 Benfeld Escobar, J. S. (2018). «Sobre el carácter normativo y tendencialmente vinculante de las reglas de la sana crítica en la ponderación de la prueba judicial», *op. cit.*, 168.

En la Ley de Enjuiciamiento Civil, el artículo 218 trata de la obligación de motivar las sentencias, y, aunque no se refiere específicamente a las reglas de la sana crítica, sí lo hace de modo indirecto cuando asevera que *«la motivación deberá incidir en los distintos elementos fácticos y jurídicos del pleito, considerados individualmente y en conjunto, ajustándose siempre a las reglas de la lógica y de la razón»*. Esta declaración apunta a la consignación de los hechos probados —siempre deseable y en muchas ocasiones demasiado difuminada— y a las consecuencias todavía no jurídicas que se infieren de tales hechos, como por ejemplo sería el caso de las presunciones. El Tribunal Supremo identifica la sana crítica con *«los más elementales postulados de la lógica y la razón»* y con *«las más elementales directrices de la lógica humana»*[214]. La lógica concreta las condiciones en que un razonamiento puede ser considerado como válido o verdadero[215], y, según González Castillo, responde a determinados principios que el razonamiento judicial no puede ignorar:

> De identidad (una cosa solo puede ser igual a sí misma); de contradicción (una cosa no puede ser explicada por dos proposiciones contrarias entre sí), de razón suficiente (las cosas existen y son conocidas por una causa capaz de justificar su existencia); del tercero excluido (si una cosa únicamente puede ser explicada dentro de una de dos proposiciones alternativas, su causa no puede residir en una tercera proposición ajena a las dos precedentes)[216].

Efectivamente, el hecho de que la sana crítica esté integrada por los principios de la lógica comporta que los razonamientos judiciales deban ser verdaderos. El mismo Tribunal Supremo lo remarca al definir las reglas de la lógica como *«sistema que permite verificar la corrección de los razonamientos humanos»*[217]. Por ende, no cualquier convicción del juez pueda ser incorporada a una sentencia[218], y por supuesto no el *«acogimiento de meras hipótesis intuitivas o conclusiones valorativas absurdas»*[219]. Incluso *«prohíbe a los jueces recurrir a conocimientos privados provenientes de experiencias individuales»*[220].

---

214 STS, Sala Primera, 141/2021 de 15 de marzo de 2021 (rec. 1235/2018), ES:TS:2021:807, f. j. 3.

215 *«Tal como solo los enunciados verdaderos deben ser usados como premisas en el razonamiento, solo los enunciados jurídicos válidos deben ser aplicados como premisas en el razonamiento jurídico»* [Yoshino, H. (2015). Tractatus Lógico-Juridicus. Sus fundamentos. *Revista Derecho del Estado* 35, 268 y 288].

216 González Castillo, J. (2006). «La fundamentación de las sentencias y la sana crítica», *op. cit.*, 100.

217 STS, Sala Primera, 141/2021 de 15 de marzo de 2021 (rec. 1235/2018), ES:TS:2021:807, f. j. 3.

218 Coloma Correa, R., y Agüero San Juan, C. (2014). «Lógica, ciencia y experiencia en la valoración de la prueba», *op. cit.*, 676.

219 STS, Sala Primera, 141/2021 de 15 de marzo de 2021 (rec. 1235/2018), ES:TS:2021:807, f. j. 3. En el mismo sentido, STC 107/2019 de 30 de septiembre de 2019 (rec. 1588/2017), ES:TC:2019:107, f. j. 6.

220 Coloma Correa, R., y Agüero San Juan, C. (2014). «Lógica, ciencia y experiencia en la valoración de la prueba», *op. cit.*, 675.

Las máximas de experiencia, por su parte, son abstracciones o generalizaciones que indican qué es aquello que cabe esperar de determinados hechos concretos. Beltrán Calfurrapa dice que son las razones que justifican, que dan credibilidad u permiten confiar en que una *«hipótesis fáctica incierta o puesta en duda»* es del modo que creemos que es[221]. Así, podemos distinguir a la máxima de experiencia del hecho notorio[222]: mientras que este último es un hecho que no requiere de prueba, las primeras son *«criterios para inferir (enunciados sobre) hechos todavía no conocidos»*[223]. En este sentido, *«todo cuerpo cae por efecto de la gravedad»,* de modo que si nos preguntamos cómo se trasladó un cuerpo desde lo alto de un árbol hasta el suelo, la máxima de experiencia nos lo señala. Las máximas de experiencia encajan con la noción de conocimiento general, y precisamente por ello, para Muffato encuentran en las presunciones *«una species de este genus»*[224]. Muñoz Sabaté no lo ve exactamente así, y afirma que *«la aplicación más recordada»* de las máximas de experiencia es la de *«intervenir en la prueba de presunciones, nutriendo lo que el artículo 386 LEC denomina "enlace preciso y directo según las reglas del criterio humano"»,* o, citando a su vez a Stein, anudando el indicio con el hecho a demostrar[225].

Sin embargo, es precisamente su carácter categórico el que hace que no cualquier conocimiento individual o más o menos local pueda ser elevado a la categoría de máxima de experiencia. En este sentido, Taruffo no estaría muy de acuerdo con Limay Chávez cuando éste afirma que *«es una máxima de experiencia que aquel sujeto que huye corriendo de la escena del crimen es el primer sospechoso»*[226], pues el autor italiano advirtió de

221 Beltrán Calfurrapa, R. (2022). «Las máximas de la experiencia como generalizaciones empíricas: notas sobre sus implicaciones argumentativas en materia jurisdiccional», *op. cit.*, 229-230. El autor advierte que no deben ser identificadas con las heurísticas, pues éstas son *«reglas generales que filtran y comprimen de forma selectiva gran parte de la información disponible, permitiendo, de este modo, formar juicios expeditos, efectuar valoraciones inmediatas y tomar decisiones a problemas complejos»* (*ibidem*, 229). Así pues, mientras que las heurísticas *«responden necesariamente a la dinámica de decisiones instintivas, rápidas e intuitivas»*, las máximas de experiencia atienden *«a una actividad deliberada, consciente y argumentada»* (*ibidem*, 230), cuya finalidad es la de dotar de credibilidad *«a una determinada hipótesis fáctica incierta o puesta en duda»* (*ibidem*, 229).

222 Muffato, N. (2021). «Michele Taruffo sobre las máximas de experiencia». *Revista Derecho & Sociedad* 57, 4. DOI: https://doi.org/10.18800/dys.202102.003

223 *Idem.*

224 Muffato, N. (2021). «Michele Taruffo sobre las máximas de experiencia», *op. cit.*, 24.

225 Muñoz Sabaté, L. (2008). *Introducción a la probática*. J. M. Bosch, Barcelona, 99.

226 Limay Chávez, R. (2021). «Las máximas de experiencia en la valoración racional de la prueba: Uso adecuado e inadecuado desde la perspectiva de género». *Revista Ius et Veritas* 63, 212. https://doi.org/10.18800/iusetveritas.202102.011212.

los peligros del uso indiscriminado y poco ponderado de lo que puede llamarse máximas de experiencia y que quizá no lo sean. Así lo explica Muffato poniendo un ejemplo:

> Tiene sentido preguntarse [...] si los jueces [...] amplían el ámbito de las conductas dotadas de relevancia probatoria, con posibles graves consecuencias en cuanto al respeto del principio de legalidad. Por ejemplo, en el contexto italiano de los procesos por mafia, la participación del imputado a un ritual de afiliación o su frecuentación de ciertos sujetos o los discursos en los que expresa un apoyo a la organización criminal, aun en ausencia de pruebas sobre actividades concretas del mismo que hayan contribuido a la operatividad de la organización o sobre su estable inserción en el tejido de la organización, cuentan para los jueces como prueba de afiliación mafiosa[227].

Excusamos en este punto el entrar en el tercer elemento de las reglas de la sana crítica —el conocimiento científico pacífico— toda vez que se explica por sí solo.

Las reglas de la lógica pueden tener una aplicación muy residual en la valoración de los puntos paralingüísticos de la prueba personal, porque es difícil pensar en extraer conclusiones irrefutables del lenguaje no verbal. Eso si entendemos la lógica rectamente, como obtención de un razonamiento válido por inferencia, y no como una simple impresión o persuasión. En efecto, no existen evidencias científicas del significado que quepa dar a determinados comportamientos como la sudoración, el carraspeo, las migraciones de la mirada, los silencios prolongados o el uso continuo de muletillas[228].

Ahora bien, las máximas de experiencia sí pueden ser un campo abonado para la evaluación de los componentes paralingüísticos del leguaje. Un poco más arriba hemos utilizado dos ejemplos de máximas de experiencia brindados por Limay Chávez. Nos ha parecido oportuno traer a colación tales ejemplos citados por esta autora porque, aun siendo correctos, el tercero que ofrece se refiere a una máxima de experiencia según la cual *«aquel testigo que tiembla o mira a los costados está mintiendo»,* y esta asunción no responde a los criterios de la lógica por no estar científicamente demostrada su veracidad.

En esta tesitura y con los antecedentes expuestos, no es posible afirmar categóricamente que el uso de la videoconferencia vulnera el derecho de defensa. Lo que en cualquier caso viola es una cierta moral o las buenas

227 MUFFATO, N. (2021). «Michele Taruffo sobre las máximas de experiencia», *op. cit.*, 27.

228 NIEVA FENOLL, J. (2012). «Inmediación y valoración de la prueba: el retorno de la irracionalidad», *op. cit.*, 22; MIRANDA VÁZQUEZ, C. (2014). «El mito de la influencia de la inmediación judicial en la valoración de la prueba personal: una revisión crítica». *Justicia Revista de Derecho Procesal* 2, 370; GASCÓN INCHAUSTI, F. (2021). «¿Han venido para quedarse las vistas telemáticas?», *op. cit.*, 395.

costumbres, dado que es igualmente negativo ser condenado por alguien vestido en pantalón corto bajo la toga como por alguien vestido elegantemente tras una pantalla. Sea como fuere, si la videoconferencia debe ser la regla general, es absolutamente necesario repensar el alcance del principio de inmediación. Hemos visto que el Tribunal Europeo de Derechos Humanos define el principio como presencia judicial en la prueba, pero no dice cuáles son las condiciones que debe cumplir dicha presencia. Ahora bien, toda la jurisprudencia generada al efecto lo ha sido en un contexto en el que la presencia virtual no estaba en el debate, y el debate no es si es más cómodo o práctico, o si se puede recurrir a la presencia virtual, sino si la presencia virtual pone en peligro el derecho de defensa aun cuando las condiciones de transmisión de la imagen y el sonido sean idóneas. Si el lenguaje paraverbal no es relevante, si la observación minuciosa y cercana del declarante no tiene importancia, es necesario decirlo y, además, debería el legislador establecer cuáles son los criterios que tiene que ponderar el juzgador en la valoración de la prueba personal. Es más: en el contexto actual, en el que los juzgadores observan el lenguaje paraverbal de los declarantes, el hecho de que algunos puedan intervenir en la vista pantalla mediante y otros mediante su presencia física, puede llegar a generar un desequilibrio y un quebrantamiento del principio de igualdad de armas.

3.3.4. Lenguaje no verbal: Influencia en la valoración de la prueba personal

Muñoz Sabaté, citando a su vez a Betti, recalca la importancia de la *«fisonomía, aspecto, gesto conducta, tono de voz y modo de expresión»* del declarante a la hora de *«inferir la mentira»*[229]. En este sentido, se suelen señalar como indicios no verbales del engaño el *«cambio en la dirección de la mirada»*, o la sustitución de *«los gestos demostradores o ilustradores, tales como señalar con el dedo, mover las manos para aclarar o ilustrar»* por las *«automanipulaciones, o gestos adaptadores, como tocarse o rascarse la nariz, la boca, la cabeza, el cuello o la nuca»*[230]. Con respecto a la mirada, se afirma que *«la mayoría de las personas diestras girarán los ojos a su izquierda al rememorar un recuerdo»*, mientras que lo harán a la derecha cuando estén creando una situación[231]. La cara constituye una fuente de información sólo perceptible si se está a poca distancia, pues como destacan García Ramírez, Romero Santos y García González, *«ante situaciones que le causan insegu-*

229 Muñoz Sabaté, L. (2019). *Vademecum de psicología para juristas*. Bosch Editor, Barcelona, 109.

230 Martínez Selva, J. M. (2023). *Manual de comunicación persuasiva para juristas*. Ed. La Ley, Madrid, 226.

231 García Ramírez, L., Romero Santos, L., y García González, F. (2012). *La técnica del interrogatorio*. Ed. Rasche, Madrid, 77.

ridad», el testigo salivará más y, por ende, *«se mojará los labios»,* toda vez que *«ante situaciones que inconscientemente se entienden como peligrosas el sistema simpático paraliza la salivación».* Asimismo, movimientos *«en las comisuras y los labios»* denotan tensión[232]. Estos autores también refieren las características de la proxemia, o el *«papel de la distancia interpersonal»*, y, en particular, cómo las personas toleran la invasión del espacio que ocupan. Así, sugieren que, a la hora de interrogar, el abogado que se incline o abalance sobre la mesa generará sobre el declarante que miente una incomodidad que provocará que éste tienda a alejarse[233].

Ya hemos expresado un razonable temor que la pérdida de la comunicación multidireccional haga que la administración de justicia se contente con una verdad formal y no tenga la necesidad de indagar la verdad material[234], dando lugar a *«una justicia low cost»*[235] en asuntos de poca cuantía y exigua repercusión social.

También es cierto que los indicadores propios del lenguaje no verbal —que serían aquellos que resultaría más engorroso observar en una comunicación bidireccional— no gozan de un prestigio incontestable, pues su fiabilidad ha sido científicamente desacreditada[236]. Con apoyo en criterios de esta clase, podemos entender que Gascón Inchausti afirme que *«la ausencia de contacto personal directo de que adolecen las vistas telemáticas tal vez no comporte por sí misma una quiebra frontal de la inmediación»*[237].

Circunstancias como el sonrojo, el sudor o la utilización de muletillas pueden no ser indicadores fiables de una mentira. Pero no es descartable que su reiteración o su unión a otros indicativos puedan mostrar intereses contrarios a la aparición de la verdad y, por tanto, ser usados como elementos ponderadores de la veracidad de la prueba. Al fin y al cabo, la valoración de la prueba personal debe poderse llevar a cabo de algún modo que no sea simplemente la literalidad de las palabras expresadas: una literalidad tal chocaría con numerosas manifestaciones del ordenamiento jurídico en las que

232 *Ibidem*, 77.

233 *Ibidem*, 78.

234 Palau Font, T. (2024). *Tutela procesal civil del derecho de defensa en Europa*, *op. cit.*, 137-138.

235 Aliste Santos, Tomás J. (2022), «Hacia un sistema de justicia digitalizado: problemas y desafíos, *op. cit.*, 105; y en el mismo sentido», Aliste Santos, Tomás J. (2022), *Hacia la justicia posmoderna. Presupuestos para la transformación de los sistemas judiciales*, *op. cit.*, pág. 76.

236 Nieva Fenoll, J. (2012). «Inmediación y valoración de la prueba: el retorno de la irracionalidad», *op. cit.*, 22; Miranda Vázquez, C. (2014). «El mito de la influencia de la inmediación judicial en la valoración de la prueba personal: una revisión crítica», *op. cit.*, 370; Gascón Inchausti, F. (2021). «¿Han venido para quedarse las vistas telemáticas?» *op. cit.*, 395.

237 Gascón Inchausti, F. (2021). «¿Han venido para quedarse las vistas telemáticas?», *op. cit.*, 396.

la voluntad juega un papel decisivo y, siendo éste un componente interno y oculto de la persona, debe ser evaluado a través de actos anteriores, coetáneos o posteriores que de algún modo la revelen.

Consecuentemente, cuando se examina una prueba personal es francamente difícil obtener una certeza, pero sí que en muchos casos es posible obtener una alta probabilidad de la realidad de las cosas. Claro que esto nos sitúa en el escenario de cuál es la medida del convencimiento que debe alcanzar un juez y, del mismo modo, plantea idéntica cuestión con relación a la valoración de la prueba mediante herramientas de IA: cuál es el porcentaje de seguridad que ha de alcanzar el algoritmo.

Igual que sucedía con la revelación de la voluntad, en este caso la certeza sobre cuál es la verdad material será también difícil de escudriñar. Sin embargo, hay elementos que sí permiten inferir que el declarante muy probablemente oculta o deforma la información:

a) Las contradicciones, entendiendo que una contradicción con relevancia probatoria es la que se refiere a unos mismos hechos y no la que pone énfasis en distintas interpretaciones de un mismo hecho. Por ejemplo, no es necesariamente contradictorio sostener que vimos cómo alguien pegaba a otra persona para luego decir que vimos cómo la empujó al suelo. En un caso como éste, subyace una conducta agresiva y súbita en ambos casos que, eso sí, merecería una aclaración. Aun así, la extensión semántica de «pegar» puede comprender al empujón.

b) La incapacidad para dar detalles concretos o la insistencia en mantener una respuesta ya dada a pesar de las peticiones de mayor concreción. Es poco menos que una máxima de los abogados la de que «al testigo que miente, pregúntales por los detalles». Reacciones frecuentes ante situaciones como ésta son aquéllas en que el declarante opta por la divagación, por continuar dando respuestas genéricas o se enroca en repetir una y otra vez la premisa inicial.

c) La persistencia en dar respuestas evasivas. No responder sí o no a preguntas cerradas, o cuando menos reconocer que algo no se recuerda, genera una alta desconfianza.

d) La memoria precisa para recordar hechos favorables junto a la inhabilidad para recordar con una cierta especificación hechos desfavorables.

e) La predisposición para responder al abogado de la parte que ha propuesto al testigo y la reticencia o el enfrentamiento con el abogado de la contraparte. La conducta renuente, en sí no es un indicio fiable porque evidentemente no es descartable que entre dos personas exista animadversión por conocimiento personal o porque el declarante interpreta que el abogado defiende una postura que le repugna, salvo si es persistente y, por tanto, indica que el declarante ha olvidado por completo cuál es el propósito para el que se le ha convocado.

f) La ineptitud para explicar la contradicción entre una declaración previa y un documento.

g) La autocorrección, sobre todo si es abrupta.

h) Los *lapsus linguae.*

A estos indicadores se les podrían añadir otros como el silencio, aunque el silencio no es siempre y en todo caso una señal de un comportamiento torticero. Si el silencio ante una respuesta va seguido de una explicación razonable, el testigo habrá podido salvar el obstáculo, pero no si no es así. Otro tanto ocurre con el tartamudeo o el balbuceo. En realidad, ninguno de estos indicios tiene un valor absoluto, sino sólo relativo en función de que el declarante sea capaz de explicar a qué se debió su conducta inicial: el silencio puede adquirir sentido si el declarante explica que no recuerda exactamente qué sucedió y debe hacer memoria; la autocorrección puede ser coherente en quien explica que en primer lugar le pareció entender una pregunta algo distinta o incluso en quien se precipitó a contestar antes de que el abogado terminara de inquirirlo.

Hay que decir que, en todo caso, estas pistas o indicios nunca suelen ejercer el efecto de fundar una incredulidad por sí solos y en sí mismos considerados, sino que van conjugados con otros rastros que va dejando el declarante o son objeto de repetición durante la declaración.

Desde luego, se puede poner en duda su fiabilidad, pero, sea como sea, tienen una evidente ventaja frente a las posturas que defienden la escritura o la toma en consideración de sólo el contenido de lo explicado verbalmente, sin atender al lenguaje no verbal. Esa superioridad reside en que es posible que de la espontaneidad de la prueba personal no lleguemos a extraer nada, pero también lo es que nos topemos con situaciones como las descritas que, reiteradas y acentuadas durante la intervención, infundan una duda razonable sobre una determinada versión de los hechos. No sería un sistema perfecto, aunque mejora el automatismo de la escritura o del solo lenguaje verbal, que siempre tenderá a favorecer en mayor medida a quien pretenda alejarse de la verdad material. Con esto queremos decir que, si bien estos indicadores no gozan de un prestigio irrebatible ni, por tanto, aseguran un porcentaje de acierto unánime, sí que son capaces de brindar indicios sobre las intenciones del declarante y su aproximación a la verdad material.

El problema, muchas veces, reside no tanto en qué es lo que aprecian los jueces sino en cómo lo motivan. Nieva Fenoll ha criticado la utilización de fórmulas generales con las que los órganos judiciales pretenden sustentar su decisión, tales como *«de la valoración conjunta de la prueba...», «con arreglo a la sana crítica...», «este tribunal tiene la absoluta certeza...»*[238], o incluso la aceptación de la inhabilidad de los testigos, sin mayor precisión ni análisis

238 Nieva Fenoll, J. (2012). «Inmediación y valoración de la prueba: el retorno de la irracionalidad», *op. cit.*, 21.

de su declaración, por su relación con alguna de las partes. Afirma que estos enunciados encubren, en realidad, una falta de motivación. Dicho de otro modo: suponen una opción cómoda y poco exigente para el juzgador, cuando lo que hacen realmente es poner a la parte en situación de indefensión porque sitúan la valoración de la prueba en el terreno de lo inabarcable para quien no estuvo presente en la instancia: efectivamente, si el juzgador tiene una «íntima convicción» de que algo ocurrió de determinada forma, es ilusorio poderlo criticar porque nadie es capaz de meterse en el cerebro de otro y saber lo que allí ocurre[239]. Después regresaremos sobre este particular al hablar de las propuestas de objetivación de la credibilidad de los declarantes.

En realidad, Nieva Fenoll se muestra decepcionado con la interpretación que en la actualidad se da al principio de inmediación, y sostiene que ha devenido en algo de lo que se presumen unas ventajas que no están nada explicitadas: es decir, hoy en día se asume que la inmediación permitirá al juzgador hacerse una mejor idea de cuál es la realidad material, pero no existen criterios científicamente fiables para distinguir si verdaderamente va a hacerse una mejor idea o si, por el contrario, va a dejarse llevar por prejuicios, ideas preconcebidas o falsas impresiones. Así, no es admisible que las resoluciones judiciales se construyan desde la aplicación de heurísticos y huyan del silogismo, lo que sucede cuando los órganos judiciales intentan demostrar una hipótesis que previamente se han formulado, en lugar de acopiar todo el material probatorio para empezar a encajar las piezas del puzle y ver qué surge de ellas[240].

Pero el lenguaje no verbal también tiene una interesante para el abogado, pues le da pistas de la incomodidad del declarante y le indica que puede ahondar en el descubrimiento de incoherencias e imprecisiones. El lenguaje no verbal actúa, en este caso, como un simple indicio, como un simple hilo del que el abogado puede intentar tirar o no. En consecuencia, no es para nada despreciable que el abogado pretende asegurarse una visión y audición idóneas del declarante.

3.3.5. Descarte del lenguaje no verbal en la valoración de la prueba personal: Una oportunidad para la inteligencia artificial

Ante el descrédito de los signos paralingüísticos del declarante, algunos autores abogan por la opción de rechazar el lenguaje no verbal en la valoración de la prueba; esto es, centrarse en el contenido del mensaje[241]. Esto no implica en ningún caso regresar, en sí, a la escritura y a la posibilidad de

239 *Ibidem*, 23.

240 *Ibidem*, 19.

241 Miranda Vázquez, C. (2014). «El mito de la influencia de la inmediación judicial en la valoración de la prueba personal: una revisión crítica», *op. cit.*, 366-367.

hacer constar por escrito cualquier manifestación por descabellada que sea. Antes, al contrario, estos autores opinan que es posible llevar a cabo una valoración de la prueba de declaración personal con arreglo al método científico y sin sesgo de subjetividad. Así, Nieva Fenoll recoge cuatro características que debe reunir una declaración para resultar creíble, cuando menos, en un alto porcentaje de probabilidad: *«la coherencia del relato, la contextualización de la declaración, la existencia de corroboraciones periféricas y la aparición de detalles oportunistas en la declaración»*[242]. Sin embargo, estas cuatro peculiaridades tampoco son irrebatibles, pues no pueden ser aplicadas con independencia de las condiciones en las que el declarante ha percibido los hechos o con su estado actual:

> Por ejemplo, es muy frecuente que un perito haga comentarios oportunistas sobre la regularidad y brillantez de su trabajo, y no por ello resulta menos creíble. O es natural, por ejemplo, que la víctima de un delito tenga dificultades en su contextualización, porque estaba impresionada por los hechos delictivos que sucedieron en su propia persona[243].

De hecho, el Tribunal Supremo se ha hecho eco de estas teorías en alguna ocasión:

> Aunque en algún momento de la propia sentencia recurrida se da particular importancia a la gestualidad del inculpado como elemento de prueba, lo cierto es que el lenguaje corporal, a la simple contemplación ocasional del profano —y el juez lo es en esta clase de observación— cuando no se dispone de más datos, resulta por demás ambiguo y está abierto a una pluralidad de interpretaciones. De ahí que la psicología del testimonio prevenga sobre el alto riesgo de error que pesa sobre juicios fundados en la información que pudiera obtenerse por esa vía. Mientras que, por oposición a lo que suele creerse, considera mucho más fiable como fuente de conocimiento el acceso, de forma exclusiva, a la clave verbal[244].

Estos mismos autores que abogan por desterrar el lenguaje no verbal de la valoración judicial estiman que los trazos que hacen que un declarante —sea parte, testigo o perito— sea creíble y fiable son *«parcialmente objetivables»* y que, por ende, podrían ser trasladados al algoritmo[245] en

---

242 Nieva Fenoll, J. (2012). «Inmediación y valoración de la prueba: el retorno de la irracionalidad», *op. cit.*, 13; y citando al anterior, Miranda Vázquez, C. (2014). «El mito de la influencia de la inmediación judicial en la valoración de la prueba personal: una revisión crítica», *op. cit.*, 367, nota al pie de página 71,

243 Nieva Fenoll, J. (2012). «Inmediación y valoración de la prueba: el retorno de la irracionalidad», *op. cit.*, 13.

244 STS, Sala Segunda, 1607/2003, de 1 de diciembre, f. j. 1.

245 Nieva Fenoll, J. (2018). «Inteligencia artificial y proceso judicial», *op. cit.*, 81; Simón Castellano, P. (2021). «Inteligencia artificial y valoración de la prueba: Las garantías jurídico-constitucionales del órgano de control», *op. cit.*, 288.

orden a desterrar el sesgo propio de los jueces. Ésta sería pues la oportunidad para la inteligencia artificial que anunciábamos en el título de este epígrafe:

> Buena muestra de ello es el programa ADVOKATE, empleado para valorar la credibilidad de los testigos, que se basa en la distancia del observador, la visibilidad, el conocimiento previo entre el testigo y la persona observada, la competencia y conocimiento que se atribuye al testigo —edad, estudios, capacidad mental, etc.—, si se detectan errores en la descripción y contraste de la realidad, el tiempo de observación y el tiempo discurrido entre los hechos y la declaración[246].

La primera cuestión que surge es: ¿puede sostenerse, bajo el amparo de la actual Ley de Enjuiciamiento Civil, un cambio en los parámetros de valoración de la prueba personal?

Si reparamos en la regulación sobre valoración de prueba, la Ley de Enjuiciamiento Civil se refiere primordialmente al paradigma de la sana crítica. En algunas ocasiones ésa es la única medida, como en el artículo 316.2, sobre valoración del interrogatorio de las partes, y en el artículo 348, sobre valoración del dictamen pericial. La opción por este criterio tiene respaldo en la valoración de la prueba documental privada, como se ve en los artículos 326.2, 334 y 350.4, en la de reproducción de instrumentos de filmación y grabación, como puede verse en el artículo 382.3, y en la de reproducción de archivos de almacenamiento de datos, como figura en el artículo 384.3. Centrándonos en la valoración de la prueba testifical codificada en el artículo 376, la alusión a la sana crítica es matizada obligando a los órganos jurisdiccionales a tomar en consideración *«la razón de ciencia»* que hubieren dado los testigos y *«las circunstancias que en ellos concurran»,* además de las tachas. La apelación a la razón de ciencia lo es a la expresión de la fuente de conocimiento y remite al método científico, a la comprobación empírica, y cuadra con lo que se califica como contextualización y coherencia de los datos que da el testigo. La mención de las circunstancias concurrentes en los testigos puede referirse a los condicionantes en los que el testigo presenció unos determinados hechos, tales como, luz u oscuridad, distancia, intervención de uno o más sentidos, miedo o tranquilidad, o tiempo de exposición u observación corto o largo, por citar algunos. Pero lo cierto es que también podría referirse al lenguaje no verbal puesto de manifiesto durante la vista.

---

246 Simón Castellano, P. (2021). «Inteligencia artificial y valoración de la prueba: Las garantías jurídico-constitucionales del órgano de control», *op. cit.*, 289; citando a su vez a Bromby, M. C., y Hall, M. J. (2002). «The Development and Rapid Evolution of the Knowledge Model of ADVOKATE: An Advisory System to Assess the Credibility of Eyewitness Testimony». En Bench-Capon, T. J. M., Daskalopulu, A., y Winkels, R. G. F. (eds.), *Legal Knowledge and Information Systems. The Fifteenth Annual Conference*. IOS Press, págs. 143-152.

Ahondado en la cuestión, el artículo 218.2 de la LEC exige que las sentencias, en su razonamiento, se ajusten *«siempre a las reglas de la lógica y de la razón»*. Las reglas de la lógica buscan articular razonamientos verdaderos[247], mientras que las reglas de la razón conducen a la demostración de algo, a su justificación[248].

En esta declaración también puede adivinarse el componente social del proceso civil, pues el modelo de sociedad es el que determina qué tipo de proceso se construye mediante la ley. La Ley de Enjuiciamiento Civil, en este caso, se inspira en el pensamiento racional y, en consecuencia, en la posibilidad del justiciable de seguir y comprender las decisiones judiciales. No siempre ha sido así. Sirva como ejemplo de ello que el Código de Procedimiento Civil francés de 1806, de marcado carácter liberal, entendía el proceso civil como una disputa ajena a los intereses del estado y en la que, por ende, éste nada tenía que ganar ni perder: las partes componían el litigio y socialmente era poco irrelevante si mutuamente querían conformarlo sobre premisas falsas. Los sistemas que fructificaron a finales del siglo XIX y, sobre todo, en el siglo XX, por el contrario, sí estaban preocupados por la búsqueda de la verdad material, como consecuencia de la función social que otorgaban al proceso[249]. Por todo lo dicho, que las decisiones judiciales deban de ajustar a las reglas de la lógica y la razón también es algo que nace del modelo social.

Sin embargo, ni unas ni otras aseguran que cada una de las pruebas de todos los hechos subsumibles en una norma vayan a ser irrefutables desde el mismo momento en el que cabe que, al final del proceso, pervivan hechos inciertos que deberán ser resueltos mediante la presunción derivada de la carga probatoria, toda vez que se prohíbe el *non liquet*. Consecuentemente, tanta inseguridad puede dejar tras de sí el método de valoración de la prueba personal que propugna abandonar la observación paralingüística (la coherencia y contextualización puede ser producto de una exhaustiva preparación previa, y no siempre existen elementos periféricos de contraste) cuanto el que promueve que los jueces deben formarse para aplicar con rigor las indicaciones de la psicología del testimonio.

Al hilo de lo expuesto, la segunda cuestión que surge es la de por qué no complementar la propuesta de Nieva Fenoll con la observación del lenguaje no verbal. Es decir, contextualización, coherencia, corroboración periférica

---

247 Lagla Pillajo, M. A. (2017). «Razonamiento jurídico: Lógica, interpretación y argumentación». *Revista Facultad de Jurisprudencia RFJ* n.º 1, 62 y 65.

248 La lógica jurídica *«es una herramienta para decir si esa decisión* [judicial] *es razonada, es decir, prevé una serie de criterios para controlar la racionalidad de una decisión. La lógica jurídica postula que debe rechazarse toda interpretación que conduzca a lo absurdo, y optar por la decisión más racional, es decir, convertir un derecho general abstracto a un derecho concreto»* [Lagla Pillajo, M. A. (2017). Razonamiento jurídico: Lógica, interpretación y argumentación, *op. cit.*, 63].

249 Van Rhee, C. H. (2011). «Tradiciones europeas en el procedimiento civil: una introducción», *op. cit.*, 26-27.

son indicativos perfectamente válidos y útiles para valorar una prueba personal (quizá no tanto la sobriedad); ahora bien, ello no se contradice con la observación del declarante. Desde luego, ya hemos dicho que la valoración exclusivamente del mensaje verbal tampoco ofrece garantías incontestables de la veracidad de la declaración, como tampoco lo hace el lenguaje paraverbal. Consecuentemente, ¿por qué vamos a descartar que un juzgador formado en la psicología del testimonio renuncie a la aplicación del método de lectura metalingüística?

Evidentemente, lo que —supongo— la mayoría de los operadores jurídicos detestamos es la expresión genérica de valoración de prueba, las apelaciones a la valoración conjunta o las referencias a la sana crítica sin mayores consideraciones, pero esto incide en el campo de la motivación, no propiamente en el de la valoración probatoria. Si nos encontramos en un campo como el de la valoración libre de la prueba, desgraciadamente es irremediable que permanezca un pequeño resquicio de subjetividad, aunque lo que no es aceptable —y se ve con más frecuencia de lo deseado— es que toda la valoración probatoria de un pleito se fíe a una suerte de inspiración mágica como es la sana crítica.

3.3.6. Inmediación e imprevistos en la práctica de prueba

A la luz de la actual interpretación del principio de inmediación, el uso de la videoconferencia no genera *per se* indefensión. No la genera entendiendo que la comunicación pueda ser satisfactoria y permita la plena operatividad de los sentidos de la vista y el oído. Sin embargo, atendiendo sobre todo a la doctrina del Tribunal Europeo de Derecho Humanos, cuesta entender que, en las condiciones acabadas de exponer, un juez tozudo que decida celebrar una vista por videoconferencia está causando indefensión a las partes. Cierto es que tanto el Tribunal Constitucional como el Tribunal Supremo han hecho de algún modo referencia al lenguaje paraverbal, pero este lenguaje puede ser apreciado a través de una pantalla de tamaño suficiente como para ver al declarante de cuerpo entero y que emita la imagen con una definición alta. En circunstancias satisfactorias, pues, no puede decirse que la videoconferencia cause indefensión, lo que sí ocurrirá cuando la imagen esté degradada o sólo sea posible percibir el busto del declarante.

Un primer problema de todo ello es que llevamos siglos acudiendo a la Administración de Justicia presencialmente y ahora, este cambio nos chirría. Los abogados conocemos el temor que genera en muchos declarantes la personación en una sala de vistas, y contamos con ello a la hora de preparar los interrogatorios. No tengo ninguna duda de que este efecto se difumina a través de una pantalla, de la misma manera que el temor se apacigua cuando se declara sentado en lugar de hacerlo de pie.

Un segundo problema es que en las normas rituarias no aparece totalmente definido qué es lo que se pretende con la inmediación. El contacto directo entre el órgano judicial y la prueba busca que no existan intermediarios en la observación de la verdad material, si bien nadie nunca ha explicitado qué herramientas puede poner en juego el juzgador en la observación de la prueba. No es descabellado que el juez pueda probar un vino o acariciar un tejido en pleitos sobre propiedad industrial. Probablemente éste es un campo tan complejo que las normas rituarias se limitan sólo a transitar con declaraciones generales como la sana crítica y las reglas de la lógica y la razón. Algunos dirán que poco más pueden hacer, pero yo discreparía de ellos. Así, si las reglas de la lógica responden a la lógica clásica, por qué no añadir a la norma procesal que la prueba se construirá sobre premisas verdaderas. Esta apelación a las reglas de la lógica, entendidas desde la óptica del diccionario y no desde la de la filosofía del Derecho, nos remite a la producción de resultados esperados. Si bebo agua envenenada, lo lógico o esperable es que enferme. Si el veneno sólo es capaz de dañar cuando se administra en una determinada dosis, la conclusión anterior será válida, pero ya no es verdadera.

En el mismo orden de cosas, si la sana crítica debe estar desprovista de cualquier sesgo, las normas procesales no deberían permitir que las motivaciones de las resoluciones judiciales se circunscriban a la siempre muy difícil de fiscalizar «valoración conjunta de la prueba», o a declaraciones como las de «este juzgador no alberga ninguna duda» sin mayores precisiones. Si la sana crítica debe estar desprovista de cualquier sesgo, por qué no exigir que las motivaciones se construyan puramente sobre silogismos. Quizá las resoluciones costarían más de redactar (aunque a fuerza de hacerlo así día tras día, dudo que esto fuera siempre así), pero la calidad y la transparencia sería inconmensurable.

En definitiva, inmediación es —debería ser— ver si alguien titubea, pero también es valorar que titubea porque la sala de vistas está a 26 grados y lleva treinta minutos de pie. Inmediación es permitir al abogado que explore al testigo en condiciones desfavorables para este último, y evidentemente saber valorar a qué puede responder su acaloramiento. Otra cosa es dejar la averiguación de la verdad en un plano más formal que material.

3.3.7. Prueba pericial

Comparativamente con la prueba de interrogatorio de partes y testigos, la intervención de los peritos en las audiencias jurisdiccionales no sufrirá tantos cambios con la digitalización. Es cierto que, en sus declaraciones, el perito ha de poder ser enjuiciado sobre su credibilidad y que ello se llevará a cabo con las mismas armas con las que se valora la restante prueba personal: la sana crítica, conforme establece el artículo 348 LEC.

Sin embargo, la declaración de peritos no conlleva las limitaciones que trae consigo la de las partes o los testigos, pues pueden actuar auxiliados por la documentación que consideren precisa para sustentar sus conclusiones, que, generalmente, ya se encontrará incluida en el dictamen pericial, atendiendo a que el artículo 336.2 LEC dispone que los dictámenes se formularán *«por escrito, acompañados, en su caso, de los demás documentos, instrumentos o materiales adecuados para exponer el parecer del perito sobre lo que haya sido objeto de la pericia».* Tampoco sufren restricciones en cuanto a la incomunicación y, de hecho, suele ser frecuente que los peritos se hallen ya en la sala de vistas mientras deponen sus colegas. Los careos, cuando se producen, no acostumbran a revestir la virulencia que en ocasiones tienen estos mismos actos cuando se producen entre testigos.

Sea como fuere, si se acepta la interpretación del lenguaje paraverbal, nada debe distinguir la prueba pericial del resto de la prueba personal.

Dado que la prueba personal ha sido tratada con mayor profundidad en los apartados precedentes de este trabajo, y puesto que, como decimos, la prueba pericial no acarrea diferencias sustanciales, debemos fijarnos no tanto en esta vertiente de la prueba sino en su reforzado papel —gracias a la digitalización— como prueba auxiliar de otras. Nos remitimos, en consecuencia, a los epígrafes siguientes.

3.4. Prueba documental

3.4.1. Una forma distinta de expresar lo mismo

El artículo 41 del Real Decreto-ley 6/2023, de 19 de diciembre, apuesta definitivamente por la presentación de documentos *«en formato electrónico»* (artículo 41.1), los cuales deberán *«conservarse en un formato que permita garantizar»* su *«autenticidad, integridad y conservación»* así como *«su consulta con independencia del tiempo transcurrido desde su emisión»* (artículo 42.2). Las dudas sobre la integridad o la calidad del documento permitirán la exhibición del original (artículo 42.3). En cualquier caso, el Real Decreto-ley aboga por la digitalización de tanto material cuanto sea posible, sin dejar de lado que pueden existir documentos cuya digitalización pueda resultar imposible. Esta digitalización obligada incide en la consideración del documento como original o como público (art. 40).

Sobre los documentos electrónicos se ha pronunciado el TJUE en el *caso Bundesrepublik Deutschland (Accès au dossier en matière d'asile)*[250]. En él,

250 STJUE de 1 de diciembre de 2022, Bundesrepublik Deutschland (Accès au dossier en matière d'asile), C-481/21, EU:C:2022:951.

sustanciado en materia de protección internacional, se plantea la adecuación al derecho a la tutela judicial efectiva de la remisión al solicitante de un expediente electrónico *«en forma de una serie no estructurada de archivos distintos en formato PDF, sin paginar, y cuyo contenido puede visualizarse mediante un software gratuito y de libre acceso en Internet»*[251]. El artículo 46 de la Directiva 2013/32 reconoce al solicitante el acceso al expediente cuando aquél haya planteado su pretensión ante un órgano jurisdiccional, y la cuestión prejudicial cuestionaba fundamentalmente la posibilidad de que tal mecanismo de remisión pudiera asegurar la perfecta correspondencia entre el original y el recibido por la parte:

> A diferencia de la transmisión de un archivo único en formato PDF y paginado, un modo de transmisión como el utilizado por el BAMF no permite seguir las modificaciones del expediente administrativo del demandante en el litigio principal, ni garantizar que el expediente aportado corresponde al que obra en poder de la Administración. [...] En particular, señala que, debido a que la visualización de todos los documentos en formato PDF transmitidos por la Administración en orden cronológico requiere la descarga de un software específico, no puede excluirse que esa visualización sea diferente para el juez competente y para el representante del interesado, de forma que no se garantice que se pone a disposición de todas las partes del procedimiento de asilo controvertido un expediente de contenido y forma idénticos[252].

Aunque el TJUE no avala que este método de acceso al expediente pueda comportar en sí mismo una violación del derecho de defensa, recuerda al órgano jurisdiccional doméstico que debe asegurarse de que se garantiza suficientemente el conocimiento del expediente por parte del solicitante y, consecuentemente, no le genera desigualdad frente a la Administración[253].

Una aproximación como la que lleva a cabo el TJUE reduce el problema a la práctica de prueba: las facilitades u obstáculos con que haya topado la parte al acceder al expediente judicial, o la recepción adecuada e inteligible de una comunicación judicial son ejemplos de que lo que debe examinarse es una cuestión tradicional como la disponibilidad de la información y la afectación del contradictorio[254].

---

251 STJUE Bundesrepublik Deutschland (Accès au dossier en matière d'asile), apartado 33.

252 *Ibidem*, apartado 48.

253 *Ibidem*, apartados 50, 51 y 52.

254 Palau Font, T. (2024). *Tutela procesal civil del derecho de defensa en Europa*, *op. cit.*, 140.

3.4.2. Una avalancha fruto de las nuevas costumbres comunicativas

Al hilo de lo anterior, efectivamente los problemas que presenta la prueba documental —y, particularmente, su valoración— son principalmente los que conciernen al principio de contradicción. En este aspecto, prefiero empezar parafraseando a Comoglio porque ciertamente es difícil expresarlo mejor:

> A principios del siglo XX, las pruebas documentales eran pocas (porque era muy caro crearlas), pero tendencialmente sólidas y fiables. En cambio, a principios de este siglo, las pruebas documentales son cada vez más numerosas, pero también menos fiables[255].

Es habitual, hoy en día, encontrarse con procesos en los que, en el ramo de prueba, se aportan innumerables correos electrónicos emitidos por terceros, que no son parte en el pleito, y que operan bajo direcciones de cuenta que no siempre coinciden o permiten identificar nominalmente a su emisor (además de que hipotéticamente todo nombre puede ocultar la verdadera identidad del transmisor). Esto genera un serio problema en cuanto a la admisión, por la contraparte, del documento, pues no siempre puede tener idea de cuál es la dirección de correo electrónico de terceras personas con las que se relacione poco. Por otra parte, los medios probatorios electrónicos son más fácilmente susceptibles de manipulación[256]. Un problema derivado es el de la prueba electrónica que se presenta en el proceso mediante su volcado en un documento: es el caso simple de la transcripción al papel de las cadenas de mensajes cruzados en aplicaciones de mensajería.

En principio, la Ley de Enjuiciamiento Civil estipula un procedimiento para afrontar la aceptación o no del documento en los artículos 319, 320, 326 y 427. La cuestión es que los documentos públicos y privados cuya autenticidad no haya sido impugnada harán *«prueba plena del hecho, acto o estado de cosas que documenten, de la fecha en que se produce esa documentación y de la identidad de los fedatarios y demás personas que, en su caso, intervengan en ella»*. El artículo 427.1 concreta que, en la audiencia previa, cada parte se pronunciará sobre los documentos aportados de contrario, *«manifestando si los admite o impugna o reconoce o si, en su caso, propone prueba acerca de su autenticidad»*. En la dicotomía entre admisión y reconocimiento, en ocasiones se ha diferenciado la aceptación de un documento en cuya elaboración la parte no ha intervenido (admisión) de la aceptación de un documento en que sí lo ha hecho (reconocimiento).

---

255 COMOGLIO, P. (2022). «Inteligencia artificial y selección de pruebas en el proceso civil: ¿Hacia un proceso más inteligente o hacia un proceso más artificial?», *op. cit.*, 58.

256 PICÓ I JUNOY, J. (2021). «The new challenges of evidence law in the fourth industrial revolution». En *Technology, the Global Economy and other Challenges for Civil Justice*, dirigida por Koichi MIKI. Intersentia, Cambridge, 491-493.

La realidad es que, si hablamos de un correo electrónico, un documento no impugnado en cuanto a su autenticidad, por sí solo, únicamente podrá probar que ha sido emitido por una determinada dirección de correo; a quien corresponda esa dirección ya será otro asunto. Conviene no perder esto de vista porque el hecho de que un documento de esta clase incorporado al expediente judicial electrónico no transforma su naturaleza, como de alguna manera se encarga de remarcar el último párrafo del apartado 1 del artículo 40 del Real Decreto-Ley 6/2023, para el que no tendrán la consideración de originales a efectos de su consideración como documentos judiciales electrónicos las copias digitalizadas de otros documentos incorporados al expediente judicial que no sean *«los documentos judiciales electrónicos emanados de los sistemas de gestión procesal», «los escritos y documentos iniciadores o de trámite presentados por las partes e interesados»* y *«las resoluciones judiciales o administrativas»*.

La cuestión que me parece interesante es si, ante la posibilidad de desbordamiento dada por correos electrónicos, mensajes instantáneos y elementos semejantes, puede ser necesaria una reformulación de las normas sobre valoración probatoria o no, pues no cualquier *«fenómeno nuevo»* requiere *«la introducción de normas nuevas»,* ya que puede *«ser regulado por el sistema existente, capaz de adquirir una gran elasticidad»*[257].

Por descontado, la Ley de Enjuiciamiento Civil parte de un sistema en que se deja a la parte que no ha presentado el documento la carga de adverar su autenticidad: si la parte no la impugna, el documento se estima veraz y hace prueba en los términos del artículo 319. Esto ha sido así antes de la era de la digitalización, en la que la producción documental —como decíamos— era seguramente inferior. La reflexión que debe hacer el legislador es si el sobredimensionamiento de la prueba documental exige un cambio y una obligación de garantizar la veracidad del documento por parte de aquél que lo presenta. Y desde una óptica que prime la verdad material, ello sería aconsejable, aunque ciertamente es molesto que quien remita correos electrónicos deba firmarlos digitalmente. Sin embargo, no es tanto que, ante su aportación a juicio, deba al menos certificar su autoría a través de prestadores de servicios de certificación.

Frente a este planteamiento, no podemos ignorar que el Tribunal Supremo se ha manifestado proclive a considerar que la impugnación de una conversación mantenida a través de un sistema de mensajería instantánea, cuando es aportada a los autos mediante un documento impreso, *«desplaza la carga de la prueba hacia quien pretende aprovechar su idoneidad probatoria»*[258]. Este pronunciamiento, de la Sala Penal, me parece absolutamente

---

257 Palmerini, E. (2017). «Robótica y derecho: sugerencias, confluencias, evoluciones en el marco de una investigación Europea». *Revista de Derecho Privado* n.° 32, 60.

258 SSTS (Sala Segunda, de lo Penal), de 19 de mayo de 2015 (rec. 2387/2014), f. j. 4; y de 21 de julio de 2022 (rec. 4877/2020), f. j. 1.3.

exorbitante no porque no pueda ser razonable, sino porque dice lo que la Ley no dice. Actualmente, no puede sostenerse que la parte que presenta un documento que es transcripción al papel del original documento electrónico deba soportar ninguna carga de testimoniar su veracidad. La regulación sobre prueba hace que la carga de verificar la autenticidad recaiga sobre quien impugna el documento, con el coste para la parte contraria en el caso de que resulte ser falso. Otra cosa distinta es el valor probatorio que quepa dar al documento en papel, impugnado o no: el mensaje de Whatsapp enviado a un número de teléfono guardado como contacto con el nombre A, sólo es hábil para atestiguar que el mensaje ha sido enviado a aquel número de teléfono, pero no que dicho número pertenezca efectivamente a A. Adicionalmente, cabe dudar de si el destinatario ha recibido en realidad dicho mensaje, pero esto no atañe a la veracidad del documento electrónico o a su transcripción en papel. Por ello, este desplazamiento de la carga probatoria postulado por la Sala Segunda del Tribunal Supremo supone una interpretación contraria a la Ley. Que sea razonable que ésta se modifique o no, es otro tema, pero los órganos judiciales no se han de poner en el papel del legislador adoptando interpretaciones normativas que no sean previsibles para los operadores jurídicos. Tampoco me convence una explicación que haga pivotar este desplazamiento de la carga de la prueba en el criterio de facilidad probatoria previsto en el artículo 217.7 LEC, toda vez que este precepto y los demás apartados del mismo se refieren a la prueba de los hechos inciertos, cuando el Tribunal Supremo, aunque habla de desplazamiento de la carga probatoria, realmente está haciendo alusión al *valor probatorio* del documento o instrumento o, en un sentido más amplio, de la calidad del mismo: *«De ahí que la impugnación de la autenticidad de cualquiera de esas conversaciones, cuando son aportadas a la causa mediante archivos de impresión, desplaza la carga de la prueba hacia quien pretende aprovechar su idoneidad probatoria»*. Ambos conceptos no están en el mismo plano: el valor probatorio del instrumento vendrá determinado por el éxito de la impugnación, y cosa distinta es que haya otros elementos de prueba que lo contradigan o permitan cuestionarlo, de manera que el hecho que se pretendía probar con aquél quede incierto y —entonces sí— se decida aplicar el criterio de facilidad probatoria.

3.5. Los medios e instrumentos de archivo y reproducción

En su origen, la Ley de Enjuiciamiento Civil ya previó —en su artículo 299.2— la práctica de prueba a través de la utilización de *«medios de reproducción de la palabra, el sonido y la imagen»* y de *«instrumentos que permiten archivar y conocer o reproducir palabras, datos, cifras y operaciones matemáticas llevadas a cabo con fines contables o de otra clase»*.

Estos medios probatorios siempre han suscitado alguna cuestión, particularmente relativa a la diferenciación que cabía establecer entre la primera acepción —*«medios de reproducción»*— y la segunda —*«instrumentos que permitan archivar y conocer»*—. Quizá la discusión no revista una gran relevancia, atendiendo al hecho de que el artículo 300, sobre orden de práctica de los medios de prueba, parece refundirlos en uno solo; y a que el artículo 299 contiene una cláusula residual en la que se permite la utilización de cualquier otro medio útil, aunque no esté previsto. Pero lo verdadero es que, a la hora de regular el medio, esta divergencia vuelve a aparecer, en concreto mediante la separación en los artículos 382 y 384.

El Real Decreto-ley 6/2023, de 19 de diciembre, introduce algunos cambios en la regulación de la prueba; lo hace singularmente en el artículo 383, intitulado *«acta de la reproducción y custodia de los correspondientes materiales»,* y como puede sospecharse, lo hace con el objeto de facilitar la conservación del material probatorio en formato digital.

Por lo demás, las nuevas tendencias digitalizadoras no han aportado nada nuevo al debate que ya por sí mismos generaban estos medios probatorios. De hecho, el debate clásico residía en dilucidar si estos instrumentos eran un tipo de prueba documental o un medio de prueba autónomo. Esta discusión se aposentó sobre todo en el ámbito de los recursos extraordinarios que permiten la revisión de determinadas pruebas. Así, en el ámbito penal llegaron a tener la consideración —en sentido amplio— de prueba documental, mientras que no lo han logrado en el ámbito jurisdiccional social.

Es decir, que el debate fundamentalmente partía de la pregunta relativa a si la plasmación de estos datos en un documento convierte al medio de prueba en documental; y, en segundo término, si esta prueba transformada en documental podía considerarse como una documental ordinaria en el escenario de los recursos extraordinarios. Si nos fijamos en el artículo 382 de la LEC, se dice que al proponer la reproducción *«de palabras, imágenes y sonidos captados mediante instrumentos de filmación, grabación y otros semejantes»,* deberá acompañarse *«transcripción escrita de las palabras contenidas en el soporte de que se trate y que resulten relevantes para el caso».* No hace lo mismo el artículo 384 con los *«instrumentos que permitan archivar, conocer o reproducir datos relevantes para el proceso».* Es notorio que, en los procesos jurisdiccionales, correos electrónicos y mensajes de cualquier aplicación de las múltiples que utilizamos en la actualidad, son habitualmente presentados en formato papel, dado que de este modo se simplifica el procedimiento que, en sí, debería ser doble: revisemos el artículo 382 y su disposición sobre traslación al papel *«de las palabras contenidas en el soporte».* Por otra parte, correos electrónicos y mensajes instantáneos impresos no adolecen de las características de la prueba documental, sobre todo porque las normas rituarias tampoco definen estrictamente qué es un documento: quizá porque en el momento en que se promulgaron era algo obvio, habiéndose en todo caso de recurrir simplemente al diccionario para deslindar su concepto. Ahora bien, veinticuatro años después, con la introducción en la norma del mismísimo concepto de documento electrónico, quizá una precisión no vendría mal. El Anexo del Real Decreto-ley 6/2023, de 19 de diciembre, sí que contiene una definición de lo que quepa entender por documento electrónico a los efectos de la norma: *«información de cualquier naturaleza en forma electrónica, archivada en un soporte electrónico según un formato determinado y susceptible de identificación y tratamiento diferenciado»*. Esta enunciación tampoco resulta de mucha ayuda a la hora de discernir si los medios e instrumentos de los artículos 382 y 384 LEC son documentos, porque, por de pronto, decir que un documento es la información es tanto como decir que una escritura notarial es una declaración de consentimiento contractual. En ambos casos el documento es el soporte, y otra cosa es lo que en ellos se contenga.

Ante esta disyuntiva, existen dos posibilidades. Una es la que ya hemos anticipado, esto es, considerar que la transposición al papel de un correo electrónico es un documento en el sentido más clásico de los artículos 317 a 334 LEC. La práctica judicial se decanta hacia ello. La otra es la de considerar al documento únicamente como aquel soporte en el que originariamente se plasmó el negocio jurídico o la declaración de voluntad. Desde esta perspectiva, sólo el papel que incorpora el contrato de arrendamiento es el documento; por añadidura, lo sería su fotocopia o una fotografía. Mas si el contrato de arrendamiento se celebró a distancia y vía correo electrónico, la impresión en papel de estos correos no puede ser considerada documento, sino la simple transposición de *«instrumentos que permitan archivar, conocer o reproducir datos relevantes para el proceso»*.

Como decíamos, esta controversia ha tenido afectación en la revisión de hechos probados propia de los recursos de suplicación y casación, en la jurisdicción social. El artículo 193 de la Ley 36/2011, de 10 de octubre, reguladora de la jurisdicción social[259], permite la revisión de los hechos declarados probados en la sentencia de instancia cuando este escrutinio se fundamente en la mala interpretación de documentos o dictámenes periciales. El Tribunal Supremo se ha decantado por estimar que los medios de reproducción y los instrumentos de archivo no son documentos hábiles para fundar la revisión de hechos probados, argumentando para llegar a tal conclusión que la Ley de Enjuiciamiento Civil y la Ley reguladora de la jurisdicción social tratan a unos y otros de manera autónoma, lo que puede corroborarse en muchos de sus preceptos[260].

A su vez, la Sala de lo Penal del Tribunal Supremo sí admite la consideración de tales medios de reproducción e instrumentos de archivo como documentos[261], apoyándose para ello en el artículo 26 del Código Penal, que

259 BOE 245, de 11 de octubre de 2011.

260 STS (Sala Cuarta) de 26 de novembre de 2012 (rec. 786/2012), ES:TS:2012:8471, f. j. 3.°.

261 Así, la ya antigua STS (Sala Segunda) de 3 de octubre de 1997 (rec. 2326/1996), f. j. 2.°.

estima que será documento *«todo soporte material que exprese o incorpore datos, hechos o narraciones con eficacia probatoria o cualquier otro tipo de relevancia jurídica»*[262].

Regresando al ámbito jurisdiccional social, más recientemente, el Tribunal Supremo admitió como documentos los correos electrónicos, argumentándolo así:

> El avance tecnológico ha hecho que muchos documentos se materialicen y presenten a juicio a través de los nuevos soportes electrónicos, lo que no debe excluir su naturaleza de prueba documental [...]. Si no se postula un concepto amplio de prueba documental, llegará un momento en que la revisión fáctica casacional quedará vaciada de contenido si se limita a los documentos escritos, cuyo uso será exiguo[263].

Ahora bien, sobre la plasmación de audios en soporte papel a la que nos obliga el artículo 382 LEC (no lo hace la Ley de la jurisdicción social, si bien en este punto suele considerarse como plenamente aplicable por supletoriedad la norma rituaria civil), se ha descartado su equiparación a un documento a los efectos revisorios[264].

El debate sigue y sería deseable una mayor claridad: o lo son o no lo son. No tiene sentido ir dando estos bandazos que lo único que hacen es perjudicar la seguridad jurídica. Aun así —y para mitigar esta inseguridad—, lo que no debe perderse de vista es que, aun cuando los hechos se documenten en instrumentos digitales —no en papel—, los hechos susceptibles de prueba siguen siendo exactamente los mismos. Por ejemplo, una remesa de pagos unilateralmente creada por una compañía aseguradora no acreditará por sí sola la transferencia al asegurado de las cantidades, si es negada por la contraparte[265].

3.6. El reconocimiento judicial y el principio de inmediación

El Real Decreto-ley 6/2023, de 19 de diciembre, introduce algunos cambios en la regulación de la prueba de reconocimiento judicial, si bien no son de los que en este trabajo nos interesan, ya que hacen referencia al levantamiento de acta y su actualización encarnada en grabación del acto de reconocimiento y, sobre todo, de las observaciones y apreciaciones que de él se extraigan.

---

262 Ley Orgánica 10/1995, de 23 de noviembre, del Código Penal (BOE 281, de 24 de noviembre de 1995).

263 STS (Sala Cuarta) 706/2020, de 23 de julio (rec. 239/2018), ES:TS:2020:2925, f. j. 4.º.

264 STS (Sala Cuarta) 325/2022, de 6 de abril (rec. 1370/2020), ES:TS:2022:1469, f. j. 4.º.

265 Un caso parecido es el de la SAP Madrid 329/2022, de 23 de noviembre (rec. 406/221), ES:APM:2022:17662.

El reconocimiento judicial es el medio de prueba que permite quizá un contacto más radical con la fuente de prueba, como es el caso del juez que utiliza el sentido del gusto al probar un vino o usa el sentido del tacto al acariciar un tejido en pleitos sobre propiedad industrial —ejemplos que ya ofrecíamos—. Igualmente, se pone en juego el sentido del olfato cuando en el reconocimiento judicial pretenden detectarse humedades[266] o dilucidar si una filtración porta aguas fecales[267].

Previamente, hemos afirmado que la inmediación persigue que no existan intermediarios en la observación de la verdad material, si bien nadie nunca ha explicitado qué herramientas puede poner en juego el juzgador en la observación de la prueba.

Al respecto, por lo que se refiere a la utilización de sistemas de videoconferencia, el reconocimiento judicial plantea exactamente las mismas incógnitas que la sustanciación de la prueba personal. Es evidente que, si de lo que se trata es de poner en liza los sentidos del gusto o del olfato, la comunicación bidireccional resultará meridianamente inútil.

Y, justamente en el ámbito del reconocimiento judicial, la Ley de Enjuiciamiento Civil pone de relieve otras tres circunstancias en las que el uso de la videoconferencia puede resultar inservible o, cuando menos, difícil de articular: es el caso del reconocimiento judicial de personas previsto en el artículo 355[268], y los casos de práctica de pericial y declaraciones testificales en unidad de acto o acto continuo del reconocimiento de los artículos 365 y 366.

3.7. El papel auxiliar de la prueba pericial

Desde su promulgación, la Ley de Enjuiciamiento Civil —artículo 352— ya estipuló la posibilidad de practicar prueba pericial *«sobre otros medios de prueba admitidos por el tribunal».* Dado que la norma preveía los instrumentos de archivo y reproducción de palabras, imágenes o datos, los preceptos dedicados a la ordenación de estos medios de prueba —los artículos 382 y 384— también hicieron referencia expresa a la intervención de peritos que testimoniaran *«la autenticidad y exactitud de lo reproducido»,* sin descartar que esta participación experta coadyuvara al entendimiento del medio de prueba: *«La parte que proponga este medio de prueba podrá aportar los dictámenes y*

---

266 Es el caso de la SAP Barcelona 379/2022, de 19 de julio (rec. 699/2021), ES:APB:2022:8607.

267 Es el caso de la SAP Asturias 77/2012, de 13 de febrero (rec. 566/2010), ES:APO:2012:372.

268 Con carácter general, utilizada para la exploración de menores, dado que no tienen capacidad procesal para ser parte ni idoneidad para ser testigos si son menores de 14 años, salvo que, conforme al artículo 361 LEC, tenga *«el discernimiento necesario para conocer y para declarar verazmente».* Es el caso, por ejemplo, de la SAP Almería 5/2015, de 7 de enero (rec. 853/2014), ES:APAL:2015:244, o de la SAP Madrid 24/2017, de 13 de enero (rec. 311/2016), ES:APM:2017:619.

medios de prueba instrumentales que considere convenientes. También las otras partes podrán aportar dictámenes y medios de prueba cuando cuestionen»[269].

Es irrefutable que, en la era digitalizadora, la prueba pericial se hace más necesaria que nunca, y no sólo para ayudarnos a sostener que lo que decimos que estos instrumentos de archivo afirman es cierto. No sólo eso, sino que, directamente, corresponderá a la prueba de peritos ilustrarnos sobre qué es lo que esos instrumentos son; al menos qué es lo que son algunos de esos instrumentos.

Hoy día gana predicamento a marchas forzadas la tecnología *blockchain,* que es algo de una complejidad difícilmente aprehensible para quien no se dedica a tales menesteres. Se trata de una tecnología que funciona a través de múltiples nodos independientes y, por tanto, es opuesta al sistema de autenticación más habitual en el que el usuario se comunica con un servidor en una relación bidireccional (como podría ser la consulta *online* de cuentas bancarias, al menos hasta el día de hoy). Al no existir una relación bidireccional sino múltiples nodos que disponen de la información, una vez ésta es lanzada al ciberespacio sería preciso el consentimiento de todos ellos para alterarla, lo que es imposible y augura una enorme transparencia. Pero explicar cómo funciona ya es harina de otro costal.

El negocio jurídico será el mismo, porque sus presupuestos no cambian, aunque sí se altera la manera como se manifiestan y como se archivan. Aunque no necesariamente han de sustanciarse a través de la tecnología *blockchain,* los *smart legal contracts* se apoyan en ella[270]. Estos contratos, como no puede ser de otro modo, precisan de los elementos tradicionales para nacer —a saber, objeto, causa y consentimiento—, pero algunos estudiosos ya han advertido de la dificultad que puede revestir probar la existencia de cada uno de ellos[271].

---

269 Artículo 382.2 y artículo 384.2 por remisión al primero.

270 Su característica fundamental es que se trata de contratos autoejecutables. Por ejemplo, si dos coches colisionan, el *smart legal contract* es capaz de determinar quién es el culpable y ordenar directamente el pago de la indemnización. A nadie puede escapársele que, entonces, el problema surge a la hora de objetar excepciones, porque el contrato se habrá autoejecutado, desplazándose la problemática litigiosa desde la reclamación de la indemnización a la discusión de si el *smart legal contract* era correcto y estaba bien formulado, o si la aplicación que lo ha ejecutado lo ha interpretado adecuadamente. Piénsese igualmente en los contratos de arrendamiento de servicios y en la posibilidad de alegar la *exceptio inadimpleti contractus* o la *exceptio non rite adimpleti contractus*: ya puede verse que, en principio, el *smart legal contract* puede no ser apto para toda relación negocial [RICHARD GONZÁLEZ, M. (2022). «La prueba en el proceso jurisdiccional de negocios jurídicos en Blockchain. Especial referencia a las criptomonedas y la creación y ejecución de Smart Legal Contracts». En O. FUENTES SORIANO (coord.), *Tecnología y Proceso. Problemas Procesales en un mundo digital* (pp. 119-211), colección Cuadernos Digitales. Derecho y Nuevas Tecnologías número 3. Aranzadi, 162-163 y 171-172].

271 Así, *vide* la obra citada en la nota al pie anterior.

4

DIGITALIZACIÓN DE LA JUSTICIA EN LA UNIÓN EUROPEA

4.1. Digitalización de la Justicia en la cooperación transfronteriza

La digitalización no es algo que haya aparecido de la nada en el ordenamiento jurídico español. No sólo Europa sino el mundo entero está viviendo el mismo cambio, como hemos podido comprobar en la primera parte de este trabajo. Aquí, en todo caso, nos interesa la Unión Europea, no ya desde un punto de vista circunscrito a la circulación de resoluciones judiciales entre los distintos Estados miembros, sino también girando nuestra atención a los deseos armonizadores del proceso civil que propugnan algunos foros, como por ejemplo el European Law Institute o el International Institute for the Unification of Private Law (UNIDROIT). Después regresaremos sobre ello.

En el Espacio de Libertad, Seguridad y Justicia de la Unión Europea, los artefactos digitales no son cosa de la última década. El Reglamento (CE) n.° 1206/2001 del Consejo, de 28 de mayo de 2001, relativo a la cooperación entre los órganos jurisdiccionales de los Estados miembros en el ámbito de la obtención de pruebas en materia civil o mercantil[272], ya preveía el uso de la videoconferencia y de la teleconferencia para la ejecución de las solicitudes de prueba. En el Reglamento, los órganos jurisdiccionales tienen la opción de solicitar la práctica de prueba a través del órgano judicial de otro Estado miembro, o bien la de practicarla directamente con la autorización del Estado miembro en cuyo suelo se llevará a cabo dicha práctica. En los casos de exa-

272 DO L 174, de 27 de junio de 2001.

men de testigos que quieran efectuarse directamente por el tribunal requirente, la Comisión Europea recomendaba la práctica de prueba por video o teleconferencia[273].

En el año 2020, la precitada norma fue reemplazada por el Reglamento (UE) 2020/1783 del Parlamento Europeo y del Consejo de 25 de noviembre de 2020[274], con idéntico nombre que su antecesor. El nuevo Reglamento impone en su artículo 20.1 la utilización de la videoconferencia *«u otra tecnología de telecomunicaciones»* para la práctica directa de la prueba personal, *«siempre que dicha tecnología está disponible para el órgano jurisdiccional y, habida cuenta de las circunstancias específicas del caso, el órgano jurisdiccional estime adecuada la utilización de dicha tecnología».*

La Comisión lanzó en 2021 la Propuesta de Reglamento del Parlamento Europeo y del Consejo sobre la digitalización de la cooperación judicial y del acceso a la justicia en los asuntos transfronterizos civiles, mercantiles y penales[275], que acabó alumbrando dos años más tarde al Reglamento (UE) 2023/2844 del mismo nombre[276]. Esta Propuesta incidía en dos aspectos que resultan interesantes para nuestro estudio: uno la celebración de audiencias mediante videoconferencia; el otro, la notificación electrónica.

Por lo que respecta al primero, la Propuesta de Reglamento se mostraba proclive a la celebración de audiencias mediante el uso de tecnologías de comunicación a distancia:

> Esta iniciativa tiene por objeto: [...] facilitar la participación de las partes en los procesos transfronterizos civiles y penales en las audiencias orales mediante

273 «European Judicial Network in civil and commercial matters». *Using videoconferencing to obtain evidence in civil and commercial matters under Council Regulation (EC) No 1206/2001 of 28 May 2001: A practical guide*, pág. 6. Recuperado el 17 de Agosto de 2024 de https://e-justice.europa.eu/374/EN/taking_evidence.

274 DO L 405, de 2 de diciembre de 2020.

275 Comisión Europea (1 de diciembre de 2021). *Propuesta de Reglamento del Parlamento Europeo y del Consejo sobre la digitalización de la cooperación judicial y del acceso a la justicia en los asuntos transfronterizos civiles, mercantiles y penales, y por el que se modifican determinados actos legislativos en el ámbito de la cooperación judicial*. Recuperado el 14 de octubre de 2023 de https://eur-lex.europa.eu/legal-content/ES/TXT/?uri=CELEX%3A52021PC0759 *Vide* también Consejo de la Unión Europea. (28 de junio de 2023). *Justicia digital: el Consejo y el Parlamento Europeo llegan a un acuerdo sobre las propuestas relativas a la digitalización de la cooperación judicial y el acceso de los ciudadanos a la justicia*. Recuperado el 27 de octubre de 2023 de https://www.consilium.europa.eu/es/press/press-releases/2023/06/28/digital-justice-council-and-european-parliament-conclude-deal-on-proposals-on-digitalisation-of-judicial-cooperation-and-citizens-access-to-justice/

276 Reglamento (UE) 2023/2844 del Parlamento Europeo y del Consejo, de 13 de diciembre de 2023, sobre la digitalización de la cooperación judicial y del acceso a la justicia en asuntos transfronterizos civiles, mercantiles y penales, y por el que se modifican determinados actos jurídicos en el ámbito de la cooperación judicial (DO L 2023/2844, de 27 de diciembre de 2023, ELI: http://data.europa.eu/eli/reg/2023/2844/oj).

videoconferencia u otras tecnologías de comunicación a distancia, con fines distintos de la obtención de pruebas en asuntos civiles y mercantiles[277].

Sin embargo, la Propuesta declaraba el objetivo de *«garantizar el acceso a la justicia de las personas vulnerables, los menores y las personas que necesitan asistencia técnica o no cuentan con las competencias o los medios digitales requeridos»,* de manera que salvaguardaba el derecho de determinados sectores de la población a los que no exige someterse a la celebración telemática de vistas. En el artículo 7, apartado 2 de la Propuesta de Reglamento, se dice en estos términos:

> La autoridad competente podrá denegar una solicitud de celebración de una audiencia oral mediante videoconferencia u otras tecnologías de comunicación a distancia cuando las circunstancias particulares del caso no sean compatibles con el uso de dicha tecnología.

Debe destacarse que la protección de estos colectivos es coherente con la idea de acceso universal a la tecnología, pues la Propuesta recalca que *«estas herramientas digitales no exigirán inversiones ni gastos significativos por parte de los ciudadanos. Solo se necesitará un ordenador personal con acceso a internet»*[278]. Es más: el Real Decreto-Ley 6/2023 ha incorporado estas premisas. Así, además de la introducción de medidas generales que persiguen hacer más accesible la Administración de Justicia a colectivos vulnerables, específicamente en el campo de la digitalización se establece como excepción a la celebración de actos procesales mediante presencia telemática aquéllos en los que intervenga una persona con discapacidad o en que deba explorarse a un menor (se trata del nuevo artículo 129 bis de la LEC). Asimismo, el sistema de videoconferencia podrá ser usado *«cuando el declarante sea menor de edad o persona sobre la que verse un procedimiento de medidas judiciales de apoyo de personas con discapacidad»,* pero su declaración solo se podrá hacer desde una oficina judicial (el nuevo artículo 137 bis, en este caso).

El Reglamento (UE) 2023/2844 que ha nacido de dicha Propuesta de la Comisión ya anticipa en su Considerando 33 que *«no debe denegarse la celebración de una vista por videoconferencia o por medio de otras tecnologías de comunicación a distancia únicamente sobre la base de la inexistencia de normas nacionales»* que regulen este tipo de tecnologías.

Sobre las características que vaya a reunir la videoconferencia, el Considerando 32 es tan tímido como la norma española y anuncia el simple propósito de permitir la autenticación de *«la identidad de las personas a las que se vaya a tomar declaración y facilitar la comunicación visual, sonora y oral durante la vista»,* realzando casi con carácter anecdótico *que «una mera*

277 Páginas 2 y 12.

278 Página 13.

llamada telefónica no debe considerarse una tecnología de telecomunicación adecuada para las vistas orales». Existe, no obstante, un matiz que es de agradecer, al supeditarse la celebración de vista oral al hecho de que *«las partes tengan la posibilidad de formular una opinión sobre el uso de dicha tecnología y que el uso de dicha tecnología sea adecuado en las circunstancias concretas del asunto»* (Considerando 35). Esta obligación anunciada tiene su refrendo reglamentario en el artículo 5.1.

El Reglamento de notificación y traslado de documentos comparte con el Reglamento (UE) 2020/1783 del Parlamento Europeo y del Consejo de 25 de noviembre de 2020 relativo a la cooperación entre los órganos jurisdiccionales de los Estados miembros en el ámbito de la obtención de pruebas en materia civil o mercantil[279] —ambos aprobados y publicados en la misma fecha— la prohibición de negar efectos jurídicos a los documentos electrónicos, ni en lo que atañe a la validez de la notificación ni a lo que se refiere al valor probatorio (artículos 6 y 8, respectivamente). Es más, el Reglamento de notificación *«ha optado por acoger el principio "digital por defecto"»*[280]. Sin embargo, por defecto no significa incondicional.

Por lo que respecta a este concreto campo de la notificación de documentos, con la misma finalidad de *«garantizar el acceso a la justicia de las personas vulnerables»,* la Propuesta de Reglamento preveía *«mantener la posibilidad de utilizar la comunicación en papel para las personas físicas y jurídicas»*[281]. De hecho, el Reglamento (UE) 2020/1784 del Parlamento Europeo y del Consejo de 25 de noviembre de 2020 relativo a la notificación y traslado en los Estados miembros de documentos judiciales y extrajudiciales en materia civil o mercantil[282] —que no sólo deroga su antecesor Reglamento 1393/2007[283] sino que lo innova al regular el traslado y la notificación electrónicos— ya se muestra sensible con estas circunstancias, al no dar validez a cualquiera que sea el cauce electrónico para la transmisión de documentos[284]. Como no puede ser de otro modo, en el escenario europeo existe la consciencia de que no puede exigirse una digitalización incondicionada, como sugería la

279 DO L 405 de 2 de diciembre de 2020, págs. 1-39.

280 Marchal Escalona, N. (2022). «La digitalización de la notificación en el espacio judicial europeo», en Llorente Sánchez-Arjona, Mercedes, y Calaza López, Sonia (directoras) y Munielo Cobo, José Carlos (coordinador), *Digitalización de la Justicia: Prevención, investigación y enjuiciamiento*. Ed. Aranzadi, Cizur Menor, 400.

281 Páginas 8 y 13.

282 DO L 405 de 2 de diciembre de 2020, págs. 40-78.

283 Reglamento (CE) n.° 1393/2007 del Parlamento Europeo y del Consejo, de 13 de noviembre de 2007 (DO L 324, de 10 de diciembre de 2007, págs. 79-120).

284 Aguilera Morales, M. (2022). «El Reglamento (UE) 2020/1784 sobre notificación y traslado transfronterizo de documentos: novedades e implicaciones internas», en Llorente Sánchez-Arjona, Mercedes, y Calaza López, Sonia (directoras) y Munielo Cobo, José Carlos (coordinador), *Digitalización de la Justicia: Prevención, investigación y enjuiciamiento*. Ed. Aranzadi, Cizur Menor, págs. 75-76.

Comisión en 2020 al aseverar que *«el proceso de digitalización debe tener en cuenta todas las necesidades de los grupos desfavorecidos»*[285]. De este tenor también se ha hecho eco el TEDH en el asunto *Stichting Landgoed Steenbergen y otros v. Países Bajos:*

> La notificación de resoluciones que se produce sólo por medios electrónicos, cuando éstas puedan afectar al justiciable y contra las que éste pueda querer recurrir, corre el riesgo de no llegar a ciudadanos que no tienen acceso a internet o que son analfabetos digitales[286].

El Reglamento 2020/1784 relativo a la notificación de documentos judiciales y extrajudiciales en materia civil o mercantil permite la notificación transfronteriza directa de documentos judiciales en dos supuestos. El primero de ellos cuando para el envío y recepción las autoridades se valgan de servicios cualificados de entrega electrónica certificada en el sentido de lo dispuesto en el Reglamento (UE) 910/2014 y, cumulativamente, el destinatario haya prestado previamente consentimiento expreso a la utilización de medios electrónicos de notificación. El segundo, cuando el destinatario haya prestado previamente consentimiento expreso al órgano o autoridad jurisdiccional que conozca del asunto para que utilice correos electrónicos, supuesto en el que la notificación sólo ganará validez cuando el destinatario confirme la recepción del documento con un acuse de recibo en el que conste la fecha de recepción. El consentimiento expreso es *conditio sine qua non* en todo caso.

Como vemos, la cooperación judicial ha caminado decididamente hacia la digitalización, poniéndose especial énfasis en la transmisión electrónica de documentos judiciales, que no sólo se infiere de la normativa en materia de obtención de prueba, notificaciones y digitalización hasta ahora citada, sino también —y muy sintomáticamente— del Reglamento (UE) 2022/850 del Parlamento Europeo y del Consejo de 30 de mayo de 2022 relativo a un sistema informatizado para el intercambio electrónico transfronterizo de datos en el ámbito de la cooperación judicial en materia civil y penal[287], el cual instaura —aunque no hace obligatorio— el sistema e-Codex para el intercambio electrónico de datos no sólo entre autoridades judiciales, sino también entre éstas y los ciudadanos y viceversa. El sistema e-Codex vendría a ser un equivalente europeo a las plataformas de interacción con la Administración de Justicia tales como LexNET o e-Justícia.

---

285 Comisión Europea (2 de diciembre de 2022). *Comunicación de la Comisión al Parlamento Europeo, al Consejo, al Comité Económico y Social Europeo y al Comité de las Regiones. La digitalización de la justicia en la UE. Un abanico de oportunidades*, 7. Recuperado el 14 de mayo de 2024 de https://eur-lex.europa.eu/legal-content/ES/ALL/?uri=CELEX%3A52020DC0710

286 STEDH de 16 de febrero de 2021, Stichting Landgoed Steenbergen y otros v. Países Bajos, 19732/17, CE:ECHR:2021:0216JUD001973217, apartado 52.

287 DO L 150 de 1 de junio de 2022.

4.2. Derecho de defensa en la Unión Europea: Estado de la cuestión

4.2.1. Derecho de defensa en la Unión Europea: Una mirada histórica

A) Derechos fundamentales en la Unión Europea

Para Rossi[288], la concepción funcionalista del Tratado de Roma de 1957[289] no dejó lugar a la protección de los derechos fundamentales, a excepción de los derechos inherentes a la libre circulación y a la prohibición de discriminación por razón de nacionalidad o género.

Aunque —como decimos— por aquel entonces no se contenía en el ordenamiento comunitario una regulación propia sobre derechos fundamentales y aunque ésta no llegaría hasta el año 2000 con la Carta de Derechos Fundamentales —propia de la ya Unión Europea, pero no vinculante todavía[290]—, desde su creación, el Tribunal de Justicia ha asumido explícitamente la tarea de asegurar el respeto a los mismos, como no podía ser de otro modo en el ámbito de una organización supranacional formada por Estados de Derecho: en cualquier estado democrático, los derechos fundamentales se ejercen, en mayor o menor medida, cada día, cada hora y cada minuto. En el caso *Stauder/Stadt Ulm*[291] y, poco después, en el asunto *Internationale Handelsgesellschaft mbH/Einfuhr und Vorratsstelle für Getreide und Futtermittel*[292], el Tribunal de Justicia reconoció, por primera vez, que los derechos fundamentales se encontraban protegidos en el seno de la entonces Comunidad[293].

Con el tiempo, de hecho, se pudo comprobar cómo el Tribunal de Justicia de la Unión Europea iba interpretado los derechos humanos de manera simi-

288 Rossi, L. S. (2002). «"Constitutionnalisation" de l'Union européenne et les droits fondamentaux». *Revue trimestrielle de droit européen* vol. 38, núm. 1, págs. 40-41.

289 Tratado que —recordemos— estableció la Comunidad Económica Europea, reuniendo a Bélgica, Alemania, Francia, Italia, Luxemburgo y los Países Bajos, y que, después de sufrir diferentes modificaciones, se ha convertido en el actual Tratado de Funcionamiento de la Unión Europea.

290 La Carta de Derechos Fundamentales adquiriría la fuerza de ley propia de los Tratados merced al de Lisboa, celebrado en 2007 y con vigor a partir de 1 de diciembre de 2009.

291 STJUE de 12 de noviembre de 1969, Stauder/Stadt Ulm, 29/69, EU:C:1969:57.

292 STJUE de 17 de diciembre de 1970, Internationale Handelsgesellschaft mbH/Einfuhr- und Vorratsstelle für Getreide und Futtermittel, C-11/70, EU:C:1970:114.

293 Aunque, en este segundo caso, el Tribunal afirmó también que la evaluación de la legitimidad de los actos comunitarios a la luz de las normas de los Derechos nacionales, incluso reguladoras de derechos fundamentales, entrañaría una debilitación de la unidad y de la eficacia del Derecho comunitario

lar al modo en que lo hacía el Tribunal Europeo de Derechos Humanos, incluyendo —por descontado— el derecho a un juicio justo[294]. Muestras de ello las podemos hallar ya en los tempranos casos *P/S y Cornwall County Council*[295] o *Johnston/Chief Constable of the Royal Ulster Constabulary*[296].

En palabras de la Abogada General Sharpston *«el propio Tribunal de Justicia fue responsable del temprano reconocimiento de los principios fundamentales de Derecho y los derechos fundamentales dentro del ordenamiento jurídico de la UE»*[297].

El legislador de las entonces Comunidades Europeas fue más timorato que el Tribunal. Prueba de ello es que en 1977 el Parlamento Europeo, el Consejo y la Comisión evacuaron una Declaración conjunta recalcando *«la importancia primordial que atribuyen al respeto de los derechos fundamentales que resultan en particular de las constituciones de los Estados miembros, así como de la Convención Europea de Protección de los Derechos del Hombre y de las Libertades Fundamentales»*. En cambio, no fue hasta 1992 que el Tratado de la Unión Europea surgido de Ámsterdam incorporó los frutos de esta jurisprudencia del TJUE estableciendo en su artículo 6 la obligación de la Unión de respetar los derechos fundamentales: *«La Unión se basa en los principios de libertad, democracia, respeto de los derechos humanos y de las libertades fundamentales y el Estado de Derecho, principios que son comunes a los Estados miembros»*.

Precisamente en este el aspecto legislativo, el reconocimiento de la función del CEDH en el ámbito comunitario y de la Unión alcanzó su cénit con el Tratado de Lisboa, por el que se modifican el Tratado de la Unión Europea y el Tratado constitutivo de la Comunidad Europea[298], el cual fue celebrado el 13 de diciembre de 2007 y entró en vigor el 1 de diciembre de 2009. El Tratado de Lisboa introduce un artículo 6 en el que, en su segundo apartado, impone a la Unión adherirse el CEDH —lo que no ha llegado a suceder—, y todo ello para, en el tercero, dotar de un reconocimiento expreso desde ya al valor jurídico de los derechos fundamentales en el ordenamiento de la Unión:

> Los derechos fundamentales que garantiza el Convenio Europeo para la Protección de los Derechos Humanos y de las Libertades Fundamentales y los que son

294 Zahirović, Derviša (2018). «Is there something new in the European Union? Right to a fair trial according to the Charter of Fundamental Rights of the European Union». *Anali Pravnog Fakulteta Broj* 22, pág. 119.

295 STJUE de 30 de abril de 1996, P/S y Cornwall County Council, C-13/94, EU:C:1996:170.

296 STJUE de 15 de mayo de 1986, Johnston/Chief Constable of the Royal Ulster Constabulary, 222/84, EU:C:1986:206, apartado 18.

297 Conclusiones de la Abogado General Eleanor Sharpston presentadas el 30 de septiembre de 2010, en el Asunto C-34/09, Gerardo Ruiz Zambrano contra Office national de l'emploi (ONEM) de Bélgica, apartado 152.

298 DO C 306, de 17 de diciembre de 2007, p. 1.

fruto de las tradiciones constitucionales comunes a los Estados miembros formarán parte del Derecho de la Unión como principios generales.

En cualquier caso, en el plano material, la fuerza obligatoria y vinculante de estos denominados «principios generales» va a ser —sobre el papel— idéntica a la de los derechos contenidos en la CDFUE[299]. Y esto no es decir poco, porque es el propio Tratado de Lisboa quien otorga rango de tratado a la Carta, en el apartado primero del citado artículo 6:

> La Unión reconoce los derechos, libertades y principios enunciados en la Carta de los Derechos Fundamentales de la Unión Europea de 7 de diciembre de 2000, tal como fue adaptada el 12 de diciembre de 2007 en Estrasburgo, la cual tendrá el mismo valor jurídico que los Tratados[300].

La Carta de los Derechos Fundamentales de la Unión Europea, en su artículo 52.3 incorpora al ordenamiento jurídico el estándar mínimo de los derechos fundamentales por remisión al CEDH, por lo que la visión del Tribunal de Justicia necesariamente ha de tomar en consideración a la del TEDH:

> En la medida en que la presente Carta contenga derechos que correspondan a derechos garantizados por el Convenio Europeo para la Protección de los Derechos Humanos y de las Libertades Fundamentales, su sentido y alcance serán iguales a los que les confiere dicho Convenio.

Incluso la Carta incorpora un añadido final, más garantista: *«Esta disposición no obstará a que el Derecho de la Unión conceda una protección más extensa»*[301].

Se ha criticado el hecho de que el Tribunal de Justicia se haya referido a la jurisprudencia del Tribunal Europeo con expresiones tales como que «debe

---

299 DO C 303, de 14 de diciembre de 2007, y C 83, de 30 de marzo de 2010.

300 Algo que, a pesar de lo dicho, no está garantizado, en opinión de la Comisión de Venecia dependiente del Consejo de Europa, como desarrolla en el epígrafe 3, «El riesgo de interpretaciones divergentes de los estándares de derechos humanos en Europa», *ab initio*, de su Opinion No. 256 / 2003 [European Commission for democracy through law (Venice Commission). *Opinion No. 256 / 2003, Implications of a legally-binding European Union Charter of fundamental rights on human rights protection in Europe*. Strasbourg, 17 Septembre 2003.
http://www.venice.coe.int/webforms/documents/default.aspx?pdffile=CDL(2003)059-e].

301 Explica Mangas que esta disposición de la Carta *«es conforme con la doctrina constitucional clásica, que nunca interpreta como exhaustivos los repertorios de derechos fundamentales de las constituciones, con lo que admite el reconocimiento jurisprudencial de nuevos derechos en función de la evolución de la sociedad»* [Mangas Martín, A. (2008). «Evolución del respeto a los derechos humanos en la Unión Europea (teoría y práctica ante los nuevos desafíos del terrorismo». *Agenda Internacional Año XV*, n.° 26, pág. 27]. De hecho, Kramer recuerda que el Tribunal Europeo de Derechos Humanos ha formulado derechos que no están expresamente «listados» en el artículo 6 del Convenio [Kramer, X. E. (2011). «Cross-border Enforcement in the EU: Mutual Trust versus Fair Trial? Towards Principles of European Civil Procedure». *International Journal of Procedural Law 2*, pág. 219].

tenerse en consideración», explicando que quizá ello se compadezca mal con el tenor del artículo 52.3 de la Carta de los Derechos Fundamentales de la Unión Europea. Sobotta y Kokott han intentado replicar dicha crítica explicando que en el Derecho continental no existe un sistema de precedente judicial o *stare decisis,* como sí ocurre en el Common Law, lo que justifica que la reverencia que da el Tribunal de Justicia al Tribunal Europeo no sea la que se da a una jurisprudencia vinculante[302]. La verdad es que tampoco se termina de entender por qué debiera el Tribunal de Justicia considerar vinculante la jurisprudencia (no el Convenio, sino la jurisprudencia, que es su interpretación, por mucho que tenga un máximo intérprete en Estrasburgo) cuando, tal como explica claramente el Dictamen 2/13 del Tribunal de Justicia de la Unión Europea, de 18 de diciembre de 2014, sobre adhesión de la Unión al Convenio para Protección de los Derechos Humanos y las Libertades Fundamentales, el Derecho de la Unión es autárquico:

> [La] autonomía del Derecho de la Unión Europea [...] requiere que la interpretación de los derechos fundamentales de la Unión Europea sea asegurada dentro del marco delimitador de la estructura y los objetivos de la Unión. Esto significa que la última palabra en la interpretación de los derechos fundamentales de la Unión Europea permanece en el Tribunal de Justicia de la Unión[303].

Es decir: la autonomía del Derecho de la Unión podrá tomar como referencia la hermenéutica del Tribunal Europeo de Derechos Humanos, pero la puerta a una extensión de su alcance queda abierta de par en par[304]. Esta

302 *Ibidem*, pág. 64.

303 *Ibidem*, pág. 62. El Protocolo n.º 16 al Convenio Europeo de Derechos Humanos se ha apuntado por Juan José Ruiz Ruiz como uno de los motivos de rechazo a la adhesión. Así, el establecimiento de un mecanismo consultivo en el que los Estados Contratantes puede inquirir la interpretación del Tribunal Europeo de Derechos Humanos similar al procedimiento de cuestión prejudicial ante el Tribunal de Justicia de la Unión, indica que *«"no puede excluirse que una solicitud de opinión consultiva formulada en virtud del Protocolo n.º 16 por un órgano jurisdiccional nacional pueda desencadenar el procedimiento denominado de intervención previa del Tribunal de Justicia", que se contiene en el propio Proyecto de adhesión y que permite que el TJUE intervenga en los procedimientos ante el TEDH en los que se cuestione el Derecho de la UE, cuando no exista una interpretación del TJUE. Todo parece indicar que el TJUE alberga el temor de que un tribunal nacional de última instancia prefiera acudir al TEDH a través del Protocolo 16 para preguntar sobre la compatibilidad del Derecho de la UE con el CEDH, o que incluso pretenda alegar que la interpretación que haga el TEDH de la carta de Derechos es un acte clair como resultado de la aplicación concordada de los arts. 52.3 y 53 de la Carta de los Derechos Fundamentales de la Unión Europea»* [Ruiz Ruiz, J. J. (2018). «El refuerzo del diálogo entre tribunales y la triple prejudicialidad en la protección de los derechos fundamentales: En torno al Protocolo n.º 16 al Convenio Europeo de Derechos Humanos». UNED. Teoría y Realidad Constitucional número 42, pág. 457].

304 Recordemos que el añadido final del artículo 52.4 de la Carta dice que *«esta disposición no obstará a que el Derecho de la Unión conceda una protección más extensa».*

convivencia entre ordenamientos jurídicos ha generado un diálogo entre tribunales[305], interacción que se manifiesta tanto en el aspecto vertical cuanto horizontal. La interlocución vertical se refiere a la *«larga tradición de revisión indirecta»* de la aplicación del Derecho de la Unión por parte del Tribunal de Estrasburgo[306], mientras que el debate horizontal se deriva de la *«inspiración»* que una corte y la otra obtienen de sus respectivos criterios, que son utilizados para cimentar la aplicación del Derecho dentro del ámbito de sus respectivas competencias[307]. Con anterioridad ya hemos expresado la idea de que a pesar de que los sistemas legales de la Unión Europea y del CEDH son autónomos en posición de paridad —esto es, sin que uno sea superior al otro[308]—, su conexión es tal que, para algunos autores, en realidad carece de sentido interpretarlos como autosuficientes[309]. Es cierto que muchas de las herramientas que el Tribunal de Justicia utiliza en la valoración y examen de controversias relativas a derechos fundamentales son prestadas por el Tribunal Europeo de Derechos Humanos, como es el singular caso de los presupuestos que facultan a la restricción o limitación de los derechos[310]. Pero en este reconocimiento explícito y declarado de los postulados del Tribunal Europeo de Derechos Humanos, Psychogiopoulou reprocha al TJUE que no aproveche en mayor medida la posibilidad de extender, en el ámbito de la Unión, el estándar mínimo de protección ofrecido por el TEDH y se limite a efectuar remisiones *«sin esfuerzo»,* de tal como como si los derechos de la CDFUE adquieran volumen y contenido sólo gracias a la doctrina del TEDH[311].

---

305 Expresión tomada de Tenorio Sánchez, P. J. (2013). «Diálogo entre tribunales y protección de los derechos fundamentales en el ámbito europeo». *Revista General de Derecho Europeo* núm. 31. Fue acuñada por Giuseppe de Vergottini.

306 Ejemplo paradigmático de ello es la STEDH de 18 de febrero de 1999, recurso núm. 24833/94, Matthews v. Reino Unido, en la que, a pesar de que *«Matthews nunca demandó a las CCEE como tales, sin embargo, del pronunciamiento del TEDH se desprende un enjuiciamiento indirecto a la manera a través de la cual las CCEE han establecido el sistema electoral al Parlamento Europeo. Asimismo, el TEDH se atreve a pronunciarse sobre algo sobre lo que se le había preguntado como es la eventual responsabilidad del resto de Estados miembros de la Unión en el establecimiento de una norma electoral europea que resulta discriminatoria hacia los habitantes de Gibraltar»* [Sanz Caballero, S. (2004). «Interferencias entre el Derecho comunitario y el Convenio Europeo de Derechos Humanos (Luxemburgo versus Estrasburgo: ¿Quién es la última instancia de los derechos fundamentales en Europa?)». *Revista de Derecho Comunitario Europeo* vol. 8, n.º 17, pág. 144].

307 Halleskov Storgaard, L. (2015). «Composing Europe's Fundamental Rights Area: A case for discursive pluralism», *op. cit.*, pág. 234.

308 *Ibidem*, pág. 226.

309 *Ibidem*, pág. 225.

310 Psychogiopoulou, E. (2022). «Judicial dialogue and digitalization: CJEU engagement with ECtHR case law and fundamental rights standards in the EU», *op. cit.*, 158.

311 *Idem.*

B) Pilares de la construcción de derechos fundamentales en la Unión Europea: Tradiciones constitucionales de los Estados miembros

Como —sintomáticamente— admitirá muchos años después la famosa sentencia *Bosphorus v. Irlanda*[312], a pesar de que —como sabemos— los tratados fundacionales de las Comunidades Europeas no contenían expresamente preceptos relativos a la protección de los derechos humanos, el Tribunal de Justicia sostuvo ya en 1969, mediante la sentencia *Stauder/Stadt Ulm*[313], que los derechos fundamentales formaban parte de los principios generales del Derecho Comunitario cuya vigilancia correspondía al propio Tribunal[314]. Es innegable que, en el asunto *Stauder/Stadt Ulm,* la alusión a qué derechos fundamentales y con qué contenido es tímida —por no decir inexistente—, porque el Tribunal simplemente se otorga el rol de garante de los derechos fundamentales subyacentes en los principios generales del Derecho comunitario, sin mayores razonamientos; pero es una declaración clara y palmaria.

Un paso más se daría a principios de los años setenta, en la sentencia *International Handelsgesellschaft/Einfuhr und Vorratsstelle fùr Getreide und Futtermittel.* Entonces, el Tribunal de Justicia confirmó que, en la tarea de protección de tales derechos, debía inspirarse en las tradiciones constitucionales de los Estados Miembros[315] . De hecho, tal es la importancia de las tradiciones comunes que la propia Carta de los Derechos Fundamentales de la Unión Europea hace la siguiente declaración en su Preámbulo:

> [La CDFUE] reafirma, respetando las competencias y misiones de la Comunidad y de la Unión, así como el principio de subsidiariedad, los derechos reconocidos especialmente por las tradiciones constitucionales y las obligaciones internacionales comunes de los Estados miembros.

De manera equiparable, no deja de ser revelador que el Tribunal Europeo de Derechos Humanos, en resoluciones como *Brumărescu v. Rumanía*[316], o

312 Sentencia del TEDH de 30 de junio de 2005, Bosphorus Hava Yolları Turizm ve Ticaret Anonim Şirketi v. Irlanda, CE:ECHR:2005:0630JUD004503698, apartado 73.

313 STJUE de 12 de noviembre de 1969, Stauder/Stadt Ulm, 29/69, EU:C:1969:57, apartado 7.

314 En el mismo sentido que la STJUE Stauder, como ejemplo más reciente entre otras muchas, STJUE (Sala Segunda) de 18 de diciembre de 2008, Sopropé, C-349/07, EU:C:2008:746, apartado 33: «*Los derechos fundamentales forman parte de los principios generales del Derecho cuyo respeto garantiza el Tribunal de Justicia*». Así lo destaca igualmente Galera Rodrigo, S. (2015). «The right to a fair trial in the European Union: lights and shadows». *Revista de Investigações Constitucionais* vol. 2, n.° 2, pág. 11.

315 STJUE de 17 de diciembre de 1970, International Handelsgesellschaft/Einfuhr und Vorratsstelle fùr Getreide und Futtermittel, C-11/70, EU:C:1970:114, apartado 4.

316 «*El derecho a un proceso equitativo ante un tribunal, garantizado por el artículo 6, apartado1, de la Convenión, debe interpretarse a la luz del preámbulo de la Convención, el cual enuncia la preeminencia del derecho como elemento del patrimonio común de los Estados contratantes*» [STEDH de 28 de octubre de 1999, Brumărescu v. Rumanía, 28342/95, CE:ECHR:1999:1028JUD002834295, apartado 61].

en *Nejdet Şahin and Perihan Şahin v. Turquía*[317], haya también destacado que el derecho a la tutela judicial efectiva constituye un elemento integrante del patrimonio común de los Estados Contratantes. Más actual en el tiempo, el asunto *Centraal Justitieel Incassobureau,* en que el TJUE ha declarado:

> El principio de tutela judicial efectiva de los derechos que el ordenamiento jurídico de la Unión confiere a los justiciables, al que se refiere el artículo 19 TUE, apartado 1, párrafo segundo, es, en efecto, un principio general del Derecho de la Unión que emana de las tradiciones constitucionales comunes de los Estados miembros[318].

Regresando a la temprana década de los setenta, la sentencia *International Handelsgesellschaft/Einfuhr und Vorratsstelle fùr Getreide und Futtermittel*[319], y la sentencia *Nold K.G./Comisión*[320], y, ulteriormente, la sentencia *Hauer/ Land Rheinland-Pfalz*[321], nos dan un patrón a seguir:

> Los derechos fundamentales forman parte integral de los principios generales del derecho, y la observancia de estos está garantizada por el Tribunal de Justicia. En salvaguarda de estos derechos, el Tribunal debe inspirarse en las tradiciones constitucionales comunes de los estados miembros, motivo por el cual no puede respaldar medidas incompatibles con los derechos fundamentales reconocidos y protegidos por las constituciones de aquellos estados. De igual manera, los tratados internacionales celebrados para la protección de los derechos humanos de los cuales son parte los estados miembros, constituyen una guía que el derecho comunitario debe seguir.

Se trata, de algún modo, de una noción autónoma del catálogo de los derechos fundamentales, referida a las tradiciones constitucionales de los Estados Miembros y al Convenio Europeo de los Derechos Humanos.

Dos parámetros, pues, habían de guiar el tratamiento de los derechos fundamentales por parte del Tribunal: las tradiciones constitucionales comunes de los Estados Miembros y los tratados internacionales[322].

---

317 En idéntico sentido, STEDH (Gran Sala) de 20 de octubre de 2011, Nejdet Şahin and Perihan Şahin v. Turquía, 13279/05, CE:ECHR:2011:1020JUD001327905, apartado 57.

318 STJUE de 5 de diciembre de 2019, Centraal Justitieel Incassobureau, C-671/18, EU:C:2019:1054, apartado 38.

319 STJUE de 17 de diciembre de 1970, Internationale Handelsgesellschaft mbH/Einfuhr- und Vorratsstelle für Getreide und Futtermittel, C-11/70, EU:C:1970:114, apartado 4.

320 STJUE de 14 de mayo de 1974, Nold K.G./Comisión, C-4/73, EU:C:1974:51, apartado 13.

321 STJUE de 13 de diciembre de 1979, Hauer/Land Rheinland-Pfalz, 44/79, EU:C:1979:290, apartado 15.

322 Peers, S. (2006). «Bosphorus – European Court of Human Rights – Limited responsibility of the European Union member states for actions within the scope of Community law. Judgement of 30 June 2005, Bosphorus Airways v. Ireland, Application No. 45036/98». *European Constitutional Law Review* 2, pág. 443.

El Tribunal de Justicia se refirió por primera vez y explícitamente al Convenio Europeo de Derechos Humanos en la sentencia *Rutili/Ministre de l'intérieur de 1975*[323], y en la jurisprudencia *Hauer/Land Rheinland-Pfalz* reconoció su especial significación entre todos los tratados internacionales relativos a la protección de los derechos humanos[324]. A partir de entonces, el Tribunal de Justicia comenzó a referirse con mayor frecuencia al Convenio[325] hasta el punto de incluir, en sus resoluciones, una explicación de la relevancia del mismo para el Derecho comunitario: la sentencia *Krombach*, asegura que, dentro de *«los instrumentos internacionales relativos a la protección de los derechos humanos con los que los Estados miembros han cooperado o a los que se han adherido»* en los que se inspira el Tribunal de Justicia de la Unión Europea, *«el Convenio Europeo para la Protección de los Derechos Humanos y de las Libertades Fundamentales (en lo sucesivo, «CEDH») reviste un significado particular»*[326]. Menciones de similares características pueden ser halladas, por ejemplo, en el caso *ERT/DEP*[327], en

323 STJUE de 28 de octubre de 1975, Rutili/Ministre de l'intérieur, 36/75, EU:C:1975:137, apartado 32.

324 Apartado 15.

325 Por ejemplo, al artículo 7 del Protocolo número 1 en la STJUE de 10 de julio de 1984, Kirk, 63/83, EU:C:1984:255, apartado 22; a los artículos 6 y 13 en la STJUE de 15 de mayo de 1986, Johnston/Chief Constable of the Royal Ulster Constabulary, 222/84, EU:C:1986:206, apartado 18; al artículo 8 en la STJUE de 21 de septiembre de 1989, Hoechst AG/Comisión, C-46/87, EU:C:1989:337, apartado 18; al artículo 8 en la STJUE de 18 de mayo de 1989, Comisión/Alemania, 249/86, EU:C:1989:204, apartado 10; al artículo 11 en la STJUE de 15 de diciembre de 1995, Union royale belge des sociétés de football association y otros/Bosman y otros, 415/93, EU:C:1995:463, apartado 79; a los artículos 6 y 13 en la STPI (Sala Segunda ampliada) de 15 de enero de 2003, Philip Morris International/Comisión, T-377/00, EU:T:2003:6; o al artículo 10 en la STJUE de 6 de noviembre de 2003, Lindqvist, C-101/01, EU:C:2003:596, apartado 90.

326 Sentencia del Tribunal de Justicia de 28 de marzo de 2000, Krombach, C- 7/98, EU:C:2000:164, apartado 25, siendo destacable, en el mismo sentido, los apartados 38 a 40.

327 *«Según reiterada jurisprudencia, los derechos fundamentales forman parte de los principios generales del derecho cuyo respeto garantiza el Tribunal de Justicia. Al efecto, el Tribunal de Justicia se inspira en las tradiciones constitucionales comunes de los Estados miembros así como en las indicaciones proporcionadas por los instrumentos internacionales relativos a la protección de los derechos humanos con los que los Estados miembros han cooperado o a los que se han adherido (véase, sobre todo, sentencia de 14 de mayo de 1974, Nold, 4/73, Rec. p. 491, apartado 13). El Convenio Europeo para la Protección de los Derechos Humanos reviste a este respecto un significado particular (véase, sobre todo, sentencia de 15 de mayo de 1986, Johnston, 222/84, Rec. p. 1651, apartado 18). De ahí se deduce que, como afirmó el Tribunal de Justicia en la sentencia de 13 de julio de 1989, Wachauf (5/88, Rec. p. 2609), apartado 19, no pueden admitirse en la Comunidad medidas incompatibles con el respeto de los derechos humanos reconocidos y garantizados de esta manera»* (STJUE de 18 de junio de 1991, ERT/DEP, asunto C-260/89, EU:C:1991:254, apartado 41).

Annibaldi/Sindaco del Comune di Guidonia y presidente Regione Lazio[328], en *Grant/South-West Trains*[329], o en *JFE Engineering/Comisión*[330].

La primera alusión que el Tribunal de Justicia de la Unión hace, a su vez, al Tribunal Europeo de Derechos Humanos se contiene en *Hoechst/Comisión*[331]; mientras que la primera referencia a la jurisprudencia emanada del Tribunal Europeo de Derechos Humanos se produjo en *P/S y Cornwall County Council*[332].

En el escenario del derecho de defensa, esta obligación de acatar el Convenio para la Protección de los Derechos Humanos en la aplicación del derecho comunitario o de la Unión, a la que se plegaba la Declaración antedicha, recibió el espaldarazo merecido en la tan citada *Johnston/Chief Constable of the Royal Ulster Constabulary*[333].

Esta resolución decretaba que el acceso a la jurisdicción o —en terminología quizá más anglosajona pero más utilizada por el Tribunal de Justicia— el recurso efectivo a una instancia nacional, en los casos en los que los derechos y libertades fundamentales de la persona pueden peligrar, constituye *«un principio general del Derecho que es básico en las tradiciones constitucionales comunes a los Estados miembros»*. Y dado que este principio está igualmente consagrado en el Convenio Europeo para la protección de los Derechos Humanos, *«como ha sido reconocido en la declaración común del Parlamento, del Consejo y de la Comisión, de 5 de abril de 1977»*, el Derecho —entonces— comunitario debe tener en cuenta *«los principios en los que se inspira dicho Convenio»*[334].

---

328 STJUE de 18 de diciembre de 1997, Annibaldi/Sindaco del Comune di Guidonia y Presidente Regione Lazio, C-309/96, EU:C:1997:631, apartado 12.

329 STJUE de 17 de febrero de 1998, Grant/South-West Trains, C-249/96, EU:C:1998:63, apartados 31 a 34.

330 STPI de 8 de julio de 2004, JFE Engineering/Comisión, T-67/00, EU:T:2004:221, apartado 178.

331 STJUE de 21 de septiembre de 1989, Hoechst AG/Comisión, C-46/87, EU:C:1989:337, referenciada en Kokott, Juliane, y Sobotta, Christoph (2015). «Protection of fundamental rights in the European Union: On the relationship between EU fundamental rights, the European Convention and national standards of protection». *Yearbook of European Law* vol. 34, pág. 61.

332 Apartado 16.

333 Para Steve Peers, en esta Sentencia, el Tribunal de Justicia de la Unión señala que la Convención Europea de los Derechos Humanos *«ostenta una preeminencia particular como fuente de los principios»* del Derecho de la Unión. En Peers, S. (2006). «Bosphorus – European Court of Human Rights – Limited responsibility of the European Union member states for actions within the scope of Community law. Judgement of 30 June 2005, Bosphorus Airways v. Ireland, Application No. 45036/98», *op. cit.*, pág. 443.

334 STJUE de 15 de mayo de 1986, Johnston/Chief Constable of the Royal Ulster Constabulary, 222/84, EU:C:1986:206, apartado 18.

El litigio se planteó por la negativa del Chief Constable a prorrogar el contrato de trabajo de la señora Johnston que le vinculaba a la Royal Ulster Constabulary Full-time Reserve —un cuerpo policial auxiliar, operativo en Irlanda del Norte— y a proporcionarle adiestramiento profesional en el manejo y uso de armas de fuego. La controversia que a nosotros nos interesa giraba en torno a la aplicación de la Sex Discrimination Order, la cual establecía reglas destinadas a suprimir las discriminaciones por razón de sexo y a aplicar el principio de igualdad de trato en relación con el acceso al empleo, la formación y la promoción profesionales y las condiciones de trabajo. En concreto, la Sex Discrimination Order fijaba que un acto realizado con el fin de salvaguardar la seguridad del estado o de proteger el orden público, nunca podrá ser ilícito aun cuando implique discriminación por razón de sexo. Y aún más —y aquí está el *quid* de la cuestión—, que la prueba irrefutable de que dicho acto ha sido adoptado con el fin de salvaguardar la seguridad o el orden público del estado, vendrá dada por la simple certificación en tal sentido del ministro.

La Directiva 76/207, invocada por Marguerite Johnston, contemplaba la aplicación del principio de igualdad de trato entre hombres y mujeres en lo que se refiere al acceso al empleo, incluida la promoción, la formación profesional y las condiciones de trabajo. Y en su artículo 6, obligaba a los estados miembros a garantizar que cualquier persona que se considerase perjudicada por una discriminación pudiera hacer valer sus derechos por vía jurisdiccional.

Pues bien: como antes dijimos, para el Tribunal el control jurisdiccional impuesto por dicho artículo es la expresión de un principio general del Derecho que es básico en las tradiciones constitucionales comunes a los Estados Miembros, y que, como hemos apuntado, no es otro que el derecho de acceso a la jurisdicción[335].

Sentado el hecho de que los pilares del ordenamiento sobre derechos fundamentales de la Unión se apoyaban en las tradiciones constitucionales de los Estados miembros, acervo que incluía la adhesión de éstos a tratados internacionales sobre la materia, cuestión aparte es preguntarse cómo se determinaba el contenido de tales tradiciones constitucionales en lo que se proyecta sobre los derechos fundamentales, esto es, o que pudiera ser esencial y lo que pudiera resultar accesorio en el contenido del derecho.

---

335 A destacar que este principio está contemplado en los artículos 6 y 13 del Convenio Europeo para la protección de los Derechos Humanos. En la dicción del artículo 6.1, *«toda persona tiene derecho a que su causa sea oída equitativa, públicamente y dentro de un plazo razonable, por un Tribunal independiente e imparcial, establecido por la Ley, que decidirá los litigios sobre sus derechos y obligaciones de carácter civil o sobre el fundamento de cualquier acusación en materia penal dirigida contra ella»*. Y en la redacción dada al artículo 13, más específica para el caso de quebrantamiento de derechos fundamentales, *«toda persona cuyos derechos y libertades reconocidos en el presente Convenio hayan sido violados tiene derecho a la concesión de un recurso efectivo ante una instancia nacional, incluso cuando la violación haya sido cometida por personas que actúen en el ejercicio de sus funciones oficiales»*.

A pesar de este marco definitorio frecuentemente reiterado, el Tribunal de Justicia no ha aprovechado su doctrina para ir elaborando una teoría más concreta sobre la existencia de principios o derechos fundamentales de la Unión. En este sentido, Rossi critica el hecho de que la referencia a las *«tradiciones comunes»* encubre una simple cláusula de estilo, toda vez que el Tribunal nunca parece haber buscado el menor común denominador que permita elaborar una teoría, ni ha intentado destilar cuáles son tales principios comunes en abstracto. Por otra parte, esta remisión ha sido criticada por algunos autores, como pone de relieve el profesor Vidal. Apoyándose en Tomuschat, subraya la relativa contradicción que supone *«afirmar, por una parte, la primacía del Derecho comunitario, y, por otra, establecer su sumisión a los imperativos constitucionales internos relativos a los derechos fundamentales, cuyo núcleo esencial tiene que ser en todo caso respetado»*[336]. Aun siendo cierto, tampoco cabe olvidar que la primacía del Derecho de la Unión emana de la soberanía cedida por los Estados Miembros, y consecuentemente, no es descabellado entender que de las tradiciones constitucionales comunes pueda surgir un acervo singular y distinto de aquéllas. Al fin y al cabo, aquello que el Tribunal de Justicia viene a decirnos es que será su responsabilidad la de determinar qué aspectos de los derechos constitucionales de los Estados miembros son relevantes para el Derecho de la Unión. Lo que está claro es que la noción de «tradiciones comunes» es un concepto sólo relevante, a nivel de la Unión, cuando lo define el Tribunal de Justicia, por cuanto difícilmente éste se va a dejar llevar por las doctrinas constitucionales domésticas. En otras palabras: por mucho que un Tribunal Constitucional asegure que un valor constitucional es esencial en un Estado, y por mucho que otros siete o quince lo secunden cada uno para su propio territorio, sólo el Tribunal de Justicia tiene la potestad de «convertirlo» en un principio abstracto de la Unión. Demasiado poder en manos de un órgano jurisdiccional. Esto no deja de ser una consecuencia de la cesión de soberanía e ilustra, sin duda, el choque que se produce en muchas ocasiones entre los poderes legislativo y judicial.

Pero, en definitiva, regresando a la teoría abstracta de las tradiciones comunes, el Abogado General Léger no aprecia la necesidad de elaborar una teoría como ésta. Para el letrado aludido:

> La convergencia de las tradiciones constitucionales de los Estados miembros puede bastar para acreditar la existencia de uno de tales principios [principios generales del Derecho comunitario, de los que forman parte los derechos fundamentales] sin que sea necesario confirmar su existencia o su contenido mediante normas internacionales. [...] Puede ser suficiente con que los Estados miembros tengan, en relación con el derecho de que se trate, un enfoque común que ponga

336 VIDAL PRADO, C. (2006). «Nuevos (y viejos) recelos del Tribunal Constitucional Federal alemán frente a la eficacia del Derecho Comunitario». *Revista Española de Derecho Constitucional* no. 77, págs. 305-306.

de relieve la misma preocupación por garantizar su protección, aunque el grado de dicha protección y sus formas de ejercicio sean distintas en cada Estado[337].

Opinión comprensible y aceptable, pero discutible por cuanto no contribuye a la seguridad jurídica en un campo tan complejo como el de la protección de los derechos fundamentales en el reconocimiento supraestatal de resoluciones judiciales. De todas formas, siempre hay una cierta pugna entre los partidarios de una regulación exhaustiva y los proclives a esta suerte de *laissez faire.*

Este criterio tampoco satisface a Rossi, aunque por razones diferentes, puesto que considera que la Carta de Derechos Fundamentales constituye un instrumento más firme de interpretación de lo que deba configurarse como tradiciones comunes de los Estados miembros que cualquier criterio doctrinal emitido por el Tribunal de Justicia. Y ciertamente, es un conjunto de garantías que pueden ser invocadas contra las instituciones de la Unión Europea y contra sus normas jurídicas[338]. A lo aseverado por Rossi se puede contraargumentar que la Carta también necesita de interpretación.

En este pulso entre primacía del Derecho de la Unión y tradiciones constitucionales domésticas, resulta útil atender a las características comunes que sí presentan los ordenamientos estatales. Aunque, como afirmaba Léger, para algunos no será necesario este ejercicio, una abstracción valiosa es la brindada por los trabajos académicos destinados a proponer cuerpos legislativos procesales armonizados. El último de ellos ha corrido a cargo de la iniciativa compartida entre el European Law Institute y el International Institute for the Unification of Private Law o UNIDROIT, y ha fructificado en las European Rules of Civil Procedure[339]. No parece que haya duda de que no constituyen un código completo porque, de su lectura, vemos que su objetivo claro es el de aunar normas lo suficientemente generales como para que puedan ser fácilmente moduladas por cada ordenamiento doméstico sin romper su herencia legislativa. Consecuentemente, guardan una proporcionalidad medida entre su propósito regulador y la voluntad de guardarse de descender en exceso al caso concreto con peligro de interferencia.

A la hora de destacar sus particularidades, debe decirse que se fundamentan en un modelo colaborativo entre las partes y entre éstas y el juzgador,

---

337 Apartados 68 y 69.

338 Rossi, Lucia Serena (2002). «"Constitutionnalisation" de l'Union européenne et les droits fondamentaux», *op. cit.*, pág. 38.

339 La versión en castellano de las Reglas modelo europeas de proceso civil adoptades por ELI y UNIDROIT en 2020 ha sido elaborada por Fernando Gascón Inchausti y Marco de Benito Llopis-Llombart, y pueden ser consultadas en la página web del European Law Institute, https://www.europeanlawinstitute.eu/fileadmin/user_upload/p_eli/Publications/Reglas-en-espan__ol-2022-28-junio.pdf, o en la de UNIDROIT, https://www.unidroit.org/wp-content/uploads/2022/06/Reglas-en-espan%CC%83ol-2022-28-junio.pdf.

cosa que va claramente en consonancia con las tendencias actuales a las que agrada, asimismo, la solución extrajudicial de conflictos:

> Asumen aquellos hitos en la evolución comparada que han comportado cambios a mejor, entre los que cabe mencionar ahora los siguientes: (i) la consagración en el código de los principios básicos del proceso, con la cooperación como eje central, que se hizo bien visible en el *nouveau code procédure civile* francés y sus *principes directeurs du procès;* (ii) la noción de gestión activa del procedimiento *(case management),* que se consagró como *trending topic* con la reforma Woolf y las nuevas Civil Procedure Rules inglesas; (iii) la vocación hacia la eficacia, la proporcionalidad y el reforzamiento del valor de la primera instancia, que caracterizó la reconstrucción de nuestro proceso civil con la LEC de 2000 y que ha guiado reformas nacionales posteriores en muchos otros países; o (iv) un sistema de recursos más racional, que conciba la apelación como una revisión de la primera instancia, más que como una segunda primera instancia, al que se adhirió a finales del siglo pasado el ordenamiento alemán y que ha sido la tendencia en códigos y reformas posteriores[340].

Este modelo colaborativo se conjuga con los principios dispositivo y de aportación de parte, hasta el punto de que se deja al albur de las partes establecer de común acuerdo la regulación de algunos aspectos del pleito, tales como la elección de las normas aplicables, que tendrá carácter vinculante para el tribunal enjuiciado[341].

La cooperación también incide en el papel del juzgador, quien tiene margen para articular distintas cuestiones tales como la de los plazos procesales[342]. En la actuación del juez, se pone el énfasis en la proporcionalidad[343], que, sin ser lo mismo, no deja de suscitar un cierto aroma a la equidad tan propia del Convenio Europeo de Derechos Humanos.

Si no hacemos de ellas una lectura al detalle y, en cambio, atendemos a su espíritu, las European Rules of Civil Procedure no divergen en demasía de lo que encontramos en la Ley de Enjuiciamiento Civil. De entre las particularida-

340 Gascón Inchausti, F. (2021). «Las European Rules of Civil Procedure: ¿un punto de partida para la armonización del proceso civil?». *Cuadernos de Derecho Transnacional* 13, págs. 286.

341 Así se establece en el artículo 26.3. Por otra parte, la plasmación más insólita de ello es la denominada *«solicitud conjunta»* de proceso que se contempla en el artículo 57 y en los siguientes y que parte del supuesto en que los litigantes han alcanzado una serie de acuerdos sobre determinados aspectos del pleito, quedando otros sobre los que pervive la controversia. Gasón Inchausti explica que se inspira *«en la procédure par requête conjointe del derecho francés»* [Gascón Inchausti, F. (2021). «Las European Rules of Civil Procedure: ¿un punto de partida para la armonización del proceso civil?», *op. cit.*, 289].

342 Gascón Inchausti, F. (2021). «Las European Rules of Civil Procedure: ¿un punto de partida para la armonización del proceso civil?», *op. cit.*, 288.

343 *Ibidem*, 289.

des del modelo de las European Rules of Civil Procedure que recalca Gascón Inchausti y que las hacen diferir de la norma rituaria española, cabe mencionar, en primer lugar, la apertura del proceso declarativo a la posibilidad de no concentrar la fase probatoria únicamente en una sola audiencia final, la introducción en materia de prueba del método *way to discovery,* la posibilidad de someter al órgano enjuiciador declaraciones testificales escritas, y la no consideración de la rebeldía como oposición a la demanda, permitiendo sentencias inmediatas[344]. Algunas de estas cuestiones derivan meridianamente de la tradición anglosajona, como el hecho de recabar prueba de las otras partes al principio del proceso y previo a la formalización de la demanda que se regula en el artículo 101 y siguientes.

En la fase de recurso, parece que las European Rules inciden en el carácter revisor y crítico de la segunda instancia, desterrando las tentaciones de proceder a un nuevo enjuiciamiento omnicomprensivo de la pretensión[345], y que se adopta igualmente una estructura piramidal a medida en que se asciende en la devolución de recursos, limitando las ulteriores posibilidades de atacar la sentencia.

Tal como afirma Gascón Inchausti, la relevancia de estas European Rules reside en el esfuerzo de *«detección de estándares comunes»* que, a su vez, muestran que una armonización —quizá al estilo de las Directivas europeas[346], auspiciando la transposición a cada ordenamiento para adaptar y matizar los detalles— no sería tan imposible como defienden los que consideran que las diferencias entre ordenamientos están demasiado enraizadas[347].

Llegados a este punto, el lector puede preguntarse qué puede aportarnos una herramienta de *soft law* como ésta. La respuesta es comprensión; comprensión y entendimiento del hecho de que existen «tradiciones comunes» a los Estados miembros que muestran que los ordenamientos son parangonables hasta el punto de que una armonización procesal sería posible mediante Directiva, facilitando el reconocimiento y ejecución de resoluciones judiciales sin obstáculos. Y no hay duda de que, una vez sabido lo que hay en común, es más sencillo prever cuáles son las bases para la circulación transfronteriza de resoluciones judiciales, y, por ende, más difícil denegar la ejecución en otro Estado miembro distinto de aquél en que la resolución fue dictada. Lógicamente el Derecho de la Unión se impondrá cuando se contradiga con dichas tradiciones, y —como decíamos antes— la evolución de dichas tradiciones solamente será decisiva para la Unión cuando su Derecho o su jurisprudencia incorporen tales evoluciones. Es decir, que no se trata de una evo-

344 *Ibidem*, 290, 291 y 292.

345 *Ibidem*, 291

346 Idea que también expresa GASCÓN INCHAUSTI, F. (2021). «Las European Rules of Civil Procedure: ¿un punto de partida para la armonización del proceso civil?», *op. cit.*, 283.

347 *Ibidem*, 296-297.

lución conjunta o en paralelo, ni de una mutua retroalimentación. No se trata de un diálogo entre tribunales domésticos y Tribunal de Justicia.

Si hasta ahora hemos hablado de la delimitación del derecho de defensa en positivo, otro tanto cabe predicar de su restricción, que también se fundamenta en las mismas tradiciones comunes.

En efecto: en el reverso de la moneda, no podemos olvidar que la aplicación de los derechos fundamentales en el ámbito de la Unión Europea no tiene carácter absoluto. En el asunto la sentencia *International Handelsgesellschaft/ Einfuhr und Vorratsstelle fùr Getreide und Futtermittel* de 1970 el Tribunal de las entonces Comunidades Europeas declara:

> Los estados miembros no pueden negar la validez o los efectos de las medidas comunitarias bajo el pretexto de que estas últimas son contrarias a los derechos fundamentales tal como han sido formulados en dicho estado o a sus principios constitucionales estructurales[348].

Primacía del Derecho comunitario frente a tradiciones constitucionales de los Estados Miembros. En fin, declaraciones como ésta tienen continuidad en otras resoluciones como la del asunto resuelto en *Wachauf/ Bundesamt für Ernährung und Forstwirtschaft:*

> Los derechos fundamentales reconocidos por el Tribunal de Justicia no constituyen, sin embargo, prerrogativas absolutas, sino que deben tomarse en consideración atendiendo a su función dentro de la sociedad. Por consiguiente, pueden disponerse restricciones al ejercicio de dichos derechos, en particular en el ámbito de una organización común de mercado, a condición de que dichas restricciones respondan efectivamente a objetivos de interés general perseguidos por la Comunidad y no constituyan, teniendo en cuenta el objetivo perseguido, una intervención desmesurada e intolerable que lesione la substancia misma de dichos derechos[349].

Pero estas declaraciones suponían un claro punto de colisión entre los tribunales internos de los Estados miembros y el Tribunal de Justicia, sobre todo porque no estaba entre las competencias de este último la de armonizar las tradiciones constitucionales de los Estados y sí la de velar por el principio de primacía del derecho comunitario, poniendo de relieve esa cierta paradoja propia del hecho de alegar un sistema autárquico y preeminente que, no obstante, necesita de otros modelos para construirse. También debe reconocerse que, como destaca Cuartero, la armonización de los derechos fundamentales en la Unión se encuentra inexorablemente ligada al objetivo de integración[350], pero

---

348 STJUE International Handelsgesellschaft, apartado 3.

349 STJUE de 13 de julio de 1989, Wachauf/ Bundesamt für Ernährung und Forstwirtschaft, C-5/88, EU:C:1989:321, apartados 17 y 18.

350 Cuartero Rubio, M. V. (2020). *Cooperación judicial civil en la Unión Europea y tutela en origen de derechos fundamentales*. Ed. Thomson Reuters Aranzadi, Cizur Menor, pág. 36.

la armonización es un procedimiento legislativo y no una competencia del Tribunal de Justicia, que más bien lo que ha venido haciendo sistemáticamente es establecer una suerte de interpretación autónoma que, eso sí, fuera respetuosa con los cuerpos constitucionales domésticos.

Dicho esto, si —como vemos— existen normas de la Unión que pueden actuar como barrera impenetrable para los derechos constitucionales de los Estados Miembros, conviene volver la mirada de nuevo a la relación entre el principio de primacía del Derecho de la Unión con el respeto a las tradiciones constitucionales de los Estados Miembros. La realidad es que esta balanza y el juego de contrapesos entre primacía y derechos fundamentales suponía un «problema» en ocasiones más teórico que real porque el Tribunal no ha permitido que los derechos fundamentales fueran violentados, si bien no ha permitido que los Tribunales Constitucionales domésticos aplicaran, en materias propias del Derecho de la Unión, un estándar superior al de la CDFUE, como puede verse en la controvertida *Melloni*[351].

Las restricciones al libre ejercicio de los derechos fundamentales vienen dadas, pues, por el infranqueable respeto a los objetivos de interés general perseguidos por la Comunidad y por el clásico principio de proporcionalidad que regula toda injerencia. En el perímetro del interés general, no podemos ignorar los principios de orden público comunitario, como pueden ser los principios de efecto directo y primacía. Tal como se reconoce en *Jordens-Vosters,* sobre ellos planea la exigencia de que el ordenamiento jurídico comunitario afecte a todos los nacionales de los Estados Miembros como un único bloque de legalidad, esto es, el principio de aplicación uniforme, lo que *«implica que las nociones a que se refiere el derecho comunitario no varíen en función de las particularidades de cada derecho nacional, sino que reposen en criterios objetivos, definidos en un marco comunitario»*[352]. De nuevo hace aparición la contraposición entre el objetivo de inspirarse en las tradiciones constitucionales de los Estados miembros y elaborar un acervo propio que en determinados aspectos se imponga a ellas nutriéndose a su vez de estas. Una fluctuación que otorga demasiado poder al Tribunal de Justicia, en mi opinión.

Con la promulgación de la Carta de los Derechos Fundamentales de la Unión Europea, su artículo 52.1 ha venido a establecer que cualquier limitación del ejercicio de los derechos y libertades reconocidos por la propia Carta deberá ser establecida por la ley y respetar el contenido esencial de dichos derechos y libertades. En la observancia del principio de proporcionalidad, sólo podrán introducirse limitaciones cuando sean necesarias y respondan efectivamente a objetivos de interés general reconocidos por la Unión o a la necesidad de protección de los derechos y libertades de los demás.

351 STJUE de 26 de febrero de 2013, Melloni, C-399/11, EU:C:2013:107.

352 STJUE de 10 de enero de 1980, Jordens-Vosters, 69/79, EU:C:1980:7, apartado 6.

4.2.2. El derecho de defensa en la Unión Europea a través de la visión del Tribunal de Justicia[353]

En la Unión Europea, nunca ha existido una normativa procesal completa, unificada y armonizada. Cierto es que existe un derecho procesal único que regula la actuación de y ante los tribunales de la Unión: así, el Reglamento de Procedimiento del Tribunal de Justicia, de 25 de septiembre de 2012[354] o el Reglamento de Procedimiento del Tribunal General de 4 de marzo de 2015[355]. Pero, como decíamos, no se ha buscado —ni, por ende, promulgado— una regulación de mínimos que refiera los principios básicos que cualquier ordenamiento legislativo europeo debe respetar, tal como explica Requejo Isidro:

> En general desde la EU no se regulan cuestiones de Derecho procesal civil, sino que quedan ampliamente en manos de los ordenamientos nacionales sobre la base del principio de autonomía procesal. Ciertamente, la competencia de la UE en el ámbito procesal civil quedó confirmada por los Tratados de Amsterdam y de Lisboa; pero conforme al art. 81 TFUE se halla limitada a supuestos transfronterizos[356].

Dentro de las regulaciones procesales que a lo largo de los años se han ido aprobando y que han versado sobre ámbitos objetivos concretos y que, como tales, buscan *«preservar el efecto útil»* de los instrumentos de armonización[357], advertimos —como no podía ser de otro modo— una preocupación por proteger el derecho de defensa. Así, una muestra de ello la encontramos en el preámbulo del Reglamento 1215/2012, de 12 de diciembre, relativo a la competencia judicial, el reconocimiento y la ejecución de resoluciones judiciales en materia civil y mercantil:

> La ejecución directa en el Estado miembro requerido de una resolución dictada en otro Estado miembro sin la declaración de fuerza ejecutiva no debe comprometer el respeto de los derechos de la defensa[358].

---

353 Este epígrafe toma como base PALAU FONT, T. (2024). Tutela procesal civil del derecho de defensa en Europa. Dykinson, Madrid, 113-126 y 127-136.

354 DO L 265/2012, pág. 1.

355 DO L 105/2015, pág. 1.

356 REQUEJO ISIDRO, M. (2018). «Empresas y derechos humanos: el "tercer pilar" desde la Unión Europea». En SALINAS, ANA MARÍA, Y MARTÍNEZ, ENRIQUE J. (directores), *La Unión Europea y la protección de los derechos fundamentales* (págs. 61-90). Ed. Tirant lo Blanch, Valencia, pág. 76.

357 *Idem*.

358 Apartado 29.

O, por poner otros ejemplos, en el preámbulo del Reglamento 805/2004 del Parlamento Europeo y del Consejo, de 21 de abril de 2004, por el que se establece un título ejecutivo europeo para créditos no impugnados[359]:

> Cuando un órgano jurisdiccional de un Estado miembro haya dictado una resolución sobre un crédito no impugnado en ausencia del deudor en el procedimiento, la supresión de los controles en el Estado miembro de ejecución debe estar inseparablemente vinculada y sujeta a la existencia de una garantía suficiente de que se observen los derechos de la defensa[360] [...] Procede establecer normas mínimas para los procedimientos judiciales que conducen a la resolución, con objeto de que el deudor esté informado, con el tiempo suficiente y de manera tal que pueda preparar su defensa[361].

O, asimismo, en el Reglamento 861/2007 del Parlamento Europeo y del Consejo de 11 de julio de 2007 por el que se establece un proceso europeo de escasa cuantía[362], en cuyo preámbulo ya se establece:

> El órgano jurisdiccional debe respetar el derecho a un juicio justo y el principio contradictorio del proceso, especialmente cuando se pronuncie sobre la necesidad de una vista oral, sobre los medios de práctica de la prueba y sobre el alcance de la práctica de la prueba[363].

Singularmente, en la vertiente ya no legislativa sino jurisdiccional, obligado es hablar del tratamiento que el Tribunal de Justicia de la Unión Europea da al concepto de la defensa. Al respecto, Otero García-Castrillón explica que, aun cuando el Tribunal de Justicia de la Unión *«no ha perfilado los contornos de este derecho más que en determinados aspectos»,* sí puede inferirse que su doctrina lo configura con el siguiente tenor:

> Los derechos a: (1) acceder a la jurisdicción, sobre el que la jurisprudencia comunitaria no deja de ser controvertida cuando se trata de recurrir al propio TJCE [abreviatura que utiliza la autora para referirse al hoy denominado Tribunal de Justicia de la Unión Europea] para cuestionar la legalidad de las normas, (2) obtener una resolución sobre el fondo (3) en un proceso sin dilaciones indebidas, (4) igualdad procesal entre demandante y demandado (principio de contradicción), (5) que la resolución esté fundada en Derecho, (6) recurrir (7) que la resolución sea ejecutada, (8) que el pronunciamiento sea invariable e intangible, y (9) que puedan adoptarse medidas cautelares de tutela. En definitiva, se trata de que todas las circunstancias que rodean el proceso se produzcan en condiciones que no provoquen «indefensión» (arts. 6 CEDH y 47 y 48.2 Carta)[364].

---

359 DO L 143 de 30 de abril de 2004, p. 15.

360 Apartado 10.

361 Apartado 12.

362 DO L 199 de 31 de julio de 2007, p. 1.

363 Apartado 9.

364 Otero García-Castrillón, C. (2007). *Cooperación Judicial Civil en la Unión Europea. El cobro de las deudas*. Ed. Dykinson, Madrid, págs. 66-67.

Continuando con el parecer de dicha autora, *«esta noción de la "indefensión" no debe ser confundida con la que resulta de la infracción del «derecho de defensa»,* toda vez que, aun cuando el concepto de indefensión ampara y contempla cada una de las diversas infracciones del derecho de defensa que, con diferente relevancia, pueden llegar a producirse, no cualquier infracción de las garantías de la defensa comporta indefensión[365]. Es factible y suele producirse una asimilación del concepto «derecho de defensa» con el de «garantías procesales», y, a pesar de ello, la infracción de garantías procesales no tiene que conducir, necesariamente, a la existencia de indefensión, porque, si bien la indefensión comienza a partir de la transgresión de los requisitos procesales de defensa de los propios intereses, sólo se consuma cuando, además, se produce un déficit del resultado real, efectivo y actual[366]. Así, podríamos definir la indefensión de esta forma:

> «Un impedimento del derecho a alegar y demostrar en el proceso los propios derechos y, en su manifestación más transcendente, es la situación en la que se impide a una parte por el órgano judicial, en el curso del proceso, el ejercicio del derecho de defensa». Bien podría decirse que en su manifestación «más trascendente» la indefensión se refiere al incumplimiento de las garantías procesales, mientras que su manifestación «menos trascendente» hace referencia al conjunto de elementos que rodean el proceso, equiparándolo a la infracción del propio derecho a la tutela judicial efectiva. Esta indefensión alcanza una significación material que conduce a una lesión efectiva del derecho, lo que hace que deba ser valorada atendiendo a las circunstancias del caso[367].

No es preciso repetir que el Derecho de la Unión Europea, en su vertiente legislativa, no nos proporciona un concepto de indefensión. Y ello tiene su traslación en la frecuencia con que las remisiones del Tribunal de Justicia de la Unión Europea se dirigen directamente a los ordenamientos internos de los Estados miembros, en ese juego fluctuante que explicábamos en el apartado antecedente. El Tribunal de Justicia no ha sido nada tímido al afirmar, como hizo en la sentencia *Krombach,* que el derecho a ser defendido *«figura entre los derechos fundamentales que se desprenden de las tradiciones constitucionales comunes a los Estados miembros»*[368]. Se reconoce, en consecuencia, la existencia de una tradición constitucional

365 Palau Font, T. (2024). *Tutela procesal civil del derecho de defensa en Europa*. Dykinson, Madrid, 30.

366 Martí Mingarro, L. (2010). *Crisis del derecho de defensa*. Marcial Pons Ediciones Jurídicas y Sociales, Madrid, pág. 36.

367 *Ibidem*, págs. 67-69.

368 STJUE de 28 de marzo de 2000, Krombach, C- 7/98, EU:C:2000:164, apartado 38.

común a los Estados Miembros, pero no existe un concepto unitario de indefensión explicitado, aunque sí podemos encontrar pinceladas o mimbres para construir una definición armonizada[369].

Dentro de la esfera aquí tratada, la de la defensa, el Tribunal de Justicia ha reconocido expresamente, en varias ocasiones, que existe un principio general del Derecho de la Unión según el cual toda persona tiene derecho a un juicio justo. A título de ejemplo, el Tribunal ha recordado la existencia de este principio en resoluciones como *Baustahlgewebe/Comisión*[370]*; Países Bajos y Van der Wal/Comisión*[371]*;* la citada *Krombach; o Eurofood IFSC*[372]. Y no es preciso decir que lo ha hecho con claridad y notoriedad[373].

En *Baustahlgewebe/Comisión* de 1998, recuerda en primer lugar que el apartado 1 del artículo 6 del Convenio Europeo de Derechos Humanos prevé que toda persona tiene derecho a que su causa sea oída equitativa y públicamente dentro de un plazo razonable por un Tribunal independiente e imparcial, establecido por la Ley, que decidirá los litigios sobre sus derechos y obligaciones de carácter civil, o sobre el fundamento de cualquier acusación en materia penal dirigida contra ella[374].

A su vez, en *Países Bajos y Van der Wal/Comisión,* del año 2000, reconoce que *«el principio general del Derecho comunitario según el cual toda persona tiene derecho a un juicio justo, principio que se inspira en el artículo 6 del CEDH»* implica el derecho a un tribunal independiente, en particular del poder ejecutivo[375].

En la sentencia *Krombach,* dictada en el año 2000, se reitera dicho reconocimiento y su apoyo en los derechos fundamentales[376]. Concretamente, ya en su apartado 39, el Tribunal de Justicia empieza recogiendo expresamente el derecho a la asistencia letrada como integrante del juicio justo:

> El Tribunal Europeo de Derechos Humanos ha declarado repetidamente en materia penal que, aunque no sea absoluto, el derecho de todo acusado a ser efectivamente defendido por un abogado, en su caso nombrado de oficio, figura entre los elementos fundamentales del proceso justo y que un acusado no pierde tal derecho por el mero hecho de no estar presente en los debates.

---

369 Palau Font, T. (2024). *Tutela procesal civil del derecho de defensa en Europa*. Dykinson, Madrid, 113.

370 STJUE de 17 de diciembre de 1998, Baustahlgewebe/Comisión, C- 185/95 P, EU:C:1998:608.

371 STJUE de 11 de enero de 2000, Países Bajos y Van der Wal/Comisión, 174/98 P, EU:C:2000:1.

372 STJUE de 2 de mayo de 2006, Eurofood IFSC, C-341/04, EU:C:2006:281, apartado 65.

373 Palau Font, T. (2024). *Tutela procesal civil del derecho de defensa en Europa*. Dykinson, Madrid, 113.

374 STJUE Baustahlgewebe/Comisión, cit., apartados 20 y 21.

375 STJUE Países Bajos y Van der Wal/Comisión, cit., apartado 17.

376 STJUE de 28 de marzo de 2000, Krombach, C- 7/98, EU:C:2000:164, apartado 26.

Y, en los apartados 26 y 27, admite que la fuente de Derecho es el propio Tratado, sin que sea precisa una regulación de desarrollo doméstica:

> El Tribunal de Justicia ha reconocido expresamente el principio general del Derecho comunitario según el cual toda persona tiene derecho a un juicio justo, principio que se inspira en los referidos derechos fundamentales[377]. [...] El artículo F, apartado 2, del Tratado de la Unión Europea [actualmente artículo 6 UE, apartado 2, tras su modificación] ha consagrado esta jurisprudencia. A tenor de esta disposición, «la Unión respetará los derechos fundamentales tal y como se garantizan en el Convenio Europeo para la Protección de los Derechos Humanos y de las Libertades Fundamentales firmado en Roma el 4 de noviembre de 1950, y tal y como resultan de las tradiciones constitucionales comunes a los Estados miembros como principios generales del Derecho comunitario». [Por ello] el respeto de los derechos de defensa en todo procedimiento incoado contra una persona y que pueda terminar en un acto que le sea lesivo constituye un principio fundamental del Derecho comunitario [...] debe garantizarse aun cuando no exista ninguna normativa reguladora del procedimiento de que se trate[378].

De hecho, la indefensión es una noción de tal importancia que, en numerosas ocasiones, el orden público, en su vertiente procesal, no es más que el mecanismo mediante el cual los tribunales pueden intervenir en la determinación de la legitimidad de las resoluciones extranjeras que se les someten. La posibilidad de ser oído es, quizá, una primera pieza clave en la arquitectura de la indefensión: es como el derecho a la vida, pues sin vida no pueden ejercitarse los demás derechos fundamentales.

En el reverso del reconocimiento expreso del derecho a un proceso justo que acabamos de ver, existen numerosas resoluciones que apelan al negativo de la fotografía: la prohibición de atentar contra el derecho de defensa. Entre ellas, *Debaecker/Bouwman*[379] y *Lancray/Peters und Sickert*[380] ya ponían de manifiesto que los objetivos de la cooperación recíproca entre Estados Miembros no debían minar en ningún caso los derechos de la defensa:

> Aunque el objetivo del Convenio es, tal como se desprende de su Preámbulo, garantizar la simplificación de las formalidades a que están supeditados el reconocimiento y la ejecución recíprocos de las resoluciones judiciales, dicho objetivo no puede alcanzarse debilitando, de cualquier forma que sea, los derechos de defensa»[381].

377 En idéntico sentido, STJUE de 18 de diciembre de 2008, Sopropé, C-349/07, EU:C:2008:746, apartado 36; STJUE de 3 de julio de 2014, Kamino International Logistics y Datema Hellmann Worldwide Logistics, C-129/13, EU:C:2014:2041, apartado 28; STJUE de 5 de noviembre de 2014, Mukarubega, C-166713, EU:C:2014:2336, apartado 42.

378 Apartado 42.

379 STJUE de 11 de junio de 1985, Debaecker/Bouwman, 49/84, EU:C:1985:252.

380 STJUE de 3 de julio de 1990, Lancray/Peters und Sickert, C-305/88, EU:C:1990:275.

381 STJUE Debaecker/Bouwman, apartado 10, y STJUE Lancray/Peters und Sickert, apartado 21.

Coincide con el caso *Krombach:*

> Aunque el objetivo del Convenio es «garantizar la simplificación de las formalidades a que están sometidos el reconocimiento y la ejecución recíprocos de las decisiones judiciales», este objetivo no puede, en todo caso, alcanzarse menoscabando los derechos de defensa[382].

En el mismo sentido, aunque más recientemente, la sentencia *Scania Finance France* aborda los casos en los que existen tratados internacionales que vinculan a las partes contratantes en materia de notificación y cuyos términos serán los que determinen la regularidad de esta. Scania presentó una demanda contra Rockinger ante el Tribunal de Commerce de Amiens. La cédula de emplazamiento fue cursada mediante su entrega al Ministerio Fiscal. A un agente judicial alemán se le asignó el cometido de entregar a Rockinger la referida cédula de emplazamiento. Esta sociedad se opuso a tal entrega, basándose específicamente en que dicha cédula no había sido traducida al alemán. Posteriormente Rockinger recibió por correo esa misma cédula de emplazamiento, pero sin que tampoco esta vez viniera acompañada de la correspondiente traducción:

> Con carácter liminar, es preciso recordar que, aunque el objetivo del Convenio de Bruselas es, según consta en el preámbulo del mismo, garantizar la simplificación de las formalidades a que están sometidos el reconocimiento y la ejecución recíprocos de las resoluciones judiciales, este objetivo no puede, en todo caso, alcanzarse menoscabando, de cualquier manera, el derecho de defensa. [...] Desde esta perspectiva, la finalidad del artículo 27, número 2, del Convenio de Bruselas consiste en garantizar que una resolución no sea reconocida o ejecutada, conforme a las disposiciones del Convenio, si el demandado no ha tenido la posibilidad de defenderse ante el tribunal de origen[383].

Como vemos, este reconocimiento es persistente y duradero en la doctrina del Tribunal de Justicia, y con él va empapando con prodigalidad sus resoluciones hasta llegar a nuestros días. Como prueba de esta perseverancia, podemos hallar una ratificación de dicha declaración en la famosa sentencia *Trade Agency,* en cuyo apartado 52, el Tribunal recuerda que el derecho a un proceso equitativo *«es fruto de las tradiciones comunes de los Estados miembros ya ha sido reafirmado en el artículo 47, párrafo segundo, de la Carta»*[384].

---

382 STJUE de 13 de octubre de 2005, Scania Finance France, C-522/2003, EU:C:2005:606, apartado 42. Con carácter mucho más reciente, STJUE de 9 de marzo de 2017, Zulfikarpašić, C-484/15, EU:C:2017:199, apartado 39; y STJUE de 12 de diciembre de 2019, Aktiva Finants, C-433/18, EU:C:2019:1074, apartado 26.

383 Apartados 15 a 17.

384 STJUE de 6 de septiembre de 2012, Trade Agency, C-619/10, EU:C:2012:531.

Con mayor especificidad, el Tribunal no ha tenido ninguna duda acerca del papel que debe jugar la imposibilidad material de defenderse, como puede verse en *Sonntag/Waidmann.* Para el Tribunal de Justicia, la cláusula contenida en el artículo 27.2 del Convenio de Bruselas —en este caso, singularmente referido a la excepción de rebeldía— tiene como objetivo asegurarse de que el demandado ha tenido, al menos, la oportunidad de defenderse[385].

Al hilo de lo expuesto, la excepción de rebeldía ha generado un número ingente de resoluciones que precisamente abordan la cuestión de la indefensión desde este singular supuesto. Aunque en epígrafes posteriores las analizaremos con mayor detalle, no podemos dejar de hacer una breve referencia a algunas de las resoluciones más reseñadas que abordan la cuestión de la rebeldía. Una primera que merece atención es la citada *Sonntag/ Waidmann.* Esta sentencia pone énfasis en el hecho de que el demandado debe haber sido oído al menos en primera instancia: dice, al efecto, que el artículo 27.2 del Convenio tiene el objetivo de garantizar que una resolución no pueda ser reconocida ni ejecutada cuando el demandado no haya tenido la oportunidad de defenderse en primera instancia. Al amparo del artículo 27.2, sólo podrá denegarse el reconocimiento cuando el demandado estuviera en rebeldía en primera instancia, y consecuentemente, este precepto no será aplicable cuando el demandado compareció, ni cuando se le notificó la demanda y tuvo la oportunidad de articular su defensa. También merece comentario *Lancray/Peters und Sickert,* que se plantea si es contraria al apartado 2 del artículo 27 del Convenio aquella resolución dictada en rebeldía en el caso de que la cédula de emplazamiento se haya notificado de forma irregular —es decir, en francés, idioma del tribunal requirente, y sin adjuntar ninguna traducción en alemán, el idioma del requerido— al demandado en rebeldía, pero con tiempo suficiente para poder defenderse. En este caso el Tribunal hace gala de un incuestionable celo y afirma que el reconocimiento de la resolución judicial extranjera debe denegarse, *«independientemente de que el demandado tuviese, de hecho, conocimiento de la cédula de emplazamiento o documento equivalente»* y, de hecho, hubiera dispuesto de *«tiempo suficiente»* para poder defenderse[386]. No sólo importa que la notificación de la demanda haya permitido el ejercicio de la defensa, sino que debe cum-

385 *«As the Court has consistently held, Article 27(2) is intended to ensure that a judgement is not recognized or enforced under the Convention if the defendant has not had an opportunity of defending himself before the court first seised* [...] *Non-recognition of a judgement for the reasons set out in Article 27(2) of the Convention is possible only where the defendant was in default of appearance in the original proceedings. Consequently, that provision may not be relied upon where the defendant appeared, at least if he was notified of the elements of the claim and had the opportunity to arrange for his defence»* (apartados 38 y 39). En idéntico sentido, vide la STJUE de 9 de marzo de 2017, Zulfikarpašić, C-484/15, EU:C:2017:199, apartado 39; y la STJUE de 12 de diciembre de 2019, Aktiva Finants, C-433/18, EU:C:2019:1074, apartado 26.

386 STJUE Lancray/Peters und Sickert, apartados 22 y 23.

plirse con los requisitos de notificación que estatuye el Convenio: la autoridad alemana competente para la notificación hizo constar que la notificación de los documentos se había efectuado mediante entrega de los mismos a una secretaria en las oficinas de la parte demandada, sin adjuntar ninguna traducción en alemán (de ahí la irregularidad) de los mismos; unos días más tarde, se le envió una nueva citación redactada en francés mediante carta certificada, sin traducción al alemán.

Esta jurisprudencia que vemos reproducirse hasta los años noventa, abandonará el formalismo y virará hacia un concepto material de indefensión a partir de *Eurofood IFSC*[387] y *ASML*[388].

El Tribunal de Justicia de la Unión Europea no ha elaborado una teoría general del derecho de defensa, si bien debemos admitir que tampoco sería ésta la labor de un órgano jurisdiccional a pesar de las creativas aventuras con las que algunos jueces nos obsequian. Aun así, el Tribunal de Justicia ha acometido el estudio de aspectos concretos de los que puede inferirse su postura sobre determinadas garantías, como destacaba Otero García-Castrillón[389]. Entre estos aspectos, se hallan los problemas derivados de la regularidad del emplazamiento o citación iniciales de modo tal que no se impida el ejercicio efectivo de la defensa, los deberes del demandado al que se le comunica una actuación judicial, o la posibilidad de formalizar un recurso. En muchas otras ocasiones, el Tribunal de Justicia se ha visto constreñido por el margen de discrecionalidad que, en el procedimiento prejudicial, queda siempre en manos de los órganos judiciales domésticos, como puede verse en la exploración de la garantía a una resolución fundada en Derecho que lleva a término la sentencia *Trade Agency*. No es sencillo, por tanto, extraer conclusiones que nos permitan elaborar aquella teoría general, aunque sí que podamos deducir la postura del Tribunal de Justicia sobre determinadas garantías procesales.

Algo que sí parece importante remarcar —porque en ocasiones en el Derecho doméstico es controvertido— es el tratamiento que el Tribunal de Justicia ha dispensado al derecho de defensa en el procedimiento administrativo. Al fin y al cabo, las sentencias *Boudjlida*[390] y *Mukarubega*[391] —que analizan sendas órdenes de abandono del territorio francés y sobre las que más tarde volveremos— nos recuerdan que el artículo 41 de la Carta de los Derechos Fundamentales, en su apartado segundo, reconoce el *«derecho de toda persona a ser oída antes de que se tome en contra suya una medida individual*

387 STJUE de 2 de mayo de 2006, Eurofood IFSC, C-341/04, EU:C:2006:281.

388 STJUE de 14 de diciembre de 2006, ASML, C-283/05, EU:C:2006:787.

389 Otero García-Castrillón, C. (2007), «Cooperación Judicial Civil en la Unión Europea. El cobro de las deudas», *op. cit.*, 66-67.

390 STJUE (Sala Primera) de 6 de septiembre de 2012, Boudjlida, C-249/2013, EU:C:2014:2431.

391 STJUE de 5 de noviembre de 2014, Mukarubega, C-166713, EU:C:2014:2336.

que le afecte desfavorablemente», desplegando la aplicación del derecho de defensa del ámbito jurisdiccional hacia el administrativo[392], y, más en concreto, la garantía del principio de contradicción y de la igualdad de armas plasmada en el derecho de disfrutar de un plazo suficiente para preparar la defensa[393].

Hace poco, la sentencia *Centraal Justitieel Incassobureau* ha analizado la aplicación de la Decisión Marco 2005/214/JAI del Consejo, de 24 de febrero de 2005, relativa a la aplicación del principio de reconocimiento mutuo de sanciones pecuniarias, en este caso por una solicitud de ejecución de una resolución administrativa dictada a raíz de una infracción de circulación. A la hora de regular el mecanismo de información al sancionado del recurso disponible y a la hora de estipular del plazo para interponerlo, la Decisión marco se remite a los ordenamientos domésticos: *«el legislador de la Unión dejó a éstos la tarea de decidir el modo de informar al interesado de su derecho a interponer un recurso y del plazo para hacerlo, así como del momento en que comienza el cómputo de dicho plazo».* Siendo esto cierto, la aplicación de la Carta de los Derechos Fundamentales requiere en todo caso *«que la notificación sea efectiva y se garantice el ejercicio del derecho de defensa»*[394] en la fase administrativa. Así, el Tribunal fija la exigencia de proscribir la indefensión con base en dos requisitos, el primero de los cuales es el conocimiento del contenido de la resolución administrativa, siendo el segundo la posibilidad efectiva de reacción en contra:

> La garantía de la recepción real y efectiva de las resoluciones, es decir, su notificación al interesado, así como la previsión de un lapso de tiempo suficiente para preparar e interponer recurso contra ellas, son imprescindibles para que se respete el derecho a la tutela judicial efectiva[395].

Es por tales motivos que, si la autoridad competente del Estado miembro de ejecución *«comprueba que «el certificado previsto en el artículo 4 de la Decisión Marco permite pensar que se han vulnerado derechos fundamentales o principios jurídicos fundamentales»,* puede oponerse al reconocimiento y a la ejecución de la resolución transmitida. Para decidir, tiene un deber previo e inexcusable de *«solicitar a la autoridad del Estado miembro emisor cualquier información necesaria, de conformidad con el artículo 7, apartado 3, de la Decisión Marco»*[396], información que no puede ser denegada por la

392 STJUE Boudjlida, apartado 36; asimismo, STJUE Mukarubega, apartado 46.

393 STJUE Boudjlida, apartado 37. En el mismo sentido, sentencia Sopropé, cit., apartado 49; y sentencia Mukarubega, cit., apartado 47.

394 STJUE de 5 de diciembre de 2019, Centraal Justitieel Incassobureau, C-671/18, EU:C:2019:1054, apartado 35.

395 *Ibidem*, apartado 39.

396 *Ibidem*, apartado 44.

autoridad del Estado miembro, que obviamente está con igual fuerza obligado a *«garantizar la eficacia de la Decisión Marco y, en particular, el respeto a los derechos fundamentales»*[397].

Más recientemente aún, la sentencia *Blue Air — Airline Management Solutions* reflexiona sobre la motivación y la interdicción de la arbitrariedad en el procedimiento administrativo:

> De conformidad con el artículo 13, apartado 2, del código de fronteras Schengen, la entrada de los nacionales de terceros países en el territorio de un Estado miembro solo puede denegarse mediante una resolución motivada en la que se indiquen los motivos exactos de dicha denegación, adoptada por la autoridad habilitada en virtud del Derecho interno y que se entregará mediante un impreso normalizado al nacional del tercer país de que se trate, quien acusará recibo de la resolución de denegación de entrada por medio de dicho impreso[398].

Se infiere que *«la denegación de entrada se somete a requisitos de forma particularmente estrictos, destinados concretamente a preservar el derecho de defensa»*, y todo ello según se colige *«del artículo 13, apartado 3, del código de fronteras Schengen, a tenor del cual las personas a las que se deniegue la entrada tienen derecho a recurrir dicha resolución»*[399]. Conclusión de lo expuesto hasta ahora es la necesidad de salvaguardar el derecho de defensa en un procedimiento administrativo no estrictamente sancionador pero que comporta un gravamen para el administrado:

> [El artículo 13, apartado 3, del código de fronteras Schengen se opone] a que, a falta de resolución denegatoria de entrada adoptada y notificada de conformidad con el artículo 13, apartado 2, de dicho código, un transportista aéreo, para justificar la denegación de embarque de un pasajero, pueda alegar frente a este cualquier tipo de denegación de entrada en el territorio del Estado miembro de destino, dado que en tal caso dicho pasajero se vería privado, en particular, de la posibilidad de ejercer de forma efectiva su derecho de defensa[400].

Consecuentemente, observamos que estas decisiones judiciales sobre el procedimiento administrativo acentúan la protección de la defensa desde las perspectivas del conocimiento estricto de la decisión administrativa y la posibilidad efectiva de contradecirla. Podrá decirse que estas conclusiones no son trasladables letra por letra a cualquier procedimiento administrativo, porque, en definitiva, parten de la aplicación al caso concreto de particulares normativas de la Unión. Sin embargo, un argumento como éste olvida que es

---

397 *Ibidem*, apartado 45.

398 STJUE de 30 de abril de 2020, Blue Air - Airline Management Solutions, C-584/18, EU:C:2020:324, apartado 83.

399 *Ibidem*, apartado 84.

400 *Ibidem*, apartado 85.

el artículo 41 de la Carta de los Derechos Fundamentales quien introduce el elemento de balance y modera la interpretación de la normativa. Subsiguientemente, podemos aseverar que el énfasis que el Tribunal de Justicia pone en el respeto de los derechos de la defensa en fase administrativa deriva de la transcendencia que, para la aplicación de la Carta de los Derechos Fundamentales, tiene la igualdad entre Administraciones públicas y ciudadanos, recalcando el papel de la Carta en tanto que norma que protege derechos de individuos y no de estados, tal como hace también el Convenio Europeo de Derechos Humanos. Y, dicho sea de paso, esta concepción guarda similitud con la indefensión con transcendencia constitucional que, para el ámbito del procedimiento administrativo, ha sido acuñada por el Tribunal Constitucional español[401], aunque en este caso entiendo que el procedimiento administrativo no sancionador queda en un peligroso segundo plano, por mucho gravamen que su resolución suponga par el administrado.

Es indiscutible que, aun cuando existen elementos que podríamos denominar «pasivos» de la defensa y que se corresponden con la protección que dispensan los órganos judiciales a los derechos de las partes —encarnados, por ejemplo, en la motivación—, la defensa se ejercita primigeniamente de manera activa. El Tribunal de Justicia de la Unión Europea ha hecho pocas referencias a los principios del ejercicio activo de la defensa, esto es, la contradicción y la igualdad de armas. En la jurisprudencia del Tribunal de Justicia, la contradicción se ha analizado a propósito de la calificación que debía darse a los órganos judiciales domésticos en su intervención transnacional. Enseguida lo veremos con el ejemplo de *Roda Golf & Beach Resort*[402], caso en el que la contradicción se analiza como una particularidad del proceso seguido ante un órgano judicial doméstico con el simple objetivo de determinar cómo puede calificarse a este tribunal, si como órgano jurisdiccional o no. A su vez, la igualdad de armas tiene muy poco predicamento en la jurisprudencia del Tribunal de Justicia, quien, eso sí, la reconoce como un elemento a tener en cuenta en la litigación transnacional, demandante y demandado pueden estar físicamente muy alejados y donde la lejanía de unos y proximidad de otros con el objeto litigioso o incluso con el órgano judicial puede acarrear un desequilibrio en las defensas.

Empecemos, como anunciábamos, por el principio de contradicción. Y hagámoslo no sin antes recordar que el planteamiento de cuestiones prejudiciales ante el Tribunal de Justicia de la Unión Europea se posibilita sólo en aquellos casos en los que, de una parte, el órgano que la eleva tiene ante sí un litigio pendiente y, por otra, dicho litigio ha de finalizar con una decisión de carácter jurisdiccional, porque, a los efectos de admitir a trámite la cuestión prejudicial, el Tribunal de Justicia ha analizado el concepto de contradicción. Aun cuando ni en el artículo 177 del primigenio Tratado de Roma ni en

401 Un ejemplo de los múltiples que existen es la STC 14/1999, de 22 de febrero, f. j. 3.º

402 STJUE de 25 de junio de 2009, Roda Golf & Beach Resort, C-14/2008, EU:C:2009:395.

sus sucesores se exige explícitamente que el procedimiento principal sea de carácter contradictorio —o, incluso, de manera más restrictiva, la fase procedimental en la que se suscite la duda de Derecho comunitario—, la jurisprudencia dedujo este requerimiento. Aun así, tal como recoge el Abogado General Ruiz-Jarabo Colomer en sus Conclusiones al asunto *De Coster*[403], *«la exigencia de un procedimiento contradictorio que aparecía en la sentencia Vaassen-Göbbels vio muy pronto relativizado su alcance»*[404]. Tal resolución, *Vaassen-Göbbels/Beambtenfonds voor het Munbedruf*[405], fue dictada —como puede verse— en 1966; y ya en 1971, a través de la sentencia *Politi/Ministero delle Finanze*[406]; y en 1974, con la sentencia *Birra Dreher S.p.a./Amministrazione delle Finanze dello Stato*[407], el Tribunal sostuvo que la contradicción no es un requisito de procedibilidad para la remisión prejudicial.

De hecho, en sentencia *Politi/Ministero delle Finanze,* aunque el órgano remitente es el presidente del Tribunal de Torino, su decisión se adoptará sólo sobre la base de las alegaciones del actor sin ninguna discusión previa entre las partes; no obstante, debe admitirse que lo cierto es que Politi impugna la resolución dictada por el Ministerio de Finanzas de la República Italiana, resolución que ya de por sí constituye un pronunciamiento de la postura de la parte, es decir, la Administración. Y, a su vez, en el caso *Birra Dreher S.p.a./ Amministrazione delle Finanze dello Stato,* debe tenerse presente que la cuestión se plantea en una fase del procedimiento de *decreto ingiuntivo* en la que no hay contradicción, por cuanto el juzgador decide sobre las alegaciones de la parte actora, sin que haya habido previa discusión entre las partes. La contradicción aparecería solamente en caso de que la parte requerida de pago formalice oposición contra la decisión conminatoria de pago[408].

El propio Abogado General Ruiz-Jarabo Colomer remarca que el presupuesto de la contradicción aparece y desaparece de las consideraciones del Tribunal en cuanto se refiere a la admisibilidad de las cuestiones prejudiciales. Así lo hace notar en las conclusiones del asunto *De Coster,* al exponer que, en muchas de las decisiones, *«este principio no estaba ausente, sino solamente diferido; en todo caso, la falta de carácter contradictorio quedaba compensada por la total imparcialidad del juez y por su independencia respecto del litigio y*

403 Conclusiones presentadas el 28 de junio de 2001 en el asunto De Coster, C-17/00, EU:C:2001:366.

404 Apartado 29.

405 STJUE de 30 de junio de 1966, Vaassen-Göbbels/Beambtenfonds voor het Munbedruf, C-61/65, EU:C:1966:39.

406 STJUE de 14 de diciembre de 1971, Politi/Ministero delle Finanze, 43/71, EU:C:1971:122.

407 STJUE de 21 de febrero de 1974, Birra Dreher S.p.a./Amministrazione delle Finanze dello Stato, 162/73, EU:C:1974:17.

408 *Vide* a tal efecto el epígrafe II, al final, de las Conclusiones del Abogado General Henri Mayras, presentades el 30 de enero de 1974, así como el motivo segundo de la sentencia.

de las partes en conflicto»[409]. Es decir, que sin ser una *conditio sine qua non* para la tramitación de la cuestión prejudicial, ayuda a configurar y entender el carácter jurisdiccional del órgano remitente.

Desde esta óptica, pinceladas de la noción de contradicción vienen dadas, por ejemplo, por la propia sentencia *De Coster*. En ella, el Tribunal de Justicia sostiene que el procedimiento seguido ante el Collège juridictionnel de la Région de Bruxelles-Capitale éste *«tiene un carácter claramente contradictorio»*[410], por cuanto, según el artículo 104 bis de la Ley provincial de 30 de abril de 1836 y el artículo 5 del Real Decreto de 17 de septiembre de 1987, que regulan el procedimiento principal, deberá darse traslado de una copia del escrito de interposición del recurso a la parte demandada, que dispone de un plazo de treinta días para presentar escrito de contestación —del cual habrá de darse traslado, a su vez, a la parte demandante—, la instrucción del asunto deberá llevarse a cabo con carácter contradictorio, los autos podrán ser consultados por las partes y éstas podrán presentar sus observaciones orales en una vista pública[411].

En *Gabalfrisa y otros*[412], el Tribunal destaca:

> [En el seno del procedimiento principal] los interesados pueden presentar escritos de alegaciones y pruebas en apoyo de sus pretensiones y solicitar la celebración de vista pública, según lo previsto en los artículos 30 y 32 del Decreto Legislativo 2795/1980 y en los artículos 90 y 97 del Real Decreto 391/1996. Además, según el artículo 17, apartado 2, del Decreto Legislativo 2795/1980 y el artículo 40, apartado 3, del Real Decreto 391/1296, el Tribunal Económico Administrativo que estime pertinente resolver cuestiones no planteadas por los interesados debe exponerlas a los que estuvieran personados en el procedimiento y concederles un plazo de quince días para que formulen alegaciones. Dadas estas circunstancias, procede concluir que el procedimiento de las reclamaciones tributarias cumple el requisito de ser un procedimiento contradictorio[413].

No obstante, en sus Conclusiones presentadas el 7 de octubre de 1999, el Abogado General Antonio Saggio cuestiona el carácter contradictorio del procedimiento seguido ante el Tribunal Económico-Administrativo. No lo niega, pero lo admite sólo parcialmente, ya que aun cuando a los interesados se les permite que presenten alegaciones y propongan pruebas (contra cuya denegación cabrá recurso), y que soliciten la celebración de vista, la concesión o denegación de la audiencia será discrecional para el órgano decisorio

409 Apartado 34.

410 STJUE De Coster citada, apartado 15.

411 *Ibidem*, apartado 16.

412 STJUE de 21 de marzo de 2000, Gabalfrisa, S.L. y otros, C-110/98, EU:C:2000:145.

413 Apartado 37.

sin que el interesado disponga de recurso alguno contra dicha decisión[414] (en el seno del mismo procedimiento, se entiende, pues evidentemente la resolución es recurrible ante la jurisdicción contencioso-administrativa).

La existencia de un litigio y el ejercicio de la potestad jurisdiccional o, en otras palabras, de la potestad dirimente de los intereses en debate, son elementos que, en opinión del Abogado General Ruiz-Jarabo, en las Conclusiones al asunto *Roda Golf & Beach Resort*[415], enlazan derechamente con la existencia de contradicción.

De la sentencia *Roda Golf & Beach Resort*[416], es evidente que, en el caso aquí presentado, la cuestión prejudicial se formula por un órgano jurisdiccional. No hay, sin embargo, constancia de un litigio, al menos hasta dicho momento, puesto que lo único que la sociedad Roda Golf requiere del tribunal es que realice funciones de emisario. De suyo cae que, por ende, tampoco el Juzgado de Primera Instancia de San Javier —órgano jurisdiccional en sí mismo considerado— tampoco va a decidir ninguna controversia.

Decíamos que la existencia de un litigio y el ejercicio de la potestad jurisdiccional enlazan directamente, en opinión del Abogado General Ruiz-Jarabo, con la existencia de contradicción[417]. No obstante, parece que no pueden equipararse automáticamente los conceptos «litigio» y «contradicción». Mientras que litigio evoca el conflicto entre las partes[418], la contradicción apela a la posibilidad de argumentar sobre todo aquello que la contraparte someta al tribunal enjuiciador —también en el desarrollo de la fase probatoria[419]—.

En sus Conclusiones, el Abogado General cita la sentencia *Job Centre*[420], la cual, en su apartado 9, explicita los requerimientos acabados de apuntar matizando, no obstante, que el artículo 177 del entonces Tratado de la Comunidad Europea[421] —antecesor del artículo 267 del Tratado de Funcionamiento

414 Apartado 14.

415 Conclusiones del Abogado General presentadas el 5 de marzo de 2005 al asunto Roda Golf & Beach Resort, C-14/2008, EU:C:2009:134.

416 STJUE de 25 de junio de 2009, Roda Golf & Beach Resort, C-14/2008, EU:C:2009:395.

417 Conclusiones del Abogado General, apartados 54, 55 y 56.

418 Como reconoce el Abogado General en el apartado 50 de sus conclusiones.

419 Una visión en el ámbito de la cooperación judicial en la Unión puede obtenerse en Vidal Fernández, B. (2007). «Obtención de pruebas». En M. Jimeno Bulnes y M. L. Escalada López, María Luisa (coord.), *La cooperación civil y penal en el ámbito de la Unión Europea: instrumentos procesales* (págs. 191-212). Editorial Bosch, Barcelona, pág. 199.

420 STJUE de 19 de octubre de 1995, Job Centre, C-111/94, EU:C:1995:340.

421 Contenido en el Tratado de Roma de 1957 y que fue renumerado como artículo 234 por el Tratado de Ámsterdam y que, tras la celebración, el 13 de diciembre de 2007, del Tratado de Lisboa, pasó a constituir en artículo 267 del Tratado de Funcionamiento de la Unión Europea.

de la Unión Europea, vigente— *«no subordina el sometimiento del asunto al Tribunal de Justicia al carácter contradictorio del procedimiento durante el cual el Juez nacional formule una cuestión prejudicial»,* si bien es cierto que *«los órganos jurisdiccionales nacionales sólo pueden pedir al Tribunal de Justicia que se pronuncie si ante ellos está pendiente un litigio y si deben adoptar su resolución en el marco de un procedimiento que concluya con una decisión de carácter jurisdiccional».* Parece que, a la luz de este criterio, no es equiparable contradicción con litigio.

En efecto, existirá litigio en un procedimiento monitorio como el analizado por la resolución *Corsica Ferries/Corpo dei piloti del porto di Genova*[422], pero no necesariamente estará habiendo contradicción. En este tipo de proceso, se convirtieron en ejecutivas las tarifas del práctico portuario tras dictarse Decreto por la autoridad marítima. Hubo controversia y contraposición de intereses, pero no llegó a haber *«debate contradictorio»,* en los términos recogidos en los apartados 11 y 12 de la Sentencia[423].

En *Eurico Italia/Ente Nazionale Risi,* el Tribunal de Justicia reconoce que, de su propia jurisprudencia, se deduce lo siguiente:

> Puede ser del interés de una buena administración de justicia el que una cuestión prejudicial sólo se plantee tras un debate contradictorio. No obstante, debe reconocerse que la existencia de un debate contradictorio previo no es un requisito para la aplicación del procedimiento previsto en el artículo 177 del Tratado, y que compete únicamente al órgano jurisdiccional nacional apreciar la necesidad de oír al demandado antes de dictar una resolución de remisión[424].

La contradicción se define, con esta redacción, como la audiencia que el tribunal ha de conceder a cada una de las contrapartes.

---

422 STJUE de 17 de mayo de 1994, Corsica Ferries/Corpo dei piloti del porto di Genova, C-18/93, EU:C:1994:195.

423 En idéntica consideración a la obtenida en el caso Job Centre, el Tribunal de Justicia asevera que *«por lo que respecta a la naturaleza del procedimiento ante el órgano jurisdiccional nacional, el Tribunal de Justicia ya ha declarado que el Presidente de un Tribunal italiano, cuando se pronuncia en el marco de un procedimiento monitorio previsto por el Codice di Procedura Civile, ejerce una función jurisdiccional a efectos del artículo 177 del Tratado y que dicho artículo no subordina el sometimiento del asunto al Tribunal de Justicia al carácter contradictorio del procedimiento durante el cual el Juez nacional formule las cuestiones prejudiciales, aun cuando dicho procedimiento pueda resultar de interés para una buena administración de la justicia (véanse las sentencias de 14 de diciembre de 1971, Politi, 43/71, Rec. p. 1039; de 21 de febrero de 1974, Birra Dreher, 162/73, Rec. p. 201; de 28 de junio de 1978, Simmenthal, 70/77, Rec. p. 1453; de 9 de noviembre de 1983, San Giorgio, 199/82, Rec. p. 3595; de 15 de diciembre de 1993, Ligur Carni, asuntos acumulados C-277/91, C-318/91 y C-319/91, Rec. p. 1-6621; y de 3 de marzo de 1994, Eurico Italia y otros, asuntos acumulados C-332/92, C-333/92 y C-335/92, Rec. p. 1-711)».*

424 STJUE de 3 de marzo de 1994, Eurico Italia/Ente Nazionale Risi, C-332/92, EU:C:1994:79, apartado 11. En el mismo sentido, STJUE de 20 de octubre de 1993, Balocchi/Ministero delle Finanze dello Stato, C-10/92, EU:C:1993:846, apartados 13 y 14.

Pues bien: con estos antecedentes, regresamos al asunto *Roda Golf & Beach Resort.* En el mismo, la contradicción se discute a propósito de los requisitos que deben darse en el proceso doméstico en el cual se plantea la cuestión prejudicial, y el Abogado General Ruiz-Jarabo se cuestiona la definición de contradicción que ha ido elaborando el Tribunal de Justicia. Sostiene que:

> La jurisprudencia impone tres elementos para que concurra esa contradicción: en primer lugar, basta que un particular invoque un derecho y reclame la autoridad de un tribunal; en segundo lugar, la petición ha de estar bien definida, tanto fáctica como jurídicamente; en tercer lugar, el tribunal nacional ha de ejercer la jurisdicción con pleno respeto de las garantías procesales.

Añade, asimismo, que *«acreditados estos elementos [...] se tiene por satisfecho el principio de contradicción para el artículo 234 CE»*[425], precepto que —recordemos— se corresponde con el actual artículo 267 del vigente Tratado de Funcionamiento de la Unión Europea[426].

Esta definición de contradicción que nos brinda el Abogado General Ruiz-Jarabo no acaba de casar con aquellas otras, a su vez, inferidas de las resoluciones del Tribunal citadas más arriba. La sentencia *Eurico Italia/Ente Nazionale Risi* habla claramente de la contradicción como sinónimo de *«oír al demandado»,* y la sentencia *Corsica Ferries/Corpo dei piloti del porto di Genova* menciona expresamente el vocablo *«debate»* como cosa diferenciada de la contraposición de intereses[427].

Y, en el marco examinado en el asunto *Roda Golf & Beach Resort,* el Abogado General considera que, sea como fuere, hay contradicción en el proceso principal. Lo deduce del hecho de que el órgano judicial que eleva la cuestión prejudicial al Tribunal de Justicia, lo hace tras serle sometido un recurso de reposición. Hay que reconocer que el principio de contradicción tiene una doble vertiente. Una primera manifestación —accesoria de la principal— es el derecho de audiencia bilateral. Pero una segunda vertiente —con toda seguridad la más relevante— nos remite al derecho a que el material propio del enjuiciamiento sea sometido a la consideración de la parte o de las partes, si hay más de una.

425 Apartado 56.

426 Publicado en el DO C 83/47, en fecha 30 de marzo de 2010.

427 En las Conclusiones presentadas el 28 de junio de 2001 en el asunto De Coster, C-17/00, EU:C:2001:366, se afirma, también, como sinónimo de contradicción el término debate: *«Lo decisivo es, pues, que quien pide ayuda al Tribunal de Justicia ejerza una función jurisdiccional y estime que, para decidir, precisa de una interpretación del derecho comunitario, siendo irrelevante que el procedimiento en el que se suscita la cuestión carezca de debate»* (apartado 30).

No debe confundirse, pues, la contradicción propia del conflicto de intereses en litigio, con el sometimiento del material instructor, alegatorio y probatorio a la parte.

Obsérvese, pues, que cuando el Abogado General configura la contradicción —según refiere al amparo de la jurisprudencia del Tribunal de Justicia— como interacción entre tribunal enjuiciador y parte[428], está haciendo alusión al aspecto más nuclear y esencial del principio contradictorio. La sentencia dictada por el Tribunal apoya esta concepción —aunque sin tanto énfasis como pone el Abogado General—, destacando la insignificancia del hecho de que la única parte procesal en el recurso de reposición sea la demandante en el litigio principal. En el presente supuesto, no existe posibilidad de bilateralidad, pues, ciertamente, no intervenía en el procedimiento principal más que la parte actora. Pero, en cambio, existe entre la parte actora y el juez un debate que es susceptible de incidir en la decisión que adopte este último.

Estos criterios adoptados por el Tribunal de Justicia, y que parecen resumirse en la concepción de «debate», no se alejan de los manifestados por el Tribunal Europeo de Derechos Humanos. Una prueba de ello viene dada por la resolución *Chevrol v. Francia*[429]. En la interpretación del tratado controvertido —los llamados «Acuerdos Evian» de 1962— celebrado entre Francia y Algeria, el Consejo de Estado estaba vinculado por la opinión del Ministerio de Asuntos Exteriores. Este criterio del poder ejecutivo no estaba abierto a crítica ni discusión por parte del apelante, y el principio de contradicción no había sido, por ende, respetado. Obsérvese que, paralelamente a los casos *Politi/Ministero delle Finanze o Birra Dreher S.p.a./Amministrazione delle Finanze dello Stato,* en el caso *Chevrol v. Francia* no se establece un triángulo en la fase jurisdiccional, triángulo en el que una de las aristas resulta ser el juzgador, mientras que las otras dos están conformadas por las partes en litigio[430]. Significativo es el caso *Politi/Ministero delle Finanze,* porque, como hemos apuntado, una de las partes —la Administración— ya había mostrado su posicionamiento mediante la resolución emitida. No obstante, para el Tribunal de Justicia, resultaba necesario que tuviera la oportunidad de hacerlo también ante el Tribunal de Torino.

Sobre este carácter «parcialmente contradictorio» afirmado por el Abogado general Saggio en las Conclusiones presentadas al asunto *Gabalfrisa y otros*[431]*,* conviene recordar que, según la doctrina sentada por el Tribunal

428 Conclusiones del Abogado General, apartados 62 a 65.

429 STEDH de 13 de febrero de 2003, recurso núm., Chevrol v. Francia, 49636/99, CE: ECHR:2003:0213JUD004963699.

430 Andrés Santos se refiere también a esta concepción del *«mecanismo triangular del proceso (actus triumpersonarum)»*. Lo hace en Andrés Santos, Francisco J. (2013), «El principio de audiencia y el contradictorio en la historia del Derecho europeo», *op. cit.*, pág. 123.

431 Conclusiones presentadas el 7 de octubre de 1999 al asunto Gabalfrisa y otros, C-110/98, EU:C:1999:489.

Europeo de Derechos Humanos, el derecho a un procedimiento contradictorio no es absoluto, y su alcance puede variar en función de las características específicas de cada caso[432].

El principio de contradicción también se proyecta sobre el procedimiento administrativo, y al respecto ha tenido ocasión de pronunciarse el Tribunal de Justicia. Paradigmas de ello son la sentencia *Boudjlida*[433] y la sentencia *Mukarubega*[434], que analizan sendas órdenes de abandono del territorio francés. En *Boudjlida,* es el Tribunal Administratif de Paris quien plantea la cuestión prejudicial, dado que la resolución administrativa es susceptible de obtener convalidación judicial, al ser recurrida ante un órgano jurisdiccional.

El caso *Boudjlida* parte de un recurso formalizado ante dicho tribunal contra la orden de abandono del territorio francés. La orden de retorno se dictó en aplicación de la Directiva 2008/115/CE, del Parlamento Europeo y del Consejo, relativa a normas y procedimientos comunes en los Estados miembros para el retorno de los nacionales de terceros países en situación irregular[435]. El recurso judicial se fundó en la alegación de vulneración del derecho a ser oído que el señor Boudjlida había sufrido en la fase administrativa. En concreto, el Tribunal Administratif de Paris se cuestionaba si el artículo 41 de la Carta de Derechos Fundamentales comprendía dos derechos en concreto en favor del administrado: un primero, el de analizar el conjunto de los elementos formulados contra él, y un segundo, el de disponer de un tiempo suficiente para que pudiera preparar sus observaciones, con la ayuda de un asesor legal.

Tal como reconoce el propio Tribunal de Justicia, la Directiva sobre retorno de los nacionales de terceros países en situación irregular no estipula en qué condiciones debe asegurarse el respeto del derecho a ser oído del que han de gozar los sujetos a una decisión de retorno antes de ésta sea adoptada. No obstante, a la hora de decidir sobre el particular, debe tenerse en cuenta que el derecho de defensa, integrado nuclearmente por el derecho a ser oído, es un principio fundamental del Derecho de la Unión Europea[436] y está reconocido en los artículos 47 y 48 de la Carta. En consecuencia, existen unos mínimos de derecho necesario de imperativa observación[437].

---

432 STEDH de 20 de diciembre de 2005, P. D. v. Francia, 54730/00, CE:ECHR:2005:1220JUD005473000, apartado 30; o STEDH de 18 de octubre de 2007, Asnar v. Francia, 12316/04, CE:ECHR:2007:1018JUD001231604, apartado 26.

433 STJUE de 6 de septiembre de 2012, Boudjlida, C-249/2013, EU:C:2014:2431.

434 STJUE de 5 de noviembre de 2014, Mukarubega, C-166713, EU:C:2014:2336.

435 DO L 348, de 24 de diciembre de 2008, p. 98.

436 STJUE de 18 de diciembre de 2008, Sopropé, C-349/07, EU:C:2008:746, apartado 36; STJUE de 3 de julio de 2014, Kamino International Logistics y Datema Hellmann Worldwide Logistics, C-129/13, EU:C:2014:2041, apartado 28; STJUE de 5 de noviembre de 2014, Mukarubega, C-166713, EU:C:2014:2336, apartado 42.

437 STJUE (Sala Segunda) de 18 de diciembre de 2008, Sopropé, C-349/07, EU:C:2008:746, apartado 38.

Tampoco podemos olvidar que el artículo 41 de la Carta dispone, en su apartado segundo, el *«derecho de toda persona a ser oída antes de que se tome en contra suya una medida individual que le afecte desfavorablemente»*, y la cuestión en boga es la de determinar si este precepto y el derecho de defensa puede desplazarse desde el ámbito jurisdiccional al ámbito administrativo[438]. Al respecto ya se había pronunciado afirmativamente el Tribunal de Justicia, argumentando que *«el respeto del derecho de defensa constituye un principio general del Derecho comunitario que resulta de aplicación cuando la administración se propone adoptar un acto lesivo para una persona»*[439]. Conforme a él, *«los destinatarios de decisiones que afecten sensiblemente a sus intereses»* deben gozar de la oportunidad de *«dar a conocer eficazmente su punto de vista sobre los elementos en los que la administración vaya a basar su decisión»*. Y añadiéndose que *«a tal efecto, deben disfrutar de un plazo suficiente»*[440], en buena lógica.

La sentencia *Boudjlida* incide en este criterio[441], que abraza el principio de contradicción en la medida en que las observaciones del administrado han de ser susceptibles de influir en la decisión administrativa, y en la medida —igualmente— en que la Administración debe también prestar toda la atención necesaria a las mismas, examinando imparcialmente todos los elementos relevantes del asunto[442].

Bajo la interpretación material del principio de contradicción, el prefecto francés consideró que sólo se produciría un quebrantamiento del derecho a ser oído cuando el interesado probara haber quedado privado de la posibilidad de presentar elementos que razonablemente hubieran podido influir en el contenido de la decisión[443]. Y esta visión es justamente la que acoge el Tribunal de Justicia. Obviamente, reconoce el derecho de todo nacional de un tercer país en situación irregular *«a expresar, antes de la adopción de una decisión de retorno en su contra, su punto de vista»* sobre la legalidad de su estancia, sobre las circunstancias que aconsejan descartar la decisión de retorno, y sobre las modalidades del retorno[444]. Sin embargo, admite que la Administración no está obligada a avisar al administrado, *«antes de la audiencia organizada con vistas a la adopción de una decisión de retorno, de que se*

---

438 STJUE Boudjlida, apartado 36; asimismo, STJUE Mukarubega, apartado 46.

439 *Ibidem*, apartado 36; asimismo, STJUE Mukarubega, apartado 46.

440 *Ibidem*, apartado 37.

441 STJUE Boudjlida, apartado 37. En el mismo sentido, sentencia Sopropé, cit., apartado 49; y sentencia Mukarubega, cit., apartado 47.

442 STJUE Boudjlida, apartado 38.

443 Conclusiones del Abogado General Melchior Wathelet al asunto C-249/2013, Khaled Boudjlida v. Préfet des Pyrénées-Atlantiques presentadas el 25 de junio de 2014, apartado 14.

444 STJUE Boudjlida, primer párrafo del fallo.

propone adoptar una decisión en su contra»; tampoco lo está *«de comunicarle los elementos en los que tiene previsto basarse»;* y finalmente, tampoco de *«concederle un plazo de reflexión antes de recabar sus observaciones, siempre que dicho nacional tenga la posibilidad de presentar, de manera adecuada y efectiva, su punto de vista»* en relación con la irregularidad de su situación y los motivos que pueden justificar que la autoridad administrativa no adopte una decisión de retorno[445].

Hay que puntualizar que este criterio —en el que el Abogado General coincide con el Tribunal de Justicia— no podría estar peor expresado: viene a establecer que la autoridad competente en materia de retorno de nacionales de terceros países no está obligada a dar vista de los elementos de convicción que pretende utilizar contra el administrado siempre que éste pueda objetar lo que estime oportuno frente a los referidos elementos. Una apreciación como ésta, tomada en su sentido literal, resulta absurda y sólo puede ser mínimamente entendible en tanto en cuanto la resolución administrativa no se ejecute hasta que no haya sido convalidada por un tribunal de justicia. La falta de consideración como sancionadores de procedimientos administrativos que comportan verdaderos gravámenes para el administrado —y su diferenciado tratamiento— resulta abusiva en cualquier democrático, pero, nuevamente, es algo que la ciudadanía acepta.

Pero, en definitiva, un criterio como el expuesto parece entroncar más bien con el hecho de que la autoridad administrativa no cuestiona ninguno de los hechos que, en la audiencia, el señor Boudjlida había esgrimido en su propio favor. Esto es: no queda desprotegido porque toda aquella información que dijo que podía aportar en favor de su permanencia en Francia se tiene por creíble y buena, aun cuando continúa siendo insuficiente para abogar por la prórroga de la estancia. Sólo así puede comprenderse la adopción de un criterio tan difuso como el expresado por el Tribunal de Justicia.

Sea como fuere, en el planteamiento del caso nos hallamos en una infracción cometida en el procedimiento administrativo. La misma, no obstante, es susceptible de obtener convalidación judicial al ser recurrida ante el tribunal parisino, que es, a la postre, quien plantea la cuestión prejudicial. Ello significa que, si el órgano jurisdiccional da cobertura a la decisión administrativa, estará «delimitando los contornos» del principio contradictorio. El Tribunal de Justicia reconoce la posibilidad de considerar no ajustada a Derecho la decisión de retorno si se hubieran limitado las posibilidades alegatorias y probatorias del señor Boudjlida, cosa que en el supuesto analizado no pasó: tanto de las Conclusiones del Abogado General cuanto de la Sentencia parece inferirse que no existe una reprobación de la actuación de la autoridad nacional francesa en la medida en que no desoyó nada de lo que el señor Boudjlida le planteó, ni el señor Boudjlida, por su parte, fue capaz de ejercitar una defensa que presentara hechos distintos a los tenidos en cuenta por la Administración.

445 STJUE Boudjlida, segundo párrafo del fallo.

Sólo de este modo se mantiene la coherencia de la interpretación que ha venido sosteniendo el Tribunal de Justicia desde, por ejemplo, *Klomps/ Michel,* en la que se afirmaba que la extensión del plazo para preparar la defensa es un elemento clave del principio de contradicción[446]. En tanto en cuanto la resolución afronta cuestiones que puedan no haber sido consideradas adecuadamente se incrementan las posibilidades de sufrir indefensión. Si, por el contrario, todos los elementos alegados por las partes han sido considerados por la resolución, la posibilidad de alegar indefensión se diluye. En tales casos, dice el Tribunal que el tiempo de reflexión o de preparación de las alegaciones deja, pues, de ser relevante, pues un aumento de este en nada habría modificado el contenido decisorio, toda vez que del material alegatorio se infiere que el señor Boudjlida no precisaba de más tiempo para preparar su defensa. No parece que ni el Abogado General ni el Tribunal de Justicia estén muy acertados en este caso. Más allá de lo dicho hasta ahora, otra muestra de la desafortunada redacción de las Conclusiones del Abogado General se halla en al apartado 70 de las mismas, cuando habla de la influencia de la actitud adoptada por el administrado en la producción del resultado: *«se colige que decidió asimismo no hacer uso del tiempo de reflexión de un día que le ofreció la policía».* Un día o dos no es relevante: lo importante es cuánto tiempo necesitaba para preparar su defensa. En otras palabras: ante la oportunidad de recabar prueba mediante un testigo, poco importa si tuvo un día, sino si pudo acceder al testigo.

Contradicción sin igualdad de armas no es más que una apariencia de recta administración de justicia, y, en consecuencia, los órganos judiciales no solamente deben salvaguardar el principio adversarial sino el equilibrio entre las partes. En el tratamiento dispensado por el Tribunal de Justicia de la Unión Europea al principio de igualdad de armas, destaca el caso *Wood Floor Solutions Andreas Domberger*[447]*.* En el caso enjuiciado, la agente comercial demandante fundamentó la competencia del tribunal austríaco al que por razón de su competencia objetiva se dirigió sobre la base de que la prestación de servicios para Silva Trade la había llevado a cabo, primordialmente, desde las propias oficinas de Silva Trade en Austria, concretamente en Amstetten. Y así, como prueba de ello, argumentaba haberse servido del teléfono y el correo electrónico de Silva Trade para comunicarse con los clientes. Como resultado, un setenta por ciento de las actividades de intermediación se había desarrollado en Amstetten, y sólo un treinta por ciento a través de la visita directa al centro de trabajo de los clientes.

En su contestación a la demanda ante el Landesgericht Sankt Pölten, Silva Trade opuso que la agente Wood Floor sólo había obtenido en Austria el 24,9 por ciento del volumen de negocios conseguido con su intermediación, mientras que el resto se logró en el extranjero.

446 STJUE de 16 de junio de 1981, Klomps/Michel, 166/80, EU:C:1981:137.

447 STJUE de 11 de marzo de 2010, Wood Floor Solutions Andreas Domberger, C-19/2009, EU:C:2010:137.

Es relevante, en este caso, señalar que, en su demanda, Wood Floor se apoyaba en el artículo 5, número 1, letra b), del Reglamento número 44/2001, el cual establece que, cuando la obligación que sirva de base a la demanda sea una prestación de servicios, las personas domiciliadas en un estado miembro podrán ser demandadas en otro estado miembro, siendo competente el tribunal del lugar del estado miembro en el que, según el contrato, hubieren sido o debieren ser prestados los servicios. En este contexto normativo, el interrogante que debe ser respondido es cuál es el criterio que ha de regir a la hora de determinar el lugar de cumplimiento de la obligación. Pero, en este caso, la regla de mayor conexión o enlace del tribunal enjuiciador con el fondo del asunto, topa con la dispersión de los posibles foros, señaladamente Austria, Italia, los países bálticos, Polonia o Suiza. Ni que decir tiene que, en el marco de la litigación transnacional, la cuestión competencial no es menor, puesto que la determinación del foro competencial guarda una estrecha vinculación con la salvaguarda del principio de igualdad de armas. En este sentido, ya hemos dicho que el alejamiento de una de las partes con respecto al foro puede materialmente obstaculizar la defensa.

Regresando al interrogante relativo al lugar de cumplimiento de la obligación, la Comisión Europea, en sus alegaciones, propuso que el criterio para determinar el foro fuera el centro principal de actividad del proveedor de los servicios. Sostenía la validez y licitud de este en el hecho de que es el más respetuoso con la igualdad de armas entre las partes, pues permite que la demandante pueda interponer la demanda ante el tribunal del lugar de cumplimiento, mientras que la parte demandada únicamente puede ser demandada en un solo estado miembro[448]. Esta propuesta era coherente con previas interpretaciones del Tribunal de Justicia, que en *Color Drack*[449] había declarado ya que, a pesar de la subsunción en el artículo 5.1.b) de los supuestos de pluralidad de lugares de entrega, no podía deducirse que el precepto confiriera una competencia concurrente a cualquier tribunal en cuya demarcación hubieran sido o debieran ser entregadas las mercancías[450]. En *Color Drack,* el Tribunal explicaba que el objetivo del Reglamento —rompiendo con las soluciones nacionales consistentes en acudir a las normas de Derecho internacional privado del órgano jurisdiccional que conocía del litigio— era el de perseguir el vínculo de conexión más estrecho entre contrato y juez[451].

Paralelamente, este criterio de proximidad debía conjugarse con la previsibilidad a la que deben responder las reglas de determinación del foro com-

448 Conclusiones de la Abogado General Verica Trstenjak al asunto Wood Floor Solutions Andreas Domberger, C-19/2009, EU:C:2010:6, presentadas el 12 de enero de 2010, apartado 33.

449 STJUE de 3 de mayo de 2007, Color Drack, C-386/05, EU:C:2007:262. En la *causa petendi* del litigio estaba un contrato de compraventa.

450 Apartado 37.

451 Apartados 39 y 40.

petencial, tal como recoge el considerando decimoprimero del Reglamento y se encarga de recordar *Rehder*[452]. De hecho, el Reglamento 1215/2012, que como sabemos es la norma vigente hoy en día en materia de reconocimiento y ejecución, explicita en su decimosexto considerando que la existencia de una estrecha conexión entre el órgano jurisdiccional y el litigio debe evitar la posibilidad de que una persona sea demandada ante un órgano jurisdiccional de un Estado Miembro que no hubiera podido prever razonablemente, esto es, debe garantizar la seguridad jurídica.

A pesar de la anunciada implicación del principio de igualdad de armas en la litigación transnacional, resulta un tanto decepcionante que, en el asunto *Wood Floor Solutions Andreas Domberger,* el Tribunal de Justicia no preste demasiada —por no decir ninguna— atención al principio y a las interesantes consideraciones contenidas en las Conclusiones del Abogado General. De una manera un tanto errática, el Tribunal de Justicia funda su decisión en los criterios de proximidad con el objeto del contrato e identificación certera del foro, pero lo hace obviando —al menos en apariencia, porque nada dice de ello—que el trasfondo del problema radica en la protección del principio de igualdad de armas y, claro, del derecho de defensa. Así, el establecimiento del foro —como regla general— en el domicilio del demandado responde al hecho de que el juez que reside en dicha sede *«suele ser considerado como el "juez natural" del demandado, que compensa así la desventaja inicial de tener que afrontar el litigio por la iniciativa del actor»*[453]. La sentencia *Group Josi* —que analiza el Convenio de Bruselas de 27 de septiembre de 1968[454]— estipula que *«el carácter de principio general que reviste esta regla de competencia* (el fuero general del domicilio del demandado), *que constituye la expresión del adagio actor sequitur forum rei, se explica por el hecho de que, en principio, permite al demandado defenderse más fácilmente»*[455]. Como traen a colación Bernardo y Sánchez[456], este criterio, en favor del demandado, fue ya establecido en *Handte/TMCS*[457], y sería ratificado en el asunto *Besix*[458].

---

452 STJUE de 9 de julio de 2009, Rehder, C-204/08, EU:C:2009:439, apartado 37. La sentencia analiza un supuesto de prestación de servicios.

453 Bernardo San José, A., y Sánchez López, B. (2011). «Fuero general de competencia internacional: el domicilio del demandado (artículos 2, 3 y 4 RB)». En A. de la Oliva Santos (dir.) y F. Gascón Inchausti (coord.), *Derecho procesal civil europeo. Volumen I. Competencia judicial internacional, reconocimiento y ejecución de resoluciones extranjeras en la Unión Europea* (págs. 77-98). Ed. Aranzadi, Cizur Menor, pág. 79.

454 Antecedente inmediato del Reglamento 44/2001.

455 STJUE de 13 de julio de 2000, Group Josi, C-412/98, EU:C:2000:399, apartado 35.

456 Bernardo San José, A., y Sánchez López, B. (2011). «Fuero general de competencia internacional: el domicilio del demandado (artículos 2, 3 y 4 RB)», *op. cit.*, pág. 79.

457 STJUE de 17 de junio de 1992, Handte/TMCS, C-26/91, EU:C:1992:268, apartado 14.

458 STJUE de 19 de febrero de 2002, Besix, C-256/00, EU:C:2002:99, apartado 52.

Esta norma y su interpretación, en cualquier caso, merecen una cierta crítica por cuanto, en abstracto, no se percibe que haya un desequilibrio que merezca ser compensado mediante la puesta en práctica de esta regla: en efecto, podemos decir que también existe un perjuicio sufrido por el actor, quien no tiene otro remedio que acudir al auxilio judicial para ver respetados o restablecidos sus derechos. Sea como fuere, quizá nos hallemos más ante una cuestión de tradición jurídica que otra cosa. Efectivamente, esta regla proviene de las tradiciones comunes de los estados miembros y encuentra su raíz en el Código justinianeo, de conformidad con el cual *actor rei forum, sive in rem sive in personam sit actio, sequitur. Sed et in locis, in quibus res, propter quas contenditur constitutae sunt, iubemus in rem actionem adversus possidentem moveri.* Esto es, *«el fuero del reo será el determinante de la competencia, con independencia del tipo de acciones de que se trate».* Sin embargo, norma que admite excepciones precisamente en función del tipo de acción ejercitada, porque *«en el supuesto de que se reclame la posesión de un objeto, también podrá presentar la demanda ante los magistrados del lugar en que éste se encuentre»*[459].

Decíamos que, a pesar de la formal omisión de argumentos relativos a la igualdad de armas en el asunto *Wood Floor Solutions Andreas Domberger,* no puede negarse que los objetivos específicamente respaldados por el Tribunal de Justicia —proximidad y previsibilidad— presentan un ligamen con la salvaguarda del principio, y más que en los litigios domésticos, en los transnacionales. Así podemos verlo en un supuesto como el que está en la raíz del caso *Weiss und partner*[460]. En el clausulado del contrato firmado entre las partes —dos mercantiles— se había acordado que los servicios se prestarían en lengua alemana, incluyendo la redacción de la correspondencia entre las partes y con las autoridades e instituciones públicas. Asimismo, también se había acordado la sumisión del contrato al Derecho alemán y que los litigios que de él pudieran derivarse serían dilucidados por los tribunales berlineses. Consecuentemente, cabe deducir que las partes contratantes se sentían cómodas con tal elección: podemos decir que nadie, con capacidad negociadora, concedería gratuitamente una ventaja a su rival.

Distinto es el caso de aquellos contratos en los que existe consenso sobre la desigualdad inicial entre partes, como es el de los contratos de adhesión de transporte aéreo de viajeros examinados en *Rehder.* Para el Tribunal de Justicia, el lugar del domicilio o del establecimiento principal de

459 Robles Reyes, J. R. (2003). *La competencia jurisdiccional y judicial en Roma*. Universidad de Murcia, Servicio de Publicaciones, Murcia, pág. 92.

460 STJUE de 8 de mayo de 2008, Weiss und partner C-14/07, EU:C:2008:264, comentada *supra*.

la compañía aérea en cuestión no presenta necesariamente una vinculación con el contrato. La sentencia *Rehder* lo expone de este modo:

> Las operaciones y acciones llevadas a cabo desde dicho lugar, como la puesta a disposición de un aparato y de un equipo adecuados, constituyen medidas logísticas y preparatorias con vistas al cumplimiento del contrato de transporte aéreo y no servicios cuya prestación esté vinculada al contenido propiamente dicho del contrato. Lo mismo sucede con el lugar de celebración del contrato de transporte aéreo y el de expedición del billete[461].

Como anticipábamos, fijar la competencia en el foro de cualquiera de estos tres sitios colocaría, a priori, a una de las partes en una dificultad evidente para litigar, pues —en la mente del legislador, que debe regular con carácter general una serie compleja de casos— es muy probable que no tenga ningún vínculo con el estado en que la compañía aérea ostente su domicilio. Por contra, el establecimiento del foro, alternativamente, en los lugares de salida o llegada, parece equilibrar razonablemente la controversia, y ello por dos razones. Una primera es que no es descabellado pensar que el pasajero residirá en uno u otro lugar; y una segunda es que la compañía aérea debe estar preparada para afrontar incidentes jurídicos en aquellos aeropuertos en los que opera. Cosa distinta será que resulte que el pasajero ni vive ni tiene ningún vínculo con los lugares de salida y llegada del vuelo. Mas, evidentemente, las normas sobre competencia no deben situarlo, *per se,* en una posición de desequilibrio jurídicamente relevante con respecto a la compañía demandada.

Tradicionalmente, las interpretaciones del Tribunal de Justicia en materia de reconocimiento y ejecución de resoluciones extranjeras eran sensibles con el litigante transnacional: como veíamos en *ASML,* el Tribunal de Justicia acabó protegiendo la posición de SEMIS, rebelde que tenía perfecto conocimiento de la sustanciación de un proceso jurisdiccional en su contra en otro estado. De hecho, Larobina y Pate destacan la importancia de que la litis se constituya correctamente desde un principio:

> La resolución ASML es ilustrativa del énfasis que el artículo 34.2 pone en la protección de los derechos de la defensa que derivan del derecho a un proceso justo, en el que es inexcusable empezar con una notificación adecuada de una reclamación o de una orden judicial[462].

Cabe esperar que la digitalización de la Administración de Justicia comporte cambios, en este sentido. Sería lo lógico, aunque no está tan claro que lo justo.

461 STJUE Rehder, apartados 39-41.

462 Larobina, Michael D., y Pate, Richard L. (2011). «The status of recognition and enforcement of judgements in the European Union». *Contemporary readings in Law and Social Justice* vol. 3, n.º 2, pág. 14. Recuperado el 16 de agosto de 2018 de https://search-proquest-com.ezproxy.uned.es/docview/928448449?accountid=14609

4.2.3. Doble dimensión del orden público como trasunto del derecho de defensa y como elemento limitador del derecho

Consideración diferenciada merita el orden público, puesto que opera en dos frentes distintos, como ya hemos anticipado: uno de ellos, como trasunto del respeto a los derechos fundamentales, límite que no se puede rebasar; el segundo, como obstáculo para el despliegue absoluto de los mismos, representado por el principio de primacía del Derecho de la Unión y por los objetivos e intereses generales de ésta.

En su primer atributo, no es difícil adivinar que los derechos fundamentales integrarán el orden público, aunque el Derecho de la Unión Europea no proporciona un concepto de orden público unificado y armonizado. A pesar de que las referencias al orden público son más o menos habituales en el ordenamiento legislativo comunitario, ninguno de los tratados ni de la normativa derivada aporta una definición del término. El derecho derivado ha introducido las cláusulas de orden público de manera hasta cierto punto timorata, toda vez que dejan a los Estados Miembros un amplio margen de discrecionalidad a la hora de ser aplicadas. Al respecto, Cuniberti expone que, en *Krombach* el Tribunal de Justicia *«dejó claro que el orden público de los Estados Miembros debía incluir los derechos humanos de conformidad con su definición por el Convenio Europeo de Derechos Humanos y por la jurisprudencia del Tribunal de Estrasburgo»*[463].

Por otra parte, como decíamos, no podemos identificar derechos fundamentales y orden público. Aquéllos son parte de éste, pero éste es más amplio hasta el punto de ser capaz de limitarlos.

Cuando hablamos de normas o regulaciones, el orden público es aquella característica de un precepto que lo hace de obligado cumplimiento, sin admitir que nadie disponga sobre las directrices que establece o que su aplicación se excepcione en determinados casos que no sean previstos por la propia norma o por otra de igual rango y naturaleza que la matice o complemente. Dicho en otras palabras, el orden público es aquella parcela de seguridad que el legislador desea configurar como inatacable o inviolable.

En un plano distinto, hemos de decir que, cuando nos aproximamos a la noción de orden público como concepto comprensivo de los derechos fundamentales, podemos observar el orden público tanto desde la óptica sustantiva o material como desde la perspectiva adjetiva o procesal, desde el instante en que existe un orden público que se predica dentro de los procesos jurisdiccionales.

---

463 CUNIBERTI, G. (2008). «The recognition of foreign judgments lacking reasons in Europe: Access to justice, foreign court avoidance, and efficiency». *International and Comparative Law Quarterly* vol. 57, pág. 32.

Que los derechos fundamentales integran el concepto de orden público, parece fuera de toda duda desde que resoluciones como la jurisprudencia *International Handelsgesellschaft/Einfuhr und Vorratsstelle für Getreide und Futtermittel*[464], el asunto *Nold K.G./Comisión*[465], o la sentencia *Hauer/Land Rheinland-Pfalz*[466], sostienen que aquéllos forman parte integral de los principios generales del derecho, y la observancia de estos está garantizada por el Tribunal de Justicia. Además, resoluciones como *Omega*[467] muestran que el Tribunal admite la restricción de una libertad comunitaria como es la libre circulación de servicios cuando el ejercicio de esta menoscaba la dignidad humana. En este caso, *«la explotación comercial de juegos de simulación de acciones homicidas»*[468]. Podemos comprobar cómo el orden público encarnado en el derecho fundamental a la dignidad humana sirve para restringir nada menos que una libertad comunitaria[469].

En el aspecto adjetivo o procesal, el Tribunal de Justicia de la Unión Europea ha tenido oportunidad de pronunciarse abundantemente, evidentemente dentro de su ámbito competencial, el del reconocimiento transnacional de resoluciones judiciales. Si antes diferenciábamos entre lo que debe entenderse por orden público *material* y por orden público *procesal,* en el artículo 27 del Convenio de Bruselas encontramos una buena aplicación. El Convenio introdujo expresamente una cláusula de orden público en su artículo 27, apartado 1: *«Las resoluciones no serán reconocidas: 1. Si el reconocimiento fuera contrario al orden público del Estado requerido».* Ahora bien, no podemos sostener sin más que los restantes apartados del artículo 27 no contengan, en sí, previsiones que toquen, directa o indirectamente, la esfera del orden público o del derecho necesario.

Desde esta óptica, parece razonable preguntarse si la cláusula de orden público ínsita en el apartado primero es un cajón de sastre en el que subsumir las situaciones que no tengan un encaje a medida en los restantes epígrafes. No parece discutible que la cláusula de orden público del artículo 27.1 hace referencia a circunstancias de seguridad o protección, pero la duda reside en el hecho de que pueda también conectarse a extremos de orden procesal.

Resoluciones como *Hoffmann/Kriegg*[470] muestran que no se puede efectuar tal conexión cuando existe una disposición específica que regule el

---

464 STJUE de 17 de diciembre de 1970, Internationale Handelsgesellschaft mbH/Einfuhr- und Vorratsstelle für Getreide und Futtermittel, C-11/70, EU:C:1970:114, apartado 4.

465 STJUE de 14 de mayo de 1974, Nold K.G./Comisión, C-4/73, EU:C:1974:51, apartado 13.

466 STJUE de 13 de diciembre de 1979, Hauer/Land Rheinland-Pfalz, 44/79, EU:C:1979:290, apartado 15.

467 STJUE de 14 de octubre de 2004, Omega, C-36/02, EU:C:2004:614.

468 Apartado 41.

469 Apartados 28, 29 y 30.

470 STJUE 4 febrero 1988, Hoffmann/Kriegg, 145/86, EU:C:1988:61.

supuesto de hecho, como es el caso de incompatibilidad de dos resoluciones judiciales, una cuestión, por tanto, de cosa juzgada y de seguridad jurídica. El Tribunal hace esta consideración:

> El recurso a la cláusula de orden público, que «únicamente debe actuar en casos excepcionales» (Informe sobre el Convenio, citado anteriormente, p. 44), queda excluido en todo caso cuando, como ocurre en el presente, el problema planteado es el de la compatibilidad de una resolución extranjera con una resolución nacional, problema que debe zanjarse con arreglo a la disposición específica recogida en el apartado 3 del artículo 27, que se refiere al caso de que la resolución extranjera sea inconciliable con una resolución dictada entre las mismas partes en el Estado requerido[471].

Otra cuestión de importancia caudal es la facultad del juez del Estado requerido para entrar a valorar el fondo de la resolución dictada en el Estado Miembro de origen. La sentencia *Renault*[472] analiza la facultad del juez del Estado requerido de examinar la incompatibilidad de la resolución extranjera con el orden público de su Estado con fundamento en que el juez del Estado de origen ha aplicado erróneamente determinadas normas de Derecho comunitario. En este caso, el juez del Estado de origen validó la existencia de un derecho de propiedad intelectual sobre piezas de carrocería de vehículos automóviles tal que permitía a su titular prohibir a los operadores económicos establecidos en otro Estado contratante la fabricación, la venta, el tránsito, la importación o la exportación en este Estado contratante de dichas piezas de carrocería. Dicha prohibición parecía incompatible con los principios de libre circulación de mercancías y de libre competencia

Pero considera el Tribunal de Justicia que las libertades comunitarias, por muy importantes que sean, no pueden ser elevadas automáticamente al rango de un derecho fundamental. Por ello, concluye de este modo:

> El juez del Estado requerido no puede, sin poner en peligro la finalidad del Convenio, denegar el reconocimiento de una decisión que emana de otro Estado contratante por el mero hecho de que considere que, en esta resolución, se ha aplicado mal el Derecho nacional o el Derecho comunitario. Por el contrario, en tales casos hay que pensar que el sistema de recursos establecido en cada Estado contratante, completado por el mecanismo de remisión prejudicial previsto en el artículo 177 del Tratado, proporciona a los justiciables una garantía suficiente[473].

La violación del Derecho de la Unión no ha de impedir, por sí sola, la consecución de los objetivos propios de la cooperación judicial. Refrendo de esta declaración lo observamos en la sentencia *Weil,* que analiza la eliminación del exequatur desde la perspectiva de la emisión del certificado de una resolu-

471 STJUE Hoffmann v. Kriegg citada, apartado 21.

472 STJUE de 11 de mayo de 2000, Renault, C-38/98, EU:C:2000:225.

473 STJUE Renault citada, apartados 30 a 34.

ción judicial dictada en materia civil y mercantil, establecido en el Anexo I del Reglamento 1215/2012 según dispone su artículo 53[474]. La cuestión prejudicial planteada al Tribunal de Justicia le interroga acerca de la vinculación que a dicho certificado debe observar el Estado Miembro de destino. En efecto, si el control es meramente formal, *«existiría el peligro de que asuntos excluidos del ámbito de aplicación del citado Reglamento quedasen sujetos al régimen de ejecución establecido por éste, ya que los motivos de denegación de la ejecución están taxativamente previstos en dicho Reglamento»*[475]. Es decir que, si paramos atención, el problema aquí pivota sobre el órgano jurisdiccional del Estado Miembro de origen y su obligación de comprobar que la resolución entra dentro del ámbito de aplicación del Reglamento, dado que, con posterioridad, el tribunal del Estado Miembro destinatario sólo podrá ejercer un control formal sobre dicho certificado. El Tribunal de Justicia, además de confirmar que, tanto en el caso del Reglamento de 2001 cuanto en el de 2012, el órgano de destino no puede ejercitar el control de aplicación material al que nos hemos referido[476], se muestra claramente favorable a que el órgano de origen efectúe esta fiscalización, porque ello favorecerá la seguridad jurídica[477] y, por ende, la cuasi automaticidad de la ejecución[478]. Este énfasis en el control en origen para salvaguardar la seguridad jurídica a la par que para favorecer la automaticidad no es extraño a otros instrumentos de Derecho derivado, como ha recalcado la sentencia *Collect Inkasso y otros*[479] a raíz del Reglamento (CE) n.º 805/2004 del Parlamento Europeo y del Consejo, de 21 de abril de 2004, por el que se establece un título ejecutivo europeo para créditos no impugnados[480]. Sea como fuere, es evidente, pues, que la incorrecta subsunción de un procedimiento ejecutivo al Reglamento de 2001 o al de 2012 no constituirá en ningún caso quebrantamiento del orden público.

En el ámbito del proceso, el orden público se dibuja en muchas ocasiones como un apéndice de la indefensión. Sin embargo, también puede encaminarse a proteger otros principios, como la seguridad jurídica.

La protección del derecho a defenderse es una cuestión de derecho necesario u orden público. Es decir, en sí, el derecho a defenderse ante los tribunales de justicia no puede ser excepcionado en ningún caso.

---

474 Aunque el Tribunal de Justicia considera que el aplicable *ratione temporis* es el Reglamento 44/2001, decide proporcionar al órgano jurisdiccional doméstico *«todos los elementos de interpretación que puedan serle útiles para resolver el asunto de que conoce»* (apartado 26 de la Sentencia).

475 STJUE de 6 de junio de 2019, Weil, C-361/18, EU:C:2019:473, apartado 18.

476 STJUE Weil, apartado 35.

477 *Ibidem*, apartado 33.

478 *Ibidem*, apartado 32.

479 STJUE de 28 de febrero de 2018, Collect Inkasso y otros, C-289/17, EU:C:2018:133

480 STJUE Collect Inkasso y otros, apartado 36.

El criterio manifestado en las resoluciones precitadas no significan que las violaciones de derechos fundamentales procesales queden fuera del ámbito del orden público, tal como atestigua la posterior *Krombach, «la aplicación de la cláusula del orden público es posible en los casos excepcionales en los que las garantías establecidas en la legislación del Estado de origen y en el propio Convenio no bastan para proteger al demandado de una violación manifiesta de su derecho a defenderse ante el tribunal de origen»*[481]. El derecho de defensa es, en consecuencia, preocupación de orden público[482]. Tan es así, que en el marco de los procesos de reconocimiento y ejecución de resoluciones dictados al amparo del antiguo Convenio de Bruselas —aunque los cambios operados en el Reglamento de 2001 y mantenidos en el vigente de 2012, han modificado este apartado añadiendo el calificativo «manifiesto» a la vulneración del orden público, sin que ello parezca tener transcendencia real[483]—, el tribunal del Estado requerido siempre podrá tener en cuenta y valorar, *«habida cuenta del orden público contemplado en el artículo 27, número 1, del Convenio»,* el hecho de que, en el marco de una simple acción de indemnización de daños, el tribunal del Estado de origen se haya *«negado a oír al defensor del acusado perseguido por una infracción dolosa, por el mero hecho de la ausencia de éste de los debates»*[484].

El derecho de defensa es, sin duda, un aspecto nuclear en el orden público de la Unión. Pero no el único. De hecho, la concreción realizada en el derecho de defensa parte de un razonamiento que admite la existencia de derechos que resultan fundamentales para los Estados miembros, como axiomáticamente declara la jurisprudencia *Krombach:*

> Sólo cabe aplicar la cláusula de orden público que figura en el artículo 27, número 1, del Convenio, en el caso de que el reconocimiento o la ejecución de la

481 STJUE de 28 de marzo de 2000, Krombach, C- 7/98, EU:C:2000:164, apartado 44.

482 Hazelhorst, M. (2017). *Free movement of civil judgements in the European Union and the right to a fair trial.* Editado por Asser Press, Springer, Berlín, pág. 75.

483 En efecto: a pesar de que la disposición equivalente al artículo 27.1 del Convenio de Bruselas, que es el artículo 34.1 del Reglamento (CE) n.º 44/2001, de 22 de diciembre de 2000, refiere que la resolución cuyo reconocimiento se pretende debe ser *«manifiestamente»* contraria al orden público, lo cierto es que el propio Tribunal de Justicia, en la sentencia Krombach comentada y, por ende, analizando el artículo 27 del Convenio, utiliza idéntico adjetivo. Véase así el apartado 37 de la sentencia: *«para respetar la prohibición de revisión en cuanto al fondo de la resolución extranjera, el menoscabo debería constituir una violación manifiesta de una norma jurídica considerada esencial en el ordenamiento jurídico del Estado requerido o de un derecho reconocido como fundamental en este ordenamiento»*. También podemos hallar idéntica interpretación en la STJUE de 11 de mayo de 2000, Renault, C-38/98, EU:C:2000:225, apartado 34. De hecho, la introducción del calificativo «manifiesto» o de sus derivados en el Reglamento de 2001, tiene su trasunto en otras normas rituarias de la Unión, como es por ejemplo el Reglamento (CE) n.º 1346/2000 del Consejo, de 29 de mayo de 2000, sobre procedimientos de insolvencia (DO L 160, página 1), el cual, en su artículo 26 o, lo que es lo mismo, en su cláusula de orden público, hace uso de la misma fórmula.

484 STJUE Krombach citada, apartados 44 y 45.

resolución dictada en otro Estado contratante choque de manera inaceptable con el ordenamiento jurídico del Estado requerido, por menoscabar un principio fundamental. Para respetar la prohibición de revisión en cuanto al fondo de la resolución extranjera, el menoscabo debería constituir una violación manifiesta de una norma jurídica considerada esencial en el ordenamiento jurídico del Estado requerido o de un derecho reconocido como fundamental en este ordenamiento.

Respecto al derecho a ser defendido, al que se refiere la cuestión prejudicial, procede señalar que tiene una importancia destacada en la organización y el desarrollo de un proceso justo y que figura entre los derechos fundamentales que se desprenden de las tradiciones constitucionales comunes a los Estados miembros.

Más concretamente, el Tribunal Europeo de Derechos Humanos ha declarado repetidamente en materia penal que, aunque no sea absoluto, el derecho de todo acusado a ser efectivamente defendido por un abogado, en su caso nombrado de oficio, figura entre los elementos fundamentales del proceso justo y que un acusado no pierde tal derecho por el mero hecho de no estar presente en los debates[485].

Esta doctrina, como puede verse, casa con el principio de reconocimiento mutuo de conformidad con el cual está vedada la revisión de la resolución extranjera en cuanto al fondo debido únicamente a la existencia de una divergencia entre la norma jurídica aplicada por el tribunal del Estado de origen y la que habría aplicado el tribunal del Estado requerido si se le hubiera sometido a él el litigio.

Con carácter más reciente, la jurisprudencia *Apostolides*[486] ha supuesto en cierto modo una actualización de la doctrina *Krombach,* puesto que fue dictada ya bajo la vigencia del Reglamento de Bruselas. Esta resolución comporta la valoración y aplicación de la excepción fundada en la rebeldía del demandado, supuesto particular que, como anunciaba la sentencia *Hoffmann/Kriegg,* excluye la aplicación de la cláusula de orden público.

En la sentencia *Apostolides,* el Tribunal recalca que *«el artículo 34 del Reglamento n.° 44/2001 debe interpretarse restrictivamente en la medida en que constituye un obstáculo a la consecución de uno de los objetivos fundamentales de dicho Reglamento»,* y *«por lo que se refiere, más concretamente, a la posibilidad de invocar la cláusula de orden público, que figura en el artículo 34, número 1, de este Reglamento, dicha cláusula únicamente debe aplicarse en casos excepcionales»*[487].

El Tribunal de Justicia de la Unión permite a los Estados miembros invocar sus cortapisas conforme al orden público interior, pero se reserva una facul-

485 STJUE de 28 de marzo de 2000, Krombach, C- 7/98, EU:C:2000:164, apartados 37 a 40.

486 STJUE de 28 de abril de 2009, Apostolides, C-420/2007, EU:C:2009:271.

487 STJUE Apostolides citada, apartado 55.

tad de control, lo que es tanto como decir que la función judicial no puede crear leyes, pero sí en todo caso arrogarse la facultad de decidir la pervivencia de las que le son sometidas:

> Aunque en principio, los Estados miembros puedan seguir determinando libremente, en virtud de la reserva establecida en el artículo 34, número 1, del Reglamento n.° 44/2001, conforme a sus concepciones nacionales, las exigencias de su orden público, los límites de este concepto son definidos a través de la interpretación del Reglamento (véanse las sentencias, antes citadas, Krombach, apartado 22, y Renault, apartado 27).
>
> Por consiguiente, si bien no corresponde al Tribunal de Justicia definir el contenido del concepto de orden público de un Estado miembro, sí le corresponde controlar los límites dentro de los cuales los tribunales de un Estado miembro pueden recurrir a este concepto para no reconocer una resolución dictada por un órgano jurisdiccional de otro Estado miembro (sentencias, antes citadas, Krombach, apartado 23, y Renault, apartado 28)[488].

Esta facultad del Tribunal de Justicia de la Unión Europea ha sido definida por María Victoria Cuartero Rubio como una *«autoridad extraordinaria»* del Tribunal de Justicia, en la medida en que *«veta o admite el veto de un orden público internacional estatal»*[489].

Ahora bien:

> Sólo cabe aplicar la cláusula de orden público que figura en el artículo 34, número 1, del Reglamento n.° 44/2001 en el caso de que el reconocimiento o la ejecución de la resolución dictada en otro Estado miembro choque de manera inaceptable con el ordenamiento jurídico del Estado requerido, por menoscabar un principio fundamental. Para respetar la prohibición de revisión en cuanto al fondo de la resolución extranjera, el menoscabo debería constituir una violación manifiesta de una norma jurídica considerada esencial en el ordenamiento jurídico del Estado requerido o de un derecho reconocido como fundamental en este ordenamiento.

Si de otro modo se hiciera, esto es, si el juez del Estado requerido analizara si se ha aplicado mal el derecho nacional o el derecho comunitario, se pondría *«en peligro la finalidad del Reglamento n.° 44/2001»*[490].

---

488 STJUE Apostolides citada, apartado 56.

489 Cuartero Rubio, M. V. (2020). *Cooperación judicial civil en la Unión Europea y tutela en origen de derechos fundamentales*, *op. cit.*, pág. 32; inspirándose a su vez en Álvarez González, S. (2015). «¿Orden público europeo versus orden público internacional de cada Estado?» En *La gobernanza del interés público global. XXV Jornadas de la Asociación Española de Profesores de Derecho internacional y Relaciones internacionales* (págs. 146-181). Ed. Tecnos, Madrid.

490 STJUE Apostolides, apartados 59 y 60.

Como vemos, la apelación al orden público conlleva una limitación, al menos sobre el papel, de la confianza recíproca entre Estados Miembros. Y, desde luego, el examen del orden público puede comportar una intromisión en el procedimiento seguido en el Estado Miembro de origen. Pensemos en el caso que dio pie a la sentencia *Albu y otros v. Rumanía,* en el que se da una persistencia de resoluciones en conflicto que crea un estado de incertidumbre y genera indefensión[491].

Las cuestiones competenciales han supuesto un buen quebradero de cabeza a la hora de aplicar la noción de orden público. El Convenio de Bruselas de 1968 dedica los artículos 2 a 24 a regular las cuestiones de competencia; el Reglamento 44/2001 lo hace en los artículos 2 a 31; y el Reglamento 1215/2012, en los artículos 4 a 35. El Reglamento 1215/2012 incluso prevé como excepción al reconocimiento, en el artículo 45.1, letra e), el incumplimiento de algunas normas de competencia en materias específicas.

Un caso que nos ilustra sobre el tratamiento de esta cuestión es la sentencia *Gazprom*[492], que asume la labor de definir el orden público competencial. No obstante, en nuestro caso, veremos que la cuestión de competencia se da entre órgano jurisdiccional y arbitral.

En marzo de 2004, algunos de los accionistas de la compañía Lietuvos dujos AB celebraron un acuerdo en el clausulado del cual se disponía que *«toda reclamación, controversia u objeción relacionada con el presente acuerdo o con su violación, validez, entrada en vigor o terminación se resolverá definitivamente mediante arbitraje».* Entre dichos contratantes, estaban Gazprom y el Ministerio de Energía de la República de Lituania.

Unos años más tarde, en 2011, el Ministerio denunció a la compañía Lietuvos dujos AB y a tres ejecutivos de esta, nombrados por Gazprom, ante el Tribunal regional de Vilna, Lituania. Pretendía que se les abriera una investigación civil y que, en su caso, se censurara su comportamiento.

Como reacción, Gazprom presentó una demanda de arbitraje contra el Ministerio, al considerar que la denuncia infringía el acuerdo de 2004. La demanda se formalizó ante la Cámara de Comercio de Estocolmo, cuyo Instituto de Arbitraje declaró que se había violado, en parte, la cláusula de competencia. En consecuencia, intimó al Ministerio para que retirara algunas de las pretensiones formalizadas ante el Tribunal regional de Vilna.

Dado que la denuncia contra Gazprom fue admitida por el Tribunal regional de Vilna, que lógicamente se había declarado competente para tramitarla, Gazprom solicitó el reconocimiento y ejecución del laudo en Lituania. Al respecto, debemos puntualizar que, a pesar de que el artículo 1.2.d) del Reglamento 44/2001 excluye al arbitraje de su campo de aplicación, el artículo 71 permite la pervi-

491 STEDH de 10 de mayo de 2012, Albu y otros v. Rumanía, 34796/09, CE:ECHR:2012:0510JUD003479609, apartados 38 a 42.

492 STJUE de 13 de mayo de 2015, Gazprom, C-536/13, EU:C:2015:316.

vencia de *«los convenios en que los Estados miembros fueren parte y que, en materias particulares, regularen la competencia judicial, el reconocimiento o la ejecución de las resoluciones»:* es el caso del Convenio sobre reconocimiento y ejecución de sentencias arbitrales extranjeras, hecho en Nueva York el 10 de junio de 1958[493], sobre el que se fundó la demanda de reconocimiento.

Puede observarse que se produce un choque entre los órganos jurisdiccionales lituanos, que se estiman competentes para tramitar la denuncia del Ministerio de Energía de la República de Lituania, y la corte arbitral, que incluso *«prohíbe a una parte (el Ministerio) formular determinadas pretensiones ante un órgano jurisdiccional nacional»*[494]. La controversia, en el presente caso, residía en determinar si el órgano arbitral podía atribuirse una competencia establecida por vía de sumisión expresa (el acuerdo entre los accionistas de la compañía Lietuvos dujos AB), pero contraria al reparto competencial estipulado en el Reglamento 44/2001.

En definitiva, al pretender privar al órgano jurisdiccional lituano de su facultad de pronunciarse sobre su propia competencia, *«el tribunal arbitral había vulnerado la soberanía nacional de la República de Lituania, lo cual es contrario a los órdenes públicos lituano e internacional»*[495], según argumentó, en su momento, el Tribunal de apelación de Lituania.

El Tribunal de Justicia recuerda que, de su propia jurisprudencia, se deduce un principio general consistente en que *«cada órgano jurisdiccional ante el que se presenta una demanda determina, por sí solo, en virtud de las normas aplicables, si es competente para resolver el litigio que se le somete»*[496], que, además, se encuentra apoyado por la dicción del Reglamento 44/2001, de conformidad con el cual, está vedado el control de la competencia de un órgano jurisdiccional de un Estado Miembro por un órgano jurisdiccional de otro Estado Miembro, pues ninguno de los dos está en mejores condiciones que el otro para aplicar las normas de competencia que establece la norma de la Unión[497]. La sentencia *Allianz (anciennement Riunione Adriatica di Sicurtà),* citada específicamente por la sentencia *Gazprom,* es mucho más expresiva sobre el particular:

> Cada órgano jurisdiccional ante el que se presenta una demanda determina, por sí sólo, en virtud de las normas que le son aplicables, si es competente para resolver el litigio que se le somete (véase, es este sentido, la sentencia Gasser,

493 «Convención sobre el Reconocimiento y la Ejecución de las Sentencias Arbitrales Extranjeras (Nueva York, 1958) ("Convención de Nueva York")», Comisión de las Naciones Unidas para el Derecho Mercantil Internacional, consultada el 8 de diciembre de 2020, https://uncitral.un.org/es/texts/arbitration/conventions/foreign_arbitral_awards.

494 STJUE Gazprom, apartado 31.

495 *Ibidem*, apartado 22.

496 STJUE Gazprom, apartado 32.

497 *Idem*.

> antes citada, apartados 48 y 49). A este respecto, debe recordarse que, al margen de algunas excepciones limitadas, que carecen de pertinencia en el asunto principal, el Reglamento n.º 44/2001 no autoriza el control de la competencia de un órgano jurisdiccional de un Estado miembro por un órgano jurisdiccional de otro Estado miembro (sentencias de 27 de junio de 1991, Overseas Union Insurance y otros, C-351/89, Rec. p. 3317, apartado 24, y Turner, antes citada, apartado 26). Dicha competencia la determinan directamente las normas establecidas en dicho Reglamento, entre las que se encuentran las relativas a su ámbito de aplicación. Por consiguiente, un órgano jurisdiccional de un Estado miembro no está en ningún caso en mejores condiciones para pronunciarse sobre la competencia de un órgano jurisdiccional de otro Estado miembro[498].

Evidentemente, se trata de una manifestación del principio de confianza recíproca.

Por consiguiente, sería contraria al Reglamento una orden dictada por un juez de un Estado Miembro obligando a una parte a retirar una acción ejercitada en otro Estado Miembro. Ahora bien: como hemos dicho, el artículo 1.2.d) del Reglamento excluye al arbitraje de su campo de aplicación. Por otra parte, el Tribunal de Justicia estima que la materia regulada por el Convenio de Nueva York no entra dentro del paraguas aplicativo del artículo 71 del Reglamento, pues el mismo *«sólo regula las relaciones entre el Reglamento n.º 44/2001 y los convenios relativos a materias particulares incluidas en el ámbito de aplicación de dicho Reglamento»*[499], estando expresamente excluido el arbitraje. De ahí, precisamente, deduce el Tribunal de Justicia que no ha existido un ataque al Reglamento 44/2001 y, por derivación, al principio de confianza recíproca. Y fía el reconocimiento y ejecución del laudo al Derecho doméstico e internacional, permitiendo que, en base a uno u otro, el Estado lituano reconozca y ejecute, si lo estima oportuno, la resolución arbitral.

Las cuestiones competenciales, que tantos quebraderos de cabeza han dado al Tribunal de Justicia, no quedan ahí. La sentencia *PPU - P*[500] analiza un caso al amparo del Reglamento (CE) n.º 2201/2003 del Consejo, de 27 de noviembre de 2003, relativo a la competencia, el reconocimiento y la ejecución de resoluciones judiciales en materia matrimonial y de responsabilidad parental[501], pero resulta de utilidad por cuanto permite definir el concepto de orden público por contraste con la noción contenida en el Reglamento 44/2001. En efecto, la cuestión a dilucidar por el Tribunal de Justicia es la de si la excepción de orden público —eso sí, a los efectos del Reglamento 2201/2003— permite su aplicación cuando el tribunal extranjero ha cometido un error grave.

---

498 STJUE de 10 de febrero de 2009, Allianz (anciennement Riunione Adriatica di Sicurtà), C-185/07, EU:C:2009:69, apartado 29.

499 STJUE Gazprom, apartado 43.

500 STJUE de 19 de noviembre de 2015, PPU - P, C-455/15, EU:C:2015:763.

501 DO L 338, pág. 1.

El supuesto de hecho es sencillo. P. y Q. formaban una pareja cuyo divorcio fue declarado por el Tribunal de Primera Instancia de Silute, en Lituania, en el año 2003. No obstante, en 2005, la familia se trasladó a Suecia, donde todavía nacería una segunda hija.

En 2013, la madre denunció al padre afirmando que tanto ella cuanto sus dos hijas habían sido víctimas de éste. En 2014, la madre regresó a Lituania con sus dos hijas.

En el conflicto competencial entre padre y madre, el progenitor considera que la resolución dictada por un tribunal lituano, el Tribunal de Primera Instancia de Silute, sobre custodia y pago de pensión alimenticia, no puede ser reconocida en Suecia por infracción del artículo 15 del Reglamento 2201/2003, pues dicho órgano jurisdiccional se declaró competente para conocer del caso en clara contradicción con el artículo 15 mencionado. En el argumento de P., este precepto obligaba al tribunal lituano a remitir a un órgano jurisdiccional sueco el conocimiento del asunto, al darse el presupuesto consistente en que las menores tienen una *«vinculación especial»* con Suecia, donde residían con habitualidad hasta que su madre decidió su traslado a Lituania.

Tanto el Reglamento 2201/2003 cuanto el Reglamento 44/2001 prohíben el control de la competencia del tribunal del Estado miembro de origen. De hecho, el artículo 24 del Reglamento 2201/2003 dispone:

> No podrá procederse al control de la competencia del órgano jurisdiccional del Estado miembro de origen», y seguidamente recalca que «el criterio de orden público a que se refieren la letra a) del artículo 22 y la letra a) del artículo 23 no podrá aplicarse a las normas de competencia establecidas en los artículos 3 a 14.

Por lo tanto, el artículo 23.a) no puede ser alegado para fundamentar un quebrantamiento de las normas sobre competencia, aunque dicha vulneración pudiera, hipotéticamente o sobre el papel, ser contraria al orden público por violar una competencia exclusiva y excluyente. El artículo 23 prevé que *«las resoluciones sobre responsabilidad parental no se reconocerán: a) si el reconocimiento fuere manifiestamente contrario al orden público del Estado miembro requerido, teniendo en cuenta el interés superior del menor».*

Aun cuando el artículo 15 no se encuentra dentro de la panoplia de preceptos exceptuados de la cláusula de orden público, el Tribunal de Justicia decidió que, por su carácter complementario de las normas de competencia, debía ser tomado en consideración como tácitamente incluido en las mismas, según las enumera el artículo 24. La razón de tal criterio es que denegar el reconocimiento y ejecución de la resolución lituana sobre la base de que no aplicó correctamente el artículo 15 supondría tanto como entrar a valorar que el órgano jurisdiccional lituano aplicó incorrectamente el Derecho de la Unión[502], sin que dicha aplicación resulte manifiestamente incorrecta.

502 STJUE PPU - P, apartado 46.

En efecto, el artículo 23.a) del Reglamento 2201/2003 exige que la resolución sobre la denegación del reconocimiento *«deba tomarse teniendo en cuenta el interés superior del menor»,* cosa que adjetiva la cláusula de orden público y la diferencia de la establecida en el artículo 34.1 del Reglamento 44/2001[503].

Conviene aclarar que no se trata de que el Tribunal de Justicia determine que una infracción sobre las normas de competencia en los que está implicado un menor no conforma una violación del orden público, sino que, en el presente caso, el artículo 15 establece una facultad, que no una obligación, para el tribunal que se encuentre analizando el caso[504]. Ahí sí se produciría una injerencia en la labor de dicho tribunal, convirtiendo en mandatorio aquello que es potestativo.

No existe, pues, en ningún caso, un desprecio del interés del menor, como hemos dicho, y más porque el propio Tribunal reconoce que el conflicto entre órganos jurisdiccionales tiene una vía expresa de solución, prevista en el artículo 11 del Reglamento[505].

Llegados a este punto, también debe reconocerse que, en otras muchas ocasiones, ha sido el orden público procesal el que se ha disfrazado de cuestiones competenciales que quizá no lo eran tanto. Un ejemplo lo conforma la cercana sentencia *Salvoni*[506].

El señor Salvoni, abogado con domicilio en Milán, demandó a la señora Fiermonte, residente en Hamburgo, en reclamación de honorarios profesionales. El Tribunal de Milán dictó una orden conminatoria de pago, y el actor solicitó del mismo la emisión de un certificado de la resolución dictada al amparo del artículo 53 Reglamento 1215/2012, sobre certificación de la resolución dictada a efectos de su ejecución en otro Estado miembro. Fue entonces cuando el órgano judicial se percató de que las obligaciones que habían sido enjuiciadas podrían sujetarse a las reglas competenciales sobre contratos celebrados con consumidores previstas en el Reglamento, lo que determinaría su propia incompetencia[507].

Fue entonces cuando el Tribunal del Milán se cuestionó si el artículo 53 del Reglamento 1215/2012 le permitía informar al demandado sobre la posible

503 *Idem*, apartado 38.

504 Su apartado 1 comienza así: *«Excepcionalmente, los órganos jurisdiccionales de un Estado miembro competentes para conocer del fondo del asunto podrán, si consideran que un órgano jurisdiccional de otro Estado miembro con el que el menor tenga una vinculación especial está mejor situado para conocer del asunto o de una parte específica del mismo, y cuando ello responda al interés superior del menor...».*

505 STJUE PPU - P, apartado 50.

506 STJUE de 4 de septiembre de 2019, Salvoni, C-347/18, EU:C:2019:661.

507 Los hechos relevantes para la resolución del litigio se encuentran entre los apartados 14 y 24, ambos incluidos, de la sentencia.

vulneración de las reglas competenciales, y, por ende, sobre la posibilidad de oponerse al reconocimiento de la resolución en Alemania al amparo del artículo 45.1.e), esto es: *«en caso de conflicto de la resolución con lo dispuesto en: i) el capítulo II, secciones 3, 4 o 5, en el supuesto de que el demandado sea el tomador del seguro, el asegurado, un beneficiario del contrato de seguro, la persona perjudicada, el consumidor o el trabajador».*

Es interesante observar cómo que el tribunal remitente de la cuestión prejudicial razona que el artículo 42 del Reglamento posibilita una interpretación del artículo 53 tendente a considerar una ausencia total de discrecionalidad y un consecuente mandato automático de certificación. No obstante, puntualiza que dicha interpretación podría ser contraria a la interpretación del artículo 47 de la Carta de los derechos Fundamentales de la Unión Europea dada por el Tribunal de Justicia en materia de consumo. Pone énfasis, específicamente, en la sentencia *Banco Español de Crédito* y en la sentencia *Finanmadrid EFC.*

En la primera de estas resoluciones, se exponía que el desequilibrio entre las partes, motivado tanto en la desigual capacidad de negociación como en el nivel de información disponible, provocaba que el consumidor se adhiriera *«a las condiciones redactadas de antemano por el profesional sin poder influir en el contenido de éstas».* Por ello, era preciso que un poder ajeno al contrato interviniera para compensar dicho desequilibrio, de lo que acabaría concluyendo que *«el juez nacional debe apreciar de oficio el carácter abusivo de una cláusula contractual incluida en el ámbito de aplicación de la Directiva 93/13»*[508]. La segunda resolución incidía en dicho concepto[509].

Se trata de una cuestión de competencia, cierto, pero, con arreglo al enfoque dado por el Tribunal de Milán, podemos decir sin ambages que, más específicamente, se deduce aquí una cuestión de orden público procesal.

Como argumenta el Tribunal de Milán, de la jurisprudencia sobre la Carta, se infiere lo siguiente:

> La situación de inferioridad del consumidor en relación con el profesional, en lo referido tanto a la capacidad de negociación como al nivel de información, únicamente puede compensarse mediante una intervención positiva del órgano judicial, que tiene la obligación de examinar de oficio el eventual carácter abusivo de una cláusula contractual, tan pronto como disponga de los elementos de hecho y de Derecho necesarios para ello[510].

En primer lugar, el Tribunal de Justicia recuerda:

> El tribunal que conoce de la solicitud de expedición del certificado es el tribunal de origen, que ha dictado la resolución en cuanto al fondo cuyo reconocimiento

508 STJUE de 14 de junio de 2012, Banco Español de Crédito, C-618/10, EU:C:2012:349, apartados 39 a 43.

509 STJUE de 18 de febrero de 2016, Finanmadrid EFC, C-49/14, EU:C:2016:98, apartado 36.

510 STJUE Salvoni, apartado 21.

o ejecución se solicita y que, por consiguiente, ha asumido formalmente su competencia, de manera expresa o tácita, al dictar la resolución de que se trata, en los términos del artículo 2 del Reglamento n.º 1215/2012[511].

De ahí lo poco coherente que resultaría un nuevo análisis de su competencia, cosa a la que, por otra parte, el Tribunal de Justicia ya se ha mostrado contrario[512].

Nuestro interés se centra en el ámbito de la tutela judicial efectiva, y observamos que el Tribunal de Justicia no ve razón alguna para que el órgano jurisdiccional remitente deba indicar, de oficio, al demandado, motivos de oposición al reconocimiento y ejecución de la resolución por muy flagrantes que éstos sean[513].

Es cierto que razona que la Directiva del Consejo, de 5 de abril de 1993, sobre las cláusulas abusivas en los contratos celebrados con consumidores[514], no es aplicable al ámbito procesal, pues, únicamente, *«tiene por objeto una armonización mínima del Derecho de los Estados miembros en materia de cláusulas abusivas celebradas con los consumidores»*[515]. Pero la cuestión radica en que, una vez más, el Tribunal de Justicia aboga por el principio de confianza recíproca entre Estados miembros por encima de la protección de normas de orden público procesal.

La cosa juzgada y la seguridad jurídica son, por su parte, instituciones procesales que han sido tachadas como principios de orden público. El Convenio de Bruselas de 1968 les dedica el artículo 27, apartados 3 y 5; el Reglamento 44/2001 lo hace en el artículo 34, apartados 3 y 4; y el Reglamento 1215/2012, en el artículo 45.1, letras c) y d).

Un ejemplo de ello podemos hallarlo en la sentencia *Hoffmann/Kriegg,* ya citada. Los Países Bajos plantearon cuestión prejudicial sobre la ejecución en su territorio de una sentencia alemana dictada en 1979 por la que se condenó a un marido a pagar una pensión mensual de alimentos a su esposa. Ulteriormente, en 1980, un tribunal neerlandés declaró el divorcio de los otrora cónyuges, divorcio posiblemente declarado con mayor facilidad por cuanto la esposa no compareció al proceso ni aportó la resolución alemana —en la cuestión no se discute la regularidad o irregularidad de la falta de comparecencia—. Dicho sea de paso, el divorcio es cuestión excluida del ámbito material del convenio, en virtud del punto 1 del párrafo 2 de su artículo 1.

---

511 STJUE Salvoni, apartado 37.

512 En el apartado 38 de la STJUE Salvoni, se remite, en este caso, a la STJUE de 6 de septiembre de 2012, asunto C-619/10, Trade Agency Ltd. v. Seramico Investments Ltd., apartado 41.

513 STJUE Salvoni, apartado 45.

514 DO L 95, de 21 de abril de 1993, págs. 29-34.

515 STJUE Salvoni, apartado 44.

En resumen, se pretende la ejecución de una sentencia dictada en Alemania en 1979 que presupone la existencia de un vínculo matrimonial. Pero dicho vínculo matrimonial se halla extinguido en virtud de sentencia dictada en Holanda en 1980. La cuestión reside en que, extinguido el matrimonio, no procede el pago de la pensión. Sin embargo, el artículo 26[516] y el artículo 31[517] del Convenio de Bruselas reconocen que toda resolución extranjera debe desplegar, en principio, los mismos efectos en cualquier estado, lo que, traducido al caso concreto, implica que, si la sentencia es ejecutable en Alemania, también debe serlo en Holanda.

Varias dudas surgen de este planteamiento. En efecto, parece que, si la sentencia alemana se reconoce y ejecuta en Holanda, se estarán reconociendo los efectos de la cosa juzgada de la sentencia holandesa. Y viceversa, si la sentencia holandesa fuera reconocida en Alemania, no procedería el pago de la pensión pues la extinción del vínculo tendría efectos reconocidos también en este último estado (a mayor abundamiento, esto es improbable porque las resoluciones sobre divorcio no entran en el ámbito de aplicación material del Convenio, aunque, a decir verdad, esto nos parece irrelevante en la conclusión del Tribunal).

Cuando las resoluciones generan consecuencias jurídicas que se excluyen entre sí —la resolución alemana, que presupone necesariamente la existencia del vínculo matrimonial, debería ejecutarse, una vez que el mismo vínculo ha quedado disuelto por una resolución dictada entre las mismas partes en Holanda—, el Convenio y los Reglamentos que le sucedieron las denominan inconciliables. Y expone el Tribunal que el Convenio no obliga a subordinar la efectividad de la resolución holandesa declarativa de divorcio a su reconocimiento en Alemania, conclusión que entendemos sería aplicable tanto si la sentencia estuviera dentro o fuera del ámbito aplicativo del Convenio, pues lo único que separa a unas y otras es la dificultad de convalidación.

Y se estima el efecto positivo de la cosa juzgada sobre dos aspectos que —a pesar de que el Tribunal excluya la aplicación del artículo 27.1— sí tienen incidencia en el orden público procesal.

Uno primero a tenor del cual, lo dispuesto en el apartado 4 del artículo 27[518] del Convenio excluye el reconocimiento de las resoluciones extranje-

516 *«Las resoluciones dictadas en un Estado contratante serán reconocidas en los demás Estados contratantes, sin que sea necesario recurrir a ningún procedimiento».*

517 *«Las resoluciones dictadas en un Estado contratante y que sean ejecutivas en el mismo se ejecutarán en otro Estado contratante cuando, a solicitud de cualquier parte interesada, se haya realizado las formalidades necesarias para que sean ejecutivas en este último Estado».*

518 Dice el artículo 27.4 que las resoluciones no serán reconocidas: *«si el tribunal del Estado de origen, para dictar su resolución, al pronunciarse sobre una cuestión relativa al estado o a la capacidad de las personas físicas, a los regímenes matrimoniales, a los testamentos o a las sucesiones, no hubiera tenido en cuenta una regla de derecho internacional privado del Estado requerido, a menos que su resolución llegase al mismo resultado que si se hubieran aplicado las reglas del derecho internacional privado de ese Estado».*

ras que no tienen en cuenta una regla de Derecho internacional privado del Estado requerido, referente al estado de las personas físicas. Es decir, que el estado requerido holandés no debe tener en cuenta la resolución original alemana cuando ésta no se ha dictado conforme a las normas que los tribunales holandeses hubieran considerado idóneas:

> Una resolución extranjera, respecto a la cual se hayan realizado las formalidades necesarias para que sea ejecutiva en un Estado contratante en aplicación del artículo 31 del Convenio y que sigue siendo ejecutable en el Estado de origen, no debe poderse seguir ejecutando en el Estado requerido cuando, de acuerdo con la legislación de este último Estado, la ejecución no puede producirse por razones ajenas al ámbito de aplicación del Convenio[519].

Y un segundo relativo a la preclusión de los actos procesales: la sentencia interpreta el artículo 36 del Convenio en el sentido de que la parte que no interpuso recurso contra el exequátur previsto por dicha disposición no puede ya alegar en la fase de la ejecución de la resolución una razón válida a la que hubiera podido acogerse mediante dicho recurso contra el exequátur, aunque:

> [El artículo 36 del Convenio] no es de aplicación cuando produce la consecuencia de obligar al Juez nacional a subordinar los efectos de una sentencia nacional excluida del ámbito de aplicación del Convenio a su reconocimiento en el Estado de origen de la resolución extranjera cuya ejecución se discute[520].

O, en otras palabras, si las sentencias son inconciliables, la excepción puede aplicarse de oficio porque es de derecho necesario.

Las conclusiones que es posible alcanzar tras esta sentencia son de índole variada.

Por una parte, el propio Convenio establece una excepción de orden público, de derecho necesario, pues el tribunal requerido debe controlar la aplicación de sus propias normas de derecho internacional privado relativas al estado de las personas físicas. Luego el estado o la capacidad de las personas físicas, al igual que los regímenes matrimoniales, los testamentos o las sucesiones de cada uno de los estados miembros son cuestiones de orden público.

Por otra, si las dos materias enjuiciadas pertenecieran al ámbito de aplicación del Convenio, los efectos positivos de la cosa juzgada de la resolución de divorcio se desplegarían tanto en Alemania como en Holanda, por lo que la resolución alemana ya no podría ser ejecutada en ninguno de los dos estados. Dentro del Convenio, pues, prevalece la cosa juzgada, pero no con una fuerza tan incontestable que pueda ser incluso apreciable de oficio... lo que la desvirtúa bastante, como ahora veremos.

---

519 STJUE Hoffmann/Kriegg citada, apartado 18.

520 STJUE Hoffmann/Kriegg citada, apartado 34.

Al hilo de lo expuesto, si la sentencia alemana no hubiera versado sobre una materia excluida en el artículo 27.4, o si, versando sobre éstas, hubiera llegado al mismo resultado que si se hubieran aplicado las reglas del derecho internacional privado holandés, no es posible encontrar en la resolución del Tribunal un argumento que excluya la aplicación en Holanda de la sentencia alemana. Obsérvese que el efecto preclusivo de los actos procesales sólo es aplicable en la medida que contraviene el dictado del artículo 27.4, el cual reconoce la fuerza incontestable de normas —relativas al estado o a la capacidad de las personas físicas, a los regímenes matrimoniales, a los testamentos o a las sucesiones— cuya aplicación, para el Convenio, sí son verdadero orden público del estado requerido.

Pero precisamente por el concurso de este artículo 27.4, no podemos afirmar, sin más, que los efectos de la cosa juzgada sean cuestión de orden público y aplicables de oficio. Solamente lo serán en caso de quebrantamiento de disparidad de los resultados a los que lleguen los tribunales de origen y requerido, como puede observarse en el último inciso del precepto.

Si el estudio se desplaza hacia la noción de orden público como obstáculo para el pleno despliegue de los derechos fundamentales, son reproducción de esta caracterización los artículos 72 y 276 del Tratado de Funcionamiento de la Unión Europea. Así, el artículo 72 del Tratado de Funcionamiento (antiguo artículo 64, apartado 1, Tratado de la Comunidad Europea, y antiguo artículo 33 Tratado de la Unión Europea) reza así: *«El presente título se entenderá sin perjuicio del ejercicio de las responsabilidades que incumben a los Estados miembros en cuanto al mantenimiento del orden público y la salvaguardia de la seguridad interior»*. A su vez, el artículo 276 del Tratado de Funcionamiento de la Unión Europea[521] estipula:

> En el ejercicio de sus atribuciones respecto de las disposiciones de los capítulos 4 y 5 del título V de la tercera parte relativas al espacio de libertad, seguridad y justicia, el Tribunal de Justicia de la Unión Europea no será competente para comprobar la validez o proporcionalidad de operaciones efectuadas por la policía u otros servicios con funciones coercitivas de un Estado miembro, ni para pronunciarse sobre el ejercicio de las responsabilidades que incumben a los Estados miembros respecto del mantenimiento del orden público y de la salvaguardia de la seguridad interior.

Sin embargo, el Tribunal de Justicia de la Unión Europea ha manifestado que esta redacción no puede ser considerada como algo absoluto. Así, en la jurisprudencia del Tribunal de Justicia encontramos que la cláusula de orden público es de aplicación restrictiva, y en principio, no debe ni puede ser aplicada con un objeto específico distinto del suyo propio, so pena de desnaturalizar su significado.

521 El artículo 276 TFUE ha sustituido al antiguo artículo 68 TCE, el cual decía, en su apartado 2, que *«el Tribunal de Justicia no tendrá en ningún caso competencia alguna sobre las medidas o decisiones adoptadas con arreglo al punto 1 del artículo 62 relativas al mantenimiento del orden público y a la salvaguardia de la seguridad interior»*.

La cuestión del orden público comunitario como freno a las llamadas libertades comunitarias dio luz a la muy famosa *Van Duyn/Home Office*[522], en la que el Tribunal declaró que el concepto de orden público en el contexto del Tratado y, en particular, cuando es usado como pretexto para derogar el principio fundamental de libre circulación de trabajadores, debe ser interpretado restrictivamente, de manera que su significado no pueda ser determinado unilateralmente por cada Estado Miembro.

En el fondo de la controversia, se halla la reticencia del gobierno británico a aceptar el funcionamiento dentro de sus fronteras de la Iglesia de la Cienciología, a la que el Ministerio de Sanidad consideraba dañina.

No obstante, el estado británico considera que en su ordenamiento no existen bases suficientes como para poder permitir dicho culto, por lo que sólo puede limitarse a limitar y controlar su crecimiento. En palabras del propio Tribunal de Justicia, las actividades de la Iglesia son consideradas, por el estado inglés, como socialmente dañinas, pero no ilegales[523].

Como consecuencia de ello, decide denegar todos aquellos permisos de trabajo que le sean solicitados por nacionales extranjeros con el objetivo de prestar servicios en los establecimientos de la Iglesia de la Cienciología. Esta restricción no se aplica a los nacionales británicos. La señora Van Duyn era una nacional holandesa con propósito de entrar en el Reino Unido con el objetivo de trabajar para la Iglesia.

Conforme al dictado de la sentencia, el artículo 48.3 del Tratado constitutivo de la Comunidad Económica Europea —hoy artículo 45 TFUE— admite ciertas limitaciones al principio de libre circulación de trabajadores sólo justificadas en la protección del interés, la seguridad o la salud públicas.

Sin embargo, la sentencia Van Duyn establece que las razones que permiten acudir a la excepción de orden público pueden variar de un país a otro y de una época a otra. Por ello, es necesario permitir a las autoridades nacionales una cierta discrecionalidad dentro de los límites marcados por el Tratado y las instituciones comunitarias[524]. En este sentido, en distintas partes de la sentencia parece deducirse que la restricción tampoco puede formularse con un carácter genérico, debiendo atenderse al caso concreto

---

522 STJUE de 4 de diciembre de 1974, Van Duyn/Home Office, 41/74, EU:C:1974:133. Resolución bien afamada porque en ella, el Tribunal de Luxemburgo fijó el efecto directo de las directivas comunitarias cuando sus disposiciones sean incondicionales y suficientemente claras y precisas.

523 Situación curiosa dada por el hecho de que la legislación británica no permitía adoptar una medida de prohibición pura y simple del establecimiento de esta iglesia, como consecuencia del régimen especialmente liberal vigente en el Reino Unido, y que únicamente dejaba un resquicio al gobierno británico para oponerse a que se engrosara la cohorte de los adeptos al referido culto.

524 Apartado 18.

y al comportamiento personal del afectado[525], pues es un evidente deseo de las instituciones comunitarias el prohibir que los Estados miembros adopten medidas de policía respecto a los nacionales ciudadanos del entonces mercado común considerados como integrantes de un colectivo y por el solo hecho de pertenecer al mismo.

En definitiva, al abrigo de la pequeña cuota de discrecionalidad que el Tribunal concede a las autoridades nacionales, se concluye que cuando un estado miembro haya adoptado medidas para contrarrestar las actividades de una organización en particular, por considerarlas dañinas, no puede serle exigido que las ilegalice como *conditio sine qua non* para poder ampararse en el concepto de orden público previsto en el artículo 48 TCEE, cuando ello no sea posible o recomendable en atención a las circunstancias del caso.

En este caso, se consideraba que la pertenencia a una asociación u organización cuyas actividades fueran consideradas por el estado miembro socialmente peligrosas podía y puede justificar la imposición de limitaciones a las libertades comunitarias en favor de la preservación del orden público[526].

Pocos años después, concretamente en 1977, la sentencia *Regina/ Bouchereau* amplió la comprensión del concepto de orden público contenido en el artículo 48 TCEE.

En el objeto del asunto *Regina/Bouchereau* se trataba la orden de expulsión del Reino Unido de un nacional francés que, empleado y residente en las islas británicas, fue declarado culpable de posesión de drogas.

Como decíamos, la comprensión del concepto adopta un carácter más abstracto en esta resolución. En ella se plantea si las palabras *«orden público»* en el artículo 48.3 del TCEE, referidas a la limitación de los derechos garantizados por el artículo 48, deben ser interpretadas comprendiendo: a) razones de estado, incluso cuando no se da un quebrantamiento de la paz o del orden público, o éstos no se ven amenazados; b) más estrictamente, la amenaza de violación del orden o seguridad públicos, o de la paz; c) un sentido más amplio[527].

---

525 Apartado 24. La remisión a la casuística se explica, sobre todo, porque la Directiva 64/221/ CEE del Consejo, de 25 de febrero de 1964, para la coordinación de las medidas especiales para los extranjeros en materia de desplazamiento y de residencia, justificadas por razones de orden público, seguridad y salud pública, había establecido en su artículo 3.1 que *«las medidas de orden público o de seguridad pública, deberán estar fundamentadas, exclusivamente, en el comportamiento personal del individuo a que se apliquen».*

526 En sus conclusiones, el Abogado General Henri Mayras manifiesta su escepticismo acerca del hecho de que se pueda deducir de la excepción de orden público un concepto comunitario. Afirma que la noción de seguridad pública *«al menos en la actualidad, continúa siendo nacional y ello es acorde con la realidad en la medida en que las exigencias de la seguridad pública varían, en el tiempo y en el espacio, de uno a otro Estado».* El Tribunal efectivamente acogería, aunque más tímidamente, este parecer, y al efecto, *vide* apartado 18 se la sentencia.

527 STJUE de 27 de octubre de 1977, Regina/Bouchereau, 30/77, EU:C:1977:172, apartado 31.

Así, la sentencia Bouchereau cita la resolución Van Duyn y la trasciende. Dice, al efecto, que en cuanto el recurso a la excepción supone restricciones a la libre circulación de personas, debe implicar no sólo la lógica perturbación del orden social que cualquier infracción de la ley implica, sino una real, especial y suficientemente seria amenaza al interés público y a los intereses esenciales de la sociedad.

Con posterioridad, es remarcable la sentencia *Hoffmann/Kriegg.* Para el Tribunal, el recurso a la cláusula de orden público *«únicamente debe actuar en casos excepcionales»*[528]. Y en 1999, en la sentencia *Arblade*[529] aseveraba que el hecho de que una norma nacional se califique como de orden público, no puede jamás constituir una excusa que permita soslayar la aplicación de los tratados, pues de otro modo se derogaría el principio de primacía del derecho comunitario. Conforme a la interpretación del Tribunal, esta norma nacional debe ser considerada válida sólo en la medida en que los Tratados hayan expresamente permitido una excepción a las libertades comunitarias por razones de interés público[530]. Poco margen queda, pues.

Veamos. El asunto *Arblade* analiza los artículos 59 del Tratado CE (actualmente artículo 56 del Tratado de Funcionamiento de la Unión Europea, tras su modificación)[531] y 60 del Tratado de la Comunidad Europea (actualmente, artículo 57 del Tratado de Funcionamiento de la Unión Europea)[532], relativos a la libre prestación de servicios, cuando la normativa de un Estado Miembro —Bélgica, en este caso— impone a los prestadores —franceses— una regulación particular en materia de protección económica y social de los trabajadores.

Entendemos que es posible extraer dos consecuencias importantes: a) la primera, relativa a la protección del salario, es que la libre prestación de servicios no puede soslayar las medidas establecidas en el Estado destinatario tuitivas del salario mínimo interprofesional: el Estado destinatario puede

528 STJUE 4 febrero 1988, Hoffmann/Kriegg, 145/86, EU:C:1988:61, apartado 21.

529 STJUE de 23 de noviembre de 1999, Arblade, C-369/96, EU:C:1999:575.

530 El redactado en inglés de la resolución quizá resulte más inteligible: *«The fact that national rules are categorised as public-order legislation does not mean that they are exempt from compliance with the provisions of the Treaty; if it did, the primacy and uniform application of Community law would be undermined. The considerations underlying such national legislation can be taken into account by Community law only in terms of the exceptions to Community freedoms expressly provided for by the Treaty and, where appropriate, on the ground that they constitute overriding reasons relating to the public interest»* (apartado 31).

531 *«Quedarán prohibidas las restricciones a la libre prestación de servicios dentro de la Comunidad para los nacionales de los Estados miembros establecidos en un país de la Comunidad que no sea el del destinatario de la prestación».*

532 *«El prestador de un servicio podrá, con objeto de realizar dicha prestación, ejercer temporalmente su actividad en el Estado donde se lleve a cabo la prestación, en las mismas condiciones que imponga ese Estado a sus propios nacionales».*

establecer un mínimo que en ningún caso puede rebasarse[533]; b) la segunda, es que el interés general vinculado a la protección social de los trabajadores puede constituir una razón imperiosa que justifique la imposición a un empresario establecido en otro Estado miembro, que preste servicios en el Estado Miembro de acogida, obligaciones que pueden constituir restricciones a la libre prestación de servicios[534].

La protección del trabajador se configura, de este modo, como un requisito de derecho necesario, pero, como vemos, sólo en el caso de que los Tratados hayan expresamente permitido una excepción a las libertades comunitarias por razones de interés público.

Casos parejos al expuesto lo constituyen *Rutili/Ministre de l'intérieur* y *Oteiza Olazábal*[535], ésta última reiterando la doctrina establecida en la primera. El asunto *Rutili/Ministre de l'intérieur* se refería a la situación de un nacional italiano residente en Francia desde su nacimiento y al que se habían impuesto en dicho Estado Miembro medidas restrictivas de su derecho de residencia como consecuencia de sus actividades políticas y sindicales: concretamente, el Ministerio del Interior consideraba que su presencia en Lorena acabaría ocasionando *«probablemente»* alteración del orden público.

El asunto Olazábal, que nos parece más gráfico, analiza la situación de un condenado por asociación ilícita a residir únicamente en aquellos departamentos franceses más alejados del País Vasco español. Dado que el condenado prestaba servicios por cuenta ajena en Francia, la revisión de su caso se enmarca en el que hoy sería el artículo 45 del Tratado de Funcionamiento de la Unión Europea[536], en el marco de la libre circulación de trabajadores, que sí prevé una excepción, pues dicha libertad puede limitarse en la medida en que ello esté justificado por razones de orden público y de seguridad y salud públicas[537].

En ambas resoluciones se reconoce que la justificación de las medidas destinadas a salvaguardar el orden público debe ser valorada tomando en consideración todas las normas de Derecho comunitario que tengan por objeto,

533 Apartado 41.

534 Apartado 51.

535 STJUE de 26 de noviembre de 2002, Oteiza Olazábal, C-100/01, EU:C:2002:712.

536 A grandes rasgos, *«quedará asegurada la libre circulación de los trabajadores dentro de la Unión»*.

537 Concretamente, en su apartado 3, el precepto prevé que *«sin perjuicio de las limitaciones justificadas por razones de orden público, seguridad y salud públicas, la libre circulación de los trabajadores implicará el derecho...»*. Y en el asunto Olazábal: *«el artículo 48, apartado 3, del Tratado (hoy 45 TFUE) reconoce a los Estados miembros, frente a una amenaza real y suficientemente grave que afecte a un interés fundamental de la sociedad, la posibilidad de imponer restricciones a la libre circulación de los trabajadores (véanse, en este sentido, las sentencias de 27 de octubre de 1977, Bouchereau, 30/77, Rec. p. 1999, apartado 35, y de 5 de febrero de 1991, Roux, C-363/89, Rec. p. I-273, apartado 30)»*.

por una parte, limitar la apreciación discrecional de los Estados Miembros en la materia y, por otra parte, garantizar la defensa de los derechos de las personas sujetas a medidas restrictivas por razones de orden público.

A la hora de fijar el contenido del interés público que puede amparar una excepción a la libertad comunitaria, debe tenerse presente, en primer lugar:

> Las reservas contenidas en el artículo 48 del Tratado y en el artículo 56 del Tratado CE (actualmente artículo 46 CE, tras su modificación) permiten a los Estados miembros adoptar, con respecto a los nacionales de los demás Estados miembros, especialmente por razones de orden público, medidas que no podrían aplicar a sus propios nacionales, en el sentido de que no pueden expulsar a éstos del territorio nacional ni prohibirles el acceso a él (véanse las sentencias de 4 de diciembre de 1974, Van Duyn, 41/74, Rec. p. 1337, apartados 22 y 23; de 18 de mayo de 1982, Adoui y Cornuaille, asuntos acumulados 115/81 y 116/81, Rec. p. 1665, apartado 7; de 17 de junio de 1997, Shingara y Radiom, asuntos acumulados C-65/95 y C-111/95, Rec. p. I-3343, apartado 28, y de 19 de enero de 1999, Calfa, C-348/96, Rec. p. I-11, apartado 20)[538].

Tampoco puede un Estado miembro ampararse en la reserva de orden público para actuar de este modo:

> Adoptar frente a un nacional de otro Estado miembro medidas provocadas por un comportamiento que, de ser realizado por los nacionales del primer Estado miembro, no da lugar a medidas represivas o a otro tipo de medidas reales y efectivas destinadas a combatir dicho comportamiento (véase, en este sentido, la sentencia Adoui y Cornuaille, antes citada, apartado 9)[539].

Pero, en definitiva, el interés público que protege el Estado francés en el asunto Olazábal viene dado precisamente por la condena penal por delito de asociación ilícita con objeto de alterar el orden público mediante la intimidación o el terror. En cambio, en el asunto *Rutili/Ministre de l'intérieur,* antes citado, el órgano jurisdiccional remitente dudaba sobre si una situación concreta como la del señor Rutili, que había ejercido derechos sindicales, permitía la adopción de una medida destinada a defender el orden público.

Con fundamento en ello, el Tribunal afirma la excepcionalidad de la cláusula de orden público deriva especialmente de la obligación impuesta a los Estados Miembros de basar las medidas adoptadas exclusivamente en el comportamiento personal de los individuos a que se apliquen, no en una serie de parámetros generales que pudieran abrir la puerta a la discriminación colectiva[540].

---

538 Apartado 41.

539 Apartado 42.

540 STJUE Olazábal, fundamentos jurídicos 30 y 31.

Debe recordarse también que una medida restrictiva de una de las libertades fundamentales garantizadas por el Tratado sólo puede justificarse si respeta el principio de proporcionalidad. A este respecto, dicha medida ha de ser adecuada para garantizar la realización del objetivo que persigue y no debe ir más allá de lo necesario para alcanzar dicho objetivo[541].

Pero esta excepcionalidad prevista en la jurisprudencia comunitaria, coherente con el principio de primacía, debe ser puesta en relación y estudiada a la vista del verdadero papel que desempeña el Derecho de la Unión: a pesar de su primacía, no debe considerarse que el ordenamiento europeo es un cuerpo supremo que se impone automáticamente a cualquier otra regulación. Antes, al contrario, como ocurre con cualquier cuerpo legislativo, existen aspectos más esenciales que otros, y declaraciones que conviven con preceptos de menor rango en régimen de complementariedad.

Dicho de otro modo, si la norma afectada no es esencial en el ordenamiento comunitario, lo que es tanto como decir que la libertad afectada no se ve herida en sus aspectos más esenciales, la primacía no puede convertir automáticamente los artículos de los Tratados en normas de derecho necesario.

Más recientemente, el Tribunal de Justicia ha tenido la oportunidad de pronunciarse sobre la comprensión de los intereses económicos de un Estado Miembro en la noción de orden público, descartándola. El asunto *flyLAL-Lithuanian Airlines*[542] resuelve un litigio en el que flyLAL-Lithuanian Airlines AS, en liquidación, demandó a Air Baltic Corporation AS en reclamación de daños y perjuicios por abuso de posición dominante. Sostenía, asimismo, que Starptautiskā lidosta Rīga VAS y Air Baltic Corporation AS mantenían un acuerdo contrario a libre competencia y contrario, por ende, al derecho de la Unión.

La cuestión es que flyLAL-Lithuanian Airlines solicitó la adopción de medidas cautelares, y en diciembre de 2008, el Tribunal de apelación de Lituania acordó el embargo preventivo de bienes de Starptautiskā lidosta Rīga VAS y Air Baltic Corporation AS por un importe de algo más de cincuenta y ocho millones de euros.

En el proceso de ejecución de la medida cautelar en Letonia, se planteó un óbice de orden público, pues, al encontrarse flyLAL-Lithuanian Airlines declarada en concurso de acreedores, podría darse que, de desestimarse su pretensión declarativa sobre el fondo, sería imposible recuperar las pérdidas sufridas debido a la inmovilización de los bienes. En este segundo punto, se aduce el riesgo de consecuencias económicas graves como cuestión de orden público, pero no las de cualquiera: la República de Letonia es titular de

541 STJUE de 30 de noviembre de 1995, Gebhard/Consiglio dell'Ordine degli Avvocati e Procuratori di Milano, C-55/94, EU:C:1995:411, apartado 37.

542 STJUE de 23 de octubre de 2014, flyLAL-Lithuanian Airlines, C-302/13, EU:C:2014:2319.

todo el capital social de Starptautiskā lidosta Rīga y de un 52,6 por 100 del capital de Air Baltic Corporation, con lo que se vería comprometida la propia seguridad del Estado.

Por lo que respecta esta vulneración que sobre el orden público pudiera acarrear el perjuicio económico ocasionado por la medida cautelar, el Tribunal comienza apoyando su razonamiento sobre la opinión manifestada por el Abogado General, con quien coincide al delimitar el orden público como comprensivo de *«intereses jurídicos o cualesquiera otros intereses expresados en una norma jurídica»*, que, eso sí, pueden afectar al ordenamiento económico, social o cultural del Estado miembro en cuestión o de la Unión[543]. Sin embargo, es concluyente al declarar que no entran dentro de la definición de orden público protegido por el artículo 34, punto 1, del Reglamento 44/2001, los intereses *«puramente económicos»* por elevados que éstos sean[544]. Los intereses meramente económicos, aunque provengan del capital público, no pueden estar cubiertos por el concepto de orden público. Pero de la argumentación dada por la Abogado General Juliane Kokott, se infiere claramente que otra cosa sería —y efectivamente, deja la puerta abierta a tal consideración— que la resolución de remisión de la cuestión prejudicial hubiera explicado cómo puede suceder que se haga peligrar la seguridad del Estado. Hace notar, en tal sentido, que a pesar de que en el recurso formalizado por la compañía Starptautiskā lidosta Rīga se mentaba que la medida cautelar era susceptible de *«afectar de forma sensible al papel estratégico-militar del aeropuerto de Riga»,* pero añade que *«el contexto fáctico y el régimen normativo en que se insertan las cuestiones prejudiciales quedan delimitaos por la resolución de remisión del órgano jurisdiccional remitente», que ni siquiera hace referencia alguna a la alegación de la recurrente*[545].

4.2.4. Convivencia de los distintos ordenamientos de derechos humanos en la Unión Europea

El diálogo entre tribunales acuñado por Vergottini ha sido objeto de muchos elogios y también de alguna crítica. Así, Psychogiopoulou reprueba al Tribunal de Justicia porque abusa de la cláusula de remisión del artículo 52.3 de la carta de los Derechos Fundamentales de la Unión Europea. Sus remisiones a la jurisprudencia del Tribunal Europeo de Derechos Humanos

543 Conclusiones de la Abogado General Juliane Kokott presentadas el 3 de julio de 2014, al flyLAL-Lithuanian Airlines, C302/13, EU:C:2014:2046, apartado 84, por remisión de la STJUE flyLAL-Lithuanian Airlines, apartado 56.

544 Conclusiones de la Abogado General, apartado 85, por remisión de la STJUE flyLAL-Lithuanian Airlines, apartado 56.

545 Conclusiones de la Abogado General, apartado 86.

son insuficientes en muchas ocasiones pues, a juicio de esta autora, el TJUE podría aprovechar para profundizar en la posibilidad de ofrecer una protección más garantista que la del Convenio[546].

En palabras de Milione, las conocidas resoluciones *Melloni y Åkerberg Fransson,* ambas dictadas en el mismo día de 2013, han abierto *«nuevos escenarios en el contexto de la protección europea de los derechos»*[547], al verse obligadas a contraponer los estándares de la Carta con los estándares más garantistas de los Estados miembros.

La sentencia *Melloni*[548], plantea una muy interesante contraposición entre la aplicación de las garantías mínimas de protección de los derechos fundamentales por parte de los Estados miembros y el orden público comunitario.

De hecho, con respecto a las garantías mínimas de protección existentes en cada uno de los Estados miembros, la sentencia *Melloni* efectúa una clarificadora interpretación[549] que en lo sucesivo examinaremos.

Los tribunales italianos habían condenado a pena de cárcel al señor Stefano Melloni, quien permaneció en rebeldía durante todo el proceso, y en ejecución de la sentencia, habían expedido una orden de detención europea. Posteriormente, el señor Melloni fue detenido en España, y acordada la entrega del reo al estado italiano mediante auto dictado por la Audiencia Nacional, el condenado presentó recurso de amparo ante el Tribunal Constitucional.

El Tribunal Constitucional español formuló una cuestión prejudicial al Tribunal de Justicia por cuanto le surgían dudas derivadas del hecho de que las leyes procesales transalpinas no establecían la posibilidad de recurrir las condenas dictadas en rebeldía. Entendía, así, que la orden de detención europea debiera condicionarse a que la República Italiana garantizase la posibilidad de interponer un recurso contra la sentencia que condenó al señor Melloni. En definitiva, el Estado español destacaba que el recurrente había sido condenado en rebeldía, lo cual es posible según el ordenamiento jurídico italiano, pero inconstitucional según el ordenamiento jurídico español. Más concreta-

546 Psychogiopoulou, E. (2022). «Judicial dialogue and digitalization: CJEU engagement with ECtHR case law and fundamental rights standards in the EU», *op. cit.*, 158.

547 Milione, C. (2017). «La interpretación del art. 47 CDFUE como expresión de la labor hermenéutica del Tribunal de Luxemburgo en la construcción de un estándar europeo de protección de los derechos». *UNED Teoría y Realidad Constitucional* núm. 39, 670.

548 STJUE de 26 de febrero de 2013, Melloni, C-399/11, EU:C:2013:107.

549 La autora Sara Iglesias Sánchez define la interpretación antedicha como *«fórmula Melloni»*, en Iglesias Sánchez, S. (2013). «TJUE - Sentencia de 26.2.2013 (Gran Sala) - Åklagaren y Hans Åkerberg Fransson, asunto C-617/10, "Carta de los Derechos Fundamentales de la Unión Europea - Ámbito de aplicación - Artículo 51 - Aplicación del derecho de la Unión - Artículo 50 - Principio *non bis in idem*". "La confirmación del ámbito de aplicación de la Carta y su interrelación con el estándar de protección"». *Revista de Derecho Comunitario Europeo* año n.° 17, n.° 46, pág. 1161.

mente, el señor Melloni no compareció al juicio, pero tuvo conocimiento de su celebración, y, de hecho, mandató a un abogado para que le defendiera, cosa que efectivamente hizo.

Con tales antecedentes, el Tribunal Constitucional español se planteaba la aplicación de un estándar de protección más alto que el italiano, con fundamento en el artículo 53 de la Carta de derechos Fundamentales, de conformidad con el cual, ninguna de las disposiciones de la presente Carta podrá interpretarse como limitativa o lesiva de los derechos humanos y libertades fundamentales reconocidos, en su respectivo ámbito de aplicación, por las Constituciones de los estados miembros.

El tribunal remitente de la cuestión prejudicial expone que, en su sentencia 91/2000, de 30 de marzo, reconoció que el contenido vinculante de los derechos fundamentales es más reducido cuando se proyectan *ad extra,* de manera que sólo sus exigencias más básicas o elementales pueden anudarse al artículo 24 de la Constitución y dar lugar a la puesta de manifiesto de una inconstitucionalidad indirecta. Y por ello, con arreglo al criterio de Tribunal Constitucional español, constituye una vulneración indirecta de las exigencias del derecho a un proceso con todas las garantías la decisión de los órganos judiciales españoles de acceder a la extradición de reos a terceros estados que, en caso de delito muy grave, den validez a las condenas en rebeldía, salvo que la extradición se supedite a la condición de que el condenado pueda impugnar esas condenas.

Entre los antecedentes del caso, debe decirse que la legislación directamente cuestionada era la Decisión marco 2002/584, que tenía por objeto sustituir el sistema de extradición multilateral entre estados miembros por un sistema basado en el principio de reconocimiento mutuo. Y la cuestión se suscita porque el Tribunal Constitucional considera que su postura resulta más garantista con el respeto y la protección del derecho de defensa que la operada por la normativa comunitaria.

Pero el Tribunal de Justicia se erige en verdadero intérprete del contenido esencial de los derechos fundamentales en la resolución del asunto *Melloni*[550], y de buenas a primeras, niega esta posibilidad de injerencia.

550 La Abogado General Eleanor Sharpston, en las Conclusiones presentadas el 30 de septiembre de 2010 en el asunto Ruiz Zambrano, C-34/09, EU:C:2010:560, refiere que, aunque el Tribunal de Justicia no es, como tal, un *«tribunal de derechos humanos»*. No obstante, *«como intérprete supremo del Derecho de la UE, el Tribunal de Justicia tiene la responsabilidad permanente de garantizar el respeto de dichos derechos dentro de la esfera de la competencia de la Unión. En efecto, en la sentencia Bosphorus el Tribunal de Estrasburgo indicó que el Tribunal de Justicia de la Unión Europea tiene un papel esencial en la protección de los derechos derivados del CEDH y sus protocolos anexos en la medida en que son de aplicación a cuestiones reguladas por el Derecho de la UE»*. Por este motivo, *«es esencial que el Tribunal de Justicia garantice que interpreta los Tratados de modo que refleje, de manera coherente, el papel y el significado actuales de los derechos fundamentales de la UE»* (apartado 155).

Así, la resolución viene a decirnos que, en el artículo 4 bis, apartado 1, la Decisión marco 2002/584, se prevén de forma exhaustiva los supuestos en los que debe considerarse que la ejecución de una orden de detención europea emitida para ejecutar una resolución dictada en rebeldía no vulnera el derecho de defensa, y siendo esto así, dicho precepto es incompatible con la facultad de la autoridad judicial para someter la ejecución de la orden a la condición de que la condena de que se trata pueda ser revisada[551].

Si el artículo 4 bis, apartado 1, de la Decisión marco 2002/584 no permitía una interpretación extensiva a favor de una posición más garantista del derecho de defensa como la adoptada por los tribunales españoles, debía entonces considerarse si dicho precepto resultaba contrario a los artículos 47 y 48, apartado 2, de la Carta de Derechos Fundamentales, sobre derecho a un juicio justo y equitativo y derecho de defensa del acusado.

Pero tampoco considera el Tribunal de Justicia que exista tal vulneración.

En el fundamento 49 de la sentencia, afirma el Tribunal que *«aunque el derecho del acusado a comparecer en el juicio constituye un elemento esencial del derecho a un proceso equitativo, aquel derecho no es absoluto».* Ello es así por estas razones:

> El acusado puede renunciar a ese derecho por su libre voluntad, expresa o tácitamente, siempre que la renuncia conste de forma inequívoca, se acompañe de garantías mínimas correspondientes a su gravedad y no se oponga a ningún interés público relevante. Más concretamente, no se produce una vulneración del derecho a un proceso equitativo, aun si el interesado no ha comparecido en el juicio, cuando haya sido informado de la fecha y del lugar del juicio o haya sido defendido por un letrado al que haya conferido mandato a ese efecto.

Y puesto que esta interpretación de los artículos 47 y 48 concuerda con el alcance reconocido al artículo 6, apartados 1 y 3, del CEDH por la jurisprudencia del Tribunal Europeo de Derechos Humanos[552], no puede considerarse que los derechos del señor Melloni hayan sido vulnerados.

Uno puede preguntarse si en este punto de la argumentación del Tribunal quizá se entiende mejor su negativa a que el estándar doméstico español, más garantista, pueda aplicarse frente a la Decisión marco. Pues bien: no podemos estar seguros de ello, porque bajo esta premisa no se comprende por qué se argumenta separadamente sobre la contraposición Constitución Española y Decisión marco, y Carta de Derechos Fundamentales y Decisión

---

551 Apartado 46.

552 Véanse en especial la STEDH de 14 de junio de 2001, Medenica v. Suiza, 20491/92 CE: ECHR:2001:0614JUD002049192, apartados 56 a 59; la STEDH de 1 de marzo de 2006, Sejdovic v. Italia, 56581/00, CE:ECHR:2006:0301JUD005658100, apartados 84, 86 y 98; y la STEDH de 24 de abril de 2012, Haralampiev v. Bulgaria, 29648/03, CE:ECHR:2012: 0424JUD002964803, apartados 32 y 33.

marco... salvo que sea para acentuar la sustantividad y primacía del derecho comunitario y, en tales términos, por cuestiones puramente formales y demostrativas del poder ostentado.

En cualquier caso, la respuesta definitiva a estas inquietudes vendrá más adelante, porque, efectivamente, el Tribunal Constitucional también pregunta si el artículo 53 de la Carta autoriza a que un Estado miembro aplique el estándar de protección de los derechos fundamentales garantizado por su Constitución cuando sea más elevado que el derivado de la Carta, pudiendo incluso oponerlo en su caso a la aplicación de disposiciones del Derecho de la Unión.

El Tribunal de Justicia se muestra contrario a tal interpretación del artículo 53 que efectúa el Tribunal Constitucional español, porque, de adoptarse, tendría este efecto:

> Menoscabaría el principio de primacía del Derecho de la Unión, ya que permitiría que un Estado miembro pusiera obstáculos a la aplicación de actos del Derecho de la Unión plenamente conformes con la Carta, si no respetaran los derechos fundamentales garantizados por la Constitución de ese Estado[553].

El Tribunal continúa razonándolo de esta manera:

> Cuando un acto del Derecho de la Unión requiere medidas nacionales para su ejecución, las autoridades y tribunales nacionales siguen estando facultados para aplicar estándares nacionales de protección de los derechos fundamentales, siempre que esa aplicación no afecte al nivel de protección previsto por la Carta, según su interpretación por el Tribunal de Justicia, ni a la primacía, la unidad y la efectividad del Derecho de la Unión[554].

Por el contrario, permitir que así fuera, se pondría en cuestión la uniformidad del nivel de protección de los derechos fundamentales definido por la Decisión marco[555].

En definitiva, la sentencia *Melloni* impone un criterio de interpretación de los derechos fundamentales contenidos en la Carta basado en la armonización y uniformidad del derecho de la Unión. Dicho de otro modo, cuando la

---

553 Afirmación recogida en el apartado 58 de la sentencia. En el mismo sentido, la invocación por un Estado miembro de las disposiciones del Derecho nacional, aun si son de rango constitucional, no puede afectar a la eficacia del Derecho de la Unión en el territorio de ese Estado. Véanse, en especial, la STJUE de 17 de diciembre de 1970, Internationale Handelsgesellschaft mbH/Einfuhr- und Vorratsstelle für Getreide und Futtermittel, C-11/70, EU:C:1970:114, apartado 3, y la STJUE (Gran Sala) de 8 de septiembre de 2010, Winner Wetten, C-409/06, EU:C:2010:503, apartado 61.

554 Apartado 60.

555 Apartado 63.

normativa de la Unión es respetuosa con el contenido de los derechos fundamentales reconocidos en la Carta, no pueden los Estados Miembros aplicar sus posturas más garantistas o protectoras.

Y en términos similares se expresará la posterior —aunque sólo por horas— *Åkerberg Fransson:*

> Cuando un órgano jurisdiccional de un Estado miembro deba controlar la conformidad con los derechos fundamentales de una disposición o de una medida nacional por la que se aplica el Derecho de la Unión en el sentido del artículo 51, apartado 1, de la Carta, en una situación en la que la acción de los Estados miembros no esté totalmente determinada por el Derecho de la Unión, las autoridades y tribunales nacionales siguen estando facultados para aplicar estándares nacionales de protección de los derechos fundamentales, siempre que esa aplicación no afecte al nivel de protección previsto por la Carta, según su interpretación por el Tribunal de Justicia, ni a la primacía, la unidad y la efectividad del Derecho de la Unión[556].

De hecho, no podemos sorprendernos con declaraciones como éstas. El ordenamiento de la Unión siempre ha defendido su autonomía, tanto adjetiva cuanto sustantiva, y no ha tomado sus conceptos de los ordenamientos domésticos, como puede verse, por ejemplo, en *Corman/Hauptzollamt Gronau*[557], en *Levin/Staatssecretaris van Justitie*[558], y en *The Queen/Commissioners of Customs and Excise, ex parte EMU Tabac y otros*[559].

556 STJUE de 26 de febrero de 2013, Åkerberg Fransson, C-617/10, EU:C:2013:105, apartado 29.

557 STJUE de 14 de enero de 1982, Corman/Hauptzollamt Gronau, 64/81, EU:C:1982:5. Dice que el Derecho comunitario «*no se remite a los sistemes legales de los Estados Miembros a la hora de determinar su significado y alcance; el ordenamiento jurídico comunitario no pretende, de hecho, en principio, que los conceptos que le son propios se definan sobre las bases de uno o más sistemes legales nacionales salvo que así lo exprese específicamente*» (apartado 8).

558 STJUE de 23 de marzo de 1982, Levin/Staatssecretaris van Justitie, 53/81, EU:C:1982:105: «*Los Gobiernos neerlandés y danés sostuvieron que* [...] *dada la inexistencia de disposiciones al respecto en la legislación comunitaria, según dichos Gobiernos, será preciso recurrir a los criterios nacionales para precisar tanto el salario mínimo como el mínimo número de horas. Sin embargo, dicho argumento no puede aceptarse. Como este Tribunal de Justicia ya afirmó en la sentencia de 19 de marzo de 1964 (Unger, 75/63, Rec. 1964, p. 347) los términos "trabajador" y "actividad por cuenta ajena" no pueden definirse remitiéndose a las legislaciones de los Estados miembros, sino que tienen un sentido comunitario. De lo contrario las normas comunitarias sobre la libre circulación de los trabajadores perderían su razón de ser por cuanto el contenido de dichos términos podría fijarse y modificarse unilateralmente, sin ningún control por parte de las Instituciones de la Comunidad, por las legislaciones nacionales, que podrían así excluir a su arbitrio a determinadas categorías de personas de los derechos que establece el Tratado*» (apartados 10 y 11).

559 STJUE de 2 de abril de 1998, The Queen/Commissioners of Customs and Excise, ex parte EMU Tabac y otros, C-296/95, EU:C:1998:152, apartado 30, citando el asunto Corman/Hauptzollamt Gronau.

Tal como recoge el profesor Tenorio Sánchez, la doctrina *Melloni «ha dejado claro que no es posible un doble estándar de protección cuando ya existen garantías comunes en el ámbito de la Unión»,* pero, en cambio, la misma doctrina admite lo siguiente:

> Que se pueda atender a un estándar de protección diferente del señalado en la Carta de Derechos Fundamentales cuando se trate de enjuiciar medidas nacionales de ejecución de un acto de la Unión siempre que la aplicación no afecte al nivel de protección previsto en la Carta, según su interpretación por el Tribunal de Justicia, ni a la primacía, la unidad ni la efectividad del Derecho de la Unión[560].

Sin embargo, también debe tenerse presente que, con estas dos resoluciones —las sentencias *Melloni y Åkerberg Fransson—* el Tribunal de Justicia viene a recordarnos que la Carta y el Convenio no participan de una misma naturaleza, y que, en consecuencia, cuando el estándar del Convenio es aplicado por un tribunal doméstico, ello no puede ir en menoscabo de la primacía del Derecho de la Unión y, claro está, de la propia Carta[561].

En mi opinión, el criterio manifestado por el Tribunal de Justicia supone una cierta «constitucionalización» de normas de la Unión que, como la Decisión marco, establecen un círculo de protección de los derechos fundamentales concreto y determinado. En otras palabras, no encuentro en la argumentación del Tribunal de Justicia motivos para pensar que todo aquello que emane del legislador de la Unión no vaya a ser respetuoso con la Carta. Evidentemente, esto es una exageración, pero lo que intento decir es que, aun cuando la Decisión marco sea respetuosa con la Carta, más respetuosa todavía lo es la interpretación dada por el Tribunal Constitucional.

En este sentido, considera el profesor Tenorio Sánchez que la solución dada por el Tribunal de Justicia no encaja con soltura en la Carta, toda vez que el artículo 52.4 de la misma dice que *«en la medida en que la presente Carta reconozca derechos fundamentales resultantes de las tradiciones constitucionales comunes a los Estados miembros, dichos derechos se interpretarán*

---

560 Tenorio Sánchez, P. J. (2013). «Diálogo entre tribunales y protección de los derechos fundamentales en el ámbito europeo», *op. cit.*, pág. 30. A raíz de la emisión, el mismo día que la sentencia Melloni, de la STJUE de 26 de febrero de 2013, Åkerberg Fransson, C-617/10, EU:C:2013:105, el autor pone en cuestión la existencia de un criterio claro a la hora de censurar la aplicación de los estándares constitucionales de protección más garantistas. Nos hace notar que la doctrina Melloni se aplica un estándar de protección en una materia totalmente regulada por el Derecho de la Unión y con un estándar de protección definido, pues el artículo 4 bis, apartado 1, de la Decisión marco 2002/584, prevé de forma exhaustiva los supuestos en los que debe considerarse que la ejecución de una orden de detención europea emitida para ejecutar una resolución dictada en rebeldía no vulnera el derecho de defensa.

561 Milione, C. (2017). «La interpretación del art. 47 CDFUE como expresión de la labor hermenéutica del Tribunal de Luxemburgo en la construcción de un estándar europeo de protección de los derechos», *op. cit.*, pág. 670.

en armonía con las citadas tradiciones». Desde esta perspectiva, con base en el artículo 52, apartado 3 y 4, en relación con el artículo 53 de la Carta[562], el derecho de la Unión *«estaría informado por el principio del estándar más elevado, con lo que el sistema iría evolucionando hacia los estándares más elevados en el conjunto de la Unión»*[563], y de esta manera, si hubiera que optar entre el estándar que un determinado derecho ofrece un país y el que tiene en otro, el Tribunal de Justicia siempre se decantaría por el Derecho constitucional del Estado que presentara el estándar de garantía más elevado[564].

Pero la realidad es distinta para el Tribunal de Justicia, y ahora, tal como defiende Álvarez, los *«principios superiores»* son los del Derecho de la Unión[565]. El autor incide en esta idea hablando del orden público y, más en

562 Acabamos de citar el apartado 4 del artículo 52. El apartado 3, por su parte, establece que *«en la medida en que la presente Carta contenga derechos que correspondan a derechos garantizados por el Convenio Europeo para la Protección de los Derechos Humanos y de las Libertades Fundamentales, su sentido y alcance serán iguales a los que les confiere dicho Convenio. Esta disposición no obstará a que el Derecho de la Unión conceda una protección más extensa»*, articulado que, a través de la interpretación dada por el Tribunal de Justicia, contiene implícitamente una declaración de que el sentido y alcance de los derechos garantizados no quedarán determinados únicamente por el texto del CEDH, sino también, en particular, por la jurisprudencia del Tribunal Europeo de Derechos Humanos [STJUE de 22 de diciembre de 2010, DEB, C-279/09, EU:C:2010:811, apartado 35]. Y el artículo 53, dice que *«ninguna de las disposiciones de la presente Carta podrá interpretarse como limitativa o lesiva de los derechos humanos y libertades fundamentales reconocidos, en su respectivo ámbito de aplicación, por el Derecho de la Unión, el Derecho internacional y los convenios internacionales de los que son parte la Unión o todos los Estados miembros, y en particular el Convenio Europeo para la Protección de los Derechos Humanos y de las Libertades Fundamentales, así como por las constituciones de los Estados miembros».*

563 *«Por lo que respecta a la Carta, su artículo 52, apartado 3, precisa que, en la medida en que dicha Carta contenga derechos que correspondan a derechos garantizados por el CEDH, su sentido y alcance serán iguales a los que les confiere este Convenio. Según la explicación de esta disposición, el sentido y alcance de los derechos garantizados no quedarán determinados únicamente por el texto del CEDH, sino también, en particular, por la jurisprudencia del Tribunal Europeo de Derechos Humanos (TEDH). El artículo 52, apartado 3, segunda frase, de la Carta dispone que la primera frase del mismo apartado no obstará a que el Derecho de la Unión conceda una protección más extensa»* [STJUE de 22 de diciembre de 2010, DEB, C-279/09, EU:C:2010:811, apartado 35; y en el mismo sentido, STJUE de 6 de septiembre de 2012, Trade Agency, C-619/10, EU:C:2012:531, apartado 75].

564 *Ibidem*, 32 y 33. Para el profesor Tenorio Sánchez, la doctrina Melloni inflige un duro golpe a la teoría del constitucionalismo multinivel, concepto que se basa en la existencia de dos capas de protección en el ámbito de la Unión Europea, la supranacional y la interna de los Estados Miembros. La primera no se impone a las segundas, pues unas y otras son interdependientes y complementarias en beneficio de los derechos del ciudadano [Tenorio Sánchez, P. J. (2013). «Diálogo entre tribunales y protección de los derechos fundamentales en el ámbito europeo», *op. cit.*, pág. 32].

565 Álvarez González, S. (2015). «¿Orden público europeo versus orden público internacional de cada Estado?», *op. cit.*, pág. 169.

particular, de *Povse v. Austria*[566], resolución dictada a raíz de una alegada vulneración del orden público austríaco. Lo relevante en este momento es que Santiago Álvarez sostiene que esta sentencia *«toma en cuenta una perspectiva europea de la protección de los derechos humanos, donde la referencia ya no es exclusivamente un singular Estado, sino más de uno»*, y, en consecuencia, aprueba el sistema de cooperación judicial de la Unión[567]. Dicho en otros términos: como predica el test Bosphorus, la protección está garantizada por la Unión, recaiga el control concreto en el Estado Miembro de origen o recaiga en el de destino.

Si dejamos al margen el Derecho de la Unión, las relaciones entre el Convenio Europeo de Derechos Humanos y las Constituciones domésticas era más o menos sencilla. El artículo 53 del Convenio[568] determinaba y determina que los estándares establecidos en el mismo pueden ser superados por las Constituciones estatales[569], y los artículos 1[570], 19[571] y 55[572], singularmente, hacen que los Estados contratantes deban asegurar, al menos, el estándar reconocido en el Convenio.

La irrupción de la Carta de los Derechos Fundamentales de la Unión Europea en el panorama legislativo ha conllevado un reposicionamiento de las normas reguladoras de derechos fundamentales hasta entonces existentes, es decir, el Convenio Europeo de Derechos Humanos y las Constituciones estatales. La Carta resultó ser la nueva pieza que debe encajar en el puzle legislativo y que provoca que las demás, hasta entonces acomodadas, deban «hacerle sitio». Fruto de ello, han ido emergiendo distintas consecuencias.

---

566 STEDH de 18 de junio de 2013, Povse v. Austria, 3890/11, CE:ECHR:2013:0618DEC000389011.

567 Álvarez González, S. (2015). «¿Orden público europeo versus orden público internacional de cada Estado?», *op. cit.*, 171.

568 *«Ninguna de las disposiciones del presente Convenio se interpretará en el sentido de limitar o perjudicar aquellos derechos humanos y libertades fundamentales que podrían ser reconocidos conforme a las leyes de cualquier Alta Parte Contratante o en cualquier otro Convenio en el que ésta sea parte».*

569 Cuartero Rubio, M. V. (2020). «Cooperación judicial civil en la Unión Europea y tutela en origen de derechos fundamentales», *op. cit.*, pág. 35.

570 *«Las Altas Partes Contratantes reconocen a toda persona bajo su jurisdicción los derechos y libertades definidos en el Titulo I del presente Convenio».*

571 *«Con el fin de asegurar el respeto de los compromisos que resultan para las Altas Partes Contratantes del presente Convenio y sus Protocolos, se crea un Tribunal Europeo de Derechos Humanos, en Adelante denominado "el Tribunal". Funcionará de manera permanente».*

572 *«Las Altas Partes Contratantes renuncian recíprocamente, salvo compromiso especial, a prevalerse de los tratados, convenios o declaraciones que existan entre ellas, a fin de someter, por vía de demanda, una diferencia surgida de la interpretación o de la aplicación del presente Convenio a un procedimiento de solución distinto de los previstos en el presente Convenio».*

Como muestra de ello, cabe remarcar los efectos que la adquisición del carácter vinculante por la Carta de los Derechos Fundamentales de la Unión Europea tras la promulgación del Tratado de Lisboa:

> Ha llevado a que el Tribunal de Justicia de la Unión Europea practique una interpretación «autónoma» de sus preceptos, y que la cita del Convenio Europeo de Derechos Humanos y de la jurisprudencia de Estrasburgo se realice, por la vía del artículo 52.1.3 de la Carta, no como la **ratio decidendi** de las resoluciones del Tribunal de Justicia de la Unión Europea, sino como «fuente de conocimiento jurídico» en esas resoluciones[573].

La Carta se relaciona con los ordenamientos jurídicos de diferente forma dependiendo de cuál sea el poder del que emana una determinada norma. Así, cuando se trata de normas de la Unión Europea, *«se le pueden oponer los derechos contenidos en la Carta. También se le podrán oponer los derechos reconocidos en el Convenio Europeo de Derechos Humanos»,* en virtud de la remisión que la Carta hace al Convenio como derecho mínimo[574]. *«Sin embargo, sólo se pueden oponer los derechos constitucionales nacionales cuando éstos otorgan mayor protección que los de la Carta de los Derechos Fundamentales de la Unión Europea»,* y siempre y cuando, como *conditio sine qua non, «sólo si con ello no se condiciona la unidad en la interpretación del derecho de la Unión Europea»*[575]. Ello es consecuencia del principio de primacía[576], tal como lo entendió la sentencia *Melloni,* caso en el cual el Tribunal de Justicia de la Unión Europea negó la aplicación de un estándar doméstico de protección superior al de la Carta de los Derechos Fundamentales de la Unión Europea porque *«rompe la unidad en la aplicación del derecho de la Unión»*[577].

Por otra parte, en la relación entre la Constitución Española y la Carta de los Derechos Fundamentales de la Unión Europea, Manuel Bustos Gibert ha recalcado que la Constitución permite interpretar la Carta desde dos pers-

573 López Guerra, L. (2017). «El Tribunal Europeo de Derechos Humanos, el Tribunal de Justicia de la UE y "le mouvement nécessaire des choses"». *UNED. Teoría y Realidad Constitucional* núm. 39, pág. 179.

574 Bustos Gisbert, R. (2017). «La aplicación judicial de la CDFUE; un decálogo a partir de la jurisprudencia del Tribunal de Justicia de la Unión Europea». *UNED. Teoría y Realidad Constitucional*, número 39, pág. 350.

575 *Idem*.

576 Bustos Gisbert, R. (2017). «La aplicación judicial de la CDFUE; un decálogo a partir de la jurisprudencia del Tribunal de Justicia de la Unión Europea», *op. cit.*, pág. 348.

577 *Ibidem*, pág. 347. Así, como destaca Rodríguez-Izquierdo, «el Tribunal de Justicia ha sostenido en repetidas ocasiones que las normas constitucionales estatales no pueden suponer un obstáculo para la aplicación uniforme del Derecho de la Unión» [Rodríguez-Izquierdo Serrano, M. (2017). «La posición de las sentencias del Tribunal de Justicia de la Unión Europea en el sistema constitucional de fuentes». *UNED. Teoría y Realidad Constitucional* núm. 39, pág. 512, y, asimismo, nota al pie de página 96].

pectivas, según se deduce de la Ley Orgánica 1/2008, de 30 de julio, por la que se autoriza la ratificación por España del Tratado de Lisboa, por el que se modifican el Tratado de la Unión Europea y el Tratado Constitutivo de la Comunidad Europea, firmado en la capital portuguesa el 13 de diciembre de 2007[578]. El artículo 2 de la Ley Orgánica hace que la Carta deba interpretarse al amparo del artículo 10.2 de la Constitución Española, esto es, como un tratado internacional (aunque formalmente no se considere así). Desde un segundo prisma, en la aplicación por el Tribunal Constitucional de la doctrina *Melloni,* una minoría, manifestada a través del voto particular, propuso aplicar la Carta al amparo del artículo 93 de la Constitución, lo que traería consigo una cesión de competencia y el otorgamiento de la última palabra al Tribunal de Justicia de la Unión Europea. Dicho esto, como sabemos, el artículo 51.1 de la Carta restringe su ámbito de aplicación a la ejecución del derecho de la Unión Europea, de modo que, según este segundo criterio, cuando no se estuviera aplicando el derecho de la Unión, el estándar válido para el Tribunal Constitucional sería el superior previsto en la Constitución[579].

La mayoría optó por interpretar la Carta al amparo del artículo 10.2 de la Constitución y, por tanto, rebajar el estándar de protección[580].

Precisamente, el Voto particular concurrente que formula la Magistrada Encarnación Roca Trías a la STC 26/2014, de 13 de febrero[581], que aplicaba el pronunciamiento emitido por Tribunal de Justicia de la Unión en el caso *Melloni,* ofrece una explicación de la relación y encaje entre Constituciones domésticas y ordenamientos supranacionales, que venía presentando problemas ya con mucha anterioridad.

Afirma el Voto particular:

> Especialmente significativas son la decisión del Tribunal Constitucional alemán (Bundesverfassungsgericht), conocida con el nombre de Solange 1 (29 de mayo de 1974), al afirmar que «en tanto» las Comunidades europeas no contaran con un catálogo de derechos fundamentales, cualquier Juez nacional, tras haber planteado la cuestión prejudicial al Tribunal de Justicia, podía dirigirse al Tribunal Constitucional si no resultaba convencido de la respuesta; el Tribunal, sin embargo, en la conocida como Solange 2 (22 de octubre de 1986) dijo que «en tanto» las Comunidades garanticen de manera general la protección efectiva de los derechos fundamentales frente al poder soberano de las Comunidades, no correspondería

578 BOE núm. 184, de 31/07/2008.

579 Bustos Gisbert, R. (2017). «La aplicación judicial de la CDFUE; un decálogo a partir de la jurisprudencia del Tribunal de Justicia de la Unión Europea», *op. cit.*, pág. 336-337.

580 *Ibidem*, pág. 356; asimismo, Rodríguez-Izquierdo Serrano, M. (2017). «La posición de las sentencias del Tribunal de Justicia de la Unión Europea en el sistema constitucional de fuentes», *op. cit.*, pág. 510.

581 STC 26/2014, de 13 de febrero (rec. 6922/2008), ES:TC:2014:26.

al Tribunal examinar la conformidad del Derecho comunitario con los derechos fundamentales reconocidos en el ordenamiento alemán[582]. Los Tribunales Constitucionales europeos han utilizado dos cánones para enjuiciar el hipotético enfrentamiento entre la prioridad del Derecho europeo y la protección constitucional interna de los Derechos fundamentales reconocidos en las distintas constituciones. El primero se utiliza a partir de la resolución alemana Solange 2, y consiste en la doctrina de la «protección equivalente», en el sentido de que cuando existan derechos reconocidos a nivel europeo (aunque no en el Convenio europeo de derechos humanos), los tribunales nacionales no deberán enjuiciar una hipotética confrontación. En este sentido, la decisión del Consejo Constitucional francés de 29 de octubre de 2004 y la STEDH caso Bosphorus, de 30 de junio de 2005. El segundo consiste en el denominado «estándar mínimo de protección». Este es el aceptado de alguna forma en la Declaración de este Tribunal 1/2004, de 13 de diciembre, en donde se señala que «claramente se advierte que la Carta se concibe, en todo caso, como una garantía de mínimos, sobre los cuales puede desarrollarse el contenido de cada derecho y libertad hasta alcanzar la densidad de contenido asegurada en cada caso por el Derecho interno»[583].

En efecto:

> El test Solange ha sido aplicado en el pasado a la relación entre las garantías domésticas en materia de derechos fundamentales y el Derecho de la Unión Europea —principalmente por el Tribunal Constitucional alemán—, y a la relación entre las garantías establecidas por el Convenio Europeo de Derechos Humanos y el Derecho de la Unión Europea —por el Tribunal Europeo de Derechos Humanos—[584].

Para Bustos Gibert, esta situación no tiene correspondencia en la aplicación del Convenio Europeo de Derechos Humanos frente a la Carta, porque, en tal caso, *«el Tribunal Europeo de Derechos Humanos garantiza mínimos de protección»,* mientras que *«el Tribunal de Justicia de la Unión Europea garan-*

582 Como refiere el profesor Vidal Prado, el Tribunal Constitucional Federal alemán sólo *«actuaría»* si el Tribunal de Justicia *«abandonase el "standard" de protección de derechos fundamentales similar al que está vigente en Alemania»* [Vidal Prado, Carlos (2006), «Nuevos (y viejos) recelos del Tribunal Constitucional Federal alemán frente a la eficacia del Derecho Comunitario», *op. cit.*, pág. 308]. Y es que para el Tribunal Constitucional alemán, sin perjuicio de que el Tribunal de Justicia tenga la potestad de *«asegurar la unidad jurídica en los ámbitos de competencia comunitaria»*, la relación que debe establecerse entre ambos es de *«cooperación»*, aun cuando en ocasiones sea difícil discernir si se trata más bien de *«competencia o confrontación»* [*ibidem*, 308-310].

583 Voto particular concurrente de Encarnación Roca Trías a la STC 26/2014, de 13 de febrero (rec. 6922/2008), ES:TC:2014:26, apartado 3.

584 Griller, S. (2008). «International Law, Human Rights and the European Community's Autonomous Legal Order: Notes on the European Court of Justice Decision in Kadi». *European Constitutional Law Review* 4, pág. 544
DOI: 10.1017/S1574019608005282

tiza la autonomía de todo un ordenamiento jurídico imponiendo estándares unitarios en los que a menudo no cabe margen de maniobra»[585]. En todo caso, lo que es cierto es que el Convenio Europeo de Derechos Humanos no impulsará una rebaja del estándar doméstico porque no tiene que igualar (no es su cometido) los derechos de distintos estados. Y aquí, como vemos, puede identificarse fácilmente el peligro de un doble estándar.

Pero la relación entre la Carta de los Derechos Fundamentales de la Unión Europea y el Convenio Europeo de Derechos Humanos no es sencilla, en la medida en que muchos autores han manifestado el temor a la aparición precisamente de esos dobles estándares:

> Con arreglo al tercer párrafo del artículo 6.1 del Tratado de la Unión Europea y al artículo 52.7 Carta de los Derechos Fundamentales de la Unión Europea, la interpretación del artículo 47 de Carta de los Derechos Fundamentales de la Unión Europea debe hacerse tomando en consideración las Explicaciones de la Carta, que establecen que el primer párrafo del artículo 47 de la Carta de los Derechos Fundamentales de la Unión Europea se basa en el artículo 13 del Convenio Europeo de Derechos Humanos, mientras que el segundo párrafo corresponde al artículo 6.1 del Convenio Europeo de Derechos Humanos, aunque la protección garantizada [por la Carta] es superior en ambos casos[586].

En opinión del Abogado General Pedro Cruz Villalón, una vez un derecho fundamental es reconocido por la Unión Europea, adquiere su propio contenido: no es, pues, la suma de las características previstas, para él, en los artículos 6 y 13 el Convenio Europeo de Derechos Humanos[587]. Prueba de todo ello es que, mientras el Convenio Europeo de Derechos Humanos dis-

585 Bustos Gisbert, R. (2017). «La aplicación judicial de la CDFUE; un decálogo a partir de la jurisprudencia del Tribunal de Justicia de la Unión Europea», *op. cit.*, pág. 358.

586 Safjan, M. y Düsterhaus, D. (2014). «A Union of effective judicial protection: Addressing a multi-level challenge through the lens of Article 47 CFREU». *Yearbook of European Law* vol. 33, 1, pág. 31.

587 *Ibidem*, pág. 32. En este punto, los autores siguen y citan las Conclusiones del Abogado General Pedro Cruz Villalón presentadas el 1 de marzo de 2011 al asunto Samba Diouf, C-69/10, EU:C:2011:102, apartado 39: *«Con su proclamación como derecho de la Unión por obra del artículo 47 CDFUE, el derecho a la tutela judicial efectiva, tal como aparece proclamado en este precepto, adquiere una entidad y sustantividad propias, no limitándose al mero agregado de los enunciados de los artículos 6 y 13 CEDH. En otras palabras, el derecho fundamental pasa a adquirir entonces, ya como derecho proclamado y garantizado por la Unión, un contenido que le es propio, en cuya definición, ciertamente, han de jugar un papel fundamental los instrumentos internacionales en los que tal derecho se inspira, y entre ellos en primera línea el CEDH, pero también las tradiciones constitucionales de las que el derecho en cuestión procede y, con ellas, el universo conceptual de los principios característicos del Estado de Derecho. Todo ello sin relegar en ningún caso la propia tradición representada por el acervo de más de medio siglo de Derecho de la Unión, que ha dado lugar, en tanto que sistema normativo, al desarrollo de una doctrina de principios que le son característicos».*

pensa protección a los derechos en él reconocidos, el artículo 47.1 de la Carta de los Derechos Fundamentales de la Unión Europea, en su a pesar de su «correspondencia» con el artículo 13 del Convenio, extiende el derecho a un remedio judicial efectivo a todos *«los derechos y libertades garantizadas por el Derecho de la Unión»*[588].

Frąckowiak-Adamska identifica dos reglas que deberían permitirnos establecer una jerarquía entre los distintos estándares que existen y que —además— se reconocen en la Unión Europea. La primera de ellas es el Convenio Europeo de Derechos Humanos, en la medida en que la Carta lo invoca como norma interpretativa *de minimis.* La segunda regla surge de la sentencia *Melloni,* que establece que, en caso de harmonización legislativa, los ordenamientos jurídicos domésticos no pueden establecer un estándar superior so pena de violentar el principio de primacía de la Unión[589]. Así pues, por un lado, por debajo del Convenio Europeo de Derechos Humanos no hay nada, y tampoco lo hay por encima de una norma armonizadora de la Unión.

La convivencia de este conjunto de normativas reguladoras de derechos fundamentales, caracterizada por el dinamismo[590] de las relaciones entre tribunales, ha sido denominada Pluralismo Constitucional:

> [Este concepto] está caracterizado por la idea de que, a causa de su equivalencia en cuanto a rango, no todas las normas de un ordenamiento jurídico pueden

---

588 Safjan, M. y Düsterhaus, D. (2014). «A Union of effective judicial protection: Addressing a multi-level challenge through the lens of Article 47 CFREU», *op. cit.*, pág. 31. En este punto, los autores también citan las Conclusiones del Abogado General al asunto Brahim Samba Diouf, apartado 42. En apoyo de su tesis, Safjan y Düsterhaus también destacan que el artículo 13 del Convenio Europeo de Derechos Humanos no excluye que el remedio judicial pueda sr administrativo, mientras que el artículo 47 de la Carta de los Derechos Fundamentales de la Unión Europea requiere que sea judicial [Safjan, M. y Düsterhaus, D. (2014). «A Union of effective judicial protection: Addressing a multi-level challenge through the lens of Article 47 CFREU», *op. cit.*, pág. 31]. Asimismo, también que la posibilidad de ser asesorado, defendido y representado, contemplada en el segundo párrafo del artículo 47 no está, como tal, prevista en el artículo 6 del Convenio Europeo de Derechos Humanos [*ibidem*, 32].

589 Frąckowiak-Adamska, A. (2021). «Procedural rights (and obligations) of parties to civil proceedings». En S. Iglesias Sánchez y M. González Pascual (ed.), *Fundamental rights in the EU Area of Freedom, Security and Justice*. Cambridge University Press, Cambridge, pág. 235. DOI: https://doi-org.bibliotecauned.idm.oclc.org/10.1017/9781108769006. Sobre esta última afirmación, la autora declara que la misma es difícil de consensuar con el artículo 53 de la Carta, que literalmente estipula que *«ninguna de las disposiciones de la presente Carta podrá interpretarse como limitativa o lesiva de los derechos humanos y libertades fundamentales reconocidos, en su respectivo ámbito de aplicación* [...] *por las constituciones de los Estados miembros»* [*ibidem*, págs. 235-236].

590 Carmona Contreras, A. (2016). «El espacio europeo de los derechos fundamentales: de la Carta a las constituciones nacionales». *Revista Española de Derecho Constitucional*, n.° 107, pág. 21. DOI: http://dx.doi.org/10.18042/cepc/redc.l 0Z01

estar situadas en una estructura jerárquica, y que, consecuentemente, algunos de los conflictos normativos que surgen podrían no tener solución legal[591]. El régimen de derechos humanos en la región europea está caracterizado por la coexistencia de una multiplicidad de normas reguladores de los derechos humanos, y de interpretaciones judiciales que las desarrollan[592].

Dentro de la idea de Pluralismo Constitucional, en tanto que interpretaciones singulares del concepto, aparecen teorías como el Metaconstitucionalismo, la Constitución Red, o el Constitucionalismo cooperativo, entre otras[593], que, partiendo de la base de la convivencia de distintos ordenamientos, ponen su énfasis en distintos aspectos más políticos que jurídicos.

En cambio, Halleskov Storgaard opina que es el Pluralismo Discursivo el que engloba las teorías de autores *«como Maduro ("ley contrapuntual"), Walker ("constitucionalismo epistémico"), Halberstam ("constitucionalismo plural"), Kumm ("constitucionalismo cosmopolita"), De Búrca ("constitucionalismo blando"); y Tuori ("ley transanacional")»*, observando que entre ellos *«es posible inferir un núcleo sustantivo común»* que da lugar a lo que él llama, como decíamos, Pluralismo Discursivo[594]. Este precitado núcleo ha sido definido en los siguientes términos:

> [Una] visión plural, heterárquica, de la organización e interacción de los sistemas legales nacional, supranacional e internacional, que se solapan en la escena global: cada uno de ellos se percibe como principalmente autónomo y sujeto a sus propias normas de reconocimiento, sin reclamar tampoco una superioridad legal sobre otro. Por consiguiente, el punto en común que comparten se basa en un desacuerdo fundamental con el constitucionalismo clásico que entendía que la ley se organiza en un único «Stufenbau» al modo Kelseniano con un Grundnorm específico situado en el vértice de la pirámide legal[595].

---

591 Aunque es fácil entender a qué se refiere esta expresión, no por ello hemos de dejar de atildarla de imprecisa: solución legal siempre habrá, porque no conozco ningún ordenamiento jurídico que admita la aplicación del *non liquet*.

592 Irti, Giorgia (2020), «Discordant Interpretations of the Right to a Fair Trial before the European Court of Human Rights and the Court of Justice of the European Union: The necessity to guarantee consistency in the interpretation of the procedural right to adversarial proceedings of the right to a Fair Trial in a context of Constitutional Pluralism, Master Thesis in the Theory and Practice of Human Rights», University of Oslo, págs. 14-15. Sigue y cita a Bianchi, A. (2016). *International Law Theories: An inquiry into different ways of thinking*. Oxford University Press, Oxford, pág. 49.

593 Criado Aguilera, J. I. (2016). *El pluralismo constitucional: concepto teórico, interpretaciones y perspectivas*. Universos Jurídicos, número 5, págs. 11-17.

594 Halleskov Storgaard, L. (2015). «Composing Europe's Fundamental Rights Area: A case for discursive pluralism», *op. cit.*, págs. 225-226.

595 *Ibidem*, pág. 226, citando a Kelsen, H. (1945). *General Theory of Law and State*. Harvard University Press, Cambridge, págs. 393-395. En la obra citada, Kelsen explica que la ley positiva deriva de un orden natural que, a su vez, proviene *«de Dios, de la naturaleza o de la*

Pero, de entre todas ellas, la doctrina española más preeminente se ha decantado por seguir la teoría del Constitucionalismo Multinivel, noción alumbrada por Ingolf Pernice para calificar este entramado de relaciones existentes entre los distintos ordenamientos que conviven en la Unión Europea y en cuya cúspide se encuentran las disposiciones con vocación constitucional, como es el caso de las relativas a los derechos fundamentales. El método multinivel no se aproxima a la norma emanada en un determinado nivel (estatal o supranacional, por ejemplo) como a un cuerpo legislativo autónomo y autosuficiente, sino como a un componente más del Derecho interno que no puede entenderse si no es en relación con las normas emitidas en otros niveles[596]. La particularidad de este método es que, de entre las diversas capas de protección que existen en un ordenamiento, como en el ámbito de la Unión Europea puede ser la supranacional y la interna de los Estados miembros, el constitucionalismo multinivel promulga que la primera no se impone a las segundas, pues unas y otras son interdependientes y complementarias en beneficio de los derechos del ciudadano[597].

La aplicación de la metodología multinivel en el ámbito de los derechos fundamentales permitiría salvar el conflicto entre normas, pues abogaría por la adopción de la regla más garantista, *«con lo que el sistema iría evolucionando hasta los estándares más elevados en el conjunto de la Unión»,* tal como sostiene el profesor Pedro Tenorio Sánchez, quien continúa explicando que ello es así por cuanto, tras la promulgación de la Carta de los Derechos Fundamentales de la Unión Europea, *«si había que optar entre el estándar que un determinado derecho tenía en un país y el que ofrecía otro, el Tribunal de Justicia siempre se decantaría por el Derecho constitucional del Estado que presentara el estándar más alto»*[598]. Sin embargo, fue el propio TJUE el que se encargó de asestar un *«duro golpe a la teoría, cada vez más extendida, del constitucionalismo multinivel»*[599] en la sentencia *Melloni.* En realidad, la *Melloni* viene a corroborar algo que, en otro orden de cosas, apunta Cuartero Rubio, y es que, en la convivencia entre Convenio Europeo de Derechos Humanos y Constituciones domésticas, el estándar tiende al máximo por mor del artículo 53 de la

razón», y por ello, es *«bueno, correcto y justo»*. (*ibidem*, pág. 392). Así, se entiende perfectamente que la *Stufenbau* es la estructura jerárquica en un ordenamiento jurídico, como explica Paulson, S. L. (2012). La interpretación débil de la autoridad en la Teoría Pura del Derecho de Hans Kelsen. *Revista Derecho del Estado* número 29, pág. 8. La *Grundnorm* es la norma fundamental del ordenamiento. *«Existe una norma básica que establece la autoridad suprema, creadora de la ley»* (Hans Kelsen (1945), *General Theory of Law and State*, op. cit., pág. 395).

596 Gómez Sánchez, Y. (2018) *Constitucionalismo multinivel. Derechos Fundamentales*. Editado por UNED. Sanz y Torres, Madrid, págs. 45-50.

597 Tenorio Sánchez, P. J. (2013). «Diálogo entre tribunales y protección de los derechos fundamentales en el ámbito europeo», *op. cit.*, pág. 32.

598 *Ibidem*, págs. 32-33.

599 *Idem*.

norma, mientras que, con la intervención de la Carta y dentro de su ámbito de aplicación, los estándares son de mínimos como contrapunto a la autonomía del Derecho de la Unión[600]. Como recalca la autora, solo cuando el Derecho de la Unión cede a los Estados Miembros un margen de apreciación, se les permite la aplicación de un estándar «al alza»[601].

4.3. Referencia a la protección del derecho de defensa en el ámbito jurisdiccional penal

Los equilibrios en el orden internacional han cambiado, porque en el ciberespacio, *«sólo se requieren recursos limitados para poder causar un daño significativo»,* de manera que la digitalización ha cambiado el paradigma de que *«un agente poderoso tiene relativamente poco que temer de sus adversarios más débiles que él»*[602]. La era digital ha traído consigo nuevos desafíos, como la extraterritorialidad del ciberespacio, que tiene una importante derivada en el ámbito jurisdiccional penal.

Desde 1999, cuando se inició el proceso, podríamos decir que la armonización de legislaciones en el ámbito jurisdiccional penal va palmariamente por delante de su homónima en el ámbito civil. Precisamente al contraponer esta dualidad, Requejo Isidro se ha preguntado qué lugares comunes podrían hallarse entre ambos regímenes e, incluso, si sería posible que uno y otro se alimentaran mutuamente para posibilitar el respectivo avance.

Para la autora, existen varios aspectos que podríamos denominar de base que conducen a pensar que los terrenos de juego no son iguales. Uno de ellos es el mismo tratamiento que los tratados dan a la cooperación judicial en materia civil y penal. Respectivamente, el artículo 81 y el artículo 82 del Tratado de la Unión Europea hablan de la facultad de armonizar[603] o la dan como necesaria[604]. Esta distinta visión de ambas esferas tiene que ver, en la opinión de Requejo Isidro, con el diferente balance de intereses que se debaten en el orden penal y civil. En el primero, el individuo es una parte

600 Cuartero Rubio, M. V. (2020). *Cooperación judicial civil en la Unión Europea y tutela en origen de derechos fundamentales*, *op. cit.*, pág. 37.

601 *Ibidem*, 38.

602 Burchardt, D. (2023). «Does digitalization change International Law structurally?», *op. cit.*, 446.

603 *«La Unión desarrollará una cooperación judicial en asuntos civiles con repercusión transfronteriza, basada en el principio de reconocimiento mutuo de las resoluciones judiciales y extrajudiciales. Esta cooperación podrá incluir la adopción de medidas de aproximación de las disposiciones legales y reglamentarias de los Estados miembros».*

604 *«La cooperación judicial en materia penal en la Unión se basará en el principio de reconocimiento mutuo de las sentencias y resoluciones judiciales e incluye la aproximación de las disposiciones legales y reglamentarias de los Estados miembros en los ámbitos mencionados en el apartado 2 y en el artículo 83».*

débil que se enfrenta nada más y nada menos que al estado. En el segundo, los contendientes son generalmente dos individuos que se han enzarzado voluntariamente en una disputa[605]. Aun así, en el orden civil tampoco deben descartarse áreas que exigen una intervención más intensa de los poderes públicos en la protección de intereses en conflicto, como sería el caso de la sustracción de menores[606]. Este diverso enfoque se manifiesta también en las preocupaciones del legislador y el poder judicial de la Unión: mientras que, en el terreno penal, el principal interés digno de protección es el derecho a un juicio justo, en la vertiente civil, lo hace en el acceso a la justicia[607]. Y esta contraposición de partes en contienda, nos conduce a observar que, en el ámbito penal, se pone en boga la soberanía del estado y la territorialidad de su dominio, cosa que no ocurre con la misma acentuación en el ámbito civil. Como consecuencia de todo ello, existe una mayor reluctancia por parte de los estados a ceder soberanía, a lo que se une el hecho de que, en un ámbito como el penal, la *equivalencia «no puede, o no debería, darse por supuesta»*[608]. Por añadidura, la cooperación judicial penal, que ya desde los propios tratados —especialmente, desde la propia dicción del artículo 82 del Tratado de la Unión—, se fundamenta en dos pilares, primordialmente, que son la confianza recíproca y la armonización legislativa, busca y fomenta la equivalencia entre sistemas jurídicos de los Estados Miembros con mayor vehemencia[609] que la civil[610]. Dado que los intereses contrapuestos no tienen la misma significación en el ámbito civil, tampoco sería descartable que, en favor de la integración, pueda despreciarse el respeto de determinados derechos de los individuos, de significación menor[611].

605 Requejo Isidro, M. (2017). «Do we need harmonisation to achieve harmonious cooperation?» En B. Hess, y X. E. Kramer (ed.), *From common rules to best practices in European Civil Procedure* (págs. 77-119). Studies of the Max Planck Institute Luxembourg for International, European and Regulatory Procedural Law, Vol. 8. Nomos Verlag, Luxemburgo, pág. 111.

606 *Ibidem*, pág. 112.

607 Requejo Isidro, M. (2017). «Do we need harmonisation to achieve harmonious cooperation?», *op. cit.*, pág. 110. La autora recalca que *«un más fácil acceso a la justicia alienta (presuntamente) el movimiento transfronterizo y, consecuentemente, la integración» (idem).*

608 *Ibidem*, pág. 90.

609 Requejo Isidro, M. (2017). «Do we need harmonisation to achieve harmonious cooperation?», *op. cit.*, pág. 86. Para la autora, «aun cuando la armonización no es una condición previa al reconocimiento mutuo [...] *puede ser necesaria para alcanzar un nivel aceptable de equivalencia funcional»* (*ibidem*, pág. 87).

610 En apoyo de este argumento, Matthias Weller, citado también por Marta Requejo, ha aseverado que, *«en materia penal, el legislador europeo es mucho más cauto* [que en materia civil] *y reconoce con mucha franqueza que la confianza mutua es un objetivo sensible y a largo plazo sobre el que todavía debe trabajarse»* [Weller, M. (2015). «Mutual trust. In search of the future of European Union private international law». *Journal of Private International Law* vol. 11, n.º 1, pág. 85, doi: 10.1080/17536235.2015.1033203].

611 Requejo Isidro, M. (2017). «Do we need harmonisation to achieve harmonious cooperation?» *op. cit.*, pág. 112.

Descendiendo a la aplicación concreta del Derecho derivado en el ámbito penal, Marta Requejo destaca que se evidencia *«la presencia de fallos en la protección de derechos fundamentales en la UE»,* defectos de los que el Tribunal de Justicia es consciente[612]. Así lo deduce de las propias desconfianzas que el propio Tribunal de Justicia ha manifestado, en materia de detención, en la sentencia *Aranyosi y Căldăraru,* con criterio respaldado por las Conclusiones del Abogado General[613]. La sentencia concluye que:

> [El Estado requerido] deberá comprobar, concreta y precisamente, si existen razones serias y fundadas para creer que la persona objeto de una orden de detención europea emitida a efectos del ejercicio de acciones penales o de la ejecución de una pena privativa de libertad correrá, debido a sus condiciones de reclusión en ese Estado miembro, un riesgo real de trato inhumano o degradante, en el sentido del artículo 4 de la Carta de los Derechos Humanos de la Unión Europea, en caso de ser entregada a dicho Estado miembro[614].

Sin embargo, este desafío a la confianza recíproca no es incondicionado, pues en *Aranyosi y Căldăraru, al igual que en N. S. y otros*[615]*,* se reconoce a los Estados miembros la facultad de retar la confianza mutua sólo cuando aparezcan violaciones sistémicas en el Estado miembro de origen[616]. Es por ello que debe admitirse que la aproximación que el Tribunal de Justicia hace a los derechos fundamentales del individuo en el caso concreto está fuertemente enviciada por los objetivos de interés de la Unión y, específicamente, por la confianza mutua[617].

4.4. Las nuevas medidas de digitalización en la cooperación judicial transfronteriza

Acabamos de ver que, por encima de la Carta de los Derechos Fundamentales de la Unión Europea, no hay nada. Nos estamos refiriendo, como puede inferirse, a los estándares en la protección de derechos fundamentales.

---

612 Requejo Isidro, M. (2016). «Avotinš c. Letonia, Sentencia del TEHD, de 23 de mayo de 2016, as. 17502/07"», *Revista General de Derecho Europeo* 40, pág. 196 y nota al pie de página 28. Recuperado el 10 de diciembre de 2022 de https:/www.iustel.com/v2/revistas/detalle_revista.asp?id_noticia=417872

613 Conclusiones del Abogado General Yves Bot al asunto Aranyosi y Căldăraru, C-404/15, presentadas el 3 de marzo de 2016, EU:C:2016:140

614 STJUE de 5 de abril de 2016, Aranyosi y Căldăraru, C-404/15, EU:C:2016:198.

615 STJUE de 21 de diciembre de 2011, N. S. y otros, C-411/10, EU:C:2011:865

616 Requejo Isidro, M. (2016). «Avotinš c. Letonia, Sentencia del TEHD, de 23 de mayo de 2016, as. 17502/07», *op. cit.*, pág. 198.

617 *Ibidem*, pág. 199.

En la cooperación judicial en la Unión, no se permiten estándares más garantistas que el de la Carta, y, en cambio, la Carta sí puede mejorar los estándares propios de las constituciones domésticas y del Convenio Europeo de Derechos Fundamentales.

Con el advenimiento de la justicia digital, seguro que la Carta dará lugar a nuevas interpretaciones. Hoy en día, sin embargo, existen algunas líneas hermenéuticas que podemos avanzar, ya que, como hemos expuesto con anterioridad, el legislador de la Unión ha abrazado de manera entusiasta la digitalización —cosa, por otra parte, fácil de comprender dadas las evidentes ventajas que comporta el mundo virtual en un territorio tan vasto y compartimentado por fronteras como es el de la Unión Europea—.

Desde la perspectiva del derecho de defensa, lo que resulta más preocupante es la celebración de audiencias mediante videoconferencia. El Reglamento 2023/2844 sobre la digitalización de la cooperación judicial y del acceso a la justicia en los asuntos transfronterizos civiles, mercantiles y penales[618], se abre a la videoconferencia —como antes lo había hecho el Reglamento 2020/1783 en el ámbito de la obtención de pruebas en materia civil o mercantil—, pero no la impone y, sintomáticamente, la supedita a la conformidad de las partes, como podemos observar en su artículo 5.1:

> A petición de una de las partes o de su representante, o, cuando así se establezca en virtud del Derecho nacional, por propia iniciativa, en los procedimientos en materia civil o mercantil en los que una de las partes o su representante esté presente en otro Estado miembro, la autoridad competente determinará la participación de las partes y de sus representantes en una vista por videoconferencia o por medio de otras tecnologías de comunicación a distancia, atendiendo a:
> a) la disponibilidad de tales tecnologías;
> b) la opinión de las partes en el procedimiento sobre el uso de tales tecnologías, y
> c) la idoneidad del uso de tal tecnología en las circunstancias concretas del asunto.

Las partes, por tanto, deben poder expresar su parecer sobre el uso de la videoconferencia, y esta tecnología debe ser idónea en las circunstancias del caso.

La intervención de declarantes mediante videoconferencia en el ámbito penal se regula en el artículo 6 del Reglamento, en términos prácticamente idénticos a los anteriores:

> Permitirá a dichas personas participar en la vista por videoconferencia o por medio de otras tecnologías de comunicación a distancia, siempre que:
> a) las circunstancias concretas del asunto justifiquen el uso de dicha tecnología, y

618 Reglamento (UE) 2023/2844 del Parlamento Europeo y del Consejo, de 13 de diciembre de 2023, sobre la digitalización de la cooperación judicial y del acceso a la justicia en asuntos transfronterizos civiles, mercantiles y penales, y por el que se modifican determinados actos jurídicos en el ámbito de la cooperación judicial (DO L 2023/2844, de 27 de diciembre de 2023, ELI: http://data.europa.eu/eli/reg/2023/2844/oj).

b) el sospechoso, acusado, condenado o la persona afectada haya prestado su consentimiento para el uso de la videoconferencia u otras tecnologías de comunicación a distancia a los efectos de dicha vista de conformidad con los requisitos a que se refieren los párrafos segundo, tercero y cuarto del presente apartado.

Decíamos prácticamente porque no idénticos, ya que, si nos fijamos, en el ámbito penal la intervención de un *«sospechoso, un acusado o un condenado, o una persona afectada, tal como se define en el artículo 2, punto 10, del Reglamento (UE) 2018/1805, que no sea un sospechoso ni un acusado ni un condenado»,* debe prestarse no a su opinión, sino directamente a su consentimiento.

Lo que podemos extraer de esta regulación es que, a pesar de que el Derecho de la Unión acoja la videoconferencia como facilitadora de la cooperación judicial, en el ámbito penal, esta herramienta es vista con cautela, con más cautela que en el ámbito civil —que tampoco es que la acepte sin precauciones—.

La dificultad estriba en determinar dos elementos: por una parte, qué puede alegar la parte para rechazar el uso de la videoconferencia; y por otra, qué podemos entender por circunstancias del caso que aboguen por su utilización.

Lo que parece claro, de momento, es que la comunicación debe permitir la intervención del sentido de la vista, pues el Considerando 32 del Reglamento defenestra la comunicación telefónica como tecnología hábil para la celebración de audiencias orales.

De nuevo en la jurisdicción penal, el artículo 6.2 *in fine* del Reglamento permite que los órganos judiciales no soliciten el consentimiento de los declarantes *«cuando la participación en persona en una vista represente una grave amenaza para la seguridad pública o la salud pública que resulte real y actual o previsible».* Dicho esto, no existen muchas más pistas que nos permitan delimitar la idoneidad o, cuando menos, la tolerabilidad de la videoconferencia. Entre estas claves, destacan la situación de discapacidad de los declarantes (artículo 6.3), la minoría de edad (artículo 6.6) y la capacidad de comprensión o interacción con la tecnología, ya sea por razones de edad o de formación. Al respecto de este último punto, es algo que —incomprensiblemente— no está expresamente reconocido en el Reglamento pero que puede inferirse de la Propuesta previa de la Comisión[619], que declaraba el objetivo de *«garantizar*

619 Comisión Europea (1 de diciembre de 2021). *Propuesta de Reglamento del Parlamento Europeo y del Consejo sobre la digitalización de la cooperación judicial y del acceso a la justicia en los asuntos transfronterizos civiles, mercantiles y penales, y por el que se modifican determinados actos legislativos en el ámbito de la cooperación judicial*. Recuperado el 14 de octubre de 2023 de https://eur-lex.europa.eu/legal-content/ES/TXT/?uri=CELEX%3A52021PC0759 *Vide* también Consejo de la Unión Europea. (28 de junio de 2023). *Justicia digital: el Consejo y el Parlamento Europeo llegan a un acuerdo sobre las propuestas relativas a la digitalización de la cooperación judicial y el acceso de los ciudadanos a la justicia*. Recuperado el 27 de octubre de 2023 de https://www.consilium.europa.eu/es/press/press-releases/2023/06/28/digital-justice-council-and-european-parliament-conclude-deal-on-proposals-on-digitalisation-of-judicial-cooperation-and-citizens-access-to-justice/

el acceso a la justicia de las personas vulnerables, los menores y las personas que necesitan asistencia técnica o no cuentan con las competencias o los medios digitales requeridos».

Así las cosas, excluidas eventualidades como la peligrosidad y la vulnerabilidad, a priori parece que no queda demasiado margen para defender la celebración presencial de las vistas. Desde luego, si la comunicación bidireccional es buena, las remisiones del Tribunal de Justicia a la doctrina del TEDH no van a posibilitar una interpretación más proclive a la presencialidad, como hemos podido ver con ejemplos como el del caso en *Viola v. Italia*[620] o de *Sakhnovskiy v. Rusia*[621].

Aun así, existen regulaciones domésticas como las relativas a la incomunicación de declarantes o al auxilio de notas escritas que pueden encajar perfectamente en las excepciones previstas en los artículos 5 y 6 del Reglamento. Con respecto a estas particularidades, el Reglamento sólo nos indica, haciendo gala de su espíritu, pero no con carácter normativo, que la inexistencia de normas domésticas sobre videoconferencia no permite la inaplicación de la legislación de la Unión:

> No debe denegarse la celebración de una vista por videoconferencia o por medio de otras tecnologías de comunicación a distancia únicamente sobre la base de la inexistencia de normas nacionales que regulen el uso de las tecnologías de comunicación a distancia. En tal caso, deben aplicarse, mutatis mutandis, las normas más apropiadas del Derecho nacional, como las relativas a la obtención de pruebas[622].

La cuestión es que es el propio Reglamento quien faculta a los órganos judiciales a interpretar la idoneidad de la videoconferencia, y si bien no se remite al Derecho estatal, sólo impone que la denegación se funde en las circunstancias del caso concreto. La aplicación a éste de las normas de la Ley de Enjuiciamiento Civil sobre incomunicación de declarantes y auxilio de notas escritas es perfectamente compatible y, en principio, no supone un estándar más elevado que el fijado por el Derecho de la Unión, por varios motivos:

a) Si hay más de un declarante, la denegación de la sustanciación por videoconferencia no causa ningún tipo de indefensión —al menos, no se me ocurre qué indefensión puede causar—, de manera que el derecho de defensa no se vería violentado.

620 STEDH de 5 de octubre de 2006, Viola v. Italia, 45106/04, CE:ECHR:2006:1005JUD004510604.

621 STEDH de 2 de noviembre de 2010, Sakhnovskiy v. Rusia, 21272/03, CE:ECHR:2010:1102JUD002127203, apartado 98.

622 Considerando 33.

b) Es el propio derecho de la Unión quien permite la interpretación armónica con los Derechos estatales, no suponiendo ningún caso de antinomia. Queda, por ello, en manos del juez un apreciable poder discrecional.

Ahora bien, si por ejemplo el declarante es uno solo, la denegación de la videoconferencia puede ser contraria al Reglamento, aunque sin consecuencias para la defensa. Los efectos del incumplimiento del Reglamento y su fomento de la videoconferencia no irán, a priori, en perjuicio de la defensa (aunque la verdad es que hacer una afirmación tan contundente conlleva el riesgo de que, andado el tiempo, sea desmentida por algún caso peculiar y original).

4.5. Reconocimiento y ejecución de resoluciones judiciales de los Estados miembros en la Unión Europea. Estado de la cuestión[623]

Entre las excepciones que legitiman la denegación del reconocimiento o la ejecución de resoluciones judiciales provenientes de otro Estado miembro, dos son las que afectan al ámbito de este trabajo: la excepción de orden público y la excepción de rebeldía del demandado.

Ambos supuestos permiten compartir una preocupación en lo que atañe a la suficiencia del tiempo disponible para preparar la defensa y disponibilidad de la información presentada por la contraparte.

4.5.1. Suficiencia del tiempo disponible para preparar la defensa y disponibilidad de la información presentada por la contraparte

Velar por el respeto al derecho de defensa en los procedimientos de reconocimiento transnacional de resoluciones judiciales es uno de los objetivos de la Unión, como puede inferirse de resoluciones antiguas como la sentencia *Denilauler/Couchet*[624]. Y en el ejercicio de la defensa, la suficiencia del plazo para prepararla es un elemento clave del principio de contradicción, toda vez que, de su limitación dependerá que sean reales las posibilidades de contra-

---

623 Este apartado bebe del trabajo Palau Font, T. (2023). «Garantías esenciales de la defensa a través de la jurisprudencia del Tribunal de Justicia de la Unión Europea sobre reconocimiento mutuo de resoluciones judiciales de los Estados miembros». *Revista General de Derecho Procesal* 61.

624 *«El conjunto de las disposiciones del Convenio, tanto las del Título II, relativas a la competencia judicial, como las del Título III, relativas al reconocimiento y ejecución, expresan la intención de velar por que, en el marco de los objetivos del Convenio, los procedimientos conducentes a la adopción de resoluciones judiciales se desarrollen respetando los derechos de defensa»* (apartado 13, STJUE de 21 de mayo de 1980, 125/79, Denilauler/Couchet, EU:C:1980:130).

rrestar el material alegatorio y probatorio susceptible de influir en la decisión del juez. Ahora bien, la suficiencia del plazo no depende de una valoración sobre las posibilidades materiales de oponerse que tenga la parte demandada. Cualquier entendimiento en estos términos, que, analizando el fondo, considerara que a la parte demandada o ejecutada no le asiste la razón, equivaldría a limitar el derecho de defensa en su vertiente de contradicción, pues corresponde a las partes decidir si es de su interés alegar, probar o no hacerlo. La objetividad de la pretensión de la parte actora no puede nunca derivar en una limitación de las posibilidades de defensa de la demandada. Luego el plazo para preparar la defensa no puede ser jamás reducido en atención a la fortaleza de los argumentos de la parte actora. Por necesaria referencia al marco del Convenio Europeo de Derechos Humanos, este criterio puede ser visto en la jurisprudencia *Pellegrini v. Italia*[625]. En el caso enjuiciado, la apelante alegaba una violación del CEDH con fundamento en que los tribunales italianos habían reconocido la ejecutoriedad de una sentencia de nulidad eclesiástica, regida por el Derecho canónico. Obviamente, el precepto que se decía quebrantado era el artículo 6 del CEDH, el cual establece que toda persona tiene derecho a un juicio justo en la deducción de sus derechos y obligaciones civiles.

En opinión de la apelante, la indefensión venía dada por el hecho de que, con arreglo a la ley canónica, ni en la citación ni en el momento de ser interrogado por la corte eclesiástica, el demandado no había recibido información de los fundamentos sobre los cuales el demandante construye su petición de nulidad matrimonial, así como tampoco de la posibilidad de ser asistido por abogado. No habiendo, por tanto, conocido y, por ende, podido responder adecuadamente a las pretensiones del demandante, entiende la parte que apela al Tribunal Europeo de Derechos Humanos que los tribunales italianos no hubieran debido de ejecutar la sentencia eclesiástica.

Dado que el Vaticano no había ratificado el Convenio, comienza el Tribunal declarando que es obligación de los tribunales italianos, sí vinculados por el Convenio, la de asegurarse de que el procedimiento eclesiástico ha cumplido y respetado las garantías otorgadas por el artículo 6. Pero en lo que a nosotros nos interesa, el Tribunal Europeo de Derechos Humanos remarca que el derecho a un proceso contradictorio es uno de los elementos que configuran el derecho a un juicio justo previsto por el artículo 6.1 del Convenio. Por ello, en ningún caso es tolerable que no se haya permitido a la demandada y ahora apelante el examen de la prueba, aun cuando la decisión judicial se haya basado sobre un hecho incontrovertido:

> Aunque el Gobierno [italiano] sostenga lo contrario, es irrelevante que la nulidad del matrimonio haya derivado de un hecho objetivo e incontrovertido [consanguinidad entre los cónyuges] de modo que la apelante no habría podido destruir su eficacia. Corresponde a las partes decidir si desean oponerse o efectuar cualesquiera alegaciones a

625 STEDH de 20 de julio de 2001, Pellegrini v. Italia, 30882/96, CE:ECHR:2001:0720JUD003088296.

los documentos y testigos propuestos por la adversa. Ello es así porque lo que está en cuestión es la confianza que los procedimientos judiciales puedan inspirar en los litigantes, puesto que la justicia se basa en —entre otras cosas— que éstos sepan que pueden efectuar alegaciones en relación con cualquier documento que haya en el expediente[626].

En similares términos, para el Tribunal Europeo de Derechos Humanos es claramente insatisfactorio el hecho de que la corte eclesiástica no hubiera ofrecido a la apelante la posibilidad de asistencia letrada por considerar que la misma ya estaba familiarizada con la cuestión sometida al tribunal canónico al ser un hecho notorio que dos personas no pueden contraer matrimonio en caso de consanguineidad. Es inevitable insistir, pues, en que el plazo para preparar la defensa no puede ser disminuido en atención a la solidez de los argumentos de la parte actora.

En la década de los ochenta, en los antecedentes del caso resuelto por la sentencia *Klomps/Michel,* se produjo el reconocimiento de una orden judicial de pago y de la resolución que decretaba su ejecución, dictadas ambas por órganos jurisdiccionales alemanes[627].

A la hora de afrontar la alegada insuficiencia del plazo para preparar la defensa, el Tribunal de Justicia comienza afirmando —sin demasiadas florituras doctrinales ni razonamientos ilustrativos— que un acto como la orden judicial de pago está incluido dentro del concepto de *«cédula de emplazamiento»* previsto en el artículo 27, apartado 2, del Convenio de Bruselas; no así la resolución que decreta la ejecución, dictada a continuación de la orden judicial de pago. Evidentemente, este criterio tiene sentido en la medida en que la primera invita a desplegar las posibilidades de defensa, mientras que la segunda se inserta en el devenir o curso del procedimiento[628]. Una vez establecido por el Tribunal cuál es el acto que inicia el plazo para contestar —pues *«el momento pertinente para que el demandado pueda defenderse es el del comienzo del procedimiento»*[629]—, entra en el examen del plazo.

Como hemos dicho, el artículo 27, apartado 2, despliega sus consecuencias sobre la posibilidad de revisión, a cargo del juez de destino, de la regularidad de la notificación y de la suficiencia del tiempo disponible para preparar la defensa[630].

Si bien el número 2 del artículo 27 no exige la prueba de que el demandado tuvo, efectivamente, conocimiento de la cédula de emplazamiento —cómo

---

626 STEDH Pellegrini, apartado 45.

627 STJUE de 16 de junio de 1981, Klomps/Michel, 166/80, EU:C:1981:137, apartado 2.

628 STJUE Klomps/Michel, apartados 9 y 11.

629 STJUE de 12 de noviembre de 1992, Minalmet/Brandeis, C-123/91, EU:C:1992:432, apartados 19 y 20; STJUE de 10 de octubre de 1996, Hendrikman y Maria Feyen/Magenta Druck & Verlag, C-78/95, EU:C:1996:380, apartado 20.

630 *«El número 2 del artículo 27 no se dirige a los órganos jurisdiccionales del Estado de origen, sino únicamente al Juez que conoce del procedimiento de reconocimiento o de ejecución en otro Estado contratante»* (STJUE Klomps/Michel, apartado 12)

deba producirse la notificación es cosa propia del Derecho doméstico—, incumbe al juzgador requerido apreciar si concurren circunstancias que permitan concluir que la entrega o la notificación, aun cuando se hubiere hecho en forma regular, no fue, sin embargo, suficiente para permitir al demandado actuar en su defensa, y por ende, para que comenzara a correr el plazo exigido por la excepción del apartado 2 del artículo 27[631].

Aunque el artículo 6 del CEDH no menciona, en el ámbito civil, específica y explícitamente, la problemática del tiempo necesario para la preparación de la defensa, sí lo hace al mentar los derechos del acusado en el proceso penal, en el apartado 3 del precepto. Sea como fuere, es una obviedad que la cuestión queda comprendida en el derecho a un juicio equitativo y justo. La confirmación jurisprudencial puede hallarse, verbigracia, en *Nideröst-Huber v. Suiza*[632], para la cual, la intención de ahorrar tiempo y acelerar el proceso no es justificación para desconocer el derecho fundamental a un procedimiento contradictorio[633]. También, llevando la situación al extremo, en *Yakovlev v. Russia*[634]: el derecho a una vista pública (aunque sea de apelación) sería desposeído de cualquier sustancia si la notificación de la celebración se produjera con tan poca antelación que la parte no tuviera la oportunidad de asistir[635].

La esencialidad de la suficiencia del plazo para preparar la defensa es reconocida en otras normas de la Unión, como el Reglamento (CE) n.º 805/2004, del Parlamento Europeo y del Consejo, de 21 de abril de 2004, por el que se establece un título ejecutivo europeo para créditos no impugnados[636]. En él, se establece que sólo podrá certificarse una resolución como título ejecutivo europeo en aquellos casos en que la notificación inicial del procedimiento no se hubiera efectuado con suficiente antelación para posibilitar una defesa adecuada, cuando se permita que el demandado interponga un recurso contra la misma en la que pueda afectar tanto a cuestiones de hecho como de derecho[637].

631 STJUE Klomps/Michel, apartado 19.

632 STEDH de 18 de febrero de 1997, Nideröst-Huber v. Suiza, 18990/91, CE:ECHR:1997:0218JUD001899091.

633 STJUE Klomps/Michel, apartado 30.

634 STEDH de 15 de marzo de 2005, Yakovlev v. Russia, 72701/01, CE:ECHR:2005:0315JUD007270101.

635 STJUE Klomps/Michel, apartados 21 y 22. Es interesante esta resolución por cuanto expone que, aunque la asistencia a la vista oral no es obligatoria para las partes, el derecho de defensa se quiebra si no se les da, al menos, la oportunidad de asistir: su asistencia podrá no ser obligatoria, pero la Ley obliga a darles la posibilidad de hacerlo. De todas formas, estas reflexiones se dan en un contexto de ausencia de notificación en tiempo y forma, que es el analizado por la resolución: se produce habiendo transcurrido cuatro días desde la celebración de la vista.

636 DO L 143, p. 15.

637 Al respecto, STJUE de 17 de diciembre de 2015, Imtech Marien Belgium, C-300/14, EU:C:2015:825, apartado 42; y, asimismo, Conclusiones presentada el 8 de septiembre de 2015, EU:C:2015:557, apartado 24.

Muy significativa ha sido, en la evolución experimentada a lo largo de los años, la jurisprudencia *Eurofood IFSC*[638]. En el caso en ella analizado, la falta de reconocimiento de una resolución dictada en un Estado miembro encuentra su razón de ser en la violación del principio de igualdad de armas, como trasunto de los principios constitucionales ineludibles de cualquier Estado miembro. El precepto principalmente controvertido, en el presente supuesto, es el artículo 26 del Reglamento (CE) n.º 1346/2000 del Consejo, de 29 de mayo de 2000, sobre procedimientos de insolvencia, que dice así:

> Todo Estado miembro podrá negarse a reconocer un procedimiento de insolvencia abierto en otro Estado miembro o a ejecutar una resolución dictada en el marco de dicho procedimiento cuando dicho reconocimiento o dicha ejecución pueda producir efectos claramente contrarios al orden público de dicho Estado, en especial a sus principios fundamentales o a los derechos y a las libertades individuales garantizados por su Constitución.

Los hechos probados del caso exteriorizan que Eurofood se registró en Irlanda en 1997 como *«company limited by shares»* (sociedad en comandita por acciones) fijando su domicilio social en Dublín. Se trataba de una filial de Parmalat SpA —sociedad italiana quien poseía el total del capital social de Eurofood—, y su objeto era ofrecer facilidades de financiación a las sociedades del grupo Parmalat.

En un primer momento, el 24 de diciembre de 2003, en virtud del Decreto-ley n.º 347, de 23 de diciembre de 2003, sobre medidas urgentes para la reestructuración industrial de grandes empresas en situación de insolvencia, el ministro italiano de Actividades de producción autorizó la incoación de un procedimiento de administración extraordinaria en relación con Parmalat SpA y nombró al señor Bondi administrador extraordinario de dicha sociedad.

En una segunda fase del caso, el 27 de enero de 2004, el Bank of America NA solicitó a la High Court de Irlanda la apertura de un procedimiento de liquidación forzosa —o *«compulsory winding up by the Court»*— contra Eurofood y el nombramiento de un síndico provisional. El Bank of America NA alegaba en apoyo de su solicitud que Eurofood era insolvente.

El mismo día la High Court, tomando como base dicha solicitud, nombró al señor Pearse Farrell síndico provisional —*«provisional liquidator»*— y le confirió las facultades de tomar posesión de todos los activos de dicha sociedad, gestionar sus asuntos, abrir una cuenta bancaria en su nombre y contratar los servicios de un abogado.

El 9 de febrero de 2004, el ministro italiano de actividades de producción admitió la participación de Eurofood en el procedimiento de administración extraordinaria —recordemos que hasta ahora sólo se encontraba en dicha

638 STJUE de 2 de mayo de 2006, Eurofood IFSC, C-341/04, EU:C:2006:281.

situación Parmalat— y nombró al señor Bondi administrador extraordinario de la misma, al considerar que Eurofood pertenecía al grupo de empresas de Parmalat.

El 10 de febrero de 2004, se presentó ante el Tribunale civile e penale di Parma, en Italia, una solicitud que tenía por objeto que se declarara la insolvencia de Eurofood. La vista se fijó para el martes día 17 de febrero de 2004.

El señor Farrell, síndico provisional nombrado por la High Court irlandesa, fue informado de dicha fecha el viernes 13 de febrero de 2004. Fue el señor Bondi quien notificó al señor Farrell el señalamiento, a las cinco horas y cuarto de la tarde, de la vista oral que se celebraría el martes siguiente al mediodía, y para más inri, después de un lunes festivo en Parma.

Pearse Farrell estuvo representado en la vista ante el tribunal parmesano, pero pese a que el tribunal dictó un oficio ordenando al doctor Bondi el traslado documental, el señor Farrell no recibió ninguno de los documentos presentados ante el órgano jurisdiccional, incluida la solicitud y la prueba documental en la que el doctor Bondi la fundamentaba.

El 20 de febrero de 2004, el Tribunale civile e penale di Parma, al considerar que el centro de intereses principales de Eurofood se encontraba en Italia, se declaró internacionalmente competente para constatar la situación de insolvencia de dicha sociedad.

Apenas un mes más tarde, mediante sentencia de 23 de marzo de 2004, la High Court decidió que, según la ley irlandesa, el procedimiento de insolvencia contra Eurofood se había abierto en Irlanda en la fecha de la solicitud presentada a estos efectos por el Bank of America NA, es decir, el 27 de enero de 2004. Al estimar —a su vez— que el centro de intereses principales de Eurofood se encontraba en Irlanda, la High Court declaró que el procedimiento abierto en dicho Estado miembro era el procedimiento principal.

Asimismo, señaló que las circunstancias en que se estaba desarrollando el procedimiento ante el Tribunale civile e penale di Parma podían justificar, con arreglo al artículo 26 del citado Reglamento (CE) n.º 1346/2000 del Consejo, de 29 de mayo de 2000, sobre procedimientos de insolvencia, que los órganos jurisdiccionales irlandeses se negasen a reconocer la resolución de dicho tribunal. El citado precepto era, como ha quedado explicitado unas líneas más arriba, la cláusula de orden público que excepcionaba la aplicación del Reglamento. Y en efecto, aplicando dicha cláusula y tras haber comprobado la situación de insolvencia de Eurofood, la High Court ordenó la liquidación de dicha sociedad y nombró síndico definitivamente al señor Farrell.

Basaba su decisión sobre cuatro razones. La primera, el hecho de que el procedimiento de insolvencia se había iniciado en Irlanda y no en Italia, pues debía tenerse por principio la presentación de la solicitud ante un órgano judicial, lo que efectivamente se produjo por primera vez el 27 de enero de 2004 ante la High Court. La segunda, que el centro de los intereses de Eurofood estaba en Irlanda, lo que convertía al procedimiento iniciado en Irlanda en el principal. El tercer motivo residía en la circunstancia de que la apertura de un procedimiento en Italia contrariaba el Reglamento por cuanto en aquellos supuestos en los que los tribunales de dos Estados Miembros se consideren competentes para incoar un procedimiento de insolvencia, la decisión del tribunal que lo inicie en primer lugar debería ser reconocida en los demás estados miembros en virtud del principio de confianza mutua. Y la cuarta y última, la ya referida aplicación de la excepción de orden público.

El señor Bondi, administrador extraordinario de la sociedad, interpuso un recurso de apelación contra dicha sentencia y la Supreme Court consideró necesario suspender el procedimiento y plantear al Tribunal de Justicia cinco cuestiones prejudiciales. La quinta, derivada de la aplicación de la cláusula de orden público contenida en el artículo 26 del Reglamento, incide en el derecho a un juicio justo.

Pues bien: en la tesis del tribunal irlandés, la falta de notificación a los acreedores de Eurofood de la celebración de la vista ante el Tribunal de Parma por parte del Dr. Bondi, pese a las instrucciones que el Tribunal le había transmitido, y el hecho de no haberse entregado al *provisional liquidator* señor Farell la solicitud y otros documentos en los que se basaba la misma hasta después de tener lugar la vista (el administrador extraordinario de la sociedad concursada negó al acceso a los documentos esenciales del procedimiento al señor Farrell, a pesar de la orden cursada por el Tribunale civile e penale di Parma, quien no repararía dicho incumplimiento), significaba una vulneración de las garantías procesales tal que justificaba que el tribunal irlandés negase el reconocimiento a la resolución del tribunal de Parma, con arreglo al artículo 26 del Reglamento sobre procedimientos de insolvencia de 2000.

En efecto: para el Tribunal de Justicia, el hecho de afrontar un litigio en el que no se dispone de la misma información que la contraparte es susceptible de constituir un obstáculo para el reconocimiento, en otro Estado miembro, de la resolución que resulte. Obsérvese que, al ignorarse las alegaciones y prueba que la contraparte ha presentado ante el juez, las posibilidades de construir un caso se desplazan hacia el campo de la intuición y abandonan el de la realidad. Y dado que la igualdad de armas implica la efectiva oportunidad de contradecir a la adversa, el desconocimiento de qué es aquello que en concreto se debe contrarrestar sitúa a la contraparte en una evidente desigualdad.

No sólo la ignorancia de la documentación presentada por la contraparte, sino que la falta de tiempo suficiente para preparar la defensa comporta también un quebrantamiento del principio de igualdad de armas. A este respecto, el Tribunal de Justicia nos ha proporcionado numerosas evidencias de la importancia de disponer de plazos razonables para preparar actos alegatorios, instaurando algo así como una garantía comprendida en el artículo 47 de la Carta de los Derechos Fundamentales de la Unión Europea que consiste en el derecho a disfrutar íntegramente los plazos procesales.

Una de las manifestaciones más recientes de la aplicación judicial de este derecho es la sentencia *LKW Walter*[639], que trata un caso de interconexión entre distintas normas de derecho derivado. En las premisas de este supuesto, aparece por un lado una regulación nacional que otorga un plazo de ocho días para oponerse a la ejecución forzosa solicitada al amparo del Reglamento 1215/2012; por el otro, resulta que el plazo que establece el Reglamento 1393/2007 para poder negarse a recibir el documento proveniente del Estado miembro de origen es de una semana. Ambos plazos se iniciaron al mismo tiempo[640].

Para el Tribunal de Justicia, la regulación estatal contraviene el derecho de defensa:

> La demandante en el litigio principal no pudo, en la práctica, dedicar íntegramente el plazo de una semana, que le reconocía dicho Reglamento [el Reglamento 1393/2007] a examinar si le convenia aceptar o no el documento judicial en cuestión, ya que, nen virtud de esa normativa [la normativa doméstica], le incumbía también, durante ese mismo plazo, formular oposición, si procedía, a dicho documento judicial, en caso de que lo aceptara[641].

El plazo de una semana pretende equilibrar los derechos de las partes, pues el destinatario que no comprende la lengua en la que los documentos judiciales han sido redactados *«se encuentra en una situación de desventaja respecto a los demás destinatarios»*[642] que sí lo hacen. De ahí que, en dicho plazo, deba valorar si le conviene o no aceptar la notificación. El Tribunal establece estas condiciones:

> En situaciones comprendidas en el ámbito de aplicación del derecho a la tutela judicial efectiva, consagrado en el artículo 47 de la Carta, los justiciables deben poder disfrutar íntegramente de los plazos reconocidos por el Derecho nacional de un Estado miembro para ejercer un derecho procesal contra un documento notificado o trasladado[643].

Y la verdad es que, si bien en este caso de lo que se trataba era de asegurar el completo y cabal conocimiento del contenido del documento judicial notificado (la demanda ejecutiva), en otros casos citados por la propia Sentencia de referencia, el respeto de los plazos procesales buscaba salvaguardar otras garantías, como es el caso de *Staatsanwaltschaft Offenburg*[644]. Así,

639 STJUE de 7 de julio de 2022, LKW Walter, C-7/21, EU:C:2022:527.

640 STJUE LKW Walter Internationale Transportorganisation AG, apartado 32.

641 Apartado 42.

642 Apartado 43.

643 Apartado 43.

644 STJUE de 14 de mayo de 2020, Staatsanwaltschaft Offenburg, C-615/18, EU:C:2020:376.

en esta última resolución, la controversia giraba en torno al mismísimo plazo para preparar la defensa[645] contra un auto que condenaba a privación del derecho a conducir, notificado a un apoderado designado por mandato legal y sin conocimiento del condenado[646].

La sentencia *C.E. y N.E.*[647] analiza un caso en el que, por temor a la fuga de los progenitores con sus hijos menores (supuesto difícil de entender porque los niños estaban custodiados ya por la Agencia para la infancia y la familia de Irlanda), los servicios sociales del Hampshire County Council *«habían solicitado expresamente a sus homólogos irlandeses que no se pusieran en contacto con los progenitores afectados»,* de manera que no se informó a los padres de la restitución de los menores ni se les notificó la resolución hasta más tarde[648]. El supuesto, como puede adivinarse, se subsume en el Reglamento (CE) n.º 2201/2003 del Consejo, de 27 de noviembre de 2003, relativo a la competencia, el reconocimiento y la ejecución de resoluciones judiciales en materia matrimonial y de responsabilidad parental.

La ejecución de la medida se produjo antes de la notificación de la resolución a los progenitores afectados. Ocurre que, con la interposición de recurso contra la resolución de restitución, puede solicitarse la suspensión de los efectos de esta, lo que, para el Tribunal de Justicia constituye una garantía esencial del derecho de defensa, y, como tal, *«puede otorgarse, en particular, si existe el riesgo de que la ejecución de una resolución entrañe unas consecuencias manifiestamente desproporcionadas»*[649]. Pero no sólo eso, sino que la mera ejecución de la medida antes de la notificación de la declaración de ejecutoriedad a los padres es contraria al derecho de defensa[650] en la medida en que no permite al perjudicado llevar a efecto su derecho a *«oponerse en un plazo razonable»*[651], y a ello faculta el artículo 33, apartado 5, del Reglamento.

En el contexto de los deberes y cargas de las partes, y de la influencia que en ellos proyectan las situaciones de fuerza mayor, la sentencia *Uniqa Versicherungen*[652] examina el Reglamento 1896/2006 a propósito de la interrupción de plazos procesales decretada en los ordenamientos domésticos a raíz de la pandemia del Covid-19. Dado que el demandado no interviene en la emisión del requerimiento europeo de pago, y, por ende, no tiene conoci-

645 STJUE Staatsanwaltschaft Offenburg, apartado 50.

646 STJUE Staatsanwaltschaft Offenburg, apartado 35.

647 STJUE de 19 de septiembre de 2018, C.E. y N.E., C-325/18 PPU, EU:C:2018:739.

648 STJUE C.E. y N.E., apartado 30.

649 STJUE C.E. y N.E., apartado 72.

650 *Ibidem*, apartado 75.

651 *Ibidem*, apartado 73.

652 STJUE de 15 de septiembre de 2022, Uniqa Versicherungen, C-18/21, EU:C:2022:682.

miento del requerimiento hasta que se le notifica, el Tribunal de Justicia reconoce que esta notificación que a su vez garantiza el conocimiento y la posibilidad de oposición *«resulta esencial para garantizar el respeto del derecho de defensa»*[653]. En la medida en la cual el ordenamiento nacional interrumpe los plazos procesales para *«garantizar el respeto del derecho de defensa del demandado»*[654], no vulnera el ordenamiento de la Unión. Respeta asimismo el principio de equivalencia pues el trato es equivalente a las situaciones sometidas al Derecho interno[655]. Sin embargo, de la dicción del Tribunal se entiende que, si esta medida hiciera *«en la práctica, excesivamente difícil el cobro rápido y eficaz de los créditos de que se trate»*, dilatándose los plazos más allá de lo *«estrictamente necesario»*, lo que se vería menoscabado sería el derecho a la tutela judicial efectiva del demandante[656].

Hemos enfatizado que la falta de tiempo suficiente para preparar la defensa comporta un quebrantamiento del principio de igualdad de armas. No olvidemos que la posibilidad de alegar lo que al derecho de la parte conviene, debe ser efectiva, no ilusoria. Así, en el ámbito del Tribunal de Justicia de la Unión, ponen énfasis en esta apreciación *Pendy Plastic Products BV/Pluspunkt Handelsgesellschaft*[657] *o Lancray/Peters und Sickert*[658], y en el marco jurisdiccional del Tribunal Europeo de Derechos Humanos, destaca al respecto la *Airey v. Irlanda*[659].

La vulneración del principio de igualdad de armas en estos términos imposibilitará que se dé cumplimiento, a su vez, al principio de contradicción, dado que, aunque la parte sea oída por el tribunal sentenciador, dicha oportunidad no será suficiente para paliar el defecto antecedente. Esto es, la ignorancia de las alegaciones y pruebas presentadas al juez por la contraparte impide al litigante contradecirlas —igualdad de armas—, a la par que le impide adquirir conocimiento de una parte del material fáctico y jurídico que es susceptible de influir en todas las decisiones del juzgador —contradicción—.

---

653 Apartado 24.

654 Apartado 38.

655 Apartado 37.

656 Apartado 38.

657 STJUE de 15 de julio de 1982, Pendy Plastic Products BV/Pluspunkt Handelsgesellschaft, C-228/81, EU:C:1982:276.

658 STJUE de 3 de julio de 1990, Lancray/Peters und Sickert, C-305/88, EU:C:1990:275.

659 *«El Convenio no garantiza los derechos teóricos e ilusorios pero sí los concretos y efectivos»* (apartado 24). La recurrente reclamaba que el coste prohibitivo del litigio vulneraba su derecho de acceso a los tribunales, mientras que el gobierno irlandés oponía que la asunción de dichos costes era voluntaria, pues la recurrente podría haber acudido sin la asistencia de un abogado [STEDH de 9 de octubre de 1979, Airey v. Irlanda, CE:ECHR:1981:0206JUD000628973].

Existe una salvedad a este planteamiento: sólo por motivos justificados —urgencia, según el Tribunal de Justicia— puede restringirse el referido derecho, aunque esta limitación deberá verse compensada por la posibilidad efectiva de impugnar las medidas adoptadas.

Y, en efecto, en primer término, en los antecedentes de hecho del caso *Eurofood IFSC* vemos que, para la Supreme Court, se ha producido un quebrantamiento del principio de igualdad de armas que ha sido tolerado por el Tribunale civile e penale di Parma. El equilibrio entre las partes quiebra porque el liquidador provisional Pearse Farrell no ha podido trabajar —preparar su defensa— sobre los documentos en los que se ha justificado la declaración de insolvencia emitida por el tribunal parmesano[660].

Aunque, si bien lo pensamos, ya hemos dicho que también queda afectado el principio de contradicción, en la medida en que, desconociendo el contenido de la documentación presentada por la contraparte al Tribunale, el liquidador Farell no habrá podido alegar ni presentar prueba —a salvo su intuición— en relación con aspectos que pueden influir en la decisión —declaración de insolvencia— que adoptó el tribunal. Es decir: la ignorancia de la documentación existente en el expediente judicial comporta que el juez va a valorar, en principio, unos elementos alegatorios y probatorios que una de las partes —el señor Pearse Farrell— no ha podido discutir[661].

De manera más prosaica, podemos constatar que el señor Farrell recibió la notificación de la citación para la vista un viernes pasadas las cinco de la tarde, cuando ésta se iba a celebrar al siguiente día hábil en Parma. Tenía un fin de semana (más un día inhábil) para obtener, de la Dublin High Court, autorización para contratar un abogado que pudiera actuar en Italia y para contrastar con él los argumentos que iban a utilizar. Es cierto que, tras la vista, el tribunal parmesano concedió al señor Farrel dos días adicionales para presentar documentación... pero lo hizo tras la vista, esto es, con sus propias alegaciones ya expuestas. Por otra parte, a la hora de preparar la vista, no disponía de las alegaciones que el señor Bondi había presentado ante el tribunal, aunque las había pedido. Sin duda, estaba limitado en su capacidad para construir su caso, pues debía intuir aquello que debía contra-

660 Tal como había declarado la STEDH de 27 de octubre de 1993, Dombo Beheer B.V. v. Países Bajos, 14448/88, CE:ECHR:1993:1027JUD001444888, en todo aquello que hace referencia a litigios que comportan la confrontación de intereses privados, la igualdad de armas exige que las condiciones en las que cada parte presente alegaciones y prueba —y debe tener la oportunidad real de hacerlo— no pueden situarla en una posición de desventaja frente a su oponente (apartado 33).

661 En este sentido, recordemos que la STEDH de 11 de enero de 2007, Augusto v. France, 71665/01, CE:ECHR:2007:0111JUD007166501, define el principio de contradicción como la facultad de las partes, ya sea en el proceso penal o civil, de conocer y contradecir todo elemento presentado al juez —aunque sea por un magistrado independiente— o del que el juez disponga, susceptible de influenciar su decisión (apartado 50).

rrestar[662]. Existen, así, dos aspectos que atañen a la violación del principio de igualdad de armas: el tiempo para la preparación de la defensa, y la posibilidad efectiva de contrarrestar los argumentos de la contraparte[663].

Regresemos al planteamiento que hace la Supreme Court del caso. Así, podemos observar que, asimismo, considera que tal vulneración de las garantías de defensa resulta manifiestamente contraria al orden público irlandés. Esta circunstancia merece reseña porque, bajo tal premisa, la Supreme Court confronta la resolución cuyo reconocimiento se pretende con el ordenamiento jurídico que va a intentar reconocerle ejecutividad, no con el orden público comunitario. A este extremo, como veremos, le daremos un tratamiento particular en la resolución emitida por el Tribunal de Justicia de las entonces Comunidades Europeas.

En opinión del Abogado General que informó en el caso, el señor Jacobs[664], la aplicación de la cláusula de orden público contenida en el artículo 26 del Reglamento ha de tener un ámbito de aplicación limitado, reducido al mínimo necesario, predicable sólo de casos excepcionales. Recogiendo el guante lanzado por el doctor Bondi a través de sus alegaciones, apoya su tesis en la dicción del propio precepto, que requiere que la vulneración sea palmaria *—«pueda producir efectos claramente contrarios al orden público»—;* en la del duodécimo considerando del Reglamento *—«los motivos de no reconocimiento deberían reducirse al mínimo necesario»—;* y en el informe Virgós-Schmit[665], que dice así:

> La excepción de orden público debería intervenir sólo en casos excepcionales, motivo por el cual el artículo 26 requiere que el reconocimiento o la ejecución de la resolución extranjera sea «manifiestamente» contraria al orden público.

Por otra parte, el Abogado General recuerda que en lo que respecta al reconocimiento de resoluciones judiciales emitidas en otros Estados Miembros, el Tribunal de Justicia de la Unión Europea debe examinar los límites de lo que entra en la excepción de orden público, *«de forma que los objetivos fundamentales de reconocimiento y cooperación no se vulneren»*[666]. A esta conclusión ya había llegado el Tribunal de Justicia en *Krombach*[667] al interpre-

662 En contraposición, la Dublin High Court dio al señor Bondi un mes para preparar su defensa.

663 Bufford, Samuel L. (2007). «Center of Main Interests, International Insolvency Case Venue, and Equality of Arms: The Eurofood Decision of the European Court of Justice». *Northwestern Journal of International Law and Business* vol. 27, núm. 2, 400.

664 Conclusiones del Abogado General F. G. Jacobs presentadas el 27 de septiembre de 2005, en el asunto Eurofood IFSC, C-341/04, EU:C:2006:281, apartado 131.

665 Virgós, M. y Schmit, E. (1996), *Report on the Convention of Insolvency Proceedings*, European Union Council doc. 6500/96 DRS 8 (CFC), apartado 204.

666 Conclusiones del Abogado General, apartado 136.

667 STJUE de 28 de marzo de 2000, Krombach, C- 7/98, EU:C:2000:164.

tar el artículo 27, apartado 1, del Convenio relativo a la competencia judicial y a la ejecución de resoluciones judiciales en materia civil y mercantil[668], hecho en Bruselas el 27 de septiembre de 1968[669]. Prueba de ello se contiene en el apartado 37 de la sentencia:

> Sólo cabe aplicar la cláusula de orden público que figura en el artículo 27, número 1, del Convenio, en el caso de que el reconocimiento o la ejecución de la resolución dictada en otro Estado contratante choque de manera inaceptable con el ordenamiento jurídico del Estado requerido, por menoscabar un principio fundamental. Para respetar la prohibición de revisión en cuanto al fondo de la resolución extranjera, el menoscabo debería constituir una violación manifiesta de una norma jurídica considerada esencial en el ordenamiento jurídico del Estado requerido o de un derecho reconocido como fundamental en este ordenamiento.

Ahora bien: si repasamos cuidadosamente el precitado apartado 37 de la sentencia, observaremos una cierta contradicción —más semántica que real— no ya sólo con la conclusión a la que llega la sentencia, sino incluso con la propia declaración de principios que contiene[670]. Ello es así porque el Tribunal no cesa de referirse al quebrantamiento de normas esenciales del ordenamiento jurídico perteneciente al Estado requerido, cuando la realidad es que en ningún caso entra dentro de sus competencias aplicar el ordenamiento interno de los Estados miembros. Véase que estas referencias contrastan con la aseveración siguiente:

> Si bien no corresponde al Tribunal de Justicia definir el contenido del concepto de orden público de un Estado contratante, sí le corresponde controlar los límites dentro de los cuales los tribunales de un Estado contratante pueden recurrir a este concepto[671].

---

668 Tal como expone el señor Jacobs, la disposición equivalente en el Reglamento (CE) n.° 4/2001, de 22 de diciembre de 2000, relativo a la competencia judicial, el reconocimiento y la ejecución de resoluciones judiciales en materia civil y mercantil, es el artículo 34, apartado 1: *«Sin embargo, esta disposición se diferencia del artículo 27, apartado 1, del Convenio en que, al igual que en el artículo 26 del Reglamento sobre procedimientos de insolvencia, el reconocimiento de una resolución debe ser "manifiestamente contrario al orden público" para que pueda negarse por tal motivo»*.

669 La versión consolidada del Convenio se encuentra en el DO C 27, de 26 de enero de 1998. Es también interesante el Protocolo relativo a la interpretación del Convenio por el Tribunal de Justicia de la entonces Comunidad Económica Europea, hecho en Luxemburgo el 3 de junio de 1971.

670 En su apartado 23, podemos leer que *«si bien no corresponde al Tribunal de Justicia definir el contenido del concepto de orden público de un Estado contratante, sí le corresponde controlar los límites dentro de los cuales los tribunales de un Estado contratante pueden recurrir a este concepto para no reconocer una resolución dictada por un órgano jurisdiccional de otro Estado contratante»*.

671 STJUE Krombach, apartado 23.

Pues bien: esta incidencia la salva el Tribunal diciéndonos que existen *«derechos fundamentales que se desprenden de las tradiciones constitucionales comunes a los Estados miembros»*[672] y que pueden ser interpretados siempre a la luz de la doctrina del Tribunal Europeo de Derechos Humanos.

Así pues, ni se desgrana ni se desmenuza el ordenamiento interno, a pesar de lo que parece decir la jurisprudencia *Krombach* en alguno de los pasajes de la sentencia, sino que, por parte del Tribunal, se viene a decir que las tradiciones constitucionales comunes a los Estados Miembros vienen a constituir la parte de los ordenamientos jurídicos internos de dichos estados que cabe calificar como mínimo necesario imperativo e inatacable. O, en otras palabras: a pesar de que cada tribunal nacional puede aplicar su propia concepción del mínimo de derecho necesario y sujetarse para ello al derecho interno, al final, quien define cuál es ese mínimo a efectos del reconocimiento de resoluciones de terceros estados es el Tribunal de Justicia. Y en esta tesitura, verdaderamente la apelación al derecho interno como parámetro —*«choque de manera inaceptable con el ordenamiento jurídico del Estado requerido, por menoscabar un principio fundamental»*, o *«violación manifiesta de una norma jurídica considerada esencial en el ordenamiento jurídico del Estado requerido o de un derecho reconocido como fundamental en este ordenamiento»*— resulta superflua y extraña, porque el ordenamiento comunitario o de la Unión Europea es tan Derecho de los Estados Miembros como lo puedan ser sus Constituciones.

Como recoge el Abogado General Jacobs, la sentencia *Krombach* tiene una continuidad inmediata en la jurisprudencia *Renault*[673], pues en esta última el Tribunal vuelve a analizar los límites de la excepción, denegando que en este supuesto haya existido un quebrantamiento de principios esenciales. Se trata de un supuesto en el que el juez del Estado requerido deniega el reconocimiento al considerar que el juez del Estado de origen había infringido los principios de libre circulación de mercancías y de libre competencia. En concreto, consideraba que el juez del Estado de origen había desoído la existencia de un derecho de propiedad intelectual sobre piezas de carrocería de vehículos automóviles, el cual permite a su titular prohibir a los operadores económicos establecidos en otro Estado contratante la fabricación, la venta, el tránsito, la importación o la exportación en este Estado contratante de dichas piezas de carrocería[674].

Concluye que el juez del Estado requerido no puede, sin poner en peligro la finalidad del Convenio de Bruselas de 1968, denegar el reconocimiento de una decisión que emana de otro Estado Miembro por el mero hecho de considerar que, en esta resolución, se ha aplicado mal el Derecho nacional o el

672 STJUE Krombach, apartado 38.

673 STJUE de 11 de mayo de 2000, Renault, C-38/98, EU:C:2000:225.

674 STJUE Renault, apartado 31.

Derecho comunitario[675], si no se ha producido la vulneración de un principio fundamental: y los principios de libre circulación de mercancías y de libre competencia no lo son.

Y efectivamente, no le es posible al Tribunal de Justicia fiscalizar cualquier norma interna de los Estados Miembros, o controlar la regularidad del procedimiento seguido en el extranjero. Dice el Abogado Jacobs que, en la sentencia *Krombach,* a la afirmación del Tribunal de Justicia de que le corresponde controlar los límites dentro de los cuales los tribunales de un Estado contratante pueden recurrir al concepto de orden público para no reconocer una resolución dictada por un órgano jurisdiccional de otro estado contratante, sigue inmediatamente una referencia a los derechos fundamentales que forman parte de los principios generales del Derecho, cuyo respeto garantiza el Tribunal de Justicia y que están consagrados en el Convenio Europeo de Derechos Humanos[676].

4.5.2. Presupuestos procesales específicos de la excepción al reconocimiento y ejecución de resoluciones judiciales extranjeras por vulneración del orden público procesal en la jurisprudencia del TJUE: Resolución fundada en derecho

Aunque no es la más proverbial, en la sentencia *IMG/Comisión*[677] el Tribunal de Justicia ya declara que:

> El respeto del derecho a un proceso equitativo exige que todas las resoluciones judiciales estén motivadas, y ello a fin de permitir al demandado comprender las razones de su condena e interponer contra tal resolución un recurso de forma útil y efectiva.

Así lo corrobora la posterior *flyLAL-Lithuanian Airlines*[678].

No obstante, a veces la cuestión es más complicada de lo que las declaraciones muestran, y el asunto *Trade Agency* es una buena muestra de ello[679].

Los antecedentes del caso explican que Seramico Investments Limited formalizó, ante la High Court of Justice Queen's Bench Division inglesa, demanda contra la compañía mercantil Trade Agency Limited peticionando la condena de la segunda a abonar una cantidad de dinero.

---

675 STJUE Renault, apartado 33.

676 Conclusiones del Abogado General, apartado 142.

677 STJUE de 6 de septiembre de 2012, IMG/Comisión, C-619/2010 P, EU:C:2022:722.

678 STJUE de 23 de octubre de 2014, asunto C-302/13, flyLAL-Lithuanian Airlines, EU:C:2014:2319, apartado 51.

679 STJUE de 6 de septiembre de 2012, Trade Agency, C-619/10, EU:C:2012:531.

Ante la rebeldía de Trade Agency Limited, el tribunal dictó una resolución con el siguiente contenido:

> No ha respondido al escrito de demanda que se le ha notificado. Por tanto, se declara que debe abonar a la demandante 289.122,10 GBP en concepto de deuda, más los intereses devengados hasta la fecha de la presente resolución y 130 GBP en concepto de costas. Deberá abonar a la demandante un total de 293.582,98 GBP.

La High Court of Justice no examinó la coherencia de la demanda ni incluyó ningún argumento justificativo de que el fondo de la demanda estuviera fundamentado y fuera razonable. Antes, al contrario, la resolución ejecutiva se emitió, únicamente, sobre el presupuesto de la rebeldía de la demandada, Seramico.

En fecha 28 de octubre de 2009, Seramico Investments Limited solicitó el despacho de la ejecución de la precitada resolución, y lo hizo en el domicilio de Trade Agency, Letonia, ante la Latvijas Republikas Rigas pilsetas Ziemelu rajona tiesa. Si bien el tribunal letón despachó la ejecución, resolución que, recurrida, fue confirmada por la Rigas apgabaltiesas Civillietu tiesas kolegija, la compañía Trade Agency interpuso nuevo recurso contra la decisión adoptada por el tribunal de apelación, alegando, por una parte, que nunca se le notificó la demanda; y por otra, lamentando la indefensión causada por la inexistencia de motivación de que adolecía la resolución ejecutiva, esto es, la dictada por High Court of Justice Queen's Bench Division inglesa.

Recordemos que la High Court of Justice no examinó la coherencia de la demanda ni incluyó ningún argumento justificativo de que el fondo de la demanda estuviera fundamentado. Antes, al contrario, la resolución ejecutiva se emitió, únicamente, sobre el presupuesto de la rebeldía de la demandada, Seramico. Por otro lado, cumpliendo con los requerimientos del artículo 54 del Reglamento n.º 44/2001, emitió certificación en la que testimoniaba que la cédula de emplazamiento se notificó a Seramico el día 10 de septiembre de 2009[680].

En aquello que respecta a la potestad del tribunal requerido para poner en duda la legitimidad de una resolución que dirime el fondo del asunto sin examinar ni el objeto de la demanda ni sus fundamentos, el planteamiento del tribunal letón incide en la indefensión creada por la falta de motivación de la resolución cuyo reconocimiento se pretende.

Con arreglo al Tribunal de Justicia, el respeto del derecho a un proceso equitativo exige que todas las resoluciones judiciales estén motivadas, en orden a permitir un doble objetivo: que el demandado comprenda las razones de su condena y, consecuentemente, pueda interponer contra tal resolución

680 Este precepto establece que el tribunal o la autoridad competente del estado miembros en el que se hubiere dictado una resolución expedirá, a instancia de cualquier parte interesada, una certificación conforme al formulario normalizado que figura en el anexo V del Reglamento; el cual, a su vez, contempla que sea objeto de certificación la fecha de notificación o traslado de la cédula de emplazamiento cuando la resolución haya sido dictada en rebeldía.

un recurso que pueda resultar útil[681]. La motivación asegura, por ende, que las alegaciones y pruebas de las partes han sido realmente oídas y consideradas. Cumple, pues, para las partes, un evidente cometido de fiscalización del respeto que los tribunales guardan al principio de contradicción. Así lo explica Jiménez Blanco:

> Una decisión judicial no motivada dictada en rebeldía del demandado vulnera el orden público cuando no haya quedado garantizado el ejercicio efectivo del derecho de contradicción procesal.

Ésta es la razón de su criterio:

> En el caso de un proceso contradictorio, con comparecencia del demandado y alegaciones sobre el fondo, la falta de motivación de la decisión judicial limitaría (o anularía) sus posibilidades efectivas de recurso[682].

Ello tiene una clara armonía con la doctrina emanada del Tribunal Europeo de Derechos Humanos. Como muestra de ello, *Kraska v. Suiza*[683], *Van de Hurk v. Países Bajos*[684], o *Pérez v. Francia*[685]. En sus respectivos apartados 30, 59 y 80, las tres refieren que el artículo 6 del CEDH obliga al juzgador a un diligente examen de las alegaciones, los argumentos y de las pruebas. Al mismo tiempo, este criterio guarda coherencia con resoluciones como *Airey v. Irlanda*[686], en cuyo apartado 24 se expresa que el Convenio garantiza los derechos concretos y efectivos, pero no los teóricos e ilusorios.

Sin embargo, como es lógico, para que el tribunal en cuestión pueda poner en valor las alegaciones vertidas por las partes, es necesario que éstas hagan uso de su derecho a réplica. Desde esta óptica, un caso como el analizado, en el que la rebeldía es patente, pone en contraposición el derecho a ser oído de la parte demandada con el derecho de la parte demandante a una buena administración de justicia, que actúe con celeridad y sin dilaciones[687].

---

681 *Idem*, apartado 53.

682 Jiménez Blanco, P. (2013). «¿Vulnera el orden público una resolución judicial no motivada dictada en rebeldía del demandado? (Comentario a la Sentencia del Tribunal de Justicia (Sala 1.ª) de 6 de septiembre de 2012, asunto C-619/10: Trade Agency Ltd c. Seramico Investments Ltd)». *La Ley Unión Europea* número 1, pág. 10.

683 STEDH de 19 de abril de 1993, Kraska v. Suiza, 13942/88, CE:ECHR:1993:0419JUD001394288.

684 STEDH de 19 de abril de 1994, Van de Hurk v. Netherlands, 16034/90, CE:ECHR:1994:0419JUD001603490.

685 STEDH de 12 de febrero de 2004, Pérez v. Francia, 47287/99, CE:ECHR:2004:0212JUD004728799.

686 STEDH de 9 de octubre de 1979, Airey v. Irlanda, 6289/73, CE:ECHR:1981:0206JUD000628973.

687 Conclusiones de la Abogado General, apartado 79.

Ahora bien: el dilema reside en determinar si estos derechos de la parte actora tienen suficiente entidad como para contrarrestar el derecho a ser oído de la parte demandada.

Tanto la Abogado General cuanto el Tribunal de Justicia estiman que los derechos fundamentales no constituyen prerrogativas absolutas[688]. Todas las personas cuyos derechos se contraponen, tanto los derechos indivi-

688 Siempre me ha gustado una expresión que he podido leer en alguna resolución del Tribunal Constitucional español, y que dice que *«es cierto que los derechos fundamentales no son absolutos, pero no lo es menos que tampoco puede atribuirse dicho carácter a los límites a que ha de someterse el ejercicio de los mismos»*. En este momento, la he extraído de la STC (Sala Segunda) número 254/1988, de 21 de diciembre (rec. 322/1985), ES:TC:1988:254, f. j. 3.º. En lo que respecta a la doctrina del Tribunal Europeo de Derechos Humanos, en el ámbito del artículo 6 de la Convención, por ejemplo podemos encontrar razonamientos sobre la limitación del derecho de acceso a los tribunales (o derecho a instar un procedimiento reglado ante un tribunal), destacando que puede verse limitado por restricciones tales como períodos de caducidad o prescripción que impidan el ejercicio de una acción tras vencer el plazo; falta de pago de tasas, fianzas o garantías; minoría de edad o incapacidad. Obsérvese, al respecto, la STEDH de 14 de diciembre de 2006, Markovic y otros v. Italia, 1398/03, CE:ECHR:2006:1214JUD000139803: «*The right is not absolute, however. It may be subject to legitimate restrictions such as statutory limitation periods* (concepto propio del derecho anglosajón, referido a la caducidad y la prescripción de las acciones)*, security for costs orders* (en el mismo sentido, fianzas depositadas para el pago de las costas procesales)*, regulations concerning minors and persons of unsound mind*». Si el acceso se ve limitado por cuestiones de hecho o de Derecho, es obligación del Tribunal examinar si dicho obstáculo altera o afecta la esencia del derecho y, en particular, si el objetivo perseguido era razonable y guardó una debida proporcionalidad entre tal objetivo y los medios empelados (apartado 99). En idéntico sentido, STEDH de 10 de mayo de 2001, Z y otros v. Reino Unido, 29392/95, CE:ECHR:2001:0510JUD002939295 (apartado 93) CE:ECHR:2001:0510JUD002939295; o la STEDH de 9 de octubre de 2003, Aćimović v. Croacia, 61237/00, CE:ECHR:2003:1009JUD006123700 (apartado 29), CE:ECHR:2003:1009JUD006123700. Sobre el derecho a la asistencia letrada, la STEDH de 20 de octubre de 2015, Dvorski v. Croacia, 25703/11, CE:ECHR:2015:1020JUD002570311, expone que tal derecho puede verse limitado por razones relacionadas con la gratuidad de la asistencia jurídica, o cuando los tribunales deciden que, *«en interés de la justicia»*, el acusado sea defendido por abogado y, con tal objetivo, designen a un profesional (apartado 79). También la STEDH de 25 de septiembre de 1992, Croissant v. Alemania, 13611/88, CE:ECHR:1992:0925JUD001361188 (apartado 29), CE:ECHR:1992:0925JUD001361188; o, más recientemente, la STEDH de 4 de abril de 2018, Correia de Matos v. Portugal, 56402/12, CE:ECHR:2018:0404JUD005640212 (apartado 121), CE:ECHR:2018:0404JUD005640212. De todas formas, una idea de la propia limitación de los derechos fundamentales reside en el artículo 18 de la Convención Europea para la protección de los Derechos Humanos: *«Las restricciones que, en los términos del presente Convenio, se impongan a los citados derechos y libertades no podrán ser aplicadas más que con la finalidad para la cual hayan sido previstas»*. En los *Travaux préparatoires*, se especifica que el propósito de introducir una norma como ésta pretende evitar que los estados supriman, en la práctica, los derechos y libertades protegidos por la Convención mediante la adopción de medidas que, bajo el pretexto de organizar y disciplinar el ejercicio de las libertades en su territorio, o incluso de salvaguardar la literalidad de la Ley, impliquen el efecto contrario [Cour Européenne des Droits de l'Homme, *Travaux préparatoires de l'article 18 de la Convention Européene des Droits de l'Homme* (Strasbourg: 10 de marzo de 1975), 6].

duales como sus limitaciones, provengan de otros derechos individuales o colectivos, se integran en un único ordenamiento inspirado por los mismos principios, conviviendo en un régimen de concurrencia normativa, no de exclusión[689]. En consecuencia, pueden sujetarse a restricciones que respondan a objetivos de interés general, siempre que dichos obstáculos no constituyan un menoscabo manifiesto y desproporcionado de los derechos de defensa[690]:

> Aunque la aplicación concreta del derecho a ser oído puede variar en función de la urgencia con que deba resolverse el litigio [se discutían medidas en un procedimiento de insolvencia de cuya adopción dependía la conservación de los bienes y la salvaguarda de los derechos de crédito], toda restricción al ejercicio de este derecho ha de estar debidamente justificada y debe ir acompañada de las garantía procesales que ofrezcan a las personas afectadas por dicho procedimiento la posibilidad efectiva de impugnar las medidas urgentes adoptadas[691].

Así, la condena en rebeldía no quebranta el principio de contradicción ni, por extensión, el derecho a un juicio justo. Lo que ocurre es que, en el caso presente, la parquedad de la resolución condenatoria es absoluta, pues se fundamenta únicamente en la rebeldía del demandado[692], y siendo ello admisible en algunos Estados miembros, es absolutamente denostado en otros:

> Las dificultades surgen a la hora de identificar y caracterizar como «esencial» en los Derechos procesales estatales la necesidad de motivar las resoluciones judiciales. Los diferentes posicionamientos del orden público «nacional» son evidentes en este sector. Así, la invocación del orden público ha sido una constante

689 STC (Sala Segunda) número 254/1988, de 21 de diciembre (rec. 322/1985), ES:TC:1988:254, f. j. 3.°, citada. Por cierto, que la resolución continúa diciendo que *«tanto las normas que regulan el derecho fundamental como las que establecen límites a su ejercicio vienen a ser igualmente vinculantes y actúan recíprocamente. Como resultado de esta interacción, la fuerza expansiva de todo derecho fundamental restringe, por su parte, el alcance de las normas limitadoras que actúan sobre el mismo; de ahí la exigencia de que los límites de los derechos fundamentales hayan de ser interpretados con criterios restrictivos y en el sentido más favorable a la eficacia y a la esencia de tales derechos».*

690 STJUE Seramico, apartado 55, y Conclusiones de la Abogado General, apartado 78.

691 STJUE de 2 de mayo de 2006, Eurofood IFSC, C-341/04, EU:C:2006:281, apartado 66. En el mismo sentido, STJUE (Sala Primera) de 6 de septiembre de 2012, Boudjlida, C-249/2013, EU:C:2014:2431: *«los derechos fundamentales, como el respeto del derecho de defensa, no constituyen prerrogativas absolutas, sino que pueden ser objeto de restricciones, siempre y cuando éstas respondan efectivamente a objetivos de interés general perseguidos por la medida en cuestión y no constituyan, habida cuenta del objetivo perseguido, una intervención desmesurada e intolerable que afecte a la propia esencia de los derechos así garantizados»* (apartado 43).

692 Conclusiones de la Abogado General, apartado 87.

> en la jurisprudencia francesa. [...] Sin embargo, otros sistemas, como el italiano o el alemán, no han considerado contrarias a su orden público las resoluciones no motivadas[693].

Durante el procedimiento de cuestión prejudicial, el órgano remitente precisó que una resolución como la dictada era excepcional, pues únicamente podía emitirse cuando el actor presenta, en el escrito de demanda, una exposición pormenorizada de los hechos que fundamentan la pretensión y de la causa de pedir que legitima su ejercicio.

Desde la vertiente de la posibilidad efectiva de impugnar la resolución, la Abogado General opina que no es relevante que la información que sirve de base a la sentencia proceda del propio actor *«y que el tribunal en cierta medida se limite a reenviarla».* Conforme a su criterio, no se causa indefensión *«cuando el demandado ha sido informado de la causa petendi y de los hechos que subyacen al procedimiento, de tal manera que pueda interponer debidamente un recurso contra la sentencia dictada en rebeldía»*[694]. Sin obstáculos, pues, no hay vulneración del derecho de defensa.

Pero, desde la vertiente de la escucha activa de los alegatos de la parte demandada, la cuestión plantea otras dudas. No para la Abogado General, quien defiende sin vacilación que el tribunal sentenciador pueda omitir cualquier control de coherencia de la pretensión: *«el riesgo de que sin un control de coherencia se dicte una resolución errónea desde el punto de vista del Derecho sustantivo afecta a la compleja problemática de la verdad material y procesal»,* mas, sin embargo, el derecho del demandado *«está suficientemente salvaguardado si tiene ocasión de exponer efectivamente su punto de vista sobre la causa y si tiene la posibilidad de recurrir la resolución dictada en rebeldía»*[695].

Personalmente, una apreciación como ésta me genera dudas, como he anticipado. En un estado de Derecho, el principio de legalidad impide que los tribunales puedan otorgar tutelas infundadas[696]. La propia Abogada General Kokott lo admite cuando, al final de su exposición, trae a colación el Reglamento (CE) n.º 1896/2006 del Parlamento Europeo y del Consejo, de 12 de diciembre de 2006, por el que se establece un proceso monitorio europeo[697]. Como bien reconoce, esta norma prevé un control de coherencia en su artículo 11,

---

693 Jiménez Blanco, P. (2013). «¿Vulnera el orden público una resolución judicial no motivada dictada en rebeldía del demandado? (Comentario a la Sentencia del Tribunal de Justicia (Sala 1.ª) de 6 de septiembre de 2012, asunto C-619/10: Trade Agency Ltd c. Seramico Investments Ltd)», *op. cit.*, pág. 5.

694 Conclusiones de la Abogado General, apartado 88.

695 *Ibidem*, apartado 93.

696 STS (Sala de lo Social) de 3 de marzo de 2016 (rec. 19/2015), ES:TS:2016:1245, fundamento jurídico 2.º, apartado 2.º; y STS (Sala de lo Social) de 16 de diciembre de 2008 (rec. 1677/2008), fundamento jurídico 6.º. Asimismo, STS (Sala de lo Social). Sentencia de 24 de julio de 1996 (ponente Arturo Fernández López), fundamento jurídico 2.º.

697 DO L 399, pág. 1.

obligando a la desestimación de la petición cuando ésta sea manifiestamente infundada. Puedo entender que un recurso permita, en la generalidad de los casos, rectificar al criterio erróneo del órgano jurisdiccional de instancia; no obstante, ni siempre cabrá recurso ni siempre éste será ordinario. Es, para mí, una puerta abierta a la infracción que no se justifica de ningún modo. La función jurisdiccional supone ejercicio de poder público, no un mero y simple arbitraje entre intereses particulares. Permitir que el juzgador acceda a la petición de la parte sin efectuar un mínimo control, más que en aspectos puramente formales, será otra cosa, pero no ejercicio de la función judicial.

En la percepción del Tribunal de Justicia, estas diatribas acaban siendo superfluas, pues no les presta atención. Sí hace referencia a la garantía de recurso útil, pero nada más, pues lega a los órganos judiciales domésticos el ministerio de decidir si la motivación es o no suficiente, autorizándolos, asimismo, a denegar el reconocimiento de las resoluciones extranjeras bajo el amparo de la excepción de orden público cuando las mismas supongan un menoscabo manifiesto y desmesurado del derecho del demandado a un proceso equitativo. Más tarde, en *flyLAL-Lithuanian Airlines*[698], el Tribunal de Justicia afirmará que la valoración de suficiencia en la motivación de toda resolución cuyo reconocimiento se pretende, pivota sobre dos ejes, y, más estrechamente, sobre uno principal: *«la posibilidad de interponer un recurso de manera útil y efectiva contra dicha resolución»*[699]. El segundo eje del que hacíamos mención estaría ordenado a dicha formalización de recurso, y no es otro que la probabilidad, por parte del demandado, de extraer del conjunto del proceso los motivos por los que ha sido condenado: *«debe analizarse, teniendo en cuenta el procedimiento considerado en su globalidad y a la luz del conjunto de las circunstancias pertinentes»*[700].

---

698 La compañía flyLAL-Lithuanian Airlines AS, en liquidación, demandó a Air Baltic Corporation AS en reclamación de daños y perjuicios por abuso de posición dominante. Sostenía, asimismo, que Starptautiskā lidosta Rīga VAS y Air Baltic Corporation AS mantenían un acuerdo contrario a libre competencia y contrario, por ende, al derecho de la Unión. La cuestión es que flyLAL-Lithuanian Airlines solicitó la adopción de medidas cautelares, y en diciembre de 2008, el Tribunal de apelación de Lituania acordó el embargo preventivo de bienes de Starptautiskā lidosta Rīga VAS y Air Baltic Corporation AS por un importe de algo más de cincuenta y ocho millones de euros. En el proceso de ejecución de la medida cautelar en Letonia, estas dos últimas compañías plantearon que los defectos de motivación de los que adolecía la sentencia dictada por el Tribunal de apelación de Lituania resultaban manifiestamente contrarios al orden público. Tal defecto de motivación se sustentaba sobre la base de que la resolución de origen no dio «explicaciones sobre el método de cálculo» utilizado para alcanzar la suma por la que se trabó el embargo. El Tribunal de Justicia determinó que podía seguirse el razonamiento que condujo a la decisión de otorgar la tutela por dicha suma (apartado 53), de manera que «se han observado los principios elementales del proceso equitativo» y no se ha vulnerado el orden público (STJUE de 23 de octubre de 2014, flyLAL-Lithuanian Airlines, C-302/13, EU:C:2014:2319, apartado 54).

699 STJUE flyLAL-Lithuanian Airlines, apartado 52.

700 STJUE flyLAL-Lithuanian Airlines, apartado 52.

Sí que es cierto que, en el asunto *Trade Agency,* indica que tal apreciación deben hacerla *«teniendo en cuenta el procedimiento considerado en su globalidad y a la luz del conjunto de las circunstancias pertinentes»*[701], en lo que parece que puede ser una admisión de la posibilidad de dictar una resolución meramente motivada por remisión a la demanda. Pero, en definitiva, permite al juez del Estado Miembro requerido entrar a valorar si se ha producido —como hemos dicho en el párrafo antecedente— un menoscabo manifiesto y desmesurado del derecho del demandado a un proceso equitativo. Bastaría, para ello, examinar tres elementos:

> Si Trade Agency tuvo conocimiento de la exposición detallada de las pretensiones de Seramico, y en qué medida, y las vías de recurso de las que disponía Trade Agency después de que se dictara dicha resolución a fin de modificar su modificación o revocación[702].

Verdaderamente, un análisis como éste no implica entrar en el fondo del asunto. Sí que, en cambio, asume la irrelevancia del hecho de que el órgano jurisdiccional de origen haya dictado una resolución *contra legem,* contraria al derecho doméstico, basculando el interés del Derecho de la Unión hacia el hecho de que el juez del Estado requerido se asegure de que no se ha producido indefensión: estrictamente, que no se haya quebrantado, manifiesta y desmesuradamente, el derecho del demandado a un proceso equitativo, y que se le posibilita el recurso.

Dos consideraciones deben ser realizadas. Una primera, la relativa a que el Tribunal de Justicia no menciona el deber del juez requerido de garantizar el derecho de demandado a un proceso equitativo. No, lo que dice es que lo único exigible es que dicho derecho no sea manifiesta y desmesuradamente menoscabado. Por tanto, de entrar en el fondo, nada, pues si tomamos literalmente lo expuesto, no será posible valorar cualquier menoscabo del derecho de defensa, sino sólo uno manifiesto. La segunda se refiere a que el menoscabo sólo tendrá lugar, sólo nacerá realmente, cuando no pueda recurrirse contra la resolución, siendo el recurso la salvaguarda de cierre del artículo 34.2 del Reglamento (CE) n.º 44/2001 del Consejo, de 22 de diciembre de 2000.

La posibilidad de dictar una sentencia con fuerza de cosa juzgada sin que se haya entrado previamente a examinar el fondo del asunto parece atentar, en mi opinión, contra el Convenio Europeo de Derechos Humanos. Así, la sentencia *Helle v. Finlandia*[703] refiere que no existe respeto a la tutela judicial efectiva cuando un tribunal nacional que ha ofrecido un razonamiento escaso para justificar su decisión —ya sea por la vía de incorporar la motivación dada por un tribunal inferior o por cualquier otra—, no haya, previamente, afron-

701 STJUE Trade Agency, apartado 60.

702 STJUE Trade Agency, apartado 61.

703 STEDH de 19 de diciembre de 1997, Helle v. Finlandia, 157/1996/776/977, CE:ECHR:1997:1219JUD002077292.

tado y debatido los problemas esenciales que le fueron planteados. Por ende, si se ha limitado a avalar, sin mayor consideración, los hallazgos obtenidos por el tribunal de menor rango, el derecho resulta vulnerado. Esta exigencia es, si cabe, más severa en aquellos casos en los que un litigante no ha podido presentar sus alegaciones en el procedimiento doméstico[704].

El criterio del Tribunal Europeo de Derechos Humanos induciría a pensar que resoluciones como *Trade Agency* pueden atentar contra el orden público, pero no sólo eso, sino que cabe añadir que atacan, directamente, el orden público de la Unión Europea desde el nacimiento de las Comunidades Europeas, tal como puede comprobarse en *Stauder/Stadt Ulm*[705]*;* y, todavía más, desde la entrada en vigor de la Carta de los Derechos Fundamentales de la Unión Europea en 2007, pues, no sólo la configuración del derecho de defensa en el artículo 47 de la Carta europea guarda un evidente paralelismo con la redacción al artículo 6 en el Convenio Europeo de los Derechos y las Libertades Fundamentales, sino que existe una remisión interpretativa que el artículo 52.3 de la Carta dirige al CEDH.

4.5.3 Presupuestos procesales específicos de la excepción al reconocimiento y ejecución de resoluciones judiciales extranjeras por vulneración del derecho de defensa del demandado rebelde en la jurisprudencia del TJUE

Ya en el lejano 1997, decía De Miguel Asensio que uno de los aspectos donde la necesidad de europeización del Derecho procesal resultaba más urgente era la relacionada con la unificación de reglas sobre asistencia judicial internacional, y más concretamente, con los sistemas de notificación en el extranjero de documentos judiciales y extrajudiciales, base sobre la cual se sustentaría en mayor manera la cooperación en el ámbito del reconocimiento y ejecución de decisiones[706]. Éste es el fondo del asunto aquí tratado.

Los asuntos en los que el paradero del demandado es desconocido presentan una especial problemática derivada de la imposibilidad de la parte para comparecer en el proceso. Los ordenamientos jurídicos domésticos no suelen ser partidarios de dejar imprejuzgada la acción, en tanto que ello comportaría una denegación de la tutela judicial impetrada por el demandante. De ahí que, con frecuencia, se acuda a ficciones legales como la notificación por edictos.

---

704 STJUE Trade Agency, apartado 60.

705 STJUE de 12 de noviembre de 1969, Stauder/Stadt Ulm, 29/69, EU:C:1969:57, apartado 7.

706 De Miguel Asensio, P. A. (1997). «Integración Europea y Derecho Internacional Privado». *Revista de Derecho Comunitario Europeo* año n.º 1, n.º 2, pág. 427.

A lo largo de los años, en la jurisprudencia del Tribunal de Justicia, la regularidad del emplazamiento inicial en el procedimiento ha presentado distintas incertidumbres que podrían ser clasificadas en dos grandes grupos. Parece que el propio legislador de la Unión es consciente de ello, porque, a título de curiosidad, el Libro Verde presentado por la Comisión el 20 de diciembre de 2002, sobre el proceso monitorio europeo y las medidas para simplificar y acelerar los litigios de escasa cuantía, la previsión o propuesta de artículo 18 del Reglamento por el que se establece un proceso europeo de escasa cuantía, establecía lo siguiente:

> El derecho del demandado a solicitar la «revisión» de la sentencia dictada en estos procesos siempre y cuando el formulario que inició el proceso o la citación a la eventual vista hayan sido notificados por una vía que no garantice la recepción personal por el propio demandado, siguiendo el artículo 14 del Reglamento (CE) núm. 805/2004 y, concurrentemente, la notificación no se hubiera producido con la suficiente antelación para permitirle la adecuada preparación de su defensa[707].

Es decir, que la voluntad del órgano proponente del nuevo Reglamento, la Comisión, era la de limitar la posibilidad de recurso contra la sentencia a aquellos supuestos en los que hubiera dudas de la recepción personal.

Por una parte, tendríamos aquellos supuestos en los que la irregularidad del emplazamiento inicial del procedimiento se debe a los obstáculos para localizar al demandado. De otro lado, hallaríamos aquellos casos en los que la irregularidad se da porque el contenido material del emplazamiento impide o dificulta el ejercicio del derecho de defensa, los cuales, en parte, ya hemos analizado al referirnos a la suficiencia del plazo y disponibilidad de la información necesaria para preparar la defensa. No obstante, conviene detenerse en particular en el contenido del emplazamiento o citación y, más específicamente, de la demanda, como así haremos.

Vamos a examinar por separado estos dos paradigmas.

A) Problemas derivados de la averiguación del domicilio del demandado

Los asuntos en los que el paradero del demandado es desconocido presentan una especial problemática derivada de la imposibilidad de la parte para comparecer en el proceso. Los ordenamientos jurídicos domésticos no suelen ser partidarios de dejar imprejuzgada la acción, en tanto que ello comportaría una denegación de la tutela judicial impetrada por el demandante. De ahí que, con frecuencia, se acuda a ficciones legales como la notificación por edictos.

707 BUJOSA BADELL, L. M. (2008). «Simplificación y oralidad en los litigios transfronterizos. El proceso europeo de escasa cuantía del Reglamento (CE) núm. 861/2007 del Parlamento Europeo y del Consejo». En CARPI, F., y PASCUAL ORTELLS RAMOS, M. (coordinadores, ed. lit.), *Oralidad y escritura en un proceso civil eficiente: Coloquio de la Asociación Internacional de Derecho Procesal Vol. 2*. Universitat de València, Valencia, 309-310.

En *Debaecker/Bouwman*[708], el abogado del actor sabía que la notificación que citaba al demandado para comparecer el día 1 de octubre de 1981 ante el Juez Cantonal de Amberes no podría nunca serle entregada, pues conocía que ya no se hallaba en el domicilio que constaba en el expediente. De hecho, en el proceso, se consideraba al demandado correctamente citado sólo gracias a una ficción legal, por cuanto, al estar todavía inscrito como residente de Amberes, la citación había sido entregada al Commissariat de Police[709]. La cuestión reside en que el artículo 37 del Judicial Code estipula que, en el caso de que la cédula judicial no pudiera ser entregada personalmente, se considerará entregada una vez una copia de la misma sea recibida en la comisaría de policía. Entonces, el agente judicial deja en la casa del demandado una comunicación informándole de la existencia de la cédula e indicándole el lugar donde recogerla. Conocemos que el artículo 27 del Convenio de Bruselas dispone que las resoluciones no serán reconocidas si la cédula de emplazamiento no se hubiera entregado de forma regular y con tiempo suficiente para preparar la defensa. Esta disposición toma en consideración el hecho de que en los diferentes Estados contratantes existen sistemas de notificación ficticia, aplicables en el caso de que el demandado no tenga domicilio conocido, que exigirán un examen *ad casum* del hecho de que el demandado haya tenido conocimiento de la notificación y de que haya dispuesto del tiempo necesario para preparar su defensa[710]. La sentencia *Verdoliva* incide en esta cuestión, si bien referida a la notificación de la resolución por la que se otorga la ejecución[711], concluyendo así:

> En caso de notificación inexistente o irregular de la resolución por la que se otorga la ejecución, el mero hecho de que la persona contra la que se solicita le ejecución haya tenido conocimiento de dicha resolución no es suficiente para que empiece a correr el plazo[712] [de oposición].

En el caso *Hypoteční banka*[713], el TJUE ha tenido la ocasión de pronunciarse al respecto. En el caso debatido, no se analiza ningún procedimiento específico de notificación, con ficción o sin ella, sino la previa y antecedente posibilidad de sustanciar un proceso ante el desconocimiento más absoluto del lugar donde puede encontrarse el demandado. A su vez, la sentencia *G.*[714] sí plantea el problema de la notificación edictal.

---

708 STJUE de 11 de junio de 1985, Debaecker/Bouwman, 49/84, EU:C:1985:252.

709 STJUE Debaecker/Bouwman, apartado 3.

710 *Ibidem*, apartado 11.

711 STJUE de 16 de febrero de 2006, Verdoliva, C-3/05, EU:C:2006:113, apartado 21.

712 *Ibidem*, apartado 38.

713 STJUE de 17 de noviembre de 2011, Hypoteční banka, C-327/10, EU:C:2011:745.

714 STJUE de 15 de marzo de 2012, G., C-292/10, EU:C:2012:142.

La resolución *Hypoteční banka* se fundamenta en la reclamación cursada por la sociedad checa que respondía a aquel nombre frente al señor Udo Mike Lindner, nacional alemán, en exacción del pago de un crédito hipotecario que el segundo había venido adeudando. A pesar de que, en el contrato de préstamo, se establecía como foro competente el del domicilio social del banco, Hypoteční banka ejercitó la acción en el foro del domicilio social del prestatario, Udo Mike Lindner.

Admitida la demanda, el requerimiento de pago no pudo ser notificado personalmente al demandado, como exige la norma checa, porque el mismo no pudo ser hallado en territorio checo. Consecuentemente, el órgano jurisdiccional conocedor del pleito nombró a un curador para que representara al señor Lindner.

En la oposición formalizada por el curador, éste cuestionó que el Reglamento 44/2001 resultara aplicable a procedimientos dirigidos contra personas que no disponen de domicilio conocido[715].

En el asunto *G.,* éste último, el señor De Visser era el propietario de un sitio de internet en el que se mostraban fotografías de G., quien en ningún momento autorizó la publicación de estas. Cierto es que G. accedió a posar y, en consecuencia, le fueron tomadas las fotografías, pero nunca se le informó de que las mismas serían publicitadas en internet.

De entre todas las posibles direcciones, en ninguna fue posible notificar la demanda formalizada por G., de manera que el tribunal alemán que tramitaba el pleito acordó la notificación por medio de edictos, que se llevó a cabo en el tablón de anuncios del Landgericht Regensburg.

En los dos casos examinados, se genera un pulso argumentativo entre el derecho de defensa del demandante y el derecho de defensa del demandado. La resolución *Hypoteční banka* nos recuerda que el artículo 16, apartado 2, del Reglamento determina que una acción entablada contra un consumidor sólo podrá formularse ante los tribunales del Estado miembro en que se encuentre domiciliado el consumidor. Por lo tanto, este parámetro es lo primero que el órgano jurisdiccional al cual se somete el litigio debe verificar[716]. Si el consumidor no está domiciliado en el Estado Miembro propio del juez que conoce del caso, éste deberá chequear cuál sea el Estado Miembro en el que el consumidor está domiciliado. Y el artículo 26, apartado 2, obliga a suspender el procedimiento hasta tanto no exista constancia de que el demandado ha recibido *«el escrito de demanda o documento equivalente con tiempo suficiente para defenderse o que se ha tomado toda diligencia a tal*

715 Al mismo tiempo, cuestionó el valor de su propia comparecencia como sumisión tácita, toda vez que se incumplía la sumisión expresa estipulada en el propio contrato de crédito, para más inri, contrato celebrado entre un banco y un consumidor.

716 STJUE Hypoteční banka, apartado 40.

fin»[717]. Pero, una vez hechas todas las averiguaciones, sin obtener un resultado positivo, aparece, como anticipábamos, la tirantez entre los derechos de la respectiva defensa de la parte actora y la parte demandada.

Tradicionalmente, el Tribunal de Justicia ha interpretado que los derechos fundamentales no constituyen prerrogativas absolutas, sino que pueden estar sujetos a alguna restricción debida al interés general. Este interés general no debe ocasionar un menoscabo desproporcionado del derecho fundamental al que se contrapone[718], puesto que, en tal caso la restricción resultaría ser ilegítima.

Esto es lo que sucede con el derecho de defensa del demandado: la posibilidad de recibir la demanda y contestarla no debe ser vulnerada. Ahora bien: la intervención de un curador —en el caso de *Hypoteční banka*— podría llegar a ser fructífera para los intereses del demandado si las cuestiones a dilucidar fueran puramente técnicas o jurídicas, si bien el carácter de estas es algo que no necesariamente puede apreciarse en el momento inicial del proceso. Sea como fuere, la participación del curador, como figura que protege los intereses de la parte rebelde, supone una minoración del menoscabo que sufre el derecho de defensa de esta. Ahora bien:

> El requisito del respeto del derecho de defensa, enunciado igualmente en el artículo 47 de la Carta de los Derechos Fundamentales de la Unión Europea, debe aplicarse respetando a la vez el derecho del demandante a acudir a un órgano jurisdiccional para que se pronuncie acerca del carácter fundado de sus pretensiones[719].

La restricción, por ende, del derecho de defensa del demandado rebelde, se justifica sólo por el propio derecho a obtener una resolución judicial fundada del demandante. Aunque tanto la sentencia *Hypoteční banka* cuanto la sentencia *G.* sostienen que *«la finalidad de evitar la situación de denegación de justicia en que se encontraría el demandante cuando sea imposible localizar al demandado constituye un objetivo de interés general»*[720], una afirmación como ésta es, hasta cierto punto, extraña. En los supuestos analizados contienden dos derechos fundamentales, o, más bien, el mismo derecho fundamental, sólo que predicado de cada una de las dos partes que se enfrentan en el litigio. Es evidente que el respeto a los derechos fundamentales es una cuestión de interés general, pero cuando la lucha se establece entre derechos fundamentales, resulta innecesario hablar de intereses generales como si de una cuestión de política económica se tratara.

717 Actualmente, esta norma tiene su trasunto en el artículo 28, apartado 2, del Reglamento 1215/2012.

718 STJUE Hypoteční banka, apartado 50; STJUE G., apartado 49.

719 STJUE Hypoteční banka, apartado 49; STJUE G., apartado 48.

720 Apartados 50 y 51, respectivamente. Es destacable, asimismo, la remisión a los apartados 31 a 33 de la STJUE de 2 de abril de 2009, Gambazzi, C-394/07, EU:C:2009:219.

Dicho esto, en la confrontación entre derechos parece aconsejable adoptar una especial ponderación cuando se trata de limitar el derecho de defensa de aquella parte que, precisamente, no puede protegerse por sí misma. Así, es incontestable que *«el órgano jurisdiccional que conozca del asunto debe cerciorarse de que se han realizado todas las investigaciones que exigen los principios de diligencia y de buena fe para encontrar al demandado»*[721].

A mayor abundamiento, debe decirse que, en el apartado 54 de la sentencia *Hypoteční banka* y en el 57 de la sentencia *G.*, el Tribunal de Justicia prioriza el hecho de que el demandante pueda obtener la tutela judicial pretendida —a pesar de la imposibilidad de hallar al demandado— frente al derecho del demandado de defenderse personalmente, con el argumento de que el ausente siempre tendrá una postrera posibilidad de oponerse al reconocimiento de la sentencia dictada. Si se pretende que este razonamiento sea un argumento más en favor de permitir la restricción del derecho de defensa del demandado, hemos de decir que no resulta convincente ni aplicable a ninguno de los dos casos.

Por un lado, en lo que respecta a la sentencia *Hypoteční banka*, porque, aun cuando la sentencia no entra a valorar qué procedimiento debe seguir el Estado Miembro de origen para notificar la demanda al ausente[722], lo que aquí se discute es, por así decirlo, previo, mucho más primario: si es o no es admisible, en términos de defensa, el juicio del ausente cuyo paradero se ignora. Si no lo es, el tribunal de origen ya no debe dar pie a que se celebre el juicio, provocando así la irrelevancia de cualquier posible oposición a la sentencia que nunca habría de llegarse a dictar. O, en otros términos: si no lo es y se dicta sentencia, la causa de oposición al reconocimiento es flagrante. Por el contrario, si lo es, la cuestión es distinta y apartada de aquello que aquí se está debatiendo, pues versará sobre otros particulares —como, por ejemplo, que la parte actora pudiera conocer algún domicilio y decidiera ocultárselo al tribunal— diferentes a la posibilidad de menoscabar el derecho de defensa del demandado cuando el tribunal —ojo, el tribunal; no el actor— ha hecho todas las averiguaciones posibles para hallar su paradero. Esto es, justamente, aquello que se debate: la ficción consistente en que la demanda ha sido notificada. Y, dado que el Tribunal de Justicia convalida la notificación edictal, el argumento que pretende que al demandado siempre le quedará la oposición

721 STJUE Hypoteční banka, apartado 52; en el mismo sentido, STJUE G. v. Cornelius de Visser, apartado 55.

722 La propia sentencia Hypoteční banka, en su apartado 37, se encarga de recordar que el Reglamento no tiene por objeto el de unificar todas las normas de procedimiento de los Estados miembros, afirmación que también Podemos encontrar en la STJUE G., apartado 44.

al reconocimiento, es absurdo, porque la notificación de la demanda está bien hecha, sin perjuicio de aquellos otros particulares —acabados de comentar— que puedan aflorar al fin[723].

El Tribunal de Justicia expresamente se remite al caso *Nunes Dias v. Portugal*[724]. En esta resolución, el Tribunal Europeo de Derechos Humanos esgrime que extender y dilatar los procedimientos indefinidamente por la imposibilidad de hallar al demandado, sería contrario a la seguridad jurídica y a una adecuada administración de justicia[725]. Consecuentemente, la notificación edictal es respetuosa con el derecho de defensa en aquellos casos en que el órgano jurisdiccional llega a la conclusión de que el domicilio del demandado no puede ser encontrado[726]. Cuando la sentencia que llegue a dictarse pueda ser impugnada por vía de recurso ordinario o mediante el mecanismo de audiencia al rebelde, la garantía es superior y satisface, completamente, el derecho de defensa[727].

En este contexto que estamos evaluando, la prueba de la notificación constituye un elemento clave, como podemos ver en el asunto *Henderson*[728].

Novo Banco presentó en Portugal una demanda dirigida contra el señor Henderson, nacional y residente en Irlanda. El emplazamiento se remitió mediante carta certificada con acuse de recibo. Los servicios postales portugueses no devolvieron el acuse de recibo al órgano jurisdiccional, de manera que este último solicitó información sobre la efectiva recepción de la demanda. Los servicios postales portugueses respondieron que, conforme les había comunicado el operador postal en Irlanda, la demanda había sido entregada.

Dado que el señor Henderson no compareció, el tribunal portugués estimó, mediante auto, la demanda en rebeldía.

Sin embargo, el señor Henderson reaccionaría contra dicho auto alegando que el emplazamiento era nulo, por tres razones. La primera, la falta de constancia en autos del acuse de recibo. La segunda, que ignoraba a quién le había sido, en su caso, entregada la carta. La tercera, que no se le había informado de su derecho a negarse a aceptar la notificación de un docu-

---

723 En otro orden de cosas, como la propia Sentencia se encarga de precisar, cuando no se conozca con certeza el domicilio del deudor no será posible la certificación como título ejecutivo europeo que prevé el Reglamento (CE) N.° 805/2004 del Parlamento Europeo y del Consejo, de 21 de abril de 2004, por el que se establece un título ejecutivo europeo para créditos no impugnados, pues, en tal caso, el demandado no tendría la posibilidad de oponerse al reconocimiento en virtud del Reglamento 44/2001 (apartado 66).

724 DTEDH de 10 de abril de 2003, Nunes Dias v. Portugal, 6982/01 y 2672/03, CE:ECHR:2003:0410DEC006982901.

725 Apartado «*The Law*», párrafo 12.

726 *Ibidem*, párrafo 13.

727 *Ibidem*, párrafo 14.

728 STJUE de 2 de marzo de 2017, Henderson, C-354/15, EU:C:2017:157.

mento judicial redactado en una lengua que no entiende, el portugués[729]. Y estas tres alegaciones suponen el ámbito de las tres cuestiones prejudiciales planteadas al Tribunal de Justicia.

En primer lugar, si los documentos librados por el operador postal del Estado miembro de residencia que acreditan la recepción de la notificación son hábiles para sustituir al acuse de recibo que envió el tribunal portugués.

En segundo lugar, si es conforme con el Reglamento (CE) n.º 1393/2007 del Parlamento Europeo y del Consejo, de 13 de noviembre de 2007, relativo a la notificación y al traslado en los Estados Miembros de documentos judiciales y extrajudiciales en materia civil o mercantil (notificación y traslado de documentos) y por el que se deroga el Reglamento (CE) n.º 1348/2000 del Consejo[730], una norma doméstica que permite entender como válidamente practicada la notificación cuando ha sido firmada y fechada por un tercero.

Y, en tercer lugar, si es conforme con el Reglamento 1393/2007 una normativa doméstica que establece que la falta de notificación del formulario contemplado en el anexo II del Reglamento lleva aparejada la nulidad de la notificación sólo en el caso de que tal nulidad sea invocada dentro del plazo previsto por ella.

El artículo 14 del Reglamento dice que *«cada Estado miembro tendrá la facultad de efectuar la notificación o traslado de documentos judiciales directamente por correo a las personas que residan en otro Estado miembro mediante carta certificada con acuse de recibo o equivalente».* En consecuencia, no impone la notificación mediante correo certificado con acuse de recibo[731], a pesar de reconocer que el acuse de recibo de la carta certificada *«constituye tanto la prueba de que el destinatario del documento judicial que debe notificarse o trasladarse ha recibido dicho documento en el Estado miembro requerido, como de las modalidades de la recepción del mismo»*[732]. Pero sí prevé, en cambio, la ejecución de la notificación mediante un instrumento que ofrezca garantías equivalentes[733].

El Tribunal de Justicia determina que es obligación del tribunal enjuiciador la de valorar si el demandado ha recibido la notificación en condiciones tales que no se menoscabe su derecho de defensa[734]. Concluye, por tanto, que la falta de devolución del acuse de recibo no incide en el derecho de defensa del demandado si se dispone de un documento que la sustituya con igual nivel de eficacia.

729 Los hechos relevantes para la resolución del litigio se encuentran entre los apartados 26 y 43, ambos incluidos, de la sentencia.

730 DO L 324, de 10 de diciembre de 2007, p. 79-120.

731 STJUE Henderson, apartado 78.

732 STJUE Henderson, apartado 77.

733 STJUE Henderson, apartados 79 y 84.

734 STJUE Henderson, apartado 85.

Cuestión distinta es la recepción no personal del documento a notificar, puesto que, en tales casos, la presunción de que un tercero ha hecho entrega del documento puede perjudicar la posición del demandado rebelde:

> Si bien una tercera persona puede recibir válidamente un documento judicial en nombre y por cuenta del destinatario, esta posibilidad debe circunscribirse, no obstante, a supuestos definidos con claridad, en aras de garantizar de la mejor manera posible el respeto del derecho de defensa del destinatario[735].

El Reglamento prevé una norma que refuerza los requisitos del intento de notificación, en tal caso: el artículo 19, apartado 1.

Este precepto establece dos presunciones: una primera consistente en que la notificación se hay llevado a cabo utilizando el procedimiento que se sigue en *«causas internas»;* y otra, en que el documento se haya entregado en la residencia del demandado.

En nuestro caso, dado que no se dieron las condiciones para aplicar la primera presunción, resultará crucial entender el concepto de *«residencia»* como *«lugar en el que el destinatario del documento vive y reside habitualmente»*[736]. Cabe destacar que, adicionalmente, el Tribunal de Justicia extiende la interpretación del Reglamento más allá de lo que cabría deducir de sus palabras: sostiene, al efecto, la aplicación analógica del Reglamento (CE) n.º 05/2004 del Parlamento Europeo y del Consejo, de 21 de abril de 2004, por el que se establece un título ejecutivo europeo para créditos no impugnados. Su apartado 14.1.a) estipula que la presunción de que el tercero entregará la notificación al demandado sólo puede considerarse válida cuando dicho tercero es un adulto que se halla en la residencia del destinatario, *«ya se trate de miembros de su familia que vivan en la misma dirección que éste o de personas empleadas por él en dicha dirección»*[737].

La tercera cuestión prejudicial preguntaba si es conforme con el Reglamento 1393/2007 una normativa doméstica que establece que la falta de notificación del formulario contemplado en el anexo II del Reglamento lleva aparejada la nulidad de la notificación sólo en el caso de que tal nulidad sea invocada dentro del plazo previsto por ella.

La resolución *Alpha Bank Cyprus*[738] determinó que, en todo caso, sería obligatorio acompañar el *«documento que debe notificarse o trasladarse»* del formulario que figura en el anexo II del Reglamento n.º 1393/2007, pues, *«como manifiesta el considerando 12 del mismo Reglamento, esos formularios son instrumentos mediante los que se informa a los destinatarios de la facultad de la que disponen de negarse a aceptar el documento que haya de ser notificado o*

735 STJUE Henderson, apartado 93.

736 STJUE Henderson, apartado 94.

737 STJUE Henderson, apartados 95 y 96.

738 STJUE de 16 de septiembre de 2015, Alpha Bank Cyprus, C-519/13, EU:C:2015:603.

trasladado»[739]. Su omisión, dice la Sentencia, no acarreará la nulidad de la notificación, pero sí exigirá su subsanación mediante la aportación del formulario.

Este carácter subsanable, al que también había dado su apoyo el caso *Alta Realitat*[740], es confirmado por *Henderson*[741]. Y es obvio que, si no se considera nula la notificación, pierde sentido que una normativa nacional supedite la nulidad a la reacción en un determinado plazo, *«aun cuando se prevea asimismo que ésta pueda subsanarse en virtud del transcurso de un determinado plazo o por efecto de la falta de reacción del destinatario del documento»*[742]. Es más:

> No cabe deducir válidamente ninguna consecuencia de la circunstancia de que el destinatario del documento no se haya opuesto dentro de un determinado plazo a la omisión del formulario normalizado, ya que, habida cuenta precisamente de la inexistencia de dicho formulario, no hay certeza ninguna de que el interesado haya tenido conocimiento de su derecho a negarse a aceptar la notificación o el traslado[743].

Precisamente, la ficción consistente en que la demanda ha sido notificada ha provocado la existencia, en el repertorio del Tribunal de Justicia, de otra suerte de casos que albergan un notable riesgo de sustanciarse causando indefensión. Son aquellos sumarios en los que, ante la rebeldía del demandado, se nombra a un defensor judicial, cuya actuación puede provocar que la sentencia que resuelva el proceso sea finalmente intocable.

Así, en el asunto *A*[744] se explora el papel del representante judicial nombrado por el tribunal —austríaco, en este caso— cuando el demandado se halla en paradero desconocido. Concretamente, la cuestión a dilucidar es si su sumisión al foro del tribunal es capaz de dotar de competencia —internacional, para más inri— al órgano jurisdiccional.

La dicción del artículo 24 del Reglamento 44/2001, literalmente interpretada, así lo sugería:

> Con independencia de los casos en los que su competencia resultare de otras disposiciones del presente Reglamento, será competente el tribunal de un Estado miembro ante el que compareciere el demandado. Esta regla no será de aplicación si la comparecencia tuviere por objeto impugnar la competencia o si existiere otra jurisdicción exclusivamente competente en virtud del artículo 22[745].

---

739 STJUE Alpha Bank Cyprus, apartado 47.

740 STJUE de 28 de abril de 2016, Alta Realitat, C-384/14, EU:C:2016:316.

741 STJUE Henderson, apartado 57.

742 STJUE Henderson, apartado 62.

743 STJUE Henderson, apartado 64.

744 STJUE de 11 de septiembre de 2014, A, C-112/13, EU:C:2014:2195.

745 Como pone de relieve la STJUE de 14 de octubre de 2004, Maersk Olie & Gas, C-39/02, EU:C:2004:615, el recurso contra una resolución cuyo procedimiento de adopción preveía un debate contradictorio en el que no participó la demandada, no equivale a comparecencia. Así, los apartados 57 y 59 interpretados conjuntamente.

Ahora bien, una interpretación como ésta quizá repugne al concepto de igualdad de armas y, más genéricamente, al de juicio justo, toda vez que el tribunal incompetente puede acabar irrogándose la competencia gracias al nombramiento del defensor judicial, favoreciendo a la parte actora.

El Tribunal de Justicia recuerda, expresamente, que ya en los casos enjuiciados en *Hypoteční banka* y en *G.,* EU:C:2012:142, puntualizó que *«el Reglamento n.° 44/2001, interpretado a la luz del artículo 47 de la Carta, no se opone a un procedimiento contra un demandado ausente en el que éste ha sido privado de la facultad de defenderse eficazmente»*[746]. Precisamente, en el caso Hypoteční banka, el tribunal conocedor del asunto nombró a un curador para que representara al demandado, también en paradero desconocido. Y, al igual que entonces, afirma que, a los efectos del respeto al derecho de defensa, resulta decisivo que el demandado rebelde pueda oponerse al reconocimiento de la resolución en el Estado miembro requerido: esto es, la oposición fundada en el artículo 34, apartado 2, como salvaguarda última del derecho de defensa[747].

La diferencia entre los casos *Hypoteční banka* y *G.*, por un lado, y *A*, por el otro, según se desprende del razonamiento del Tribunal de Justicia, radica en que esta última muralla del derecho de defensa que supone el artículo 34, apartado 2, del Reglamento, *«presupone [...] que el demandado esté en rebeldía y que los actos procesales realizados por el curador o representante judicial por ausencia no equivalgan a la comparecencia del demandado ausente»*[748]. Por el contrario, en el caso ahora enjuiciado *«los actos procesales realizados por el representante judicial por ausencia en virtud del artículo 116 de la ZPO tienen por efecto que deba considerarse que A ha comparecido ante el tribunal»*[749].

Bien: una vez dicho esto, hay que tener en cuenta que la pregunta a la que responde el procedimiento prejudicial interroga acerca de si la comparecencia del representante judicial del ausente es idónea para determinar la competencia internacional del tribunal estatal[750].

Esto nos lleva a una necesaria reflexión, pues el ámbito de la cuestión prejudicial está limitado por la pregunta formulada y, del contenido de la

746 STJUE A, apartado 60.

747 *Idem*.

748 STJUE A, apartado 60.

749 STJUE A, apartado 60.

750 STJUE A, apartado 27. Pierre Callé considera *«lógico que la comparecencia del curador del demandado ausente no sea considerar como comparecencia para el juego del artículo 24»* del Reglamento 44/2001, esto es, al efecto de determinar la competencia del tribunal, dado que, en un caso como éste, en el que no hay contacto entre uno y otro, evidencia una imposibilidad de defenderse efectivamente [Callé, P. (2015). «Cour de justice de l'Union européenne - 11 septembre 2014 Affaire C-112/13». *Revue Critique de Droit International Privé* 104 no. 4, 920].

Sentencia e incluso de las Conclusiones del Abogado General Yves Bot, presentadas el 2 de abril de 2014, no es fácil deducir que el Tribunal de Justicia se ciña a dicho ámbito.

Es decir, que una posible interpretación es que la atribución de competencia internacional por la mera comparecencia del representante judicial genera indefensión, pues, el propio Tribunal de Justicia así lo reconoce:

> No parece que el litigio principal presente algún tipo de nexo con el territorio austriaco que pueda determinar su competencia en virtud de las disposiciones del citado Reglamento, a menos que A haya comparecido ante el tribunal que conoce del asunto a efectos del artículo 24 del mencionado Reglamento[751].

Esta comprensión del razonamiento incidiría en aquel criterio que el Tribunal ya había expresado unos años antes, relativo a la ponderación de la dificultad de acceder a la justicia con que el demandado pueda topar cuando el proceso se deduce en un Estado Miembro distinto del de su domicilio, prueba del cual es *ASML*[752], a la vista de las Conclusiones del Abogado General Philippe Léger presentadas el 28 de septiembre de 2006[753].

Pero otra exégesis del razonamiento del Tribunal de Justicia, más extensa en sus consecuencias, permitiría entender que este tipo de fórmulas de representación para ausentes son, en sí mismas, peligrosas para el derecho de defensa. Ello es así por cuanto, asumida la competencia internacional y dictada resolución por el tribunal doméstico, nada asegura al demandado que pueda hacer uso de la excepción de rebeldía procesal dispuesta en el artículo 34 del Reglamento. Obsérvese aquello que hemos recogido antes: la excepción presupone *«que el demandado esté en rebeldía y que los actos procesales realizados por el curador o representante judicial por ausencia no equivalgan a la comparecencia del demandado ausente»*[754]. Dicho de otra forma: nada asegura que, ante una pretensión de reconocimiento de la sentencia dictada en Austria, el órgano judicial del Estado Miembro requerido no acabe considerando que el demandado ausente no se encontraba en rebeldía, lo cual impediría el recurso a la excepción.

El propio Abogado General Yves Bot, viene a admitirlo veladamente en sus Conclusiones, en estos términos:

> Un representante judicial por ausencia designado en circunstancias como las que concurren en el procedimiento principal no está en la mejor posición para proteger

751 STJUE A, apartado 48.

752 STJUE de 14 de diciembre de 2006, ASML, C-283/05, EU:C:2006:787.

753 En dicho caso, se decidió que, en litigios transnacionales, la rebeldía procesal no permitía que el tribunal de origen penalizara al demandado dejando de comunicarle el resultado del proceso.

754 STJUE A, apartado 60.

los intereses del demandado y con ello, asegurar el respeto de los derechos garantizados por el artículo citado. Dicho representante judicial dispone únicamente de información parcial sobre el litigio, en concreto, la aportada por el demandante. Por ello, no puede garantizar debidamente la defensa del demandado[755].

Aboga, consecuentemente, por una comprensión más amplia del derecho de defensa, no circunscrito a una cuestión competencial. Y, más tarde, confirma el problema de la interpretación que pueda hacer el tribunal requerido, con este reconocimiento:

> A, como demandado, no tendrá ninguna otra ocasión de impugnar la competencia de los tribunales austriacos si se llega a la conclusión de que la comparecencia del representante judicial por ausencia constituye comparecencia a los efectos del artículo 24 del Reglamento n.º 44/2001[756].

Definitivamente, nos decantamos por este segundo entendimiento de la cuestión, pues es consistente con el dado en la ya más antigua *Hendrikman y Feyen/Magenta Druck & Verlag*[757]*:*

> Un demandado que ignora la existencia de un proceso iniciado en su contra y por el que comparece ante el Juez del Estado de origen un Abogado a quien no le ha otorgado poderes, queda en situación de indefensión. Por lo tanto, debe considerársele en rebeldía, en el sentido del número 2 del artículo 27, aun cuando el procedimiento seguido ante el Juez del Estado de origen haya adquirido carácter contradictorio[758].

La sentencia *Gogova*[759] incide sobre la misma cuestión. Vasilka Ivanova Gogova e Ilia Dimitrov Iliev, de nacionalidad búlgara, constituyeron en su día un matrimonio del que nació una hija en común[760]. Al tiempo de plantearse la controversia, ambos vivían separados, si bien tanto en un caso como en el otro, lo hacían en Italia. La hija en común residía con su madre, en Milán.

La señora Gogova tenía la intención de renovar el pasaporte de su hija, y, ante la falta de cooperación del señor Iliev, decidió interponer una demanda con él ante el Tribunal de Distrito de Petrich, en Bulgaria.

Una vez evacuado el emplazamiento del señor Iliev, éste no pudo ser hallado, de manera que el Tribunal de Distrito nombró a un mandatario *ad litem* para que lo representara en el pleito. El mandatario no impugnó la competencia de los tribunales búlgaros.

755 Conclusiones del Abogado General a la STJUE A, apartado 47.

756 Conclusiones del Abogado General a la STJUE A. v. B. y otros, apartado 50.

757 STJUE de 10 de octubre de 1996, Hendrikman y Feyen/Magenta Druck & Verlag, C-78/95, EU:C:1996:380.

758 STJUE Hendrikman, apartado 18.

759 STJUE de 21 de octubre de 2015, Gogova, C-215/15, EU:C:2015:710.

760 Los hechos relevantes para la resolución del litigio se encuentran entre los apartados 13 y 22, ambos incluidos, de la sentencia.

Sin embargo, con posterioridad, el Tribunal de Distrito reparó en que la menor residía en Milán, por lo que declaró su incompetencia y archivó las actuaciones.

Entre las cuestiones prejudiciales trazadas, se deduce una atinente al derecho de defensa del demandado, el señor Iliev. La duda se esboza por el hecho de que fue el mandatario *ad litem,* sin ningún contacto con el demandado, quien no impugnó la competencia del Tribunal de Distrito, cumpliendo, en principio, con la dicción literal del artículo 12.1.b) del Reglamento (CE) n.º 2201/2003 del Consejo, de 27 de noviembre de 2003, relativo a la competencia, el reconocimiento y la ejecución de resoluciones judiciales en materia matrimonial y de responsabilidad parental, por el que se deroga el Reglamento (CE) n.º 1347/2000:

> Los órganos jurisdiccionales del Estado miembro en que se ejerza la competencia con arreglo al artículo 3 en una demanda de divorcio, separación judicial o nulidad matrimonial tendrán competencia en las cuestiones relativas a la responsabilidad parental vinculadas a dicha demanda: [...] b) cuando la competencia de dichos órganos jurisdiccionales haya sido aceptada expresamente o de cualquier otra forma inequívoca por los cónyuges o por los titulares de la responsabilidad parental en el momento de someter el asunto ante el órgano jurisdiccional y responda al interés superior del menor.

El carácter incierto de la cuestión radica en que, como hemos apuntado, la sumisión al foro del Tribunal la provoca un representante nombrado por el mismo sin la más mínima vinculación con el demandado.

Parece bastante evidente que una atribución de competencia como la expuesta contraviene el derecho de defensa del demandado rebelde. A tal efecto, el Tribunal de Justicia manifiesta que *«al no tener contacto con el demandado, ese mandatario no puede obtener de él la información necesaria para aceptar o impugnar la competencia de esos mismos órganos jurisdiccionales con conocimiento de causa»*[761].

El supuesto enjuiciado presenta especial interés porque el órgano judicial búlgaro consideró que la notificación había sido regular, y precisamente por ello nombró al representante especial[762].

Así pues, vemos que el Tribunal de Justicia no penaliza al demandado a pesar de su contumacia. También es cierto el matiz que da el propio Tribunal:

> En una situación tal como la del litigio principal, la interpretación expuesta en el apartado 44 de la presente sentencia no priva al demandante de la posibilidad de obtener una resolución judicial dictada, en su caso, en rebeldía por los tribunales

761 STJUE Gogava, apartado 43.

762 Así se ve en la mención que el apartado 12 de la STJUE Gogava hace al artículo 47 de la Ley de Enjuiciamiento Civil búlgara.

del Estado miembro donde el menor afectado tiene su residencia habitual, competentes en virtud del artículo 8 del Reglamento n.º 2201/2003. Esta interpretación no provoca, por tanto, una denegación de justicia.

La conclusión es que esta cuestión de competencia, al no privar a la parte actora de una resolución sobre el fondo, que puede pretender, además, en el Estado Miembro donde reside, se torna en altamente garantista para la parte demandada.

Ya en el año 2018, el caso *Donnellan*[763], EU:C:2018:282, planteaba el caso del señor Eamonn Donnellan, quien trabajaba como transportista para una compañía irlandesa[764]. En el año 2002, de conformidad con las órdenes del empleador, recogió con su camión una mercancía en Grecia. Sin embargo, en la aduana del puerto de Patras, un agente descubrió que, además de las cajas de aceite de oliva que constituían el porte, el señor Donnellan transportaba también 171.800 cajetillas de cigarrillos de contrabando. Diez años después y con fundamento en la petición formalizada por las autoridades griegas, el señor Donnellan recibió de los Renevue Commissioners un escrito reclamando el abono de más de un millón y medio de euros en concepto de cobro de la sanción pecuniaria que le habían impuesto en Grecia.

El señor Donnellan comisionó a un abogado para que obtuviera información más detallada en las dependencias aduaneras de Patras. También incoó un procedimiento ante la High Court de Irlanda con el objeto de obtener una dispensa de ejecución mientras no se resolviera el fondo del asunto, a lo que el órgano judicial accedió.

Los Revenue Commissioners alegaron que, al no haber interpuesto recurso en Grecia el señor Donnellan, no tenían otra alternativa que la de ejecutar la petición. Sin embargo, el señor Donnellan alegaba haber sido privado de su derecho de defensa en Grecia.

La High Court constató que la carta certificada que las autoridades griegas remitieron al señor Donnellan nunca le fue entregada, y que éste sólo tuvo conocimiento de la existencia de la resolución sancionadora el 15 de noviembre de 2012. Con base en tales hechos, la jurisprudencia irlandesa indica que no es posible autorizar la ejecución de una resolución que no ha sido notificada al interesado.

Así las cosas, aun cuando la Directiva 2010/24/UE del Consejo, de 16 de marzo de 2010, sobre la asistencia mutua en materia de cobro de los créditos correspondientes a determinados impuestos, derechos y otras medi-

763 STJUE de 26 de abril de 2018, Donnellan, C-34/17, EU:C:2018:282.

764 Los hechos relevantes para la resolución del litigio se encuentran entre los apartados 16 y 38, ambos incluidos, de la sentencia.

das[765], no permite oponerse a la legalidad de la resolución de las autoridades griegas ante los tribunales irlandeses, el hecho de que la ejecución resulte contraria al orden público irlandés faculta a la High Court a denegarla por su oposición a la Carta de los Derechos Fundamentales de la Unión Europea.

En efecto: la primera comunicación que el señor Donnellan tuvo de la sanción impuesta se produjo cuando el Estado irlandés *«le transmitió la solicitud de pago acompañada del instrumento uniforme»*[766] previsto para la ejecución transnacional de cobro en el artículo 12 de la Directiva 2010/24/UE. Para más inri, el Tribunal de Justicia recalca que dicho instrumento uniforme, que se transmite anexo a la solicitud de pago y expresa el tipo de crédito, su cuantía y los datos personales del interesado, *«no tiene la función de notificar al interesado la resolución adoptada en el Estado miembro en el que se sitúa la autoridad requirente»*[767].

Cierto es que, por entonces, las posibilidades de impugnación del crédito en Grecia se encontraban ya precluidas:

> El último día en que el demandado habría podido interponer recurso contra la resolución de la Oficina de aduanas de Patras fue el 13 de octubre de 2009, es decir, 90 días después de la publicación de la sanción en el Diario Oficial de la República Helénica[768].

Pero es igualmente verdad que, en principio, la ficción que supone la notificación por edictos es válida a efectos del Derecho doméstico. No lo es, no obstante, para el Tribunal de Justicia.

También debe tenerse presente que *«el 19 de junio de 2009, la embajada griega en Irlanda envió al demandante una "invitación" por correo certificado, provista únicamente de los datos del nombre y la ciudad de residencia del destinatario»*. Por ello, aunque el demandante no recibió la *«invitación»* de 19 de junio de 2009, es muy dudoso que dicha herramienta tuviera entidad suficiente como para generar en el demandado la obligación de interesarse por el trasfondo de este, ya que *«la "invitación" no aclaraba que dichos documentos se referían al crédito controvertido»*[769].

En estas condiciones, el derecho de defensa del demandado sufrió un atentado, un quebrantamiento contrario al artículo 47 de la Carta de los Derechos Fundamentales de la Unión, el cual exige ineluctablemente que, a los

765 DO L 84, de 31 de marzo de 2010, p. 1–12.

766 STJUE Donnellan, apartado 51.

767 STJUE Donnellan, apartado 53.

768 STJUE Donnellan, apartado 34.

769 Conclusiones del Abogado General Evgeni Tanchev presentadas el 8 de marzo de 2018 en el asunto Donnellan, C-34/17, apartados 15 y 16.

efectos de poder oponerse a la petición instada en su contra, el demandado *«tiene que poder conocer los motivos de la resolución adoptada en su contra, bien mediante la lectura de la propia resolución, bien mediante la notificación de su motivación efectuada a petición del interesado»*[770].

B) Contenido del acto de comunicación judicial

El Convenio de Bruselas de 1968 excepcionaba el reconocimiento de las resoluciones pronunciadas en otro estado contratante *«cuando se dictaren en rebeldía del demandado, si no se hubiere entregado o notificado al mismo la cédula de emplazamiento de forma regular y con tiempo suficiente para defenderse»*. El Reglamento número 44/2001 recogía un redactado idéntico en lo que atañe a la mención *«de forma regular y con tiempo suficiente para defenderse»*. Pero, hoy en día, en el Reglamento número 1215/2012, elimina cualquier alusión a la regularidad de la notificación: *«cuando la resolución se haya dictado en rebeldía, si no se entregó al demandado cédula de emplazamiento o documento equivalente de forma tal y con tiempo suficiente para que pudiera defenderse»*.

Bajo la vigencia del Convenio de Bruselas, el Tribunal de Justicia consideró que los requisitos de regularidad de la notificación y de suficiencia de plazo para preparar la defensa debían concurrir conjuntamente para que el reconocimiento de la resolución judicial pudiera ser efectivo.

Por ello, la sentencia *Lancray/Peters und Sickert*[771] estableció que la falta de traducción de la cédula de emplazamiento era motivo suficiente para denegar el reconocimiento de la resolución, aun cuando el demandado pudiera disponer de un amplio plazo para preparar la defensa que, por ende, le habilitara también para traducir aquellos documentos. La sentencia *Hengst Import/Campese*[772] definió la cédula de emplazamiento o documento equivalente, a efectos del número 2 del artículo 27 del Convenio de Bruselas, como el acto o los actos cuya entrega o notificación al demandado, efectuada de forma regular y con tiempo suficiente, coloca a éste en condiciones de invocar sus derechos antes de que se dicte en el Estado de origen una sentencia ejecutoria[773]. Ya desde entonces, la cuestión atinente a cuáles son los documentos que deben ser traducidos —cédula, demanda, anexos— y si existe posibilidad de subsanación ha sido abordada.

770 STJUE Donnellan, apartado 55. Esta doctrina es coherente con la contenida en la STJUE de 8 de mayo de 2008, Weiss und Partner, C-14/07, EU:C:2008:264, apartados 64 y 69; o la STJUE de 16 de septiembre de 2015, Alpha Bank Cyprus, C-519/13, EU:C:2015:603, apartado 32; y asimismo, en la STJUE de 4 de junio de 2013, ZZ, C-300/11, EU:C:2013:363, apartado 53; la STJUE de 17 de marzo de 2011, Peñarroja, C-373/09, EU:C:2009:637, apartado 63; y la STJUE de 17 de noviembre de 2011, Gaydarov, C-430/10, EU:C:2011:749, apartado 41.

771 STJUE de 3 de julio de 1990, Lancray/Peters und Sickert, C-305/88, EU:C:1990:275

772 STJUE de 13 de julio de 1995, Hengst Import/Campese, C-474/93, EU:C:1995:243.

773 Así lo destaca también Velázquez Gardeta, J. M. (2011). «La víctima de indefensión en el proceso civil internacional dentro de la Unión Europea». En Ordeñana Gezuraga, I. (coordinadora), *Víctimas en distintos ámbitos del derecho = Biktimak zuzenbidearen arlo desberdinetan*. Universidad del País Vasco, Bilbao, 233.

Para el Tribunal de Justicia, no es posible discernir a priori la suficiencia del documento para causar notificación válida al amparo del Reglamento 1348/2000, y quedará al arbitrio del juez del Estado Miembro requerido corroborar que el contenido notificado permite al demandado identificar el objeto y la causa de la demanda presentada contra él, así como la existencia del procedimiento judicial; en definitiva, hacer valer su derecho de defensa. Así lo sostiene en la jurisprudencia *Weiss und Partner*[774]. Esta indefinición apriorística del documento de emplazamiento puede verse en *Maersk Olie & Gas*[775], en la que se convalida que, en el seno de un procedimiento para la constitución de un fondo de limitación de la responsabilidad, especial del Derecho neerlandés, el liquidador desginado por el Arrondissementsrechtbank Groningen informara a la demandada *«mediante carta certificada»*[776], del auto judicial *«que fija [...] el límite de la responsabilidad y que pasa a ser objeto de un debate contradictorio»*[777].

En definitiva, aquella delimitación que sostenía la sentencia *Weiss und Partner* es suficiente a los efectos de asegurar el derecho de defensa del demandado, pero muestra la existencia de una grieta en el sistema de actos de comunicación judicial de la Unión que quiebra la igualdad de trato entre ciudadanos europeos. Si las libertades comunitarias apelan a que, en un Estado miembro, ningún ciudadano de la Unión pueda ser tratado de manera distinta a como lo sería un nacional de ese Estado miembro, la desigualdad es evidente. Esto es así porque el Tribunal de Justicia no exige más que el demandado pueda comprender lo que se pide y cuáles son sus posibilidades de defensa, cosa que puede conseguirse sin necesidad de traducir los documentos acompañados a la demanda. Para el demandado transnacional, éste no es un acceso a la justicia en las mismas condiciones en las que lo haría un nacional del Estado miembro de remisión, suponiendo una quiebra del principio de equivalencia y del principio de no discriminación debido a la nacionalidad. Lo adecuado sería que el Estado de origen certificara, en el caso de la demanda, que el remitido es el documento que principia el proceso en toda su extensión, y que se notifica de la misma manera como se haría en el mismísimo Estado remisor.

Pero, concluyendo, para el Tribunal de Justicia, una notificación transnacional no causa indefensión cuando el demandado pueda comprender que existe un proceso en curso que se dirige contra él, el objeto y la motivación de la acción ejercitada, y cuáles son los medios de reacción que tiene a su alcance. Sin embargo, se trata de una cuestión casuística que queda al arbitrio del juez del Estado Miembro requerido, quien deberá comprobar si el con-

774 STJUE de 8 de mayo de 2008, Weiss und Partner, C-14/07, EU:C:2008:264.

775 STJUE de 14 de octubre de 2004, Maersk Olie & Gas, C-39/02, EU:C:2004:615.

776 STJUE Maersk Olie & Gas A/S, apartado 60.

777 STJUE Maersk Olie & Gas A/S, apartado 59.

tenido notificado colocaba al demandado en condiciones de hacer valer sus derechos en el Estado de origen. Ello es así, porque la traducción de determinados anexos de un escrito de demanda objeto de notificación o de traslado puede resultar necesaria cuando el contenido de dicho escrito de demanda, que ha sido traducido, es insuficiente para identificar el objeto y la causa de la demanda. En cambio, en otros casos no será necesaria. También quedará a criterio del juez del Estado Miembro requerido la determinación de si el destinatario entiende la lengua en la que se le hacen llegar los documentos, pues el artículo 8 del Reglamento (CE) n.º 1393/2007 del Parlamento Europeo y del Consejo, de 13 de noviembre de 2007, relativo a la notificación y al traslado en los Estados miembros de documentos judiciales y extrajudiciales en materia civil o mercantil («notificación y traslado de documentos») y por el que se deroga el Reglamento (CE) n.º 1348/2000 del Consejo, estipula una presunción iuris et de iure de conocimiento del idioma propio del Estado Miembro requerido pero también la posibilidad de efectuar el traslado en una lengua que el destinatario entienda, sea ésta la que sea.

La sentencia *Catlin Europe*[778], que analiza un caso de aplicación del Reglamento 1393/2007, insiste en que, en la transmisión transnacional de documentos, es inexcusable proteger en el derecho de defensa del destinatario del documento, poniendo en evidencia algo que no debería exigir mayor explicación:

> [No sólo es preciso procurar que] lo reciba realmente, sino también que se le permita conocer y comprender de forma efectiva y completa el sentido y el alcance de la acción ejercida contra él en el extranjero, de manera que pueda preparar oportunamente su defensa y ejercer eficazmente sus derechos en el Estado miembro de origen[779].

A su vez, *SR (Frais de traduction dans une procédure civile)* incide en que el órgano jurisdiccional de origen *«debe procurar que los derechos respectivos de las partes interesadas, a saber, el requirente y el destinatario, sean protegidos de manera equilibrada»*[780]. Es decir, que la protección del derecho de defensa exige que, *«antes de iniciar el procedimiento de notificación o traslado del documento, el órgano jurisdiccional que conoce del asunto se vea impulsado a realizar una primera apreciación provisional de los conocimientos lingüísticos del destinatario para determinar, de acuerdo con el demandante,*

778 STJUE de 6 de septiembre de 2018, Catlin Europe, C-21/17, EU:C:2018:675.

779 STJUE Catlin Europe, apartado 34. Además de los avatares lingüísticos, la resolución también expone que el derecho de defensa del destinatario del documento se protege informándole correctamente, *«previamente y por escrito»*, de la existencia de su derecho a negarse a recibirlo (apartado 35 de la Sentencia).

780 STJUE de 2 de junio de 2022, SR (Frais de traduction dans une procédure civile), C-196/21, EU:C:2022:427, apartados 35 y 44.

si una traducción del documento es necesaria o no»[781]. Este deber de examinar *«todos los hechos y las pruebas concluyentes que demuestren concretamente los conocimientos lingüísticos del destinatario»*[782] se encamina tanto a salvaguardar el derecho de defensa del destinatario cuanto a evitar que el demandante sufra *«las consecuencias perjudiciales de una negativa puramente dilatoria y manifiestamente abusiva a recibir un documento no traducido, cuando esté acreditado que su destinatario comprende el idioma en el que está redactado»*[783].

Aun así, ya lo había dicho *Catlin Europe:*

> [El] derecho a negarse a aceptar un documento que ha de ser notificado o trasladado, permite proteger el derecho de defensa del destinatario de ese documento, respetando las exigencias de un proceso equitativo consagrado en el artículo 47, párrafo segundo, de la Carta[784].

Es más: tal es su implicación con el derecho de defensa, que es obligación de los órganos judiciales la de velar *«por que el destinatario de un documento que deba notificarse o trasladarse, redactado en una lengua distinta de la que se presume que entiende, esté efectivamente en condiciones de ejercer el derecho a negarse a aceptar dicho documento»*[785].

Finalmente, debe hacerse mención del hecho de que, ante la irregularidad de la notificación, en aquellos ordenamientos jurídicos que permitan la subsanación del acto de notificación, ésta será posible, respetando en todo caso una antelación suficiente que permita el ejercicio del derecho de defensa[786].

Como podemos ver, aun cuando las sucesivas normas rituarias han hecho mención de la regularidad del emplazamiento[787], cada una a su manera, la visión del Tribunal de Justicia no se ha focalizado en una entrega protocolaria, sino más bien en la comprobación de las posibilidades reales de defensa que quedaban al demandado. Tampoco es que este enfoque deba desmerecerse, porque, si bien es verdad que, en la jurisprudencia del Tribunal de Justicia

781 STJUE SR, apartados 36 y 45. Asimismo, ATJUE Alta Realitat, apartado 75.

782 STJUE, apartado 45. Asimismo, ATJUE Alta Realitat, apartados 78 y 79.

783 STJUE, apartado 45.

784 STJUE Catlin Europe, apartados 32 y 33. En el mismo sentido, STJUE LKW Walter, apartado 36.

785 STJUE LKW Walter, apartado 39.

786 El Tribunal de Justicia también ha convalidado que pueda subsanarse, ante el órgano jurisdiccional del Estado Miembro requerido, la prueba de la notificación llevada a cabo en origen, tal como muestra la STJUE de 14 de marzo de 1996, Van der Linden, C-275/94, EU:C:1996:101.

787 Recordemos que el Convenio de Bruselas y el Reglamento n.º 44/2001 hablaban de la entrega de la notificación *«de forma regular»*, mientras que el Reglamento n.º 1215/2012 ha eliminado la expresión.

podemos apreciar un tránsito paulatino desde el apego a las formas previstas en el Convenio de Bruselas, con la promulgación de los Reglamentos ha ido abriéndose a una visión más genuinamente material de la indefensión. Que el avance de los tiempos ha reducido las distancias y los costes de desplazamiento es incuestionable. Que la proliferación del recurso a los tribunales de justicia en orden a dirimir disputas ha indo en aumento, también lo es. Y este último parece ser una de las razones que ha podido influir en la modificación del redactado del Convenio que se trasladó al Reglamento de 2001.

A partir de la promulgación del Reglamento n.° 44/2001, que incorporó a la redacción original del Convenio de Bruselas la necesidad de interponer un recurso contra la resolución dictada en rebeldía, cualquier irregularidad formal cometida en el acto de entrega o cualquier notificación defectuosa, podría ser subsanada, en favor del demandado, a través de la resolución del recurso. De tramitarse el recurso, pues, la posibilidad de oposición exitosa decaería. Esta transformación en la letra de la norma rituaria puede verse como un refuerzo de la confianza recíproca entre Estados Miembros, pero lo verdadero es que, por otra parte, no supone más que permitir que el Estado de origen revise sus actos para evitar una mayor litigiosidad en el Estado destinatario.

El curso hacia la restricción de la influencia de los vicios formales en la impugnación de resoluciones judiciales no constituye una deriva insospechada, pues coincide con el criterio que se desprende de la doctrina del Tribunal Europeo de Derechos Humanos. Trasunto de ello es *Artico v. Italia*[788]. En este caso se dilucida la efectividad del derecho de defensa del acusado en un proceso penal, tocando en particular a la asistencia letrada. Esto es, la desidia del propio letrado y la indiferencia del tribunal sentenciador ante dicha pasividad, despojan de contenido al derecho a ser defendido por un abogado en ejercicio: se cumple en lo formal, más no en lo real. Lo que nos dice Artico es que las posibilidades de defensa deben ser reales, no sólo formales.

Aunque el Gobierno italiano sostenía que su responsabilidad estaba cumplida con la designación del abogado de oficio[789], el Tribunal Europeo de Derechos Humanos declaró que, si bien un estado no puede ser responsable de cualquier defecto o fallo cometido por un abogado de oficio, sí le corresponde asegurarse de que el beneficiario de la asistencia jurídica gratuita disfrute del derecho que le fue reconocido[790], lo que no puede estimarse satisfecho cuando el referido abogado se niega a asumir su encargo[791] y no es sustituido o, al menos, intimado para que lo haga[792]. El artículo 6.3.c) de

788 STEDH de 13 de mayo de 1980, Artico v. Italia, 6694/74, CE:ECHR:1980:0513JUD000669474.

789 STEDH Artico, apartado 33.

790 STEDH Artico, apartado 36.

791 STEDH Artico, apartado 33.

792 STEDH Artico, apartado 36.

la Convención para la protección de los Derechos Humanos habla de «asistencia» del abogado de oficio, no de «designación» o «nombramiento», y está claro que la merca designación no asegura la efectiva asistencia pues el abogado de oficio puede fallecer o caer enfermo, por ejemplo[793].

En la evolución de la jurisprudencia del Tribunal de Justicia, apreciamos una primera *Lancray/Peters und Sickert*[794] que transpira esta apreciación más apegada a las formas de la que hablábamos. La jurisprudencia *Lancray/ Peters und Sickert* vino a descartar que la regularidad de la notificación fuera únicamente un indicio, refutable, de que la notificación se ha efectuado con tiempo suficiente, toda vez que, disponiendo de un plazo suficientemente amplio para preparar la defensa, cualquier irregularidad formal en la notificación podía ser vencida por la propia parte demandada[795]. Ambos requisitos eran igualmente hábiles y debían concurrir para que el reconocimiento fuera efectivo. En efecto:

> Si lo único importante fuese el conocimiento con tiempo suficiente, los demandantes se verían tentados a no seguir los cauces prescritos para una notificación regular», lo que «crearía una considerable inseguridad en cuanto a si los documentos habían sido notificados o no, impidiendo por tanto la aplicación uniforme de las disposiciones del Convenio. Por último, el demandado no podría saber con certeza si se había iniciado un procedimiento que pudiese dar lugar a una condena y si era necesario, por tanto, preparar su defensa, situación que es asimismo contraria a los objetivos del Convenio[796].

La jurisprudencia *T. v. Italia*[797] se erige como un exponente de que la forma, la regularidad de la notificación o emplazamiento, no es una cuestión menor. El caso se inicia a partir de una denuncia interpuesta por la hija menor de edad del apelante ante el fiscal de Génova, en Italia, imputándole un delito de violación. En febrero de 1983, se remitió al señor T. una notificación judicial dirigida a su domicilio en Arabia Saudí, pero el señor T. había ya abandonado el país, una vez finalizó la prestación de servicios por la cual se encontraba en él, y se había dirigido a Sudán. La cuestión es que, después de un periplo de averiguaciones domiciliarias infructuoso, en 1984 el Tribunal del Distrito de Génova juzgó al señor T. en rebeldía y lo condenó a siete años de prisión. Es importante observar que, en sus alegaciones, el gobierno italiano recuerda que el apelante había conocido perfectamente bien que estaba acusado de violación, pues así lo mostraba la carta que en fecha 30 de septiembre de

793 STEDH Artico, apartado 33.

794 STJUE de 3 de julio de 1990, Lancray/Peters und Sickert, C-305/88, EU:C:1990:275

795 STJUE Lancray/Peters und Sickert, apartado 19.

796 STJUE Lancray/Peters und Sickert citada, apartado 20.

797 STEDH de 12 de octubre de 1992, T. v. Italia, 14104/88, CE:ECHR:1992:1012JUD001410488.

1983 había enviado a su esposa[798]. Y en efecto: el Tribunal Europeo de Derechos Humanos considera probado que el apelante conocía por vías indirectas que contra él se seguía el procedimiento penal. Ahora bien: cuando una persona es informada de la acusación a la que se enfrenta, no es suficiente que el conocimiento que se le da sea informal y vago, por cuanto de este modo no es posible garantizar que el acusado pueda ejercitar en toda su amplitud sus derechos[799].

Dicho esto, más allá de la formalización de la notificación, que cae dentro del ámbito regulador de los ordenamientos jurídicos domésticos, el primer requisito que debe cumplir un traslado internacional es que la notificación sea comprendida por la parte a la que se dirige.

La cuestión del idioma y la traducción fue abordada, en primer lugar, por la citada *Lancray/Peters und Sickert,* también bajo la vigencia del artículo 27, apartado 2, del Convenio de Bruselas de 1968 relativo a la competencia judicial y a la ejecución de resoluciones judiciales en materia civil y mercantil. Con causa en las relaciones comerciales que ambas mantenían en virtud de contrato de fecha 2 de noviembre de 1983, la compañía francesa Isabel Lancray, sociedad anónima, demandó a la mercantil alemana Peters und Sickert KG ante el Tribunal de commerce de Nanterre. En dicho contrato, se establecía como ley aplicable a las relaciones que el mismo regía, la francesa, así como una cláusula de sumisión expresa al antedicho tribunal de Nanterre.

Las autoridades francesas transmitieron, a través de los órganos competentes alemanes, citación para comparecer ante el Tribunal de commerce de Nanterre el 18 de noviembre de 1986, que se entregó en agosto de 1986 a una secretaria en las oficinas de la demandada Peters und Sickert KG. La documentación remitida se componía de una citación redactada en francés, de la demanda formalizada por Lancray, y de un formulario elaborado en francés y en inglés, parcialmente cumplimentado en francés[800].

Mediante carta certificada, en septiembre se remitió a la demandada una nueva citación, esta vez para la vista que se celebraría el 16 de diciembre de 1986 en Nanterre. A ella se acompañaba la demanda redactada en francés.

798 STEDH T. contra Italia, apartado 27.

799 Informar al acusado de la acusación dirigida contra él es un acto de tal importancia que debe ser regido por requisitos procesales y sustantivos capaces de garantizar que el acusado pueda ejercitar sus derechos, lo que resulta claro de la lectura del artículo 6, párrafo 3.a) de la Convención Europea de Protección de los Derechos del Hombre y de las Libertades Fundamentales; un conocimiento vago e informal de la acusación puede no ser suficiente: «*To inform someone of a prosecution brought against him is, however, a legal act of such importance that it must be carried out in accordance with procedural and substantive requirements capable of guaranteeing the effective exercise of the accused's rights, as is moreover clear from Article 6 para. 3 (a) (art. 6-3-a) of the Convention. Vague and informal knowledge cannot suffice*» (STEDH T. v. Italia, apartado 28).

800 Conclusiones del Abogado General F. G. Jacobs, presentadas el 3 de mayo de 1980, al asunto Isabelle Lancray/Peters und Sickert, C-305/88, EU:C:1990:182, apartado 2.

Peters remitió al Tribunal de Nanterre un escrito alegando que los documentos no iban acompañados de traducción al alemán[801], y, finalmente, no compareció ante el órgano jurisdiccional. Y así era, tenía razón: ninguna de las dos notificaciones iba acompañada de una traducción a la lengua alemana. A pesar de que la legislación alemana permitía la subsanación de las notificaciones, ésta no se produjo, pues, en la opinión del Oberlanddesgericht y del Bundesgerichtschof, dicha subsanación sólo es posible si el demandado conoce la lengua de redacción de los documentos que se le hacen llegar.

Nos hallamos, pues, ante un asunto en el que los tribunales del Estado Miembro destinatario reconocen que la notificación se ha llevado a término con tiempo suficiente, pero no con la regularidad requerida.

Las partes contendientes, compañías mercantiles ambas, mantenían relaciones comerciales. Recordemos que, en sus negociaciones, habían acordado someter cualquier divergencia al Derecho y a los tribunales franceses. Tal como hemos anticipado, se cursaron dos notificaciones en francés. Una primera citando a la demandada a comparecer ante el Tribunal de commerce de Nanterre el 18 de noviembre de 1986, existiendo constancia de su recepción el día 19 de agosto de 1986[802]. Y una segunda citándola para la vista señalada el 16 de diciembre de 1986, que —al menos— el 11 de noviembre ya había sido recibida[803].

La demandada, que tal día 11 de noviembre presentó un escrito al Tribunal denunciando la falta de traducción al alemán de la cédula de emplazamiento y de la demanda, no compareció a la vista, y la pregunta es obligada: disponiendo de tiempo para ello, ¿tenía la carga de traducir la documentación o, cuando menos, de solicitar al tribunal su traducción?

Para el Tribunal de Justicia, el reconocimiento de la resolución judicial extranjera debe denegarse, *«independientemente de que el demandado tuviese, de hecho, conocimiento de la cédula de emplazamiento o documento equivalente» y, de hecho, hubiera dispuesto de «tiempo suficiente»* para poder defenderse[804].

El hecho es que la cédula de emplazamiento se notificó al demandado de forma irregular —es decir, en francés, idioma del tribunal requirente, y sin adjuntar ninguna traducción en alemán, el idioma del requerido—, pero con tiempo suficiente para poder defenderse —requisito éste que concurría claramente, pues las dos citaciones se produjeron con una importante antelación con respecto a la fecha de su efectivo cumplimiento—.

El Tribunal de Justicia muestra un gran apego a la formalidad del Convenio, pues, aun siendo verdad que los requisitos de notificación que estatuye

801 *Ibidem*, apartado 4.

802 Conclusiones del Abogado General F. G. Jacobs, presentadas el 3 de mayo de 1980, al asunto Isabelle Lancray/Peters und Sickert, C-305/88, EU:C:1990:182, apartado 3.

803 *Ibidem*, apartado 4.

804 STJUE Lancray/Peters und Sickert, apartados 22 y 23.

el Convenio son dos —regularidad y tiempo—, es difícil sostener, desde un punto de vista lógico, que la parte demandada —en una relación mercantil— hubiera sufrido indefensión[805]. Dicho de otro modo: la traducción de un escrito francés en Alemania, en un plazo de dos meses o tres, no se adivina compleja ni costosa económicamente. Además, tal como reconoce el Abogado General Jacobs, tras la segunda citación, la demandada Peters remitió un escrito al Tribunal de commerce de Nanterre *«en la que señalaba también que los anteriores documentos no habían sido notificados de forma regular ya que no iban acompañados de traducciones en alemán»*[806]. De modo que no es peregrino concluir que conocía que alguna cuestión de su interés ser estaba ventilando en Francia. Pero el Tribunal de Justicia concluye que regularidad y tiempo son requisitos cumulativos en el lenguaje del Convenio[807]. Y ante dicha exigencia, poco importó que el Derecho de aplicación al caso fuera el francés y la sumisión expresa se hubiera rendido a los tribunales franceses[808].

Aunque esta declaración se lleva a término en una sentencia dictada en el año 1990, me parece interesante traer a colación que, en 2017, Fernando Gascón Inchausti recogía la vigencia de los requisitos establecidos en el Convenio como presupuestos de la tutela judicial efectiva. Para el referido autor, la impartición de justicia —o, en otros términos, el derecho a la tutela judicial efectiva— se apoya sobre dos pilares, que son el derecho al acceso a los tribunales de justicia, y el derecho a un juicio justo, y que ambos proyectan su vigencia tanto en el artículo 6.1 del Convenio Europeo de Derechos Humanos cuanto en el artículo 47 de la Carta de los Derechos Fundamentales de la Unión Europea[809]. En ambos preceptos se defiende como elemento del derecho a la tutela judicial efectiva, o del derecho a un recurso efectivo[810], la prerrogativa del demandado de recibir la notificación de la demanda diri-

---

805 Así lo asume, aunque implícitamente, el propio Abogado General en el apartado 23 de sus Conclusiones del Abogado General F. G. Jacobs al asunto Lancray/Peters und Sickert, presentades el 3 de mayo de 1990.

806 *Ibidem*, apartado 4.

807 STJUE Lancray/Peters und Sickert, apartados 15 a 17.

808 STJUE Lancray/Peters und Sickert, apartados 18 a 20.

809 Gascón Inchausti, F. (2017). «Service of proceedings on the defendant as a safeguard of fairness in civil proceedings: in search of minimum standards from EU legislation and European case-law». *Journal of Private International Law* vol. 13, n.º 13, 475-476. Doi: 10.1080/17441048.2017.1386264

810 Es preciso destacar que, en su trabajo, el autor se refiere al derecho al acceso a los tribunales de justicia y al derecho a un juicio justo como integrantes del «*right to an effective remedy*» (*ibidem*, 476). Esta concreta expresión la hallamos en las versiones inglesas tanto del artículo 13 del Convenio Europeo de Derechos Humanos cuanto del artículo 47 de la Carta de los Derechos Fundamentales de la Unión Europea. En cambio, en la versión castellana, vemos que el Convenio hablará del *«derecho a un recurso efectivo»*, mientras que la Carta lo hará del *«derecho a la tutela judicial efectiva»*. Las versiones francesas de ambos instrumentos hablan, concomitantemente, del «*droit à un recours effectif*».

gida contra él con tiempo suficiente y de manera que pueda preparar adecuadamente su defensa, circunstancias críticas para asegurar la justicia del proceso[811].

Aun cuando el Tribunal arguye que el objetivo consistente en garantizar la simplificación de las formalidades a las que el reconocimiento y la ejecución recíprocos de resoluciones judiciales están supeditados, *«dicho objetivo no puede alcanzarse debilitando, de cualquier forma que sea, los derechos de defensa»*[812]. Sin embargo, no es posible afirmar, en mi opinión, que el principio de contradicción se hubiera visto afectado, y, por el contrario, nos hallamos ante una aplicación estricta de la literalidad del Convenio: como hemos apuntado, el litigio se plantea entre sociedades mercantiles, el Derecho de aplicación al caso era el francés, y existía una sumisión expresa a los tribunales franceses.

Este defecto podría haber resultado subsanable, al menos sobre el papel. Realmente, tal enmienda no fue posible porque los tribunales de apelación y casación alemanes afirmaban que, al no conocer la parte demandada el idioma francés, la notificación no era subsanable. Habría que haber practicado prueba sobre dicho conocimiento de la lengua, y no existe constancia de que así se hiciera, pero, sea como fuere, esta inoperancia deviene irrelevante, porque el Tribunal de Justicia considera que, si los órganos jurisdiccionales alemanes no permitieron la subsanación, nada tiene que objetar: el tema, a los efectos de la cuestión prejudicial, es que la demanda llegó en francés.

Quizá la postura adoptada por el Tribunal de Justicia se entiende mejor tras la lectura de las Conclusiones del Abogado General Jacobs, pues el primero parece que persigue dar unas directrices de aplicación general más que resolver el caso concreto. Dice Jacobs:

> Si se acogiera este punto de vista [la innecesariedad de la traducción cuando el tiempo es vasto], cabría la tentación para los demandantes de no seguir los cauces normales para la notificación de los documentos y asumir ellos mismos la responsabilidad de la notificación. Esto crearía una considerable inseguridad en cuanto a si los documentos habían sido notificados o no[813].

Además, *«los demandados se verían en la duda sobre si se había iniciado un procedimiento que pudiera dar lugar a una resolución vinculante y sobre si era necesario, por tanto, preparar su defensa»*[814].

---

811 *Ibidem*, 476.

812 Apartado 21. En idéntico sentido, STJUE de 11 de junio de 1985, Debaecker/Bouwman, 49/84, EU:C:1985:252, apartado 10.

813 Conclusiones del Abogado General F. G. Jacobs al asunto Lancray/Peters und Sickert, apartado 16.

814 *Idem.*

Todo ello convierte a la traducción en una carga que grava a la parte actora, quien deberá cuidar este aspecto so pena de ver cómo el principio de contradicción se ve vulnerado y la tutela, denegada. Así lo como reconoce el Abogado General Jacobs en el cierre de su informe:

> [La parte actora] puede encontrarse, sin que al parecer sea culpa suya, con que no puede obtener el reconocimiento de una resolución dictada contra un demandado cuyo caso, desde el punto de vista procesal, parece en cierto modo carente de fundamento. No obstante, creo que la jurisprudencia del Tribunal de Justicia y las intenciones de los autores del Convenio de Bruselas son claras. El presente asunto pone de manifiesto la necesidad de que los responsables de la notificación de documentos judiciales en el extranjero observen estrictamente las normas aplicables[815].

No estoy del todo de acuerdo en un punto: el precepto controvertido no responsabiliza total y absolutamente al órgano judicial de la regularidad de la notificación, y su mandato es general e inespecífico. Corresponde, pues, a la parte actora velar, como el sujeto más interesado en obtener la tutela, por la regularidad de la notificación y, consecuentemente, procurar la traducción de la documentación o exigir del tribunal al que se dirige que la misma se lleve a cabo.

Como acabamos de comprobar, ni el carácter mercantil de la relación entre litigantes, ni la sumisión expresa al Derecho y a los órganos jurisdiccionales franceses, logró invertir la carga de la traducción de la cédula de emplazamiento y de la demanda hacia la parte demandada, constituyendo, ésta, una carga propia de la parte actora.

La cuestión idiomática ha sido también estudiada por el Tribunal Europeo de Derechos Humanos.

En el asunto analizado por *Robba v. Alemania*[816], el recurrente, francés, firmó un contrato con una sociedad alemana, y en la antefirma, constaba la expresión *«leído y aprobado»* en lengua francesa. Dicho contrato se remitía a un anexo en el que figuraban las condiciones de venta en lengua alemana, con una cláusula de elección del fuero en favor de los tribunales alemanes. Asumió, pues, por su propia cuenta, el riesgo, que, en palabras del Tribunal se adjetiva, además, como *«riesgo considerable».* Pero es que, adicionalmente, la alegada incorrecta traducción de la resolución de emplazamiento no le impidió comprender que había sido convocado ante un órgano jurisdiccional alemán en una fecha cierta a raíz de una demanda interpuesta por la sociedad alemana[817].

---

815 Conclusiones del Abogado General, apartado 23.

816 DTEDH de 28 de febrero de 1996, Robba v. Alemania, 20999/92, CE:ECHR:1996:0228DEC002099992.

817 Epígrafe *«En Droit»*, apartado 1.

La diferencia entre el asunto *Lancray/Peters und Sickert,* por una parte, y el asunto Robba, por la otra, radica en que, en un caso, la cuestión lingüística y, por ende, la valoración de la diligencia del demandado, afecta a los principios de contradicción e igualdad de armas, mientras que en el asunto Robba, ningún derecho fundamental habrá sufrido lesión porque el Tribunal Europeo de Derechos Humanos pudo constatar, como avanzábamos en el párrafo anterior, que la traducción defectuosa de los documentos en cuestión no impidió al requirente comprender que se estaba sustanciando un proceso en su contra y, aún más, le permitió ejercitar su oposición.

Cabe indicar, asimismo, que, con base en una queja por dilaciones indebidas, *Hussin v. Bélgica*[818], penalizaba a los recurrentes por su negligente actuar:

> El comportamiento de los recurrentes ha podido contribuir en cierta medida a la prolongación del procedimiento, dado que, en lugar de solicitar, inmediatamente, el exequatur de las dos decisiones emitidas por el tribunal del distrito de Siegburg, decidieron incoar dos procesos distintos con dos años de diferencia[819].

Aun cuando el derecho a un proceso sin dilaciones indebidas tiene carácter fundamental e, incluso en el ámbito civil como era el caso *Hussin v. Bélgica,* está contemplado en el artículo 6.1 de la Convención Europea para la Protección de los Derechos Humanos, parece difícilmente parangonable con el derecho de acceso a los tribunales en unas condiciones que no perjudiquen al demandado, con respecto al actor.

Es decir, que este caso guarda similitud con el asunto *Robba v. Alemania* en la medida en que la falta de diligencia del demandado —que allí se daba por cuanto, a pesar de saber que existía un proceso en su contra, con vista señalada y la identidad de la parte actora, decidió mantenerse en contumacia— es susceptible de desacreditar la alegación de vulneración del derecho fundamental.

Al hilo de este apunte, debe plantearse ahora cuáles son los mínimos elementos de la notificación, cédula de emplazamiento o traslado, que el demandado ha de poder aprehender, y si debe colaborar precisamente con la administración de justicia para facilitar este trámite.

Ésta es una duda que se planteó, con poco tiempo de diferencia, y de manera esclarecedora, en *Sonntag/Waidmann*[820] y en *Hengst Import/Campese*[821].

818 DTEDH de 6 de mayo de 2004, Hussin v. Bélgica, 70807/01, CE:ECHR:2004:0506DEC007080701.

819 Epígrafe *«En Droit»*, apartado 3.

820 STJUE de 21 de abril de 1993, Sonntag/Waidmann, C-172/91, EU:C:1993:144.

821 STJUE de 13 de julio de 1995, Hengst Import/Campese, C-474/93, EU:C:1995:243.

En el caso resuelto por *Sonntag/Waidmann,* los ejecutados esgrimen que no puede considerarse cédula de emplazamiento aquella notificación que, simplemente, indica al demandado que, en el marco de un proceso penal, se le reclamará también la reparación de los daños y perjuicios irrogados, pero sin que dicho escrito indique la suma que, mediante la acción civil, se pretende. De algún modo, vienen a sustentar su defensa sobre el argumento de que, aun comparecidos en el proceso, el ejercicio de la acción civil de reclamación de daños y perjuicios les sorprendió.

Los Waidmann eran los padres y hermanos de Thomas, alumno de un centro escolar del Land Baden-Württemberg alemán, que, durante una excursión a Italia, sufrió un accidente mortal. A raíz de ello, se incoó un procedimiento penal en Italia contra el profesor responsable del menor, el señor Volker Sonntag.

Los Waidmann se personaron en el proceso penal, seguido ante el Tribunale di Bolzano, ejercitando una acción, asimismo, por responsabilidaf civil, pretendiendo que se condenara al señor Sonntag a indemnizar los daños y perjuicios.

El juicio, en el procedimiento penal, se celebró en enero de 1988, y en él, el señor Sonntag estuvo representado por un abogado. El señor Sonntag fue declarado culpable de imprudencia con resultado de muerte, y fue condenado a pagar a la familia Waidmann una cantidad a cuenta por importe de veinte millones de liras italianas, además de al pago de las costas. La sentencia ganó firmeza.

A instancias de los Waidmann, el Landgericht Ellwangen, tribunal alemán, otorgó la ejecución de la sentencia dictada por el tribunal italiano. Esta resolución fue recurrida por el señor Sonntag, quien alegaba tener un derecho estatutario a que el Land Baden-Württemberg le liberase de su obligación de indemnizar el perjuicio. Pero dicho recurso fue desestimado, al considerar el Oberlandesgericht que resultaba aplicable al caso el Convenio de Bruselas de 1968[822], y que, por ende, al haberse notificado la querella al señor Sonntag con tiempo suficiente para defenderse, no podía excepcionar norma alguna.

Tanto el señor Sonntag cuanto el Land Baden-Württemberg impugnaron esta decisión, sosteniendo que la sentencia penal del tribunal italiano resuelve sobre una pretensión de Derecho público, ya que la custodia de los alumnos por parte de los profesores, en su condición de funcionarios, se regula por el Derecho administrativo. Mas, en lo que a nuestro estudio concierne, interesa, por encima de todo, destacar que, en un segundo argumento, los ejecutados esgrimían que el contenido del escrito por el que los Waidmann se personaron ante el Tribunale di Bolzano era demasiado vago para que pudiera considerarse como cédula de emplazamiento al amparo del número 2 del artículo 27 del Convenio de Bruselas.

822 Que, recordemos, *«se aplicará a los asuntos civiles y mercantiles independientemente de la naturaleza del órgano jurisdiccional»* (artículo 1).

El enfoque que da el Tribunal de Justicia al asunto parte del hecho de que el demandado, al menos, *«fue informado de los elementos del litigio»* y, por ende, *«se le permitió defenderse»*[823]. Se cumplen las mínimas exigencias que permiten la defensa y, así, de ningún modo es posible denegar el reconocimiento de la resolución judicial por los motivos indicados en el número 2 del artículo 27 del Convenio, cuando el demandado, al menos:

> Cuando el demandado, representado por su defensor, formula durante el juicio oral alegaciones sobre los hechos que se le imputan, con conocimiento de la pretensión de Derecho civil formulada contra él en el marco de la acción penal, estas alegaciones deben considerarse, por principio, como una comparecencia en el procedimiento en toda su integridad, sin que proceda distinguir entre la acción penal y la pretensión de Derecho civil. Ello no excluye, no obstante, la posibilidad de que el demandado se niegue a comparecer en la acción civil. Pero, si el demandado no actúa así, sus alegaciones sobre los hechos que se le imputan en el proceso penal tienen también el valor de comparecencia en la acción civil[824].

Habiéndose producido la comparecencia del demandado en el proceso penal, el Tribunal de Justicia grava al mismo con la carga de defenderse con todos los argumentos y pruebas de que disfrute a su favor. No puede, por tanto, escudarse en la pretendida indefensión que le crea un formalismo que, con una mínima diligencia, hubiera superado.

Con posterioridad, veremos la jurisprudencia *ASML*[825]. En este segundo caso, el Tribunal de Justicia no convalida ni exime al demandado del deber de comparecencia en otro Estado Miembro, sino que, lo realmente sostenido con valor de *ratio decidendi*, es que la rebeldía no excluye el deber de notificar la sentencia que ponga fin al proceso, esto es, con su contenido, no bastando la mera indicación de que el proceso ha terminado. Sin embargo, es curioso comprobar cómo en el asunto *ASML* se estima que la notificación del despacho de ejecución no compele al demandado rebelde a comparecer interesándose por el contenido de la sentencia, y, en cambio, en el caso *Sonntag/Waidmann,* la postura del Tribunal es mucho más restrictiva. Cierto es que, dicho esto, hay que admitir que, en el caso *Sonntag/Waidmann* la parte demandada había comparecido en el proceso, de manera que el esfuerzo necesario para documentarse era mucho menor que si no lo hubiera hecho, como ocurre en *ASML*. El casuismo, aun así, es meridiano, y, desde el punto de vista de la seguridad jurídica, nocivo.

En definitiva, en el caso *Sonntag/Waidmann,* la pregunta acerca del valor que la parca notificación pueda tener como cédula de emplazamiento válida a los efectos del artículo 27 del Convenio, queda imprejuzgada, porque la comparecencia del demandado despojaba al mismo de cualquier posibilidad de alegar indefensión. Se satisface, así, el principio de contradicción, siendo la actitud del

823 STJUE Sonntag/Waidmann, apartado 39.

824 STJUE Sonntag/Waidmann, apartado 41.

825 STJUE de 14 de diciembre de 2006, ASML, C-283/05, EU:C:2006:787.

demandado la única causa de su fracaso[826]. Recordemos que, a pesar de que el recurrente alegó la incorrecta traducción de la resolución de emplazamiento, el caso *Robba v. Alemania* —que hace poco hemos comentado—, emitida unos meses antes del dictado de la sentencia *Sonntag/Waidmann,* concluyó que los defectos en la traducción no le impidieron comprender que había sido convocado ante un órgano jurisdiccional alemán en una fecha cierta a raíz de una demanda interpuesta por la sociedad alemana con la que anteriormente había contratado. No podía, por ende, esperar pasivamente un fallo en su favor y limitarse a alegar indefensión. Esta opción jurisprudencial tendría después continuidad en *Hussin v. Bélgica,* también citada; en *McDonald v. Francia*[827]; o en *Avotiņš v. Letonia*[828].

La sentencia *Hengst Import/Campese,* dictada dos años después de *Sonntag/Waidmann,* dilucidaba cuestión prejudicial interpuesta como consecuencia de un litigio en el que la nacional italiana reclamaba una cantidad a la compañía neerlandesa Hengst BV.

Anna Maria Campese instó un procedimiento sumario en el que pretendía que el Tribunal de Trani dictara una orden conminatoria de pago contra la compañía demandada. Dicha orden se notificaría a la sociedad demandada de conformidad con el artículo 643 del Código de proceso civil italiano, esto es, conteniendo la orden en sí y una copia del escrito de demanda[829].

Después de constatar, el Tribunal de Trani, que la orden había sido entregada y que la compañía demandada no había formulado oposición contra ella, dictó título ejecutivo[830]. Trasladado al Arrondissementsrechtbank neerlandés, éste otorgó la ejecución[831].

El Tribunal de Justicia recoge que el concepto de cédula de emplazamiento o documento equivalente, a efectos del número 2 del artículo 27 del Convenio de Bruselas —que, como sabemos, ha tenido sus sucesores hasta llegar al actual artículo 45.1, letra b) del Reglamento 1215/2012—, designa, se refiere o significa el acto o los actos cuya entrega o notificación al demandado, efectuada de forma regular y con tiempo suficiente, coloca a éste en condiciones de invocar sus derechos antes de que se dicte en el Estado de origen una sentencia ejecutoria[832].

826 Visión que es concordante con la ofrecida por el Tribunal Constitucional español, como veremos más abajo.

827 DTEDH de 29 de abril de 2008, McDonald v. Francia, 18648/04, CE:ECHR:2008:0429DEC001864804.

828 STEDH de 23 de mayo de 2016, Avotiņš v. Letonia, 17502/07, CE:ECHR:2016:0523JUD001750207.

829 STJUE Hengst Import/Campese, apartado 5.

830 *Ibidem*, apartado 9.

831 *Ibidem*, apartado 10.

832 STJUE Hengst Import/Campese, apartado 19.

La orden conminatoria de pago constituye un simple formulario que, para poder ser entendido, debe ser leído junto con el escrito de demanda. «*Recíprocamente*» —dice el Tribunal—, la entrega únicamente del escrito de demanda no permitía al demandado determinar si debe preparar su defensa, ya que, sin el *decreto ingiuntivo,* ignoraría si el Juez ha acogido o ha desestimado la petición[833]. Es la suma de la orden conminatoria de pago y de la demanda lo que ha de ser considerado como cédula de emplazamiento o documento equivalente en los términos del Convenio.

Un paso más en la definición del concepto lo conforma el asunto *Weiss und Partner*[834]. En este asunto, la problemática de la traducción en pleitos internacionales adquirió el principal protagonismo.

El precepto controvertido era el artículo 8 del Reglamento (CE) n.º 1348/2000 del Consejo, de 29 de mayo de 2000, relativo a la notificación y al traslado en los Estados Miembros de documentos judiciales y extrajudiciales en materia civil o mercantil[835]. Dicho artículo, al igual que el Reglamento, perdió su vigencia el 13 de noviembre de 2008, habiendo sido derogado por el Reglamento (CE) n.º 1393/2007 del Parlamento Europeo y del Consejo, de 13 de noviembre de 2007, relativo a la notificación y al traslado en los Estados miembros de documentos judiciales y extrajudiciales en materia civil o mercantil («notificación y traslado de documentos»)[836]. Pero, en lo que afecta a *Weiss und Partner,* hemos de traer a colación que el artículo 8 del Reglamento se postulaba en estas palabras:

> El organismo receptor informará al destinatario de que puede negarse a aceptar el documento que deba notificarse o trasladarse si está redactado en una lengua distinta de las siguientes: a) la lengua oficial del Estado miembro requerido [inglés], o la lengua oficial o una de las lenguas oficiales del lugar en el que deba efectuarse la notificación o el traslado si existen varias lenguas oficiales en dicho estado miembro [en nuestro caso, sería sólo la lengua inglesa]; o b) una lengua del estado miembro de transmisión [Alemania] que el destinatario entienda.

Entre los hechos de caso, debe destacarse que la Cámara de Comercio e Industria de Berlín, Industrie und Hadelskammer Berlin y el estudio de arquitectura Nicholas Grimshaw and Partners Ltd. —sociedad constituida con arreglo al derecho del Reino Unido— celebraron en 1994 un contrato por el que la segunda se comprometía a elaborar un proyecto de obra de un edificio para la primera.

En el clausulado del contrato se había acordado que los servicios se prestarían en lengua alemana, incluyendo la redacción de la correspondencia

833 *Ibidem*, apartado 21.

834 STJUE 8 de mayo de 2008, Weiss und Partner, C-14/07, EU:C:2008:264.

835 DO L 160, p. 37.

836 DO L 324 de 10 de diciembre de 2007, página 79.

entre las partes y con las autoridades e instituciones públicas. Secundariamente, se establecía la sumisión del contrato al Derecho alemán y los litigios que de él pudieran derivarse a los tribunales berlineses.

La Cámara de Comercio e Industria de Berlín, Industrie und Hadelskammer Berlin, demandó al estudio de arquitectura Nicholas Grimshaw and Partners Ltd. —sociedad constituida con arreglo al derecho del Reino Unido— solicitando la condena al abono de una indemnización de daños y perjuicios ocasionados por la defectuosa realización del proyecto.

La cuestión es que la demanda formalizada por la Cámara de Comercio e Industria de Berlín contra el estudio inglés, se presentó ante los tribunales de Berlín, en virtud de la citada cláusula de sumisión expresa contenida en el contrato. La demanda y los documentos acompañados a la misma estaban redactados en lengua alemana, y así se trasladaron a la parte demandada.

Pasamos ahora, evidentemente, a la cuestión de la notificación de la demanda en el Reino Unido.

El estudio de arquitectos se negó a aceptar el documento por falta de traducción al inglés, toda vez que el artículo 8 del Reglamento (CE) n.º 1348/2000 permite dicho rechazo cuando el documento notificado no esté redactado en la lengua oficial del Estado miembro requerido —o en una de las lenguas oficiales del lugar en que deba efectuarse la notificación, para el caso de que existan varias lenguas oficiales en el Estado Miembro—, o finalmente, en una lengua del Estado Miembro de transmisión que el destinatario entienda.

Tras haber sido rehusada la demanda, se le remitió una traducción de la misma al inglés, pero los anexos continuaban redactados en lengua alemana, cosa que motivó la impugnación de la notificación por nulidad de la misma por parte del estudio Grimshaw.

Habiendo sido declarada la regularidad de la notificación por el Landgericht Berlin, esto es, el tribunal remitente, el estudio Grimshaw formuló recurso de apelación. Tras ello, el asunto llegó por vía de recurso casacional al Bundesgerichshof, que es quien finalmente planteó la cuestión prejudicial. Para el tribunal alemán, el Reglamento no posibilitaba el rechazo de la notificación por la sola razón de que los anexos no estuvieran traducidos. Y, en definitiva, ésta es la primera inquisición que realiza al Tribunal de Justicia.

Pues bien: con cierta similitud a lo tratado en la *ASML*[837], se aborda aquí la indefensión padecida por la parte demandada. A diferencia de lo que aquí acontece, en el asunto *ASML* la controversia pivota sobre la necesidad de notificar la sentencia que pone fin al procedimiento cuando ya se ha notificado la existencia misma del procedimiento. Pero decimos que se hace con algo de paralelismo con respecto al asunto *ASML* porque vamos a poder comprobar que, en ambos supuestos, existe una tensión entre aspectos for-

837 STJUE de 14 de diciembre de 2006, ASML, C-283/05, EU:C:2006:787.

males y materiales. No en vano una de las cuestiones sometidas al Tribunal de Justicia reside en qué relevancia pueden tener los documentos que acompañan a una demanda a los efectos de que el demandado se forme una opinión concisa y completa de aquello que se le reclama: no hay duda de que los documentos acompañados a una demanda contribuyen a hacer que la misma sea más comprensible, a completarla (vertiente formal). No obstante, quizá los mismos documentos no resulten estricta e ineludiblemente indispensables para permitir al demandado comprender qué es lo que se peticiona y en qué se fundamenta la pretensión (vertiente material).

La primera cuestión, por tanto, se ciñe a determinar si el artículo 8 del Reglamento 1348/2000 contempla un concepto de documento inclusivo de la demanda y sus anexos, o estrictamente circunscrito a la demanda.

Aunque es cierto que el Reglamento no define el término documento, ni contiene ninguna remisión al Derecho procesal de los Estados miembros[838], también lo es que la función y la importancia de los anexos de un documento pueden variar según la naturaleza del documento[839]. En este caso, no podemos olvidar que estamos en presencia de una demanda, por lo que adquiere especial importancia el hecho de que la finalidad de la notificación o traslado en el procedimiento es la de garantizar que los destinatarios conozcan el contenido de aquello que se pretende hacer valer contra ellos, para así poder ejercitar su derecho de defensa. En estos aspectos influye la comprensión del lenguaje y, también, tal como resalta la Abogado General Trstenjak, la de los anexos, que son complemento del escrito de demanda y están sujetos al principio general del Derecho *accessio cedit principali*[840].

Como hemos apuntado, el razonamiento seguido por la Abogado General parte de una premisa lógica, abstracta, tuitiva del derecho de defensa. Pero para el Tribunal de Justicia, las cosas no están tan claras como parece, y no nos habla desde la atalaya de la teoría del Derecho sino desde la comparación de las definiciones comprendidas en las distintas normas supranacionales europeas.

Empieza advirtiendo que del examen del Convenio de La Haya de 1965, del Convenio de Bruselas y del Convenio relativo a la notificación o traslado en los Estados miembros de la Unión Europea de documentos judiciales y extrajudiciales en materia civil o mercantil, establecido por acto del Consejo de la Unión Europea de 26 de mayo de 1997[841], y de los Reglamentos 1348/2000 y 44/2001, no se desprende que ni el legislador comunitario ni los Estados Miembros estimen que la traducción del escrito de demanda constituya un

838 Conclusiones de la Abogado General Verica Trstenjak al asunto Weiss und Partner, C-14/07, presentadas el 29 de noviembre de 2007, EU:C:2007:737, apartado 55.

839 STJUE Weiss und Partner, apartado 42.

840 Conclusiones de la Abogado General al asunto Weiss und Partner, apartado 58.

841 DO C 261, p. 1.

elemento indispensable para el ejercicio del derecho de defensa del demandado, puesto que este último tan sólo debe de disponer de un período de tiempo suficiente que le permita hacer traducir el documento de que se trate y preparar su defensa. Tal como podemos observar, el Tribunal coquetea con una idea que, sin embargo, ya descartó en la resolución del asunto *Lancray/ Peters und Sickert* en el año 1990.

Dicho esto, debo admitir que, a la postre, esta argumentación del Tribunal acaba siendo poco trascedente a efectos prácticos, pues lo verdaderamente importante es que el artículo 8 del Reglamento 1348/2000 permite al demandado rechazar demandas no traducidas. Se trata —recordemos— de aquel precepto que establece la presunción de que el demandado conocerá determinadas lenguas y que fija, para el Estado Miembro receptor, la obligación de informar al demandado de que puede negarse a aceptar el documento que deba notificarse o trasladarse si no está redactado en una de ellas. Pero de este apunte ya podemos extraer una conclusión, y es que la falta de traducción no es, de por sí, causante de indefensión, y el Estado Miembro receptor no podrá rechazar el documento de oficio, de manera que quedará todo en manos del demandado. Ahora bien, también es verdad que parece que el Tribunal hace uso de esta argumentación para sugerir que, si una demanda no traducida no es por sí causante de indefensión —y, si es aceptada por el demandado, no podrá después éste verter queja alguna—, menos lo serán los documentos que la acompañan.

Pero, en fin, no es ésta la cuestión a la que atender; lo relevante es que, si el documento anexado forma parte de la demanda, su falta de traducción pone en juego la excepción del artículo 8. La explicación es simple:

> La traducción de determinados anexos de un escrito de demanda objeto de notificación o de traslado puede resultar necesaria cuando el contenido de dicho escrito de demanda, que ha sido traducido, es insuficiente para identificar el objeto y la causa de la demanda[842].

En el análisis del concepto de demanda contenido en el Reglamento 44/2001, el Tribunal de Justicia trae a colación la postura sentada en la sentencia *Hengst Import/Campese,* donde se definía la cédula de emplazamiento o documento equivalente como el acto o los actos cuya entrega o notificación al demandado, efectuada de forma regular y con tiempo suficiente, coloca a éste en condiciones de invocar sus derechos antes de que se dicte en el Estado de origen una sentencia ejecutoria[843].

842 STJUE Weiss und Partner, apartado 90.

843 STJUE de 13 de julio de 1995, C-474/93, Hengst Import/Campese, EU:C:1995:243, apartado 19.

Esta posición del Tribunal es ciertamente más restrictiva que la de la Abogado General, pues para el órgano jurisdiccional bastará que el demandado pueda comprender el objeto y la motivación de la acción ejercitada por el demandante para que el documento trasladado se estime autónomo y suficiente[844]. En cambio, para la Abogado General la traducción de los documentos acompañados a la demanda era innegociable[845]. Obviamente, el demandado deberá poder comprender que existe un proceso en curso que se dirige contra él y, asimismo, cuáles son sus medios de actuación[846].

En definitiva, para el Tribunal de Justicia, no es posible discernir a priori la suficiencia del documento para causar notificación válida al amparo del Reglamento 1348/2000, porque descarta una noción formal como la que proponía la Abogado General cuando, con cita del Abogado General Tizzano en sus Conclusiones en el asunto *Leitner*[847], se expresaba de este modo:

> Ya el mero hecho de que, en el Reglamento, la expresión «documento» se emplee normalmente de forma genérica y, por tanto, sin ninguna indicación limitativa [...] debería llevarnos a inclinarnos por la tesis según la cual, al menos en principio, el Reglamento pretendía incluir dentro de su ámbito de aplicación, en el procedimiento civil, además del documento mismo, todos los anexos del escrito de la demanda, [pues, a mayor abundamiento] el término «escrito» no es objeto de mención alguna en este Reglamento[848].

Esta interpretación formal del término *«documento»* debe arrinconarse porque, de hecho, algunos derechos nacionales ni siquiera exigen que la demanda vaya acompañada de los documentos probatorios. Se tratará pues de una cuestión que quedará al arbitrio del juez, quien deberá comprobar que el contenido notificado *«coloca al demandado en condiciones de hacer valer sus derechos en el Estado de origen y, en particular, si le permite identificar el objeto y la causa de la demanda presentada contra él, así como la existencia*

844 STJUE Weiss und Partner, apartado 64.

845 Conclusiones de la Abogado General al asunto Weiss und Partner, apartado 65.

846 En el caso Hengst Import, esta postura se ve reforzada por los apartados 20 y, singularmente, 21 de la sentencia, en los que el Tribunal explica que la cédula de emplazamiento estaba constituida por la reunión de una orden conminatoria de pago (el llamado *decreto ingiuntivo* italiano) y del escrito de demanda, y que tan importante es conocer qué pide la parte actora como saber qué concede, hasta el momento el órgano jurisdiccional.

847 Conclusiones de 20 de septiembre de 2001, presentadas en el asunto Leitner, C-168/00, EU:C:2001:476.

848 Conclusiones de la Abogado General al asunto Weiss und Partner, apartado 57.

del procedimiento judicial»[849], el requerimiento para comparecer ante un tribunal o la posibilidad de interponer recurso ante el mismo[850]. Alcanzada la convicción de que el demandado conoce —o, cuando menos, tiene en sus manos la posibilidad de conocer— estas circunstancias, el juez no admitirá excepción a la notificación.

Regresando al paralelismo obrante entre los asuntos *Weiss und Partner* y *ASML,* vemos que, en *ASML,* tanto el Abogado General Léger cuanto el Tribunal de Justicia estimaban que, por mucho que se notificara la existencia de un proceso judicial, la falta de notificación del contenido de la sentencia ocasionaba un desequilibrio tal en el demandado, que podía excepcionarse el reconocimiento y ejecución de la misma. En *Weiss und Partner,* se establece que la carga de la traducción corre a cargo del demandante pues, de lo contrario y conforme al artículo 8 del Reglamento 1348/2000, puede oponerse a su aceptación[851], pero ello no constituye un impedimento para el ejercicio del derecho de defensa si el modelo no traducido fuera aceptado. La diferencia entre uno y otro caso radica en la exigencia de recurrir a los organismos de otro Estado Miembro para obtener la documentación, o bien de tenerla ya en nuestro poder.

---

849 STJUE Weiss und Partner, apartado 75.

850 En cualquier caso, entiendo que tanto la interpretación del Tribunal cuanto el propio Reglamento 1348/2000 gravan a la parte demandante con la tarea de procurar el buen fin del traslado, y al órgano judicial encargado de notificar, con la función de vigilancia. Se observa en el propio criterio negativo de determinación del ámbito de aplicación del Reglamento, que se excluye a sí mismo *«cuando el domicilio de la persona a la que haya de notificarse o trasladarse el documento sea desconocido»*. Para de Hoyos Sancho, *«se entiende que tal exclusión obedece, por un lado, al hecho de que puesto que corresponde a la parte que interesa la notificación llevar a cabo tales averiguaciones con carácter previo a la solicitud, no podrá solicitar también al órgano requerido que realice averiguaciones del domicilio del notificado y, por otro lado, tal exclusión atiende a la protección de los derechos de defensa, audiencia y contradicción del destinatario, que difícilmente podría ejercitar si no ha podido tan siquiera conocer, v.gr., la existencia de un proceso que se ha iniciado contra él, la interposición de un recurso o de una demanda ejecutiva»* [de Hoyos Sancho, M. (2007). «Notificación y traslado de documentos judiciales y extrajudiciales». En Jimeno Bulnes, M., y Escalada López, M. L. (coordinadoras). *La cooperación civil y penal en el ámbito de la Unión Europea: instrumentos procesales*. Editorial Bosch, Barcelona, pág. 173].

851 *«Un aspecto que cobra gran trascendencia en las notificaciones intracomunitarias en relación con la debida tutela del derecho de defensa, audiencia y contradicción del destinatario del documento es el relativo al idioma en que éste se encuentre redactado y a su eventual traducción. Tal es así que el Reglamento 1348/2000 dispone expresamente en su artículo 5, en relación con el artículo 8, que el organismo receptor está obligado a informar al destinatario -si bien no dice cómo- de que puede negarse a aceptar el documento que se le debe notificar o trasladar por no estar redactado en una de las siguientes lenguas: lengua oficial del Estado miembro requerido o en una de las del lugar donde se debe practicar la notificación o traslado, o bien al menos en una lengua del Estado miembro de transmisión que el destinatario entienda»* [de Hoyos Sancho, M. (2007). «Notificación y traslado de documentos judiciales y extrajudiciales», *op. cit.*, 177].

En este caso, el juez del Estado miembro requerido será el depositario último del principio de igualdad de armas, quien deberá velar por el hecho de que el destinatario del documento esté en condiciones de defenderse. El juez debe valorar y, aún más, asegurarse de que el demandado comprende la pretensión que se dirige contra él, la causa de pedir y la petición. Llegado a este convencimiento, la ininteligibilidad (falta de traducción) de los documentos que acompañan a la demanda en que se instrumenta la pretensión no quebranta la igualdad de armas entre las partes.

Hemos de preguntarnos si este concepto del juez del Estado miembro requerido como garante de la igualdad de oportunidades en la defensa y la acusación, en la acción y en la oposición, es acertado o si, por el contrario, es cuestionable en tanto en cuanto estipula una especie de legislación de mínimos. Además, cabe contar con la posibilidad de que el juez del Estado miembro requerido no esté familiarizado con el Derecho procesal del Estado de origen, como ocurre con la confusión que existe entre ciertos ordenamientos como el italiano, que prevé una ejecución provisoria que no coincide con la ejecución provisional que se estipula en el ordenamiento jurídico español, y que en alguna ocasión ha sido desdibujado en sus consecuencias a la hora de otorgar la ejecución. Esto es, dado que no es posible asegurar que todos los ordenamientos de los Estados miembros exijan la aportación, en idénticas condiciones, de los documentos que hayan de conformar el bloque alegatorio rector del procedimiento, si la pretensión se encuentra identificada, entenderemos que la notificación es válida y permite la defensa. Desde el punto de vista del abogado, la posibilidad de conocer o ignorar pormenorizadamente todos y cada uno de los elementos configuradores de la pretensión, no es cuestión menor. Quizá por ello, el filtro no está bien delimitado, porque lo relevante no es que la pretensión «tal como parece que es» se entienda, sino que se entienda «tal como es».

La traducción de los documentos del proceso es, sin duda, una cuestión que no puede ser tomada a la ligera. La parte tiene interés en conocer todos y cada uno de los pormenores que están en los autos. En este sentido, la sentencia *Kamasinski v. Austria*[852] ha establecido que el derecho, postulado en el apartado 3, letra e), del artículo 6 del CEDH, de ser asistido gratuitamente por un intérprete, no sólo se aplica a las declaraciones orales en el juicio, sino también a los documentos escritos y a la instrucción preparatoria, pero no llega hasta el punto de exigir la traducción por escrito de todas las pruebas documentales y de todos los autos del procedimiento, porque basta que la asistencia permita al acusado conocer de qué se le acusa y defenderse[853]. No deja de ser esto un problema de tirantez entre el derecho de defensa y la soberanía del estado en el cual se celebra el juicio.

---

852 STEDH de 19 de diciembre de 1989, Kamasinski v. Austria, 9783/82, CE:ECHR:1989:1219JUD000978382.

853 Conclusiones de la Abogado General al asunto Weiss und Partner, apartado 74.

En definitiva, esta delimitación puede resultar suficiente a los efectos de asegurar el derecho de defensa del demandado, pero muestra la existencia de una grieta en el sistema de actos de comunicación judicial de la Unión que quiebra la igualdad de trato entre ciudadanos europeos. Si las libertades comunitarias apelan a que, en un Estado miembro, ningún ciudadano de la Unión pueda ser tratado de manera distinta a como lo sería un nacional de ese Estado miembro, la desigualdad es evidente: la misma Carta de Derechos Fundamentales de la Unión Europea establece, en su artículo 21.2, que *«se prohíbe toda discriminación por razón de nacionalidad en el ámbito de aplicación del Tratado constitutivo de la Comunidad Europea y del Tratado de la Unión Europea y sin perjuicio de las disposiciones particulares de dichos Tratados».* Es curioso ver como este criterio vulnera el principio de equivalencia que el propio Tribunal traerá a la palestra más tarde en la Sentencia[854]. Piénsese que, en efecto, el Tribunal de Justicia se conforma con que el demandado pueda comprender lo que se pide y cuáles son sus posibilidades de defensa, lo que, sin duda, puede conseguirse sin necesidad de traducir los documentos acompañados a la demanda. Para el demandado transnacional, éste no es un acceso a la justicia en las mismas condiciones en las que lo haría un nacional del Estado Miembro de remisión. Lo adecuado sería que el Estado de origen certificara, en el caso de la demanda, que el remitido es el documento que principia el proceso en toda su extensión, y que se notifica de la misma manera como se haría en el mismísimo Estado remisor.

En resumidas cuentas, de otro modo, se está cayendo en el absurdo de exigir al estudio Grimshaw —en nuestro caso— a desplazarse a otro Estado Miembro para conocer en toda su complejidad el escrito de demanda, la pretensión. Si esto era un desequilibrio para SEMIS en el asunto *ASML,* también lo será en nuestro caso. La raíz del problema será la misma; sólo que en un caso será más grave que en el otro el quebrantamiento, pues quizá no sea parangonable la ausencia total del documento a su tenencia parcial o incompleta.

En este estudio, hemos transitado por una cuestión tan evidente en un pleito transnacional como es la necesidad de traducción y la presunción establecida reglamentariamente de que el demandado entenderá determinadas lenguas, para analizar cuáles son los elementos que deben estar indefectiblemente traducidos. Aun así, si prestamos atención al artículo 8 del Reglamento n.º 1348/2000, podremos observar que, de las dos posibilidades que estipula, una, la comprendida en la letra a), podría llegar a calificarse de presunción *iuris et de iure,* mientras que la prevista en la letra b) sería cuestión susceptible de prueba.

En efecto: es presunción *iuris et de iure* que el destinatario entenderá *«la lengua oficial del Estado miembro requerido, o la lengua oficial o una de las*

854 STJUE Weiss und Partner, apartado 87.

lenguas oficiales del lugar en el que deba efectuarse la notificación o el traslado si existen varias lenguas oficiales en dicho estado miembro» (letra a), mientras que el hecho de que el destinatario comprenda *«una lengua del estado miembro de transmisión»* es susceptible de prueba.

El problema persiste porque los Reglamentos 1393/2007 y 2020/1784 legislan en los mismos términos, si bien erradican la remisión a que la lengua que el destinatario entienda sea propia del Estado Miembro transmisor, pudiendo ser cualquiera.

La jurisprudencia *Weiss und Partner* entró, asimismo, a conocer de la prueba de que el destinatario entiende la lengua del estado requirente.

Para la Abogado General Trstenjak, el hecho de que el contrato que documenta las relaciones comerciales entre las partes establezca el alemán en tanto que lengua a utilizar en las comunicaciones cruzadas, constituye un indicio del dominio de la misma susceptible de causar presunción *iuris tantum*[855]. Repárese en que nos encontramos en el ámbito de una relación mercantil, en la que, por definición, no existe una parte fuerte y una parte débil, sino dos contendientes con igual poder de imposición.

Aun así, existe una importante incidencia de la doctrina de los actos propios en la resolución del problema[856]. Recordemos que el contrato celebrado entre las partes preveía que la relación de trabajo se desarrollaría en lengua alemana y, por tanto, en principio, este extremo ya de por sí era susceptible de poner en duda que la demandada pudiera rechazar la demanda. En efecto, con arreglo al principio *nemo venire contra factum proprium potest,* se presume que el demandado conoce la lengua alemana, resultando la demanda correctamente notificada con arreglo al artículo 8, apartado 1, letra a) del Reglamento.

Esta circunstancia, lejos de reforzar el criterio mantenido por el tribunal e impedir el rehúse de la demanda, complicaba las cosas, porque el Bundesgerichshof apreció que la asunción del alemán como idioma propio de la relación contractual no podía ser motivo suficiente para considerar que la notificación era idónea —o, en otras palabras, que el demandado entendería los fundamentos de la reclamación y la petición—. Lo valoraba de esta manera:

> El estudio Grimshaw no conocía todos los documentos, sobre todo los relativos a la detección y reparación de los defectos y sus costes. Se trata de documentos que en modo alguno pueden considerarse detalles insignificantes, pues de su valoración puede depender la decisión sobre la presentación de una contestación a la demanda[857].

855 Conclusiones de la Abogado General al asunto Weiss und Partner, apartados 79 a 81.

856 Conclusiones de la Abogado General al asunto Weiss und Partner, apartado 88.

857 Conclusiones de la Abogado General Verica Trstenjak presentadas el 29 de noviembre de 2007, en el asunto Weiss und Partner, C-14/07, EU:C:2007:737, apartado 11.

En resumen, regresamos de nuevo a la cuestión relativa a si la falta de traducción de los anexos justificaba la negativa a la recepción de la demanda. Y si en abstracto no la posibilitaba, debería resolverse si la presunción contenida en el artículo 8, apartado 1, letra b) del Reglamento podía ser quebrada por circunstancias tales como que la parte demandada ya tuviera conocimiento de los anexos, estuviera en posesión de ellos o estuvieran reproducidos literalmente en el escrito de demanda traducido. Y, por último, si la respuesta es que la comprensión de dichos anexos debe considerarse crucial para entender la demanda, cabe entonces discernir si el hecho de que las partes se relacionaran extraprocesalmente en la lengua en la que dichos anexos estaban redactados permitía entender cumplidas las garantías de conocimiento de la lengua a efectos procesales.

El Tribunal de Justicia aborda este particular sin discrepar explícitamente del criterio de la Abogado General, pero sí que es verdad que, de sus consideraciones, se infiere que no gusta de la caracterización de la presunción. En un alarde de prurito garantista, el Tribunal discrimina entre el lenguaje propio de una relación comercial y el relativo a la expresión judicial. Con base en ello, no es posible establecer dicha presunción, quedando nuevamente al arbitrio del juzgador la fuerza que deba atribuirse al indicio consistente en la consignación de la lengua alemana como propia de la correspondencia entre las partes, puesto que *«el grado de conocimiento de una lengua que se necesita para la correspondencia no es el mismo que el que resulta indispensable para defenderse ante los tribunales»*[858].

Debe ser el juez del Estado miembro requerido quien verifique si el destinatario del documento está en condiciones de ejercitar su defensa, y en dicha valoración, deberá decidir y motivar si considera probado que el demandado comprendía el idioma en que el documento se hallaba redactado. Nada disciplina el Reglamento sobre prueba ni medios hábiles para la acreditación de la comprensión.

De manera más reciente, el caso *Alta Realitat* ha regresado sobre la cuestión del idioma y los documentos que deben ser objeto de traslado[859].

La compañía española Alta Realitat formalizó una demanda cuya pretensión era la resolución del contrato celebrado con Erlock Film ApS y Ulrich Thomsen. Tal sociedad y el particular tenían sus domicilios en Dinamarca. En el contrato, el señor Ulrich Thomsen se obligaba a representar un papel en la película que suponía el objeto del mismo, que se rodaría en lengua inglesa, hecho éste que resulta relevante, como se verá.

El Juzgado de Barcelona que conoció del asunto emplazó a Ulrich Thomsen para que contestara a la demanda, librando para ello una notificación dirigida a Dinamarca.

---

858 STJUE Weiss und Partner, apartado 87.

859 ATJUE de 28 de abril de 2016, Alta Realitat, C-384/14, EU:C:2016:316.

El señor Thomsen se negó a aceptar la demanda, alegando que desconocía el inglés, lengua de redacción. Formalmente, el demandado que no comprenda la lengua en la que esté redactada la demanda puede rechazar la notificación, salvo que la misma sea la lengua oficial del Estado miembro requerido o la del lugar en el que deba efectuarse la notificación, en caso de la convivencia de lenguas cooficiales. Así lo autoriza el artículo 8.1 del Reglamento (CE) n.º 1393/2007 del Parlamento Europeo y del Consejo, de 13 de noviembre de 2000, relativo a la notificación y al traslado en los Estados miembros de documentos judiciales y extrajudiciales en materia civil o mercantil (notificación y traslado de documentos) y por el que se deroga el Reglamento (CE) n.º 1348/2000 del Consejo[860].

Puesto que el Juzgado entendió que tal negativa no se encontraba justificada, tuvo al demandado como correctamente emplazado y dictó sentencia condenatoria del señor Thomsen en rebeldía, resolución que acabó ganando firmeza.

Pero peticionado el reconocimiento de la sentencia en Dinamarca, éste fue denegado, precisamente al amparo del artículo 34.2 del Reglamento 44/2001.

Tras ello, el Juzgado español declaró la nulidad de las actuaciones procedimentales posteriores al emplazamiento. Sin embargo, en el auto en que así lo acordó, hizo constar que *«no existía justificación objetiva alguna para que el interesado rechazara la demanda redactada en lengua inglesa, sino que, por el contrario, ese rechazo constituía un fraude procesal con arreglo al Derecho español»*. Lo motivaba aduciendo que *«de los autos se deducía que el Sr. Thomsen comprendía la lengua inglesa»*, pues, por una parte, *«tanto el contrato controvertido en el litigo principal como distintos documentos atribuidos al interesado y adjuntos a la demanda estaban redactados en esa lengua»;* por otra, el propio demandado *«había indicado, en su perfil recogido en una base de datos cinematográfica en Internet, que conocía con fluidez dicha lengua»;* además, *«un blog del que el demandado es autor también estaba redactado en esa misma lengua»;* y, finalmente, *«en diversos DVD aportados a los autos aparece un individuo designado como el Sr. Thomsen hablando en inglés»*[861].

A pesar de la nulidad de actuaciones acordada, el Juzgado decretó que se notificara de nuevo la demanda, pero sin traducción a la lengua danesa. El intento de notificación obtuvo el mismo resultado que antes.

Enfrentándose a esta situación, el Jugado remitió cuestión prejudicial al Tribunal de Justicia de la Unión planteando si resulta conforme con el Reglamento 1393/2007 que un órgano jurisdiccional pueda entrar a valorar el cono-

860 DO L 324, 10.12.2007, p. 79–120.

861 ATJUE Alta Realitat, apartado 35.

cimiento que un demandado tiene de una lengua, partiendo de los elementos de juicio de que dispone, y concluir así que, en su caso, el emplazamiento está cumplimentado y procede la continuación del pleito en rebeldía[862].

La primera y la segunda se habían dictado con base en unos hechos que sucedieron bajo la vigencia del Reglamento (CE) n.º 1348/2000 del Consejo, de 29 de mayo de 2000, relativo a la notificación y al traslado en los Estados miembros de documentos judiciales y extrajudiciales en materia civil o mercantil[863], que sería derogado por el Reglamento 1393/2007. No obstante, tanto en el caso de la norma derogada como de su sucesora, a los efectos del caso aquí enjuiciado, la dicción del artículo 8, dedicado a las condiciones de rechazo de un emplazamiento, eran idénticas: el organismo receptor informará al destinatario de que puede negarse a aceptar el documento si está redactado en una lengua que no entienda si, además, no tiene obligación de entenderla.

En todos los casos se refiere que parte del proceso de notificación de los documentos que instituyen el procedimiento jurisdiccional, lo constituye el hecho de que el demandado pueda conocer el sentido y el alcance de la acción ejercitada contra él en el extranjero, de modo que, correlativamente, pueda ejercitar su derecho de defensa.

Pero la cuestión nuclear del asunto venía dada por el concepto de *«documento que deba notificarse o trasladarse»,* como dicen los artículos 8 de ambos Reglamentos.

La jurisprudencia *Hengst Import/Campese* citada, hacía referencia al *«decreto ingiuntivo»* italiano, una orden conminatoria de pago:

> El «decreto ingiuntivo» constituye un simple formulario que, para poder ser comprendido, debe ser leído junto con el escrito de demanda. Recíprocamente, la entrega únicamente del escrito de demanda no permite al demandado determinar si debe preparar su defensa, ya que, sin él, ignoraría si el Juez ha acogido o ha desestimado la demanda[864].

Se observa, así, que lo esencial en el concepto de defensa del demandado rebelde o, en general, de cualquier demandado, es que comprenda qué se pide, sobre qué fundamentos y que puede reaccionar contra ello.

La citada sentencia *Weiss und Partner* ahondaba en el concepto de *«documento que deba notificarse o trasladarse»,* del artículo 8:

> Tal escrito debe contener el documento o los documentos —cuando éstos están intrínsicamente ligados entre sí— que permitan al demandado comprender

862 Los hechos relevantes para la resolución del litigio se encuentran entre los apartados 26 y 43, ambos incluidos, de la sentencia.

863 DO L 160 de 30 de junio de 2000, p. 0037 – 0052.

864 STJUE Hengst Import, apartado 21.

el objeto y la motivación de la acción ejercitada por el demandante, así como la existencia de un procedimiento judicial en el curso del cual puede hacer valer sus derechos, bien defendiéndose en una proceso en curso, bien, como sucedía en el asunto que dio lugar a la sentencia Hengst Import, antes citada, interponiendo un recurso contra una resolución dictada sobre la base de una demanda unilateral[865].

A pesar de que la traducción al castellano de la Sentencia era confusa, una lectura cuidadosa de la misma nos permite concluir que es posible que con aquello que nosotros consideramos como escrito de demanda, no baste, a los efectos reglamentarios, para que el demandado llegue a saber cómo reaccionar[866].

La sentencia *Leffler,* a su vez, abogaba por la posibilidad de subsanación del *«documento que deba notificarse o trasladarse»* cuando el destinatario no lo comprendiera. Aunque la posibilidad de subsanación no puede ser menos favorable que la referente a los derechos que tienen su origen en el ordenamiento jurídico interno (principio de equivalencia), esta asimilación al derecho doméstico tampoco puede hacer imposible en la práctica o excesivamente difícil el ejercicio de los derechos conferidos por el ordenamiento jurídico comunitario (principio de efectividad)[867]. Conjugaba así los intereses del demandante y del demandado, *«conciliando los objetivos de eficacia y rapidez de la transmisión de los documentos procesales con la exigencia de asegurar una protección adecuada del derecho de defensa del destinatario del documento»*[868].

En sentido negativo, la sentencia *Weiss und Partner* extraía de la noción de *«documento que debe notificarse o trasladarse»* todo aquello que se acompaña a la demanda con carácter probatorio: hay que decir que con carácter probatorio implica que el documento no coadyuva a la comprensión de la acción ejercitada, sino sólo a su prueba. Así, el concepto de *«documento que debe notificarse o trasladarse»* ha de interpretarse en el sentido de que *«no forman parte integrante del mismo los documentos acreditativos, los cuales desempeñan una función meramente probatoria y no están intrínsecamente ligados a la demanda en la medida en que no resultan indispensables para comprender el objeto y la causa de la acción ejercitada por el demandante»*[869].

Dicho esto, *Alta Realitat* presenta similitudes importantes también con la contenida en *Alpha Bank Cyprus.* Esta resolución, anterior cronológicamente,

865 STJUE Weiss und Partner, apartado 64.

866 En el mismo sentido, STJUE Alpha Bank Cyprus, apartado 32.

867 STJUE de 8 de noviembre de 2005, Leffler, C-443/03, EU:C:2005:665, apartado 50.

868 En expresión que hemos tomado de la STJUE Alpha Bank Cyprus, apartado 33. La STJUE Leffler, citada, añade a esta conclusión que la parte actora no debe sufrir las consecuencias de un rechazo puramente dilatorio (apartado 52).

869 STJUE Weiss und Partner, apartado 69.

estableció ya que *«incumbe al organismo transmisor comunicar al requirente que el destinatario puede negarse a aceptar el documento por no estar redactado en una de las lenguas previstas en el artículo 8 del mismo Reglamento»*[870].

Como medio para asegurar el cumplimiento de este mandato, *Alpha Bank Cyprus* determinó que, en todo caso, sería obligatorio acompañar el *«documento que debe notificarse o trasladarse»* del formulario que figura en el anexo II del Reglamento n.º 1393/2007, pues, *«como manifiesta el considerando 12 del mismo Reglamento, esos formularios son instrumentos mediante los que se informa a los destinatarios de la facultad de la que disponen de negarse a aceptar el documento que haya de ser notificado o trasladado»*[871]. Su omisión, dice la Sentencia, no acarreará la nulidad de la notificación, pero sí exigirá su subsanación mediante la aportación del formulario.

Pero *Alta Realitat* va un paso más allá, y resulta todavía más explícita sobre el derecho del demandado a rechazar el emplazamiento. Dice el Tribunal de Justicia:

> Si, antes de iniciarse el procedimiento de notificación o de traslado del documento, el órgano jurisdiccional que conoce del asunto se ve impulsado a realizar una primera apreciación provisional de los conocimientos lingüísticos del destinatario para determinar, de acuerdo con el demandante, si una traducción del documento es necesaria o no, la decisión de no realizar tal traducción no afecta en modo alguno ni al derecho del destinatario a negarse a aceptar dicho documento ni al ejercicio de ese derecho[872].

Esta redacción, un tanto alambicada, pretende ejemplificar que la valoración previa al emplazamiento que resulte en la conclusión de que el demandado comprende la lengua en que está redactado el *«documento que debe notificarse o trasladarse»,* no permite entender que el demandado está obligado a aceptar la notificación, so pena de ser declarado, sin más, en rebeldía.

El Tribunal de Justicia impone, en cualquier caso, una valoración siempre posterior al intento de notificación[873], que no se vea mermada por o parta de prejuicios anteriores al mismo. Sea como fuere, queda claro que no existe una obligación a priori de aceptación de la notificación, y mucho menos, puede advertirse al demandado de su obligación de aceptar la documentación.

Esta valoración ha de conducir a discernir si el demandado *«identificar, con tiempo suficiente, cuando menos, el objeto y la causa de la demanda, así como el requerimiento para comparecer ante un tribunal o, en su caso, la*

870 STJUE Alpha Bank Cyprus, apartado 35; y ATJUE Alta Realitat, apartado 53.

871 STJUE Alpha Bank Cyprus, apartado 47.

872 ATJUE Alta Realitat, apartado 75.

873 ATJUE Alta Realitat, apartados 75 y 76.

posibilidad de interponer recurso ante un tribunal»[874]; o si, por el contrario, la negativa a aceptarlo es manifiestamente abusiva[875]. Sólo entonces, y dado que el Reglamento *«no establece las consecuencias que deben deducirse de una negativa injustificada»*[876], podrá el órgano jurisdiccional deducir de ello las consecuencias determinadas por el Derecho doméstico[877].

Por lo tanto, observamos que el Tribunal de Justicia permite que el órgano judicial examine *«toda la información pertinente que obre en autos a fin de determinar si el destinatario que se negó a aceptar el documento podría no obstante comprenderlo»*[878].

En suma: como avanzábamos antes, debe ser el juez del Estado miembro requerido quien verifique si el destinatario del documento está en condiciones de ejercitar su defensa, y en dicha valoración, deberá decidir y motivar si considera probado que el demandado comprendía el idioma en que el documento se hallaba redactado.

Ante esta posibilidad de oposición que el Reglamento brinda al demandado rebelde, es patente que la falta de traducción de los documentos castigará a la parte actora, a la cual el ordenamiento de la Unión Europea no concede la posibilidad de subsanar su desidia, sin perjuicio de que lo haga el ordenamiento jurídico doméstico. La citada sentencia *Lancray/Peters und Sickert* ya había abordado este dilema[879].

Las dos cédulas de emplazamiento (la segunda debido al fracaso de la primera) redactadas en francés se entregaron con una anticipación razonable —casi tres meses de antelación— para permitir la defensa y, particularmente, posibilitar su traducción al alemán. Pero la propia falta de traducción provocaba que la notificación resultara irregular, en la terminología del Convenio.

Este defecto resultaba subsanable, porque las leyes alemanas así lo permitían. Sin embargo, aunque subsanable sobre el papel, también es cierto que, para los tribunales de la —entonces todavía— República Federal de Alemania, *«son inaplicables las disposiciones nacionales relativas a la subsanación de defectos de notificación, siempre y cuando el destinatario de la declaración no domine la lengua extranjera utilizada»*[880].

---

874 ATJUE Alta Realitat, apartado 78, con cita de la STJUE Weiss und Partner, apartados 64 y 73.

875 ATJUE Alta Realitat, apartado 78, con cita de la STJUE Leffler, apartado 52.

876 ATJUE Alta Realitat, apartado 82.

877 ATJUE Alta Realitat, apartado 87.

878 ATJUE Alta Realitat, apartado 77.

879 STJUE de 3 de julio de 1990, asunto C-305/88, Lancray/Peters und Sickert, EU:C:1990:275, apartados 27 a 31. Esta sentencia declaró que la subsanación era posible si el ordenamiento jurídico del Estado destinatario preveía esta posibilidad.

880 STJUE Lancray/Peters und Sickert, apartado 9.

Consecuentemente, la cuestión estriba en determinar si, la falta de cumplimiento de uno de los requisitos del artículo 27, apartado 2, del Convenio, referido a la regularidad de la notificación, puede ser subsanado en el estado requerido.

Por lo que atañe a la posibilidad de subsanar la notificación bajo jurisdicción alemana, el Tribunal de Justicia afirmó que esta cuestión era ajena al Convenio de Bruselas[881] y propia de los derechos internos. La realidad es que la respuesta del Tribunal no deja de ser poco práctica en el caso presentado, puesto que, aun existiendo la coyuntura, las notificaciones no se subsanaron: recordemos que *«son inaplicables las disposiciones nacionales relativas a la subsanación de defectos de notificación, siempre y cuando el destinatario de la declaración no domine la lengua extranjera utilizada»*[882].

Aun así, la postura del Tribunal se establece con una cierta claridad: *«el control de la regularidad de la notificación de la cédula de emplazamiento ha sido confiado tanto al Juez del Estado de origen como al del Estado requerido»*[883]. Las normas que determinan el procedimiento de notificación deben ser las propias del Estado de origen, *«incluyendo, dado el caso, los Convenios internacionales que sean aplicables en la materia»*[884]. Ello es así porque, tal como puso de manifiesto el Abogado General F. G. Jacobs, de dejarse la posibilidad de subsanar la notificación al ordenamiento del Estado requerido, *«cuando se solicita el reconocimiento o la ejecución en varios Estados contratantes, el resultado puede depender de las leyes internas de cada uno de los Estados afectados y la aplicación uniforme del apartado 2 del artículo 27 se vería comprometida»*[885]. Y, sin duda, este elemento propicia que se ponga de manifiesto *«la necesidad de que los responsables de la notificación de documentos judiciales en el extranjero observen estrictamente las normas aplicables»*[886]. Literalidad de la norma, una vez más.

No obstante, de la decisión del Tribunal de Justicia se puede colegir que, en aquellos ordenamientos jurídicos que permitan la subsanación del acto de notificación, ésta será posible, respetando en todo caso —una vez obtenida la regularidad de la comunicación— una antelación suficiente que permita el ejercicio del derecho de defensa. Este criterio coincide con el manifestado en la jurisprudencia *Pendy Plastic Products BV/Pluspunkt Handelsgesellschaft.* Esta resolución remarca que, *«aunque las disposiciones del convenio de Bruselas no armonizan los diferentes sistemas de notificación y traslado de los actos judiciales [...] están destinados a garantizar al demandado una*

881 Apartados 25 y 29.

882 Apartado 9.

883 Apartado 28.

884 Apartado 31.

885 Conclusiones del Abogado General F. G. Jacobs al asunto Lancray/Peters und Sickert, C-305/88, presentadas el 3 de mayo de 1990, apartado 21.

886 *Ibidem*, apartado 23.

protección efectiva de sus derechos», intimando al juez del Estado de origen a fiscalizar la regularidad del envío, y al juez del Estado requerido a examinar *«el control formal de la regularidad de la notificación de la demanda inicial»*[887].

De la jurisprudencia *Alta Realitat* y *Alpha Bank Cypus,* se infiere que los organismos emisores tienen la *«obligación inexcusable de proporcionar la información sobre el derecho a negarse a aceptar un documento»* y sobre *«la ampliación del plazo para ejercitar el derecho de negarse»*[888]:

> El organismo receptor o equivalente estaba «obligado en todos los supuestos» a procurar al destinatario la información a través del correspondiente formulario normalizado. [...] Respecto de las consecuencias que debían seguirse a la omisión de esta información, la solución del TJUE también fue inconcusa: la única lectura compatible con la rapidez y eficacia queridas en este contexto y con la salvaguarda del derecho de defensa del destinatario era que «debía caber la posibilidad de subsanar la omisión» mediante la entrega a aquél, a la mayor brevedad posible, del formulario que sería de continente a tal información[889].

4.6. Reconocimiento y ejecución de resoluciones judiciales en la nueva era de la digitalización: Una visión prospectiva

En varios puntos de este trabajo ya hemos expuesto que la digitalización de la justicia no se circunscribe a la administración española, sino que es un fenómeno que se despliega en toda la Unión Europea, y, de hecho, parece que el mundo entero se muestra encantado de la progresiva aparición de tecnologías que facilitan la vida cotidiana[890]. En diciembre de 2020, la Comisión Europea presentó una Comunicación en la que describía que en 13 de los Estados miembros ya se podían presentar pruebas a cualquier proceso judi-

887 STJUE de 15 de julio de 1982, Pendy Plastic Products BV/Pluspunkt Handelsgesellschaft, EU:C:1982:276, 228/81, apartado 13.

888 Marchal Escalona, N. (2022). «La digitalización de la notificación en el espacio judicial europeo», *op. cit.*, 396.

889 Aguilera Morales, M. (2022). «El Reglamento (UE) 2020/1784 sobre notificación y traslado transfronterizo de documentos: novedades e implicaciones internas», *op. cit.*, 78-79.

890 Así, en el caso de Inglaterra y Gales, Donoghue, J. (2017). «The rise of digital Justice: Courtroom technology, public participation and Access to Justice». *The Modern Law Review* 80 (6), 1000-1001 y 1004; en el caso de Rusia, Kamyshanskiy, V., Stepanov, D., Mukhina, I., y Kripakova, D. (2021). «Digital society, artificial intelligence and modern civil law: challenges and perspectives», *op. cit.*, 1017-1019; en Estados Unidos, China y Australia, Allsop, J. (2019). «Technology and the future of the Courts». *University of Queensland Law Journal*, 38 (1), 4-5; de nuevo en el caso de Estados Unidos, Rubim Borges Fortes, P. (2020). «Paths to digital justice: Judicial robots, algorithmic decision-making, and due process», *op. cit.*, 458-460, o también Kaminski, M. E., y Urban, J. M. (2021). «The right to contest AI». *Columbia Law Review*, 121, 7, 1961.

cial penal exclusivamente en formato digital, mientras que, en procesos civiles y mercantiles, se admitían pruebas digitales en 10 Estados miembros[891].

Lo cierto es que la inteligencia artificial es algo que resulta fascinante cuando le otorgamos el papel que hasta ahora venía desempeñando el ser humano. Ahora bien, hemos de reconocer que hace años que el ser humano le va cediendo pequeñas partes de su día a día, quizá no tan reconocibles porque, en ellas, la persona no utiliza activa y conscientemente la razón. Sin ir más lejos, el encendido automático de las luces en un vehículo era una actividad que, hasta hace unos años, desempeñaba el ser humano, haciendo uso de su criterio y decidiendo cuándo la iluminación exterior era escasa. Hoy en día, en cambio, es un cometido plenamente desempeñado por herramientas de inteligencia artificial que adoptan una decisión por el humano.

Como decíamos, la Unión Europea no es ajena a esta realidad y su ordenamiento jurídico de carácter procesal tampoco. En las limitadas áreas en las que el mismo se despliega podemos encontrar una decidida voluntad de incorporar a la administración de justicia mecanismos y sistemas digitales.

Esto induce a pensar que el panorama jurisprudencial tejido por el Tribunal de Justicia de la Unión Europea no variará sustancialmente en lo que respecta al reconocimiento y ejecución de resoluciones dictadas en un Estado miembro distinto, esto es, no parece que la jurisprudencia del Tribunal de Justicia de la Unión Europea vaya a apartarse de los criterios mantenidos hasta la actualidad. Los parámetros sobre notificación de documentos judiciales no tienen por qué cambiar[892], y por supuesto el problema se situará en la apreciación de si la notificación electrónica, con sus características particulares, está correctamente hecha, pero no en qué contenido debe asegurar para que el demandado puede ejercitar sus derechos.

En el campo de la prueba, la vulneración de las reglas probatorias no ha tenido ningún predicamento en la jurisprudencia de la Unión, porque, al tratarse de un elemento del proceso íntimamente conectado con el fondo del litigio, el recorrido de su impugnación siempre ha acabo terminando dentro de la esfera de decisión estatal en virtud de la prohibición de revisión del fondo[893]. Si además atendemos al concepto cualificado de quebranta-

---

891 Comisión Europea (2 de diciembre de 2022). *Comunicación de la Comisión al Parlamento Europeo, al Consejo, al Comité Económico y Social Europeo y al Comité de las Regiones. La digitalización de la justicia en la UE. Un abanico de oportunidades*, 5. Recuperado el 14 de mayo de 2024 de https://eur-lex.europa.eu/legal-content/ES/ALL/?uri=CELEX%3A52020DC0710

892 Como refiere Aguilera Morales, los presupuestos que facultan al destinatario a rehusar la notificación no han variado en el nuevo Reglamento 2020/1784 [Aguilera Morales, M. (2022). «El Reglamento (UE) 2020/1784 sobre notificación y traslado transfronterizo de documentos: novedades e implicaciones internas», *op. cit.*, 80].

893 Hazelhorst, M. (2017). *Free movement of civil judgements in the European Union and the right to a fair trial*, *op. cit.*, 77-78; Palau Font, T. (2023). «Garantías esenciales de la defensa a través de la jurisprudencia del Tribunal de Justicia de la Unión Europea sobre reconocimiento mutuo de resoluciones judiciales de los Estados miembros», *op. cit.*, 9.

miento del orden público que ha impuesto el Tribunal de Justicia —esto es, el menoscabo manifiesto y desmesurado[894]— una vulneración de las normas de valoración de la prueba con capacidad para fundar una denegación del reconocimiento y ejecución de resoluciones no debería ser sólo evidente sino incluso grosera. Sin embargo, a pesar de la aceptación de herramientas de inteligencia artificial que personifica el Reglamento de Inteligencia Artificial —aprobado en marzo de 2024 por el Parlamento Europeo[895] y que vio la luz el 13 de junio de 2024 con la denominación de Reglamento (UE) 2024/1689 del Parlamento Europeo y del Consejo por el que se establecen normas armonizadas en materia de inteligencia artificial[896]—, la utilización de algún algoritmo para valorar la prueba sí puede generar quebrantamientos de la defensa. El uso de mecanismos de valoración de prueba está en todo caso supeditado a que puedan ser *«vigilados de manera efectiva por personas físicas» durante su funcionamiento*[897]. Es más: El Reglamento 2016/679, anterior en el tiempo, ya dotaba a las personas del *derecho «a no ser objeto de una decisión basada únicamente en el tratamiento automatizado»*, y aunque establecía excepciones, lo hacía gravando al responsable del tratamiento de los datos de la salvaguarda de los derechos del interesado y garantizando a éste la intervención humana[898]. Aunque, como hemos expuesto en otros epígrafes de este trabajo, no se trata de una norma innovadora, la Ley Orgánica 5/2024, de 11 de noviembre, del Derecho de Defensa, actúa en coheren-

---

894 Palau Font, T. (2024). «Concepto de "menoscabo manifiesto" del derecho de defensa en el Espacio de Libertad, Seguridad y Justicia de la Unión Europea y comparación con el parámetro "protección manifiestamente deficiente" propio del Tribunal Europeo de Derechos Humanos». *Revista General de Derecho Europeo* 62, 31.

895 Resolución legislativa del Parlamento Europeo, de 13 de marzo de 2024, sobre la propuesta de Reglamento del Parlamento Europeo y del Consejo por el que se establecen normas armonizadas en materia de inteligencia artificial (Ley de Inteligencia Artificial) y se modifican determinados actos legislativos de la Unión. Recuperado el 27 de mayo de 2024 de https://www.europarl.europa.eu/doceo/document/TA-9-2024-03-13_ES.html#sdocta2

896 DO L, 2024/1689, de 12 de julio de 2024. ELI: http://data.europa.eu/eli/reg/2024/1689/oj

897 Así lo expresa el artículo 14, en consonancia con la exposición de motivos del Reglamento, que patentiza la conveniencia de que la supervisión humana prevenga *«los riesgos para la salud, la seguridad o los derechos fundamentales»*.

898 *«1. Todo interesado tendrá derecho a no ser objeto de una decisión basada únicamente en el tratamiento automatizado, incluida la elaboración de perfiles, que produzca efectos jurídicos en él o le afecte significativamente de modo similar. 2.El apartado 1 no se aplicará si la decisión: a) es necesaria para la celebración o la ejecución de un contrato entre el interesado y un responsable del tratamiento; b) está autorizada por el Derecho de la Unión o de los Estados miembros que se aplique al responsable del tratamiento y que establezca asimismo medidas adecuadas para salvaguardar los derechos y libertades y los intereses legítimos del interesado, o c) se basa en el consentimiento explícito del interesado. 3.En los casos a que se refiere el apartado 2, letras a) y c), el responsable del tratamiento adoptará las medidas adecuadas para salvaguardar los derechos y libertades y los intereses legítimos del interesado, como mínimo el derecho a obtener intervención humana por parte del responsable, a expresar su punto de vista y a impugnar la decisión»*.

cia y declara que *«las personas tienen derecho a conocer con transparencia los criterios de inteligencia artificial empleados por las plataformas digitales».* Declaración tímida y que malogra las posibilidades que ofrecería una norma de este tipo, eso sí.

Hablando de valoración de prueba y con los antecedentes que hemos expuesto en este trabajo, es forzoso analizar el terreno de la inmediación y el orden público procesal, y, por consiguiente, atender al acogimiento de la videoconferencia que hace el Reglamento 2023/2844 sobre la digitalización de la cooperación judicial y del acceso a la justicia en los asuntos transfronterizos civiles, mercantiles y penales. Este abrazo de la videoconferencia —y su cotejo con la doctrina emanada del Tribunal Europeo de Derechos Humanos— conduce a no esperar que estos «sucedáneos» de la inmediación judicial vayan a comportar un obstáculo de orden público procesal al reconocimiento de resoluciones judiciales en un Estado miembro distinto al de su dictado[899]. La misma Comisión lo *fomenta «cuando resulte posible, los Estados miembros deben recurrir al uso de la videoconferencia»*[900], sin dejar de recordarnos el inexcusable deber de respetar *«el derecho a asistir al juicio, a comunicarse de forma confidencial con el abogado, a interrogar a los testigos y a impugnar pruebas»*[901].

Es verdad que existe una sensibilidad en el ámbito de la Unión por la tutela de los desfavorecidos y digitalización de la justicia. En este sentido, la Comisión declara:

> En los procesos penales que se desarrollen en un entorno digital, deben tomarse medidas para evitar interferencias con los derechos de la defensa, incluido el derecho a la asistencia de letrado y el derecho a examinar las pruebas materiales. Del mismo modo, en procesos civiles, debe garantizarse la igualdad de armas[902].

---

899 Comisión Europea (1 de diciembre de 2021). *Propuesta de Reglamento del Parlamento Europeo y del Consejo sobre la digitalización de la cooperación judicial y del acceso a la justicia en los asuntos transfronterizos civiles, mercantiles y penales, y por el que se modifican determinados actos legislativos en el ámbito de la cooperación judicial*. Recuperado el 14 de octubre de 2023 de https://eur-lex.europa.eu/legal-content/ES/TXT/?uri=CELEX%3A52021PC0759 *Vide* también Consejo de la Unión Europea. (28 de junio de 2023). *Justicia digital: el Consejo y el Parlamento Europeo llegan a un acuerdo sobre las propuestas relativas a la digitalización de la cooperación judicial y el acceso de los ciudadanos a la justicia*. Recuperado el 27 de octubre de 2023 de https://www.consilium.europa.eu/es/press/press-releases/2023/06/28/digital-justice-council-and-european-parliament-conclude-deal-on-proposals-on-digitalisation-of-judicial-cooperation-and-citizens-access-to-justice/

900 Comisión Europea (2 de diciembre de 2022). *Comunicación de la Comisión al Parlamento Europeo, al Consejo, al Comité Económico y Social Europeo y al Comité de las Regiones. La digitalización de la justicia en la UE. Un abanico de oportunidades*, cit., 15.

901 *Idem*.

902 Comisión Europea (2 de diciembre de 2022). *Comunicación de la Comisión al Parlamento Europeo, al Consejo, al Comité Económico y Social Europeo y al Comité de las Regiones. La digitalización de la justicia en la UE. Un abanico de oportunidades*, cit., 7 y 12.

Lo cierto es que no concreta en qué está pensando, pero es un consuelo pensar que los riesgos no son sólo percibidos por los inmediatos operadores jurídicos. Tal como anunciábamos hace poco y desarrolla la Abogada General Medina al asunto *FP y otros (Procès par visioconférence)*[903], el Tribunal Europeo de Derechos Humanos ya ha sentado su criterio al respecto de la utilización de la videoconferencia, eso sí, en el proceso penal. En el caso informado, la cuestión prejudicial versa sobre si la Directiva 2016/343 de 9 de marzo de 2016, por la que se refuerzan en el proceso penal determinados aspectos de la presunción de inocencia y el derecho a estar presente en el juicio[904], que establece el derecho de los acusados a estar presentes en el juicio es contraria a la decisión de un órgano jurisdiccional *«mediante la que se admite que un acusado comparezca en el juicio por videoconferencia»*[905]. Sabemos que, para el TEDH, la videoconferencia no es, en sí misma considerada, contraria al derecho de defensa, ni tampoco a la publicidad del juicio —aunque las garantías de la defensa deben respetarse en todo caso, como recuerda la Abogada General[906]—. A su vez, la Unión no obliga a utilizar la videoconferencia —no existe armonización—, y a pesar de que la fomenta, la realidad es que el artículo 8 de la Directiva *«se limita a establecer y delimitar el derecho de los sospechosos y acusados a estar presentes en el juicio»*[907], aun cuando no puede perderse de vista que el objetivo de la misma no es otro que erigir *«normas mínimas comunes relativas al derecho a estar presente en el juicio»* que posibiliten *«reforzar en el proceso penal el derecho a un juicio justo»*[908]. Consecuentemente, en opinión de la Abogada General, el Derecho de la Unión no debe inmiscuirse en la decisión del órgano jurisdiccional doméstico, entendiendo que el ordenamiento jurídico búlgaro *«establece la obligatoriedad de estar presente físicamente en el caso de los delitos tipificados como graves»*[909]. Con estos mimbres, puede preverse que, en caso de que un ordenamiento estatal imponga la presencia por videoconferencia y salvaguarde los derechos de la defensa —que desde luego parece que no incluyen la presencia física en todos y cada uno de los supuestos y jurisdicciones—, el Derecho de la Unión no lo censurará.

El Tribunal de Justicia ha resuelto de manera paralela a la opinión de la Abogada General. Ha partido del hecho de que la Directiva 2016/343 *«tiene como objeto establecer normas mínimas comunes relativas a determinados*

903 Conclusiones de la Abogada General Medina de 18 de abril de 2024 al asunto FP y otros (Procès par visioconférence), C-760/22, EU:C:2024:328.

904 DO L 2016/65, pág. 1.

905 Apartado 2.

906 Apartado 49.

907 Apartado 56.

908 Apartado 64.

909 Apartado 70.

aspectos de la presunción de inocencia en el proceso penal y al derecho de los sospechosos y acusados a estar presentes en el juicio», y, por el contrario, su propósito no es el de *«llevar a cabo una armonización exhaustiva del proceso penal»*[910]. Continúa razonando que, dado que la Directiva *«no regula la cuestión de si los Estados miembros pueden disponer que el encausado pueda, a petición expresa, participar en las vistas del juicio penal por videoconferencia»,* sería competencia de los Derechos domésticos establecer las reglas en este campo[911]. No viéndose afectada la primacía en su sentido más «literal» —enseguida se verá por qué utilizamos este adjetivo—, la solución a la diatriba vendría dada por el respeto al derecho de defensa y, claro está, a la Carta de los Derechos Fundamentales de la Unión Europea —que, reconozcámoslo, es otra expresión de la primacía, en realidad—:

> Cuando los Estados miembros permiten al acusado ejercer el derecho a estar presente en el juicio a distancia, las normas que establecen no pueden menoscabar la finalidad de la Directiva 2016/343, recordada en el apartado 23 de la presente sentencia, de reforzar el derecho a un juicio justo en los procesos penales. Asimismo, estas normas deben respetar los derechos fundamentales y los principios reconocidos por la Carta y por el CEDH, incluidos el derecho a un juicio justo, la presunción de inocencia y el derecho de defensa. A este respecto, el Tribunal Europeo de Derechos Humanos ha declarado que la participación en el proceso por videoconferencia no es, en sí misma, incompatible con el concepto de juicio justo y público, pero que es preciso asegurarse de que el justiciable puede seguir el proceso y ser oído sin obstáculos técnicos y comunicarse de manera efectiva y confidencial con su abogado. [...] Por consiguiente, procede responder a la cuestión prejudicial planteada que el artículo 8, apartado 1, de la Directiva 2016/343 debe interpretarse en el sentido de que no se opone a que un encausado pueda, por su expreso deseo, participar en las vistas del juicio mediante videoconferencia, debiendo, por lo demás, garantizarse el derecho a un juicio justo[912].

Decíamos que, al albur del ordenamiento de la Unión, puede preverse que, en caso de que un ordenamiento estatal imponga la presencia por videoconferencia y salvaguarde los derechos de la defensa —que desde luego parece que no incluyen la presencia física en todos y cada uno de los supuestos y jurisdicciones—, el Derecho de la Unión no lo censurará. Al respecto, me queda la duda de si, atendiendo a la doctrina del Tribunal Europeo de Derechos Humanos, el Tribunal de Justicia considerará que deben existir razones que legitimen la restricción de la presencia física del acusado o si, por el contrario, estimará que el uso generalizado —generalizado, insistimos— de la

---

910 STSJ de 4 de julio de 2024, FP y otros (Procès par visioconférence), C-760/22, EU:C:2024:574, apartado 27.

911 STSJ FP y otros (Procès par visioconférence), apartado 28.

912 STSJ de 4 de julio de 2024, FP y otros (Procès par visioconférence), C-760/22, EU:C:2024:574.

«videoconferencia con salvaguarda de los derechos de la defensa» no constituye restricción alguna del derecho fundamental. Esta duda tiene especial sentido en el ámbito penal, al abrigo del contenido del artículo 6, apartado 3, del CEDH, y pivota sobre el hecho de que, aun admitiendo la habilidad de la videoconferencia para respetar los derechos de la defensa, su aplicación ha sido contemplada hasta ahora como excepcional.

Espacio aparte merece la motivación de las decisiones judiciales, que no sólo incide en el conocimiento de la resolución sino también en las posibilidades de recurso, aspecto en el cual la jurisprudencia europea se ha fijado porque precisamente este atributo es el que permitirá o no a la parte agotar las vías de recurso domésticas[913] —y, por ende, cercenar las posibilidades de que la parte demandada o ejecutada obtenga una denegación del reconocimiento o la ejecución—. Hemos visto que, en el asunto *Trade Agency,* el Tribunal de Justicia convalidó una resolución británica que ni siquiera examinó el fondo del asunto sobre la única base de la incomparecencia del demandado. Apoyaba su razonamiento sobre el principio de contradicción, que se habría respetado toda vez que fue el demandado quien contumazmente decidió no comparecer. Aun así, desde la perspectiva del principio de legalidad el argumento no puede sostenerse, pues —al ni siquiera revisar los hechos constitutivos de la pretensión— podría estarse otorgando una tutela infundada. Cierto es que en este supuesto se permitiría el acceso al recurso en condiciones de discutir perfectamente la resolución de instancia —pues el órgano jurisdiccional se habría limitado a convalidar o «reenviar» los hechos y la fundamentación contenidos en la demanda—. Por ello, aunque es difícil anticipar la postura del TJUE en el caso de valoraciones de prueba y motivaciones elaboradas mediante sistemas de inteligencia artificial cuando las mismas hayan sido visadas por un humano, tampoco es descartable que, en supuestos singulares, existan quebrantamientos del derecho de defensa. De hecho, la propia Comisión ha advertido de que *«el uso de aplicaciones de inteligencia artificial no debe ser óbice para que ningún organismo público explique sus resoluciones»,* y realmente censura el uso de estas tecnologías por los órganos jurisdiccionales si no son capaces de comprender cómo funcionan y, singularmente, de transmitir al justiciable cómo han coadyubado a fundamentar su decisión[914].

Este parecer de la Comisión se encuadra en una reflexión más profunda, que empieza por entender que *«el proceso de digitalización debe tener en cuenta todas las necesidades de los grupos desfavorecidos»,* como expresa-

913 Palau Font, T. (2023). «Garantías esenciales de la defensa a través de la jurisprudencia del Tribunal de Justicia de la Unión Europea sobre reconocimiento mutuo de resoluciones judiciales de los Estados miembros», *op. cit.*, 27-29.

914 Comisión Europea (2 de diciembre de 2022). *Comunicación de la Comisión al Parlamento Europeo, al Consejo, al Comité Económico y Social Europeo y al Comité de las Regiones. La digitalización de la justicia en la UE. Un abanico de oportunidades*, cit., 12.

mente ejemplifica en niños y personas mayores. Aunque no precisa en qué sentido, la Comisión enlaza este criterio con la garantía del juez imparcial, quizá repudiando el abuso de sistemas de *machine learning*[915], como cabe inferir de su posterior afirmación de que *«el potencial de opacidad o sesgo inherente a algunas aplicaciones de inteligencia artificial puede plantear riesgos y desafíos para el respeto de los derechos fundamentales»*[916]. Tal como apuntábamos unas líneas más arriba, la intervención humana es estratégica para el Derecho de la Unión: *«la toma de decisiones definitivas debe seguir siendo una actividad llevada a cabo por seres humanos»*[917]. En la Comunicación a la que estamos haciendo referencia, la misma Comisión sostiene que *«el uso de herramientas de inteligencia artificial puede servir de apoyo, pero no interferir con el poder de decisión de los jueces o su independencia judicial»*[918].

El Reglamento de Inteligencia Artificial de 13 de junio de 2024[919] declara, en el apartado 8 de su Anexo III, que serán sistemas de IA de alto riesgo[920] aquéllos que sean directa o indirectamente utilizados por una autoridad judicial *«en la investigación o interpretación de hechos y de la ley»*, y *«en la aplicación de la ley a un conjunto concreto de hechos»*. El mismo tratamiento tiene el uso de la IA en sistemas alternativos —no judiciales— de resolución de conflictos. Dada esta calificación como de «alto riesgo», les será de aplicación el artículo 14 del Reglamento, el cual supedita su uso a que puedan ser *«vigilados de manera efectiva por personas físicas» durante su funcionamiento*[921].

La intervención humana también es vital para el Tribunal de Justicia de la Unión, como puede verse en la sentencia *Ligue des droits humans*. Esta resolución analiza la aplicación de la Directiva 2016/681 2016, relativa a la utilización de datos del registro de nombres de los pasajeros (PNR) para la

---

915 *Ibidem*, 7.

916 *Ibidem*, 11 y 12.

917 *Ibidem*, 12.

918 *Ibidem*, 11. En el mismo lugar, se dice que este papel auxiliar es encarnado por *«la anonimización de las resoluciones judiciales, la conversión y transcripción de audio a texto por reconocimiento de voz, la traducción automática, los robots conversacionales que facilitan el acceso a la justicia y la automatización robótica de procesos»*.

919 Reglamento (UE) 2024/1689 del Parlamento Europeo y del Consejo de 13 de junio de 2024 por el que se establecen normas armonizadas en materia de inteligencia artificial. DO L, 2024/1689, de 12 de julio de 2024. ELI: http://data.europa.eu/eli/reg/2024/1689/oj

920 El artículo 6, apartado 3, del Reglamento definí como sistemas de IA de alto riesgo aquéllos susceptibles de causar un daño *«importante»* a la salud, a la seguridad o a los derechos fundamentales de las personas físicas, sobre todo si tienen la capacidad de *«influir sustancialmente en el resultado de la toma de decisiones»*.

921 El artículo 14, en consonancia con la exposición de motivos del Reglamento, patentiza la conveniencia de que la supervisión humana prevenga *«los riesgos para la salud, la seguridad o los derechos fundamentales»*.

prevención, detección, investigación y enjuiciamiento de los delitos de terrorismo[922], que prevé el tratamiento de datos de los pasajeros con arreglo a *«criterios predeterminados»* con el propósito de identificar personas que pudieran estar implicadas en un delito de terrorismo o delito grave[923]. La noción de criterio predeterminado se contrapone a la de aleatoriedad y, por extensión, a la de arbitrariedad. Subsiguientemente, el TJUE establece que tal requisito se compadece mal con la falta de control que el propio tribunal asocia a las inteligencias artificiales con capacidad de aprendizaje, a las que tilda de opacas[924]:

> Se opone a la utilización de las tecnologías de inteligencia artificial en el marco de sistemas de autoaprendizaje (machine learning), que puedan alterar, sin intervención y sin control humanos, el proceso de evaluación y, en particular, los criterios de evaluación en los que se basa el resultado de la aplicación del proceso, así como la ponderación de dichos criterios[925].

En efecto, *«puede resultar imposible comprender la razón por la cual un determinado programa ha alcanzado una concordancia positiva»,* pronosticando la posibilidad de que llegue a menoscabarse el derecho a la tutela judicial efectiva de los afectados por dicha ignorancia[926]. Es evidente que, en casos de valoración de prueba o motivación en los que la intervención del juzgador no esté clara o en los que el uso de algoritmos no haya sido justificado en cuanto a su extensión, el reconocimiento y la ejecución de resoluciones puede ser excepcionada por quebrantamiento del derecho de defensa: una cosa es la prohibición de revisión del fondo del asunto, pero otra distinta es el examen del respeto de las garantías procesales, que no está vedado por el Derecho la Unión[927].

922 STJUE de 21 de junio de 2022, Ligue des droits humans, C-817/19, EU:C:2022:491.

923 Apartado 193.

924 Apartado 195.

925 Apartado 194.

926 Apartado 195.

927 Palau Font, T. (2024). «Concepto de "menoscabo manifiesto" del derecho de defensa en el Espacio de Libertad, Seguridad y Justicia de la Unión Europea y comparación con el parámetro "protección manifiestamente deficiente" propio del Tribunal Europeo de Derechos Humanos», *op. cit.*, 41-49.

5

CONCLUSIONES

Los avances en la digitalización de los procesos españoles y transfronterizos persiguen un meridiano propósito agilizador de los procedimientos. Por otra parte, también buscan facilitar el acceso a la Administración de justicia a los intervinientes en ellos. No podemos negar que la presencialidad exige desplazamientos que la comunicación telemática obvia. Tampoco podemos cuestionar que el acceso a expedientes digitalizados facilita la labor de los profesionales. Y, sin duda, las reformas de 2023 en España y en la Unión Europea pivotan sobre dos pilares como son las comunicaciones y la accesibilidad, lo cual ha sido generalmente aplaudido.

La digitalización no modifica la naturaleza de las cosas sino el modo como se exteriorizan o, en nuestro caso, la manera como se introducen en el proceso. El negocio jurídico precisará de consentimiento, causa y objeto; precisará del concurso de oferta y aceptación, aunque éstas se pongan de manifiesto mediante correos electrónicos cruzados o a través de una firma digital. Al menos por el momento, la digitalización de la sociedad no ha mutado los fundamentos del Derecho clásico.

Otro tanto ocurre con el proceso. Para hacer prueba, un documento debe cumplir determinados requisitos como el de la literosuficiencia, y de ser así, hará prueba sobre su autor, la fecha de elaboración y el estado de las cosas que documente. Nada de esto se ha visto alterado.

Lo que sí se ve alterado, como decíamos, es el modo como estas realidades se ponen de manifiesto en el procedimiento en una triple dimensión: el almacenamiento digital (y correlativo abandono del papel), la comunicación entre tribunales y agentes jurídicos, y en tercer lugar, proyectándose sobre los dos primeros aspectos, la autenticidad de todo lo digitalizado.

En consecuencia, podemos afirmar que la digitalización ha sido recibida con entusiasmo ante el endémico colapso de la Administración de Justicia.

Ahora bien, esta misma digitalización genera recelos cuando se entromete en el terreno del derecho de defensa.

En esta concreta parcela, las medidas españolas y europeas de digitalización de la Justicia han centrado la atención de los estudiosos por cuanto abrazan decididamente la videoconferencia como sistema de personación ante el Juzgado. Si el propósito de la digitalización es la eficiencia, debe explicarse mejor en qué ayuda a los órganos jurisdiccionales que un juicio se celebre por videoconferencia. Ayudará a las partes que deban desplazarse, pero no al órgano judicial. Sin duda tendrá una gran utilidad en supuestos de cooperación transfronteriza y, en general, en supuestos de distanciamiento entre intervinientes y sedes judiciales, pero la declaración de preeminencia de la videoconferencia suscita también importantes dudas en el campo de la valoración probatoria y la inmediación necesaria para la misma.

Para los operadores jurídicos, un primer problema de todo ello es que llevamos siglos acudiendo a la Administración de Justicia presencialmente y ahora, este cambio nos chirría. Los abogados conocemos el temor que genera en muchos declarantes la personación en una sala de vistas, y contamos con ello a la hora de preparar los interrogatorios. No tengo ninguna duda de que este efecto se difumina a través de una pantalla, de la misma manera que el temor se apacigua cuando se declara sentado en lugar de hacerlo de pie.

Un segundo problema es que en las normas rituarias no aparece totalmente definido qué es lo que se pretende con la inmediación. El contacto directo entre el órgano judicial y la prueba busca que no existan intermediarios en la observación de la verdad material, si bien nadie nunca ha explicitado qué herramientas puede poner en juego el juzgador en la observación de la prueba. No es descabellado que el juez pueda probar un vino o acariciar un tejido en pleitos sobre propiedad industrial. Probablemente éste es un campo tan complejo que las normas rituarias se limitan sólo a transitar con declaraciones generales como la sana crítica y las reglas de la lógica y la razón. Algunos dirán que poco más pueden hacer, pero yo discreparía de ellos. Así, si las reglas de la lógica responden a la lógica clásica, por qué no añadir a la norma procesal que la prueba se construirá sobre premisas verdaderas. Esta apelación a las reglas de la lógica, entendidas desde la óptica del diccionario y no desde la de la filosofía del Derecho, nos remite a la producción de resultados esperados. Si bebo agua envenenada, lo lógico o esperable es que enferme. Si el veneno sólo es capaz de dañar cuando se administra en una determinada dosis, la conclusión anterior será válida, pero ya no es verdadera.

Dicho esto, a pesar de que reconozco no ser ningún entusiasta del empleo de la videoconferencia como método general de declaración, debo admitir que, a la luz de la actual interpretación del principio de inmediación, el uso de la videoconferencia no genera *per se* indefensión. No la genera entendiendo que la comunicación pueda ser satisfactoria y permita la plena operatividad de los sentidos de la vista y el oído (convendremos que los demás sentidos, en general y salvo contadas excepciones, poco tienen que aportar en la valoración probatoria). Atendiendo sobre todo a la doctrina del Tribunal Europeo de Derecho Humanos, cuesta entender que, en las condiciones acabadas de exponer, un juez tozudo que decida celebrar una vista por videoconferencia está causando indefensión a las partes. Cierto es que tanto el Tribunal Constitucional como el Tribunal Supremo han hecho de algún modo referencia al lenguaje paraverbal como elemento a ponderar en la valoración de prueba (el campo propio de la llamada psicología del testimonio), pero este lenguaje puede ser apreciado a través de una pantalla de tamaño suficiente como para ver al declarante de cuerpo entero y que emita la imagen con una definición alta. En circunstancias satisfactorias, pues, no puede decirse que la videoconferencia cause indefensión, lo que sí ocurrirá cuando la imagen esté degradada o sólo sea posible percibir el busto del declarante.

Otra cosa es el control que las partes y, claro está, el propio juzgador, tengan de lo que ocurre al otro lado de la pantalla. Circunstancias como la espontaneidad del declarante (su intervención sin valerse de apoyos externos) y la prevención de la contaminación de la declaración (comunicación con otras personas) deben poder ser preservadas.

Desde luego, opino que, si la videoconferencia debe ser la regla general, es absolutamente necesario repensar el alcance del principio de inmediación. En el curso de este trabajo hemos visto que el Tribunal Europeo de Derechos Humanos define el principio como presencia judicial en la prueba, pero no dice cuáles son las condiciones que debe cumplir dicha presencia. Con todo, la jurisprudencia generada al efecto lo ha sido en un contexto en el que la presencia virtual no estaba en el debate... y el debate actual no es si es más cómodo o práctico o si se puede recurrir a la presencia virtual, sino si la presencia virtual pone en peligro el derecho de defensa aun cuando las condiciones de transmisión de la imagen y el sonido sean idóneas. Si el lenguaje paraverbal no es relevante, si la observación minuciosa y cercana del declarante no tiene importancia, es necesario decirlo y, además, debería el legislador estipular cuáles son los criterios que tiene que ponderar el juzgador en la valoración de la prueba personal. Es más: en el contexto actual, en el que los juzgadores parecen observar el lenguaje paraverbal de los declarantes (aunque cada vez menos se aprecian referencias al mismo en las resoluciones judiciales), el hecho de que algunos puedan intervenir en la vista pantalla mediante y otros mediante su presencia física, puede llegar a generar un desequilibrio y un quebrantamiento del principio de igualdad de armas.

Quienes aplauden la generalización de la videoconferencia coincidirán con la corriente de pensamiento que aboga por la eliminación de los factores paraverbales en la valoración de la prueba personal, de manera que, si sólo se atendiera al mensaje oral, el hecho de que éste se produjera presencialmente o con una pantalla de por medio sería irrelevante. Aunque ello es atinado y podría tener encaje en la configuración actual del derecho de defensa tanto en el ámbito español como europeo, es posible complementar estas propuestas con la observación del lenguaje no verbal, siempre que este reconocimiento no sea fruto de la intuición o de apreciaciones sesgadas o prejudiciales, sino de un conocimiento previo de la psicología del testimonio y de una reflexión ponderada. Es decir, contextualización, coherencia y corroboración periférica son indicativos perfectamente válidos y útiles para valorar una prueba personal (quizá no tanto la sobriedad o templanza del declarante, al menos no de quien no está acostumbrado a los estrados); ahora bien, ello no se contradice con la observación del declarante. Desde luego, ya hemos dicho que la valoración exclusivamente del mensaje verbal tampoco ofrece garantías incontestables de la veracidad de la declaración, como tampoco lo hace el lenguaje paraverbal. Consecuentemente, ¿por qué vamos a descartar que un juzgador formado en la psicología del testimonio renuncie a la aplicación del método de lectura metalingüística? Las apelaciones legales a la valoración de la prueba ni prevén ni excluyen la observación del lenguaje paraverbal; esta realidad es incontestable. A decir verdad, más bien la prevén, puesto que el paraguas de la sana crítica, que cubre las reglas de la razón y la lógica, no es extraño a que, si los elementos paralingüísticos son indicativos de un entendimiento razonable o lógico, sean perfectamente utilizables.

Evidentemente, lo que —supongo— la mayoría de los operadores jurídicos detestamos es la expresión genérica de valoración de prueba, las apelaciones a la valoración conjunta o las referencias a la sana crítica sin mayores consideraciones, pero esto incide en el campo de la motivación, no propiamente en el de la apreciación probatoria. Si nos encontramos en un campo como el de la valoración libre de la prueba, desgraciadamente es irremediable que permanezca un pequeño resquicio de subjetividad, aunque lo que no es aceptable —y se ve con más frecuencia de lo deseado— es que toda la justificación de una decisión se fíe a una suerte de inspiración mágica como es la sana crítica sin desglosar de qué se compone ésta.

En el mismo orden de cosas, si la sana crítica debe estar desprovista de cualquier sesgo, las normas procesales no deberían permitir que las motivaciones de las resoluciones judiciales se circunscriban a la siempre muy difícil de fiscalizar «valoración conjunta de la prueba», o a declaraciones como las de «este juzgador no alberga ninguna duda» sin mayores precisiones. Si la sana crítica debe estar desprovista de cualquier sesgo, por qué no exigir que las motivaciones se construyan puramente sobre silogismos. Quizá las resoluciones costarían más de redactar (aunque a fuerza de hacerlo así día tras día, dudo que esto fuera siempre así), pero la calidad y la transparencia sería inconmensurable.

En definitiva, inmediación es —debería ser— ver si alguien titubea, pero también es valorar que titubea porque la sala de vistas está a 26 grados y lleva treinta minutos de pie. Inmediación es permitir al abogado que explore al testigo en condiciones desfavorables para este último, y evidentemente saber valorar a qué puede responder su acaloramiento. Otra cosa es dejar la averiguación de la verdad en un plano más formal que material.

Y es en este punto, a propósito de la subjetividad, que hay quien propugna la mecanización de las reglas de juicio, defendiendo que los elementos de valoración solamente verbal posibilitan la creación de algoritmos que eviten la aplicación de heurísticas judiciales, y, por extensión, destierren los sesgos y los prejuicios. Pero algo así topa con la encarnación de la soberanía popular, que residencia el poder en la persona humana que enjuicia y que la obliga a estar en el vértice de la pirámide decisoria. Socialmente, la aceptación de la máquina es relativa y no absoluta, como auxilio y no como líder, por fortuna.

La inmediación se enfrenta, como decíamos, a una redefinición, pues a buen seguro se generarán debates sobre la importancia de la comunicación bidireccional y la salvaguarda de las garantías de la defensa: el juzgador, en la nueva formulación de la Ley de Enjuiciamiento Civil, goza de demasiada discrecionalidad para entender que una videoconferencia cumple con los principios de contradicción e igualdad de armas, y ello supondrá una fuente de conflictos cuando las partes discrepen de dicha suficiencia o satisfacción. Quizá podría ayudar a completar este panorama legislativo la futura Ley del derecho de defensa, aunque por el momento la propuesta existente no lo hace.

Es evidente que la Unión Europea también se muestra proclive a la generalización mencionada, y si a ello añadimos la inspiradora luz de la jurisprudencia del Tribunal Europeo de Derechos Humanos, el uso de la videoconferencia no parece que haya de impedir el reconocimiento y la ejecución de resoluciones judiciales en el Espacio de Libertad, Seguridad y Justicia.

El Reglamento 2023/2844 sobre la digitalización de la cooperación judicial y del acceso a la justicia en los asuntos transfronterizos civiles, mercantiles y penales, se abre a la videoconferencia —como antes lo había hecho el Reglamento 2020/1783 en el ámbito de la obtención de pruebas en materia civil o mercantil—, pero no la impone y, sintomáticamente, la supedita a la conformidad dc las partes

En la jurisdicción civil, las partes deben poder expresar su parecer sobre el uso de la videoconferencia y, cumulativamente, esta tecnología debe ser idónea en las circunstancias del caso. En mi opinión, de conformidad con la legislación de la Unión, el juez contará con un poder de apreciación tan amplio como el que le otorga la legislación doméstica.

En el ámbito jurisdiccional penal, el imputado o acusado debe directamente prestar su consentimiento, salvo en aquellos casos en que existan razones de seguridad o salud pública que aconsejen la restricción del derecho. Dicho esto, no existen muchas más pistas que nos permitan delimitar la idoneidad o, cuando menos, la tolerabilidad de la videoconferencia. Entre estas claves, destacan la situación de discapacidad de los declarantes, la minoría de edad y la capacidad de comprensión o interacción con la tecnología, ya sea por razones de edad o de formación (al respecto de este último punto, es algo que -incomprensiblemente- no está expresamente reconocido en el Reglamento pero que puede inferirse de la Propuesta previa de la Comisión).

Así las cosas, excluidas eventualidades como la peligrosidad y la vulnerabilidad, a priori parece que no queda demasiado margen para defender la celebración presencial de las vistas. Desde luego, si la comunicación bidireccional es buena, las remisiones del Tribunal de Justicia de la Unión Europea a la doctrina del Tribunal Europeo de Derechos Humanos no van a posibilitar una interpretación más proclive a la presencialidad, como hemos podido ver con ejemplos como el del caso en *Viola v. Italia o de Sakhnovskiy v. Rusia.*

Aun así, existen regulaciones domésticas como las relativas a la incomunicación de declarantes o al auxilio de notas escritas que pueden encajar perfectamente en las excepciones previstas en el Reglamento.

La cuestión es que es el propio Reglamento quien faculta a los órganos judiciales a interpretar la idoneidad de la videoconferencia, y si bien no se remite al Derecho estatal, sólo impone que la denegación se funde en las circunstancias del caso concreto. Considero que la aplicación a éste de las normas de la Ley de Enjuiciamiento Civil sobre incomunicación de declarantes y auxilio de notas escritas es perfectamente compatible y, en principio, no supone un estándar más elevado que el fijado por el Derecho de la Unión, por dos motivos. El primero de ellos es que, si hay más de un declarante, la denegación de la sustanciación por videoconferencia no causa ningún tipo de indefensión —al menos, no se me ocurre qué indefensión puede causar—, de manera que el derecho de defensa no se vería violentado. Causará molestias en caso de que el declarante deba desplazarse, pero indefensión, no. La segunda de las razones la encontramos en que es el propio derecho de la Unión quien permite la interpretación armónica con los Derechos estatales, no suponiendo ningún caso de antinomia. Queda, por ello, en manos del juez un apreciable poder discrecional.

Ahora bien, si por ejemplo el declarante es uno solo, la denegación de la videoconferencia puede ser contraria al Reglamento, aunque sin consecuencias para la defensa.

No sé si debe transitarse el camino hacia una digitalización más profusa, si bien sí puedo entender que la inmediación se planta ante una disyuntiva: o bien corre riesgo de ser atemperada en procesos de pequeña cuantía o de poca relevancia material, o bien su posible redefinición ayudará a clarificar conceptos insatisfactorios como la sana crítica, la valoración conjunta de la prueba, o una lógica muchas veces sustentada en premisas válidas, pero no necesariamente verdaderas.

Por lo que respecta a los medios probatorios de carácter no personal, las nuevas tendencias digitalizadoras no han aportado nada nuevo al debate que ya por sí mismos generaban estos medios probatorios. El documento electrónico o los medios de archivo de datos, imagen y sonido siempre han generado discusión, tanto por su modo de aportación al proceso, cuanto por la determinación de su autenticidad. Adicionalmente, esta discusión se aposentó también en el ámbito de los recursos extraordinarios que permiten la revisión de determinadas pruebas. Así, en el ámbito penal llegaron a tener la consideración —en sentido amplio— de prueba documental, mientras que no lo han logrado en el ámbito jurisdiccional social.

Es decir, que el debate fundamentalmente partía de la pregunta relativa a si la plasmación de datos archivados en una memoria autónoma o en un ordenador personal en un documento, o la transcripción de documentos de sonido, convierte al medio de prueba en documental; y, en segundo término, si esta prueba transformada en documental podía considerarse como una documental ordinaria en el escenario de los recursos extraordinarios. Si nos fijamos en el artículo 382 de la LEC, se dice que al proponer la reproducción *«de palabras, imágenes y sonidos captados mediante instrumentos de filmación, grabación y otros semejantes»,* deberá acompañarse *«transcripción escrita de las palabras contenidas en el soporte de que se trate y que resulten relevantes para el caso».* No hace lo mismo el artículo 384 con los *«instrumentos que permitan archivar, conocer o reproducir datos relevantes para el proceso».* Es notorio que, en los procesos jurisdiccionales, correos electrónicos y mensajes de cualquier aplicación de las múltiples que utilizamos en la actualidad, son habitualmente presentados en formato papel, dado que de este modo se simplifica el procedimiento que, en sí, debería ser doble: revisemos el artículo 382 y su disposición sobre traslación al papel *«de las palabras contenidas en el soporte».* Por otra parte, correos electrónicos y mensajes instantáneos impresos no adolecen de las características de la prueba documental, sobre todo porque las normas rituarias tampoco definen estrictamente qué es un documento: quizá porque en el momento en que se promulgaron era algo obvio, habiéndose en todo caso de recurrir simplemente al diccionario para deslindar su concepto. Ahora bien, veinticuatro años después, con la introducción en la norma del mismísimo concepto de documento electrónico, quizá una precisión no vendría mal. El Anexo del Real Decreto-ley 6/2023, de 19 de diciembre, sí que contiene una definición de lo que quepa entender por documento electrónico a los efectos de la norma: *«información de cualquier naturaleza en forma electrónica, archivada en un soporte electrónico según un formato determinado y susceptible de identificación y tratamiento diferenciado».* Esta enunciación tampoco resulta de mucha ayuda a la hora de discernir si los medios e instrumentos de los artículos 382 y 384 LEC son documentos, porque, por de pronto, decir que un documento es la información es tanto como decir que una escritura notarial es una declaración de consentimiento contractual. En ambos casos el documento es el soporte, y otra cosa es lo que en ellos se contenga.

Ante esta disyuntiva, existen dos posibilidades. Una es la que ya hemos anticipado, esto es, considerar que la transposición al papel de un correo electrónico es un documento en el sentido más clásico de los artículos 317 a 334 LEC. La práctica judicial se decanta hacia ello. La otra es la de considerar al documento únicamente como aquel soporte en el que originariamente se plasmó el negocio jurídico o la declaración de voluntad. Desde esta perspectiva, sólo el papel que incorpora el contrato de arrendamiento es el documento; por añadidura, lo sería su fotocopia o una fotografía. Mas si el contrato de arrendamiento se celebró a distancia y vía correo electrónico, la impresión en papel de estos correos no puede ser considerada documento, sino la simple transposición de *«instrumentos que permitan archivar, conocer o reproducir datos relevantes para el proceso».*

Creo que esta segunda posibilidad es mucho más realista y, lo que es más importante, nos prepara para los años venideros, en que parece que el fenómeno digital se expandirá con elementos —que ya son realidades— tales como los *smart legal contracts.* La dificultad reside en que, ante la lógica y comprensible falta de formación de los operadores jurídicos en cuestiones propias del mundo digital, la prueba pericial auxiliar deviene un instrumento de apoyo caudal que debería ir ganando fuerza y presencia en los futuros pleitos cuando la autenticidad del contenido inserto en el soporte digital sea negada.

Al fin y al cabo, esta cuestión no es algo que sea extraño a la actual producción documental. Hace unos años, los documentos incorporados al procedimiento eran muchos menos que lo que son ahora. Pensemos en los tratos preparatorios de un negocio, que en muchas ocasiones se articulaban a través de conversaciones telefónicas y se probaban mediante declaraciones testificales. Con la irrupción de los correos electrónicos y los servicios de mensajería instantánea, la comunicación verbal ha quedado claramente desplazada, de manera que, hoy día, se aportan al proceso cantidades ingentes de documentos cuya veracidad debe ser igualmente negada para que no puedan producir prueba sobre su autor, la fecha y el estado de cosas que documentan. Es más importante que nunca, si cabe, dejar claro si se cuestiona su autenticidad y en qué términos, pues en una cadena de correos no siempre puede tener idea de cuál es la dirección de correo electrónico de terceras personas con las que se relacione poco.

Aunque no se plasma en las reformas de índole procesal —sí lo hace en normativa propia—, el debate sobre el papel de la inteligencia artificial también ocupa a los estudiosos del derecho de defensa.

Parece que en España y en la Unión Europea se ha alcanzado un consenso sobre la utilidad de la inteligencia artificial como herramienta de ayuda al juzgador —en especial, en lo que atañe a la valoración de la prueba— y sobre su inhabilidad para sustituirlo.

Las medidas de digitalización de la Justicia tanto en España cuanto en la Unión Europea no prevén específicamente el uso de la inteligencia artificial en la litigación, aunque el Reglamento de Inteligencia Artificial recientemente aprobado por el Parlamento Europeo y el Consejo sí muestra un especial interés en proteger al ciudadano frente al uso autónomo, sin supervisión humana, de la IA en cualquier ámbito que afecte a la esfera de la persona y, por supuesto, en el proceso jurisdiccional.

El dilema nuclear de la utilización de la inteligencia artificial en la valoración de la prueba —y, por añadidura, en la posterior motivación de la resolución— reside en que, como humanos, no podemos dejar en manos de algo que no comprendemos decisiones que afectan a nuestras vidas. Aunque pueda incluir elementos técnicos (jurídicos), el razonamiento judicial puede ser suficientemente seguido e interpretado por el ciudadano medio sin necesidad de tener conocimientos específicos de Derecho. Sin embargo, sin conocimientos técnicos es francamente complicado entender el funcionamiento de un algoritmo: las mentes de los humanos funcionan todas igual, y de la experiencia propia es posible extrapolar cómo habrá obrado la de un tercero como es el juez, pero sólo una parte de la población entiende cómo funciona un algoritmo. Así, la opacidad genera desconfianza y el uso de la inteligencia artificial en el proceso jurisdiccional requiere que, cuando menos, el justiciable vea plasmado exhaustivamente el razonamiento que ha llevado a la máquina a adoptar una determinación. Aun cuando esto sea así, la pregunta que se hará el justiciable es si el mecanismo que desconoce ha aplicado correctamente la Ley, y siempre necesitará de un humano para que le razone que lo que ha afirmado la máquina es adecuado o previsible. Luego de aquí podemos inferir que la persona no está dispuesta a delegar exclusivamente en algo que ignora decisiones que afectan a su vida. En el campo puramente legal, de la Constitución española no puede llegar a entenderse que el pueblo confíe su poder a una máquina. Por ello, la introducción de herramientas de inteligencia artificial no puede pretender suplantar el papel del juzgador.

La realidad es que, como decíamos en un epígrafe de este trabajo, todo cambia para que casi nada cambie, dado que, a pesar de que van surgiendo retos fruto de la aplicación de las nuevas tecnologías, las herramientas de solución clásicas dan oportunidades de solución más que suficientes. Las cosas no se han modificado y sólo lo ha hecho el modo como se manifiestan en el proceso.

A propósito de esto último, en la circulación transfronteriza de resoluciones judiciales no hemos sabido detectar que la digitalización de la justicia pueda traer especiales novedades, al menos por cuanto a los obstáculos al reconocimiento y ejecución se refiere. Cuestiones típicamente problemáticas como la notificación de resoluciones judiciales en otro Estado miembro continúan en el candelero, pero esta vez la diferencia residirá en los nuevos medios de comunicación. Las claves, como decimos, son idénticas: si se puede comprender lo que se transmite, si se puede entender lo que se requiere o si se puede discernir la pretensión ejercitada. Indudablemente, ahora la discusión puede no situarse en la determinación más o menos exacta del domicilio físico o en la habilidad para causar estado de unos edictos publicados en un diario gubernativo, y en cambio, pasar a residenciarse en el espacio virtual. Pero estas nuevas circunstancias no cambian el hecho de que, finalmente, deba ser la persona quien haya podido disponer de medios suficientes para defenderse.

En lo que atañe a la prueba y la proyección que elementos tales como la videoconferencia o los medios digitales puedan tener sobre el orden público de la Unión, tampoco se percibe la posibilidad de cambios notables desde el momento en que la propia Unión Europea ha abrazado esta modernización con mayor intensidad que algunos de sus Estados miembros. Evidentemente siempre hay resquicios en los que puede aparecer una duda, como en el caso de *FP y otros (Procès par visioconférence)* y la compatibilidad de la Directiva 2016/343, de 9 de marzo de 2016, con la intervención voluntario del acusado mediante videoconferencia. Sin embargo, no es posible prever que el Tribunal de Justicia vaya a apartarse de los criterios del Tribunal Europeo de Derechos Humanos cuando, como anticipábamos, el propio ordenamiento de la Unión se muestra proclive a la incipiente digitalización.

Dicho todo esto, sí me parece que existe un punto que puede concentrar interesantes problemas, y es el caso del acceso a la justicia de las personas más vulnerables, sobre todo en el caso de las zonas de Europa menos favorecidas y en las que las desigualdades sociales son más acentuadas. No puede decirse que el legislador europeo no haya sido sensible a estas realidades, pero la cuestión no es tanto ésta sino cómo va a casar la normativa supraestatal con las realidades judiciales de aquellas zonas.

En fin: todo cambia para que nada cambie porque, al fin y al cabo, al menos hasta ahora, el Derecho está hecho «por y para las personas». Los avances son positivos, pero el foco debe seguir estando donde ha venido estando sin que la visión humanista se vea desplazada ni un ápice.

BIBLIOGRAFÍA

AGUILERA MORALES, M., «El Reglamento (UE) 2020/1784 sobre notificación y traslado transfronterizo de documentos: novedades e implicaciones internas», en M. LLORENTE SÁNCHEZ-ARJONA y S. CALAZA LÓPEZ (directoras) y J. C. MUNIELO COBO (coordinador), *Digitalización de la Justicia: Prevención, investigación y enjuiciamiento*, Ed. Aranzadi, Cizur Menor, 2022, págs. 57-91.

ALISTE SANTOS, T. J., *Hacia la justicia posmoderna. Presupuestos para la transformación de los sistemas judiciales,* Ed. Atelier, Barcelona, 2022.

ALISTE SANTOS, T. J., «Hacia un sistema de justicia digitalizado: problemas y desafíos», en M. LLORENTE SÁNCHEZ-ARJONA y S. CALAZA LÓPEZ (directoras) y J. C. MUNIELO COBO (coordinador), *Digitalización de la Justicia: Prevención, investigación y enjuiciamiento*, Ed. Aranzadi, Cizur Menor, 2022, págs. 93-110.

ALLSOP, J., «Technology and the future of the Courts», en *University of Queensland Law Journal,* 38 (1), 2019.

ÁLVAREZ GONZÁLEZ, S., «¿Orden público europeo versus orden público internacional de cada Estado?», en *La gobernanza del interés público global. XXV Jornadas de la Asociación Española de Profesores de Derecho internacional y Relaciones internacionales*, Ed. Tecnos, Madrid, 2015, págs. 146-181.

ÁLVAREZ RODRÍGUEZ, I., «La inmediación a la luz del Convenio Europeo de Derechos Humanos. El caso de España», en *Revista de Estudios Jurídicos* 19, 2019, págs. 28-48.

ANDINO LÓPEZ, J. A., «Psicología del testimonio y su aplicación a la valoración de la prueba personal», en *Justicia Revista de Derecho Procesal* 2, 2017, págs. 367-414.

Barja de Quiroga, J., y Calaza López, S., «Justicia digital y Justicia inteligente: De la imbatibilidad del dato a la incertidumbre del juicio», en E. Demetrio y A. M. Sanz Hermida (directores); M. de la Cuerda Martín y F. García de la Torre García (coordinadores). *Derecho penal económico, Legal Tech y Teoría del delito,* obra colectiva, Ed. Tirant lo Blanch, València, 2024.

Barja de Quiroga, J., y Calaza López, S., «Justicia europea 2030: Hacia la pureza de la oportunidad y la humanidad del juicio ante la digitalización del proceso. ¡Qué menos!», en Jiménez Jiménez, L. A.: *¿Qué persigue el legislador europeo? Digitalización de la justicia, pero también principio de oportunidad,* Ed. Dykinson, Madrid, 2024.

Barbosa, M. M., Braga Netto, F., Silva, M. C., y de Moura Faleiros Júnior, J. L., «Inteligência artificial e personalidade jurídica: aspectos controvertidos», en Pereira de Lima, C. R., Godoy Bernardo de Oliveira, C. y Seron Ruiz, E. E. *Direito Digital e Inteligência Artificial,* obra colectiva, Editora Foco, Brasil, 2021.

Beltrán Calfurrapa, R., «Las máximas de la experiencia como generalizaciones empíricas: notas sobre sus implicaciones argumentativas en materia jurisdiccional», en *Doxa. Cuadernos de Filosofía del Derecho* 45, 2022, págs. 221-250.

Benfeld Escobar, J. S., «Sobre el carácter normativo y tendencialmente vinculante de las reglas de la sana crítica en la ponderación de la prueba judicial» en *Revista de Derecho de la Pontificia Universidad Católica de Valparaíso* 50, 2018, págs. 159-185.

Bernardo San José, A., y Sánchez López, B., «Fuero general de competencia internacional: el domicilio del demandado» (artículos 2, 3 y 4 RB), en A. de la Oliva Santos (dir.) y F. Gascón Inchausti (coord.) *Derecho procesal civil europeo. Volumen I. Competencia judicial internacional, reconocimiento y ejecución de resoluciones extranjeras en la Unión Europea*, Ed. Aranzadi, Cizur Menor, 2011, págs. 77-98.

Bianchi, A., *International Law Theories: An inquiry into different ways of thinking.* Oxford University Press, Oxford, 2016.

Brennan, T., Dietrich, W., y Ehret, B., «Evaluating the predictive validity of the Compas risk and needs assessment system», en *Criminal Justice and Behavior,* 36, 2009, págs. 21-40.

Bromby, M. C., y Hall, M. J., «The Development and Rapid Evolution of the Knowledge Model of ADVOKATE: An Advisory System to Assess the Credibility of Eyewitness Testimony», en Bench-Capon, T. J. M., Daskalopulu, A., y Winkels, R. G. F. (eds.) *Legal Knowledge and Information Systems. The Fifteenth Annual Conference*, IOS Press, 2002, págs. 143-152.

Bueno Benedí, M., «Retos pendientes en el uso de la videoconferencia y otras tecnologías en nuestra Administración de Justicia», en *Revista Acta Judicial* 11, 2023, págs. 2-19.

Bufford, Samuel L., «Center of Main Interests, International Insolvency Case Venue, and Equality of Arms: The Eurofood Decision of the European Court of Justice», en *Northwestern Journal of International Law and Business* vol. 27, núm. 2, 2007, págs. 351-419.

Bujosa Badell, L. M., «Simplificación y oralidad en los litigios transfronterizos. El proceso europeo de escasa cuantía del Reglamento (CE) núm. 861/2007 del Parlamento Europeo y del Consejo», en Carpi, F., y Pascual Ortells Ramos, M., (coordinadores, ed. lit.), *Oralidad y escritura en un proceso civil eficiente: Coloquio de la Asociación Internacional de Derecho Procesal Vol. 2*, Universitat de València, Valencia, 2008.

Burchardt, D., «Does digitalization change International Law structurally?» en *German Law Journal* 24, 2023, págs. 438-460.

Bustos Gisbert, R., «La aplicación judicial de la CDFUE; un decálogo a partir de la jurisprudencia del Tribunal de Justicia de la Unión Europea». *UNED. Teoría y Realidad Constitucional,* número 39, 2017, págs. 333-359.

Cabezudo Rodríguez, N., *Del principio de inmediación, sus excepciones y los instrumentos tecnológicos.* Tirant lo Blanch, Valencia, 2010.

Calaza López, S., «Principales proyecciones del Derecho a la tutela judicial efectiva en la doctrina del Tribunal Constitucional», en *Revista General de Derecho Procesal* 23, 2011.

Calaza López, S., *El binomio procesal derecho de acción — derecho de defensa. Desde la concepción clásica romana hasta la actualidad.* Ed. Dykinson, Madrid, 2011.

Calaza López, S., *Garantías constitucionales del proceso judicial español.* Ed. Colex, Madrid, 2011.

Calaza López, S., «Principios rectores del proceso judicial español», en *Revista de Derecho UNED* 8, 2011, págs. 49-84.

Calaza López, S., «Proyecciones del derecho de defensa tras la reforma de la Ley de Enjuiciamiento Criminal: Son todas las que están, pero no están todas las que son», en *Actualidad jurídica Aranzadi* 924/2016, 2016.

Calaza López, S., «Fortalecimiento de las garantías procesales y agilización de la Justicia». *Revista General de Derecho Procesal* 41, 2017.

Calaza López, S., «Un nuevo horizonte judicial en materia de Derechos constitucionales y Principios procesales. Propuestas de reforma en tiempos de crisis». *e-Slegal History Review* 25, IUSTEL, Madrid, 2017.

Calaza López, S., *Confluencia de la Jurisdicción y desjudicialización,* Ed. Thomson-Aranzadi, Cizur Menor, 2020.

Calaza López, S., «De todo lo visible (algoritmos) & lo invisible (redes neuronales) en la Justicia: Y sin embargo no te quiero incondicionalmente, Inteligencia Artificial», en López Yagües, V.: *Investigación y Defensa en clave tecnológica.* Ed. Dykinson, Madrid, 2024.

Calaza López, S., «Next Generation Justice: ¿Magia procesal o Inteligencia Artificial?», en H. Soleto, R. López, A. Arnáiz y S. Oubiña (coordinadores) *Justicia: eficiencia, seguridad y servicio público, Libro Homenaje al Prof. Víctor Moreno Catena*, Ed. Tirant lo Blanch, València, 2024.

Calaza López, S. y De Prada Rodríguez, M., «Acción y Defensa en clave digital: "Dos caras de una misma moneda" y un "brindis al sol" en la inminente Ley de Derecho de Defensa», en *Actualidad Civil* 4, Ed. La Ley, Madrid, 2023.

Calaza López, S., y De Prada Rodríguez, M., «El derecho de defensa y su curiosa ecuación axiomática con el derecho de acción en la proyectada LO del Derecho de Defensa», en *Actualidad Civil* n.º 2, Ed. La Ley, Madrid, 2024.

Calaza López, S., y Tenorio Sánchez, P. J., «El derecho de defensa español en Europa: tan joven y tan cerca». En T. Palau Font, en *Tutela procesal civil del derecho de defensa en Europa,* Ed. Dykinson, Madrid, 2024.

Callé, P., «Cour de justice de l'Union européenne —11 septembre 2014 Affaire C-112/13», en *Revue Critique de Droit International Privé* 104 no. 4, 2024, págs. 904-921.

Carmona Contreras, A., «El espacio europeo de los derechos fundamentales: de la Carta a las constituciones nacionales», en *Revista Española de Derecho Constitucional*, n.º 107, 2016, págs. 13-40. DOI: http://dx.doi.org/10.18042/cepc/redc.l 0Z01.

Chamorro Ladrón de Cegama, J. A., «Algunas reflexiones sobre el principio de inmediación en el proceso civil y su mejor cumplimiento en la práctica judicial», en *Anuario de la Facultad de Derecho, Universidad de Extremadura* 1983 (2), 1983, págs. 529-547.

Chocrón Giráldez, A. M., «La exclusividad y la unidad jurisdiccionales como principios constitucionales en el ordenamiento jurídico español», en *Boletín Mexicano de Derecho Comparado* 113, 2005, págs. 651-687.

Coloma Correa, R., y Agüero San Juan, C., «Lógica, ciencia y experiencia en la valoración de la prueba», en *Revista Chilena de Derecho Comparado* 41 (2), 2014, págs. 673-703.

comisión europea (2 de diciembre de 2022). *Comunicación de la Comisión al Parlamento Europeo, al Consejo, al Comité Económico y Social Europeo y al Comité de las Regiones. La digitalización de la justicia en la UE. Un abanico de oportunidades*. Recuperado el 14 de mayo de 2024 de https://eur-lex.europa.eu/legal-content/ES/ALL/?uri=CELEX%3A-52020DC0710.

comisión europea (1 de diciembre de 2021). *Propuesta de Reglamento del Parlamento Europeo y del Consejo sobre la digitalización de la cooperación judicial y del acceso a la justicia en los asuntos transfronterizos civiles, mercantiles y penales, y por el que se modifican determinados actos legislativos en el ámbito de la cooperación judicial*. Recuperado el 14 de octubre de 2023 de https://eur-lex.europa.eu/legal-content/ES/TXT/?uri=CELEX%3A52021PC0759.

Comoglio, P., «Inteligencia artificial y selección de pruebas en el proceso civil: ¿Hacia un proceso más inteligente o hacia un proceso más artificial?», en *Revista Ítalo-Española de Derecho Procesal,* 2022, págs. 55-85.

Consejo de la Unión Europea. (28 de junio de 2023). *Justicia digital: el Consejo y el Parlamento Europeo llegan a un acuerdo sobre las propuestas relativas a la digitalización de la cooperación judicial y el acceso de los ciudadanos a la justicia*. Recuperado el 27 de octubre de 2023 de https://www.consilium.europa.eu/es/press/press-releases/2023/06/28/digital-justice-council-and-european-parliament-conclude-deal-on-proposals-on-digitalisation-of-judicial-cooperation-and-citizens-access-to-justice/

Criado Aguilera, J. I., «El pluralismo constitucional: concepto teórico, interpretaciones y perspectivas». *Universos Jurídicos*, número 5, 2016, págs. 21-60.

Cuartero Rubio, M. V., *Cooperación judicial civil en la Unión Europea y tutela en origen de derechos fundamentales*. Ed. Thomson Reuters Aranzadi, Cizur Menor, 2020.

Cuniberti, G., «The recognition of foreign judgments lacking reasons in Europe: Access to justice, foreign court avoidance, and efficiency», en *International and Comparative Law Quarterly* vol. 57, 2008, págs. 25-52.

Davis, M. F., «Participation, equality, and the Civil Right to Counsel: Lessons from Domestic and International Law», en *The Yale Journal*, vol. 122, núm. 8, 2013, págs. 2260-2281.

De Hoyos Sancho, M., «Notificación y traslado de documentos judiciales y extrajudiciales», en Jimeno Bulnes, M., y Escalada López, M. L. (coordinadoras) *La cooperación civil y penal en el ámbito de la Unión Europea: instrumentos procesales,* obra colectiva, Editorial Bosch, Barcelona, 2007, págs. 167-187.

De Hoyos Sancho, M., «El libro blanco sobre inteligencia artificial de la Comisión Europea. Reflexiones desde las garantías esenciales del proceso penal como "sector de riesgo"», en *Revista Española de Derecho Europeo* 76, 2020, págs. 4-43.

De Luis García, E., «Justicia, inteligencia artificial y derecho de defensa. En Miró, F., "Digitalización y algoritmización de la justicia"», en *Revista d'Internet, Dret i Política IDP* n.º 39, 2023.

De Miguel Asensio, P. A., «Integración Europea y Derecho Internacional Privado», en *Revista de Derecho Comunitario Europeo* año n.º 1, n.º 2, 1997, págs. 413-446.

Donoghue, J., «The rise of digital Justice: Courtroom technology, public participation and Access to Justice», en *The Modern Law Review* 80 (6), 2017, págs. 995-1025.

EUROPEAN COMMISSION FOR DEMOCRACY THROUGH LAW (VENICE COMMISSION). *Opinion No. 256 / 2003, Implications of a legally-binding European Union Charter of fundamental rights on human rights protection in Europe*. Strasbourg, 17 Septembre 2003. http://www.venice.coe.int/webforms/documents/default.aspx?pdffile=CDL(2003)059-e

EUROPEAN COMMISSION FOR THE EFFICIENCY OF JUSTICE (CEPEJ). (15 de mayo de 2024) *CEPEJ European Ethical Charter on the use of artificial intelligence (AI) in judicial Systems and their environment.* https://www.coe.int/en/web/cepej/cepej-european-ethical-charter-on-the-use-of-artificial-intelligence-ai-in-judicial-systems-and-their-environment

EUROPEAN JUDICIAL NETWORK IN CIVIL AND COMMERCIAL MATTERS. *Using videoconferencing to obtain evidence in civil and commercial matters under Council Regulation (EC) No 1206/2001 of 28 May 2001: A practical guide,* recuperado el 17 de Agosto de 2024 de https://e-justice.europa.eu/374/EN/taking_evidence.

Fernández León, Ó., *Arte y técnica del interrogatorio. La estrategia del cross-examination al servicio del abogado español*. Thomson Reuters Aranzadi, Cizur Menor, 2017.

Frąckowiak-Adamska, A., «Procedural rights (and obligations) of parties to civil proceedings», en S. Iglesias Sánchez y M. González Pascual (ed.) *Fundamental rights in the EU Area of Freedom, Security and Justice*, Cambridge University Press, Cambridge, 2021, págs. 231-249. Doi: https://doi-org.bibliotecauned.idm.oclc.org/10.1017/9781108769006

Fry, H., *Hello world: Being human in the age of algorithms,* W. W. Norton & Company, New York, 2018.

Galera Rodrigo, S., «The right to a fair trial in the European Union: lights and shadows», en *Revista de Investigações Constitucionais* vol. 2, n.º 2, 2015, págs. 7-29.

Garberí Llobregat, J., «Artículos 137 a 144», en **Garberí Llobregat, J.** (dir.): *Los procesos civiles* (tomo I, 2.ª edición, págs. 1-1001). Editorial Bosch, Barcelona, 2010.

García Ramírez, L., Romero Santos, L., y García González, F., *La técnica del interrogatorio*. Ed. Rasche, Madrid, 2012.

Gascón Inchausti, F., «Service of proceedings on the defendant as a safeguard of fairness in civil proceedings: in search of minimum standards from EU legislation and European case-law», en *Journal of Private International Law* vol. 13, n.º 13, 2017. Doi: 10.1080/17441048.2017.1386264, págs. 475-518.

Gascón Inchausti, F., «Las European Rules of Civil Procedure: ¿un punto de partida para la armonización del proceso civil?», en *Cuadernos de Derecho Transnacional* 13, 2021, págs. 277-297. Doi: https://doi.org/10.20318/cdt.2021.5960.

Gascón Inchausti, F., «¿Han venido para quedarse las vistas telemáticas?», en *Anuario de la Facultad de Derecho de la Universidad Autónoma de Madrid* Extraordinario, 2021, págs. 383-401.

Gimeno Sendra, V., *Derecho Procesal Civil I. El proceso de declaración. Parte General,* UNED y Colex, Madrid, 2012.

Gómez Martínez, C., «Artículo 137», en *Comentarios a la nueva Ley de Enjuiciamiento Civil* (tomo I, págs. 1-1253), Iurgium editores, Barcelona, 2000.

Gómez Sánchez, Y., *Constitucionalismo multinivel. Derechos Fundamentales,* Editado por UNED. Sanz y Torres, Madrid, 2018.

González Castillo, J., «La fundamentación de las sentencias y la sana crítica», en *Revista Chilena de Derecho* 33 (1), 2006, págs. 93-107.

Griller, S., «International Law, Human Rights and the European Community's Autonomous Legal Order: Notes on the European Court of Justice Decision in Kadi», en *European Constitutional Law Review* 4, 2008, págs. 528-553. Doi: 10.1017/S1574019608005282

Halleskov Storgaard, L., «Composing Europe's Fundamental Rights Area: A case for discursive pluralism», en *Cambridge Yearbook of European Legal Studies* 17, 2015.

Hazelhorst, M., *Free movement of civil judgements in the European Union and the right to a fair trial,* editado por Asser Press, Springer, Berlín, 2017.

Herrera de las Heras, R., *Aspectos legales de la inteligencia artificial. Personalidad jurídica de los robots, protección de datos y responsabilidad civil*. Dykinson, Madrid, 2022.

Iglesias Sánchez, S., «TJUE - Sentencia de 26.2.2013 (Gran Sala) - Åklagaren y Hans Åkerberg Fransson, asunto C-617/10, "Carta de los Derechos Fundamentales de la Unión Europea - Ámbito de aplicación - Artículo 51 - Aplicación del derecho de la Unión - Artículo 50 - Principio *non bis in idem*". La confirmación del ámbito de aplicación de la Carta y su interrelación con el estándar de protección», en *Revista de Derecho Comunitario Europeo* año n.º 17, n.º 46, 2013, págs. 1157-1175.

Irti, G., *Discordant Interpretations of the Right to a Fair Trial before the European Court of Human Rights and the Court of Justice of the European Union: The necessity to guarantee consistency in the interpretation of the procedural right to adversarial proceedings of the right to a Fair Trial in a context of Constitutional Pluralism*. Master Thesis in the Theory and Practice of Human Rights, University of Oslo, 2020.

Jiménez Blanco, P, «¿Vulnera el orden público una resolución judicial no motivada dictada en rebeldía del demandado? (Comentario a la Sentencia del Tribunal de Justicia (Sala 1.ª) de 6 de septiembre de 2012, asunto C-619/10: Trade Agency Ltd c. Seramico Investments Ltd)», en *La Ley Unión Europea* número 1, 2013, págs. 1-13.

Kaminski, M. E., y Urban, J. M., *The right to contest AI. Columbia Law Review,* 121, 7, 2021, págs. 1957-2046

Kamyshanskiy, V., Stepanov, D., Mukhina, I., y Kripakova, D., *Digital society, artificial intelligence and modern civil law: challenges and perspectives. SHS Web of Conferences* 109, 2021, pág. 1016. Doi: https://doi.org/10.1051/shsconf/202110901016

Kahneman, D., Slovic, P., y Tversky, A., *Judgment under Uncertainty: Heuristics and Biases*. Cambridge University Press, 1982.

Kelsen, H., *General Theory of Law and State*. Harvard University Press, Cambridge, 1945.

Kokott, J. y Sobotta, C., «Protection of fundamental rights in the European Union: On the relationship between EU fundamental rights, the European Convention and national standards of protection», en *Yearbook of European Law* vol. 34, 2015, págs. 60-73.

Kramer, X. E., «Cross-border Enforcement in the EU: Mutual Trust versus Fair Trial? Towards Principles of European Civil Procedure», en *International Journal of Procedural Law* 2, 2011, págs. 202-230.

Lagla Pillajo, M. A., «Razonamiento jurídico: Lógica, interpretación y argumentación», en *Revista Facultad de Jurisprudencia RFJ* n.º 1, 2017, págs. 59-80.

Larobina, Michael D., y Pate, Richard L., The status of recognition and enforcement of judgements in the European Union. *Contemporary readings in Law and Social Justice* vol. 3, n.º 2, 2011, págs. 9-22. Recuperado el 16 de agosto de 2018 de https://search-proquest-com.ezproxy.uned.es/docview/928448449?accountid=14609

Limay Chávez, R., «Las máximas de experiencia en la valoración racional de la prueba: Uso adecuado e inadecuado desde la perspectiva de género», en *Revista Ius et Veritas* 63, 2021, págs. 208-223. Doi: https://doi.org/10.18800/iusetveritas.202102.011

López Guerra, L., «El Tribunal Europeo de Derechos Humanos, el Tribunal de Justicia de la UE y "le mouvement nécessaire des choses"», en *UNED. Teoría y Realidad Constitucional* núm. 39, 2017, págs. 163-188.

Mangas Martín, A., «Evolución del respeto a los derechos humanos en la Unión Europea (teoría y práctica ante los nuevos desafíos del terrorismo)», em *Agenda Internacional* Año XV, n.º 26, 2018, págs. 17-36.

Manzanero, A. L., *Memoria de testigos. Obtención y valoración de la prueba testifical,* Pirámide, Madrid, 2021.

Marchal Escalona, N., «La digitalización de la notificación en el espacio judicial europeo», en Llorente Sánchez-Arjona, Mercedes, y Calaza López, Sonia (directoras) y Munielo Cobo, José Carlos (coordinador) *Digitalización de la Justicia: Prevención, investigación y enjuiciamiento*, Ed. Aranzadi, Cizur Menor, 2022, págs. 387-416.

Martínez Selva, J. M., *Manual de comunicación persuasiva para juristas,* Ed. La Ley, Madrid. 2023.

Martí Mingarro, L., *Crisis del derecho de defensa,* Marcial Pons Ediciones Jurídicas y Sociales, Madrid, 2010.

Milione, C., «La interpretación del art. 47 CDFUE como expresión de la labor hermenéutica del Tribunal de Luxemburgo en la construcción de un estándar europeo de protección de los derechos», en *UNED Teoría y Realidad Constitucional* núm. 39, 2017, págs. 655-674.

Miranda Vázquez, C., «El mito de la influencia de la inmediación judicial en la valoración de la prueba personal: una revisión crítica», en *Justicia Revista de Derecho Procesal* 2, 2014, págs. 339-371

Mittelstadt, B. D., Allo, P., Taddeo, M., Wachter, S., y Floridi, L., «The ethics of algorithms: Mapping the debate» en *Big Data & Society* 3 (2), 2016. Doi: https://doi.org/10.1177/2053951716679679

Muffato, N., «Michele Taruffo sobre las máximas de experiencia», en *Revista Derecho & Sociedad* 57, 2021, págs. 1-38. Doi: https://doi.org/10.18800/dys.202102.003

Muñoz Sabaté, L., *Introducción a la probática,* J. M. Bosch, Barcelona, 2008.

Muñoz Sabaté, L., *Vademecum de psicología para juristas,* Bosch Editor, Barcelona, 2019.

Nieva Fenoll, J., «Inmediación y valoración de la prueba: el retorno de la irracionalidad», en *Civil Procedure Review* 3 (1), 3-24, 2012.

Nieva Fenoll, J., *Inteligencia artificial y proceso judicial,* Marcial Pons, Barcelona, 2018.

Otero García-Castrillón, C., *Cooperación Judicial Civil en la Unión Europea. El cobro de las deudas,* Ed. Dykinson, Madrid, 2007.

Palau Font, T., «Garantías esenciales de la defensa a través de la jurisprudencia del Tribunal de Justicia de la Unión Europea sobre reconocimiento mutuo de resoluciones judiciales de los Estados miembros», en *Revista General de Derecho Procesal* 61, 2023.

Palau Font, T., «Concepto de "menoscabo manifiesto" del derecho de defensa en el Espacio de Libertad, Seguridad y Justicia de la Unión Europea y comparación con el parámetro «protección manifiestamente deficiente» propio del Tribunal Europeo de Derechos Humanos», en *Revista General de Derecho Europeo* 62, 2024, págs. 24-69.

Palau Font, T., *Tutela procesal civil del derecho de defensa en Europa,* Dykinson, Madrid, 2024.

Palmerini, E., «Robótica y derecho: sugerencias, confluencias, evoluciones en el marco de una investigación europea», en *Revista de Derecho Privado* n.º 32, 2017, págs. 53-97.

Paulson, S. L., «La interpretación débil de la autoridad en la Teoría Pura del Derecho de Hans Kelsen», en *Revista Derecho del Estado* n.º 29, 2012, págs. 5-49.

Peers, S., «Bosphorus – European Court of Human Rights – Limited responsibility of the European Union member states for actions within the scope of Community law. Judgement of 30 June 2005, Bosphorus Airways v. Ireland, Application No. 45036/98», en *European Constitutional Law Review* 2, 2006, págs. 443-455.

Pérez Daudí, V., «La transformación digital de la justicia civil», en Llorente Sánchez-Arjona, Mercedes, y Calaza López, Sonia (directoras) y Munielo Cobo, José Carlos (coordinador) *Digitalización de la Justicia: Prevención, investigación y enjuiciamiento*, Ed. Aranzadi, Cizur Menor, 2022, págs. 461-493.

Picó i Junoy, J., «The new challenges of evidence law in the fourth industrial revolution», en *Technology, the Global Economy and other Challenges for Civil Justice,* dirigida por Koichi Miki, Intersentia, Cambridge, 2021, págs. 477-518.

Prakken, H. y Sartor, G., «Modelling reasoning with precedents in a formal dialogue game», en *Artificial Intelligence and Law* 6, 1998, págs. 231-287.

Prakken, H., *Modelling reasoning about evidence in legal procedure. ICAIL 01: Proceedings of the 8th International conference on Artificial Intelligence and law,* 2001, págs. 119-128. Doi: https://doi.org/10.1145/383535.383550

Prakken, H., «Intuitions and the modelling of defeasible reasoning: some case studies», en *Ithaca: Cornell University Library, arXiv.org* 7, 2002.

Presidencia Española del Consejo de la Unión Europea. (25 de octubre de 2023). *La digitalización de la justicia: un sistema más accesible al Servicio del ciudadano*. Recuperado el 27 de octubre de 2023 de https://spanish-presidency.consilium.europa.eu/es/noticias/dia-europeo-justicia-digitalizacion-sistema-accesible-servicio-ciudadano/

Psychogiopoulou, E., «Judicial dialogue and digitalization: CJEU engagement with ECtHR case law and fundamental rights standards in the EU», en *Journal of intelectual property, information technology and electronic commerce Law JIPITEC* 13 (2), 2022, págs. 145-159.

Requejo Isidro, M., «Avotinš c. Letonia, Sentencia del TEHD, de 23 de mayo de 2016, as. 17502/07», en *Revista General de Derecho Europeo* 40, 2016, págs. 187-201. Recuperado el 10 de diciembre de 2022 de https://www.iustel.com/v2/revistas/detalle_revista.asp?id_noticia=417872

Requejo Isidro, M., «Do we need harmonisation to achieve harmonious cooperation?,» en B. Hess, y X. E. Kramer (ed.) *From common rules to best practices in European Civil Procedure,* Studies of the Max Planck Institute Luxembourg for International, European and Regulatory Procedural Law, Vol. 8. Nomos Verlag, Luxemburgo, págs. 77-119.

Requejo Isidro, M., «Empresas y derechos humanos: el «tercer pilar» desde la Unión Europea» en Salinas, Ana María, y Martínez, Enrique J. (directores) *La Unión Europea y la protección de los derechos fundamentales*, Ed. Tirant lo Blanch, Valencia, 2018, págs. 61-90.

Richard González, M., «Elogio del juicio oral (presencial) escrito por un profesor partidario del uso de la tecnología en el sistema judicial», en *Diario La Ley* 9654, 2020.

Richard González, M., «La prueba en el proceso jurisdiccional de negocios jurídicos en Blockchain. Especial referencia a las criptomonedas y la creación y ejecución de Smart Legal Contracts» en Fuentes Soriano, O (coord.): *Tecnología y Proceso. Problemas Procesales en un mundo digital,* colección Cuadernos Digitales. Derecho y Nuevas Tecnologías número 3. Aranzadi, 2022, págs. 119-211.

Robles Reyes, J. R., *La competencia jurisdiccional y judicial en Roma,* Universidad de Murcia, Servicio de Publicaciones, Murcia, 2003.

Rodríguez-Izquierdo Serrano, M., «La posición de las sentencias del Tribunal de Justicia de la Unión Europea en el sistema constitucional de Fuentes», en *UNED. Teoría y Realidad Constitucional* núm. 39, 2017, págs. 483-514

Rossi, L. S., «Constitutionnalisation» de l'Union européenne et les droits fondamentaux», en *Revue trimestrielle de droit européen* vol. 38, núm. 1, 2002, págs. 27-52.

Rubim Borges Fortes, P., «Paths to digital justice: Judicial robots, algorithmic decision-making, and due process», en *Asian Journal of Law and Society,* 7, 2020, 453-469.

Ruiz Ruiz, J. J., «El refuerzo del dialogo entre tribunales y la triple prejudicialidad en la protección de los derechos fundamentales: En torno al Protocolo n.º 16 al Convenio Europeo de Derechos Humanos», en *UNED. Teoría y Realidad Constitucional* número 42, 2018, págs. 453-482.

Safjan, M. y Düsterhaus, D., «A Union of effective judicial protection: Addressing a multi-level challenge through the lens of Article 47 CFREU», en *Yearbook of European Law* vol. 33, 1, 2014, págs. 3-40.

Sanz Caballero, S., «Interferencias entre el Derecho comunitario y el Convenio Europeo de Derechos Humanos (Luxemburgo versus Estrasburgo: ¿Quién es la última instancia de los derechos fundamentales en Europa?)», en *Revista de Derecho Comunitario Europeo* vol. 8, n.º 17, 2004, págs. 117-158.

Sánchez Sáez, A. J., «El posible uso de la inteligencia artificial en el ámbito judicial: contexto jurídico español y europeo. Especial referencia al contencioso-administrativo», en *Rivista italiana di informatica e diritto* 2/2023, 2023, págs. 163-200. Doi: 10.32091/RIID011

Seoane Prado, J., «Libro I, Título V, Capítulo III», en Xiol Ríos, J. A. (coord.), *Enjuiciamiento Civil, Comentarios y Jurisprudencia,* Editorial Jurídica Sepin, Madrid, 2008, tomo I, págs. 1-1710.

Simón Castellano, P., «Inteligencia artificial y valoración de la prueba: Las garantías jurídico-constitucionales del órgano de control», en *THEMIS Revista de Derecho* 79, 2021, págs. 283-297.

Tamò-Larrieux, A., «Decision-making by machines: Is the "Lay of Everything" enough?», en *Computer Law & Security Review* 41, 2021. Doi: https://doi.org/10.1016/j.clsr.2021.105541

Tayro Tayro, E. A., «La videoconferencia. Un nuevo enfoque del principio de inmediación procesal», en *Revista Oficial del Poder Judicial* 8 (10), 2016, págs. 547-559.

Tenorio Sánchez, P. J., «Diálogo entre tribunales y protección de los derechos fundamentales en el ámbito europeo», en *Revista General de Derecho Europeo* núm. 31, 2013.

Tenorio Sánchez, P. J., «Procedimiento prelegislativo, informe de impacto de familia y Tribunal Constitucional», en *Revista General de Derecho Constitucional* 30, 2019.

Toohey, L., Moore, M., Dart, K., y Toohey, D., «Meeting the access to civil justice challenge: Digital inclusion, algorithmic justice, and human-centred design», en *Macquarie law journal,* vol. 19, 2019, págs. 133-156.

Torres Manrique, J. I., *Derecho convencional, Derecho constitucional y Derechos fundamentales. El inevitable camino hacia la justicia,* J. M. Bosch Editor, Barcelona, 2022.

Treščáková, D., «Individuals and their rights in the middle of digitalization and technological progress of the society», en *EU and comparative Law issues and challenges series (ECLIC)* 7: Digitalization and green transformation of the EU, 2023, págs. 315-333.

Turner, J., *Robot Rules: Regulating Artificial Intelligence*. Palgrave Macmillan, London, 2019.

Van Rhee, C. H., «Tradiciones europeas en el procedimiento civil: una introducción» (Trad. G. Hermosilla Riobó y C. Sandoval Flores), en *Revista de Estudios de la Justicia Universidad de Chile* 15, 2011, págs. 15-42.

Van Rhee, C. H., «Evolución del Derecho procesal civil en Europa: Cómo el juez activo se convirtió en lo normal» (Trad. G. Hermosilla Riobó y C. Sandoval Flores), en *Revista chilena de Derecho y Ciencia Política* 2 (2), 2011, págs. 11-40.

Vasiliev, A., Zemlyukov, S., Ibragimov, Z., Kulikov, E., Makovsky, I., «Ethical and legal aspects of the use of artificial intelligence in Russia, EU, and the USA: comparative legal analysis», en *Religación. Revista de Ciencias Sociales y Humanidades* 4 (19), 2019, págs. 212-2020

Velázquez Gardeta, J. M., «La víctima de indefensión en el proceso civil internacional dentro de la Unión Europea», en Ordeñana Gezuraga, I. (coordinadora) *Víctimas en distintos ámbitos del derecho = Biktimak zuzenbidearen arlo desberdinetan,* Universidad del País Vasco, Bilbao, 2011, págs. 223-247.

Vidal Fernández, B., «Obtención de pruebas», en M. Jimeno Bulnes y M. L. Escalada López (coord.) *La cooperación civil y penal en el ámbito de la Unión Europea: instrumentos procesales,* Editorial Bosch, Barcelona, 2007, págs. 191-212.

Vidal Prado, C., «Nuevos (y viejos) recelos del Tribunal Constitucional Federal alemán frente a la eficacia del Derecho Comunitario», en *Revista Española de Derecho Constitucional* no. 77, 2006, págs. 273-310.

Vila-Viñas, D., «Efectos de la digitalización sobre el razonamiento jurídico: una aproximación postfocaultiana», en Miró, F., *Revista d'Internet, Dret i Política IDP* n.° 39, 2023.

Virgós, M. y Schmit, E., *Report on the Convention of Insolvency Proceedings*, European Union Council doc. 6500/96 DRS 8 (CFC), 1996.

VV. AA., *Digitalización de la Justicia: prevención, investigación y enjuiciamiento,* dirigido por S. Calaza López y M. Llorente Sánchez Arjona, coordinado por J. C. Muinelo Cobo, Ed. Aranzadi, Pamplona, 2022.

VV. AA., *Externalización de la Justicia civil, penal, contencioso-administrativa y laboral,* dirigido por S. Calaza López e I. Ordeñana Geruzaga, coordinado por J. C. Muinelo e I. Suberbiola Garbizu, Ed. Tirant lo blanch, València, 2022.

VV. AA., *Inteligencia Artificial Legal y Administración de Justicia,* dirigido por S. Calaza López y M. Llorente Sánchez-Arjona, coordinado por J. C. Muinelo Cobo, Ed. Aranzadi, Pamplona, 2022.

VV. AA., *Desafíos del Derecho Procesal del s. XXI: Prueba prohibida, Inteligencia Artificial y Digitalización de la Administración de Justicia,* dirigido por A. J. Pérez-Cruz Martín y S. Calaza López, coordinado por J. M. Roca Martínez, Ed. Dykinson, Madrid, 2023.

VV. AA., *De los ADR (Alternative Dispute Resolution) a los CDR (Complementary Dispute Resolution) en la Jurisdicción Civil,* dirigido por S. Calaza López, I. Ordeñana Gezuraga y J- Sigüenza López, Ed. Tirant lo blanch, València, 2023.

VV. AA., *Justicia colaborativa online: mediación digital,* dirigido por L. Fontestad Portalés y S. Calaza López, coordinado por M. N. Jiménez López, J. C. Muinelo Cobo y P. R. Suárez Xavier, Ed. Dykinson, Madrid, 2023.

VV. AA., *Justicia en red para la paz,* dirigido por L. Fontestad Portalés y S. Calaza López, coordinado por M. N. Jiménez López, J. C. Muinelo Cobo y F. Pérez Tortosa, Ed. Dykinson, Madrid, 2023.

VV. AA., *Medios adecuados de solución de controversias. Eficiencia procesal de las personas físicas y jurídicas,* dirigido por S. Calaza López, I. Ordeñana Gazuraga y V. López Yagües, Ed. La Ley, Madrid, 2023.

VV. AA., *Alternative Justice: Arbitraje 5.0,* dirigido por S. Calaza López y L. Fontestad Portalés, coordinado por I. Ordeñana Gezuraga y P. Ramón Suárez Xavier, Ed. Dykinson, Madrid, 2024.

VV. AA., *Justicia en REDefinición: Inteligencia artificial en los métodos adecuados de resolución de controversias,* dirigido por L. Fontestad Portalés y S. Calaza López, coordinado por P. Ramón Suárez Xavier e I. Ordeñanza Gezuraga, Ed. Dykinson, Madrid, 2024.

VV. AA., *Libertad, diversidad y digitalización (siglos XIX-XXI). Homenaje a la profesora María Teresa Regueiro García,* coordinado por R. Morán Martín y S. Calaza López, Ed. Dykinson, Madrid, 2024.

VV. AA., *Next Generation Justice: Digitalización e Inteligencia Artificial,* dirigido por S. Calaza López e I. ordeñana gezuraga, Ed. Aranzadi La Ley, Madrid, 2024.

Weller, M., «Mutual trust. In search of the future of European Union private international law», en *Journal of Private International Law* vol. 11, n.º 1, 2015, págs. 64-102. Doi: 10.1080/17536235.2015.1033203

Yoshino, H., «Tractatus Lógico-Juridicus - Sus fundamentos», en *Revista Derecho del Estado* 35, 2015, págs. 267-293.

Zahirović, D., «Is there something new in the European Union? Right to a fair trial according to the Charter of Fundamental Rights of the European Union», en *Anali Pravnog Fakulteta Broj* 22, 2018, págs. 101-119.

COLECCIÓN
DERECHO DEONTOLOGÍA TECNOLOGÍA

COLEX

TÍTULOS PUBLICADOS

1. E-justicia inteligente
2. El derecho de defensa frente a la digitalización judicial en España y en la Unión Europea

Made in United States
Orlando, FL
04 November 2026

90200710R00164